《21世纪交通文化建设研究与实践》系列丛书

船文化

席龙飞 宋颖 著

人民交通出版社股份有限公司
China Communications Press Co.,Ltd.

图书在版编目（CIP）数据

船文化 / 席龙飞主编 . — 北京：人民交通出版社，2008.8
（交通文化建设研究与实践系列丛书）
ISBN 978-7-114-07343-4

Ⅰ. 船… Ⅱ. 席… Ⅲ. 船舶—文化—研究 Ⅳ. U66-09

中国版本图书馆 CIP 数据核字（2008）第 129256 号

《21 世纪交通文化建设研究与实践》系列丛书

书　　名：**船文化**
著 作 者：席龙飞等
责任编辑：张征宇　乔文平
出版发行：人民交通出版社
地　　址：（100011）北京市朝阳区安定门外外馆斜街3号
网　　址：http://www.ccpress.com.cn
销售电话：（010）85285838，85285995
总 经 销：北京中交盛世书刊有限公司
经　　销：各地新华书店
印　　刷：日照教科印刷有限公司
开　　本：787 × 980　1/16
印　　张：26.75
字　　数：460千
版　　次：2008年8月　第1版
印　　次：2019年5月　第2次印刷
书　　号：ISBN 978-7-114-07343-4
定　　价：68.00元

交通文化建设研究工作指导委员会

交通文化建设研究工作联络组

《船文化》编委会

撰著人员：席龙飞　宋　颖

总 序

国民之魂，文以化之；国家之神，文以铸之。“加强文化建设，明显提高全民族文明素质”，是党的十七大提出的实现全面建设小康社会奋斗目标的新要求。胡锦涛总书记在党的十七大报告中明确指出：“当今时代，文化越来越成为民族凝聚力和创造力的重要源泉、越来越成为综合国力竞争的重要因素，丰富精神文化生活越来越成为我国人民的热切愿望。要坚持社会主义先进文化前进方向，兴起社会主义文化建设新高潮，激发全民族文化创造活力，提高国家文化软实力，使人民基本文化权益得到更好保障，使社会文化生活更加丰富多彩，使人民精神风貌更加昂扬向上。”这不仅深刻阐明了兴起社会主义文化建设新高潮的重大现实意义和深远历史意义，更为新时期加强文化建设指明了方向和路径。

交通文化是社会主义先进文化的重要组成部分，是交通行业的灵魂，是实现交通又好又快发展的重要精神支柱。交通运输是支撑经济良性发展、促进社会全面进步的基础性、先导性产业和服务性行业，服务是其本质属性。基于这一认识，我们提出了“交通发展要服务国民经济和社会发展全局、服务社会主义新农村建设、服务人民群众安全便捷出行”，提出了“发展现代交通业，建设一个更安全、更通畅、更便捷、更经济、更可靠、更和谐的现代公路水路交通系统”。从文化的角度看，这也正是我们基于交通运输的本质属性和交通行业的神圣使命所作出的价值选择，是交通文化的核心内涵，是引导交通事业科学发展的价值导向，也是贯彻落实党的十七大关于加强社会主义文化建设的具体体现。

交通部党组高度重视文化建设工作。2006年全国交通工作会议明确提出：“努力建设具有鲜明行业特点和时代特征的交通文化，用文化和精神的力量凝聚全行业，使交通行业更加充满活力，不断开创交通事业发展的新局面。”2006年6月26日召开的全国交通行业精神文明建设工作会议更加明确地提出：“加强交通文化建设，努力增强行业软实力”，力争文化建设在今后五年内取得明显进展。随后，部印发了《交通文化建设实施纲要》，对交通文化建设的指导思想、目标任务、工作原则和工作措施作出了具体安排和部署。这是交通部颁布的第一个有关交通文化建设的重要文件，它强调新时期交通文化建设要深入贯彻科学发展观和构建社会主义和谐社会的要求，建设具有鲜明时代特点和交通行业特色的精神文化、制度文化和物质文化；要以实践社会主义荣辱观为主线，以弘扬爱国主义为核心的民族精神和以改革创新为核心的时代精神为重点，大力加强精神文化建设；要在实践中加强探索和研究，系统总结交通文化建设的丰硕成果，确立符合先进文化前进方向和交通事业发展要求的交通行业的核心价值体系；要实施“五个一工程”，即形成一批交通文化研究成果，提炼一种交通精神，征集确定一个交通行业徽标，创作一批交通文艺作品，完善一批交通博物馆，将全行业文化建设提高到一个新水平，全面增强交通文化的吸引力和感召力，不断增强交通行业的凝聚力，提升交通行业的影响力，提高交通发展的软实力，为交通事业又好又快发展营造良好的文化环境。

为全面深入推进交通文化建设工作，2006年11月部务会议研究决定成立了交通文化建设研究工作指导委员会，按照行业文化、系统文化、专业文化、组织文化四个层次，分别成立了交通行业文化建设研究总课题组和公路文化、道路运输文化、交通规费征稽文化、港口文化、海事文化、救捞文化、船检文化、航海文化、廉政文化、公路执法文化、长江航运文化、交通公安文化、路文化、桥文化、车文化、站文化、船文化、航标文化、航道文化、交通行政机关文化、交通企业文化和交通事业单位文化等22个子课题组，由行业内有一定研究基础、有积极性、有较好的支撑条件、具体代表性的部门或单位牵头，并邀请文化学、管理学、社会学等方面的专家学者共同参与，按照力求出精品的要求，系统地开展了交通文化研究工作。经过广大研究人员一年多的辛勤劳动和艰苦努力，研究工作进展顺利，取得了一批可喜的研究成果。出版这套多卷本的《21世纪交通文化建设研究与实践》系列丛书，是交通文化建设研究成果的重要组成部分。丛书从多个层面、多个领域系统地总结了交通文化源远流长的发展历史、积淀丰厚的特色文化、形式多样的实践活动、绚丽多彩的建设成果。“系统文化”侧重于交通行业不同系统的特色文化研究，重点提炼和阐述了各系统具有系统特色的价值理念；“专业文化”侧重于不同专业领域的特色文化研究，重点收集、挖掘和整理了交通行业物质文化成果；“组织文化”侧重于交通行业不同组织的特色文化研究，重点梳理、凝炼和展示了各类交通组织的特色价值理念、行为规范和形象标识。整个研究工作坚持以社会主义核心价值体系为指导，将“铺路石”、“航标灯”等交通行业传统精神与包起帆、许振超、陈刚毅等先进典型所展现的时代精神有机结合，在建设交通行业核心价值理念体系方面做了积极探索。

交通文化建设是一项长期性、系统性、复杂性的工作，既要整体部署，又要稳步推进。近年来，尤其是实施《交通文化建设实施纲要》以来，全行业日益重视交通文化建设，注重丰富交通发展的文化内涵，取得了一些有行业特点和时代特征的文化成果，涌现了青岛港、天津港等一批优秀企业文化建设单位和青岛交运集团“情满旅途”、南京长途汽车站“爱心始发站”等一批知名服务品牌，形成了南京交通局“交通文化通论”等一批理论研究成果。《21世纪交通文化建设研究与实践》系列丛书的出版发行，对于全国交通行业深入贯彻落实党的十七大精神，兴起交通文化建设新高潮，进一步提高交通行业凝聚力和战斗力，推动交通事业又好又快发展，切实做好“三个服务”，必将起到重要的推动作用。

交通部部长 李盛霖

二〇〇七年十二月十三日

导　论

交通为人员流动和物资流通提供基础条件，为人和物的空间位移提供运输服务，是支撑经济良性发展、促进社会全面进步的基础性产业和服务性行业。交通是一个古老而年轻的行业，自农业社会到工业社会以至信息社会，交通就一直伴随着人类文明的发展而演进，并构成人类文明的重要组成部分。中国是一个具有悠久历史的文明古国，在延绵数千年的文明进程中，曾造就了其他文明古国概莫能及的相对发达的交通体系；新中国成立后，中国交通事业进入一个崭新的发展阶段，经过近60年的建设尤其改革开放近30年的建设，交通发展在数量规模、质量水平和结构层次等方面都发生了翻天覆地的变化，取得了举世瞩目的成就，已跻身世界交通大国之列，正朝着世界交通强国迈进。中国交通发展的历史伟绩和现代成就为中华文明和世界文明做出了重大贡献，与此同时，在这个历经风雨的漫长岁月中，勤劳智慧的中华民族创造了与历史俱进、与时代同步的丰富多样、绚丽多彩的交通文化，为中华文化和世界文化的不断发展增添了更加丰富的内涵和更为亮丽的色彩。

一、交通文化的概念

理解交通文化的概念需先考查文化的概念。关于“文化”一词，长期以来，国内外一直没有形成统一的定义。但是，人们对文化内涵的解释还是存在共识，一般认为：文化是人类在社会历史发展过程中不断创造的各种精神财富、制度体系和物质财富的总和，其核心内容是人类创造各种精神财富、制度体系和物质财富所秉持的或反映出的价值理念。这是人们对社会主文化内涵所作的解释。基于这一认识，人们于是对隶属于社会主文化的各种亚文化的概念也做出了界定，如组织文化、系统文化和行业文化等。

交通文化也是隶属于社会主文化的一种亚文化，交通文化建设的理论渊源是文化人类学。对于交通文化的概念，可以根据社会主文化概念的核心内容和基本要素作出界定：交通文化是交通行业在长期的交通建设、运输和管理实践中逐步形成并不断发展的为广大交通员工所普遍认同并付诸实践的具有鲜明行业特点和时代特征的价值理念，是交通行业各种精神文化、制度文化和物质文化的总和，是交通发展

的重要成果，是交通文明的重要结晶。其中，精神文化是交通行业的核心文化，是交通行业纲领性的核心思想，是指导交通发展的核心价值；制度文化是交通行业的浅层文化，是交通行业制定并执行办事规程、道德规范和行为准则所秉承的价值理念；物质文化是交通行业的表层文化，是交通行业生产物质实体、展现外在形象所秉承的价值理念。对于这一概念，可从以下角度进一步理解其内涵：

交通文化的核心内容是价值理念。价值理念属于意识形态或思想认识范畴，体现为交通行业对交通发展所秉持的态度、所采取的方式和所表现的行为，为交通发展所倡导的精神、所制定的规范和所树立的形象，这些态度、方式和行为都自觉或不自觉地反映了交通行业所秉承的价值理念，从而形成了交通文化。

交通文化的本质要求是强调实践。交通文化是交通行业普遍认同并付诸实践的价值理念，其突出强调价值理念的实践性，强调所倡导的价值理念要得到普遍认同和真正落实，要使之内化于心、固化于制、外化于形，从而在交通建设、运输和管理实践中发挥出实际的作用，为交通发展提供精神动力、制度保障和物质基础。

交通文化的层次定位是行业文化。从价值理念的从属主体来看，有国家的、民族的、组织的和个人的价值理念等，交通文化则属于整个交通行业的价值理念。因此，交通文化是对整个交通行业各部门、各单位价值理念的提炼与整合，代表了交通行业从业人员的主流思想，代表了整个行业广泛认同和普遍接受的价值理念。

交通文化的鲜明个性是交通特色。交通文化是交通行业的特色文化。各个行业的特色文化在其形成和发展过程中，虽然受到整个国家、民族的价值理念的影响，但各个行业生产特征、服务要求和管理模式存在很大差异，其价值取向也必然存在较大差异。交通作为经济社会发展的基础性产业和服务性行业，其所秉承的价值理念自然也有别于其他行业，从而有其自身鲜明的个性特色。

二、交通文化的特点

不同行业有其各自的结构形态和嬗变沿革，以及不同的静态表征和动态特征，因而体现出与之相对应的文化体系特点。从这方面考察，交通文化具有多样性、层次性、传承性、时代性等突出特点。

交通文化的多样性。交通行业由多个系统、多种专业、多种组织构成。从职能范围看，交通行业主要有公路建设与管理、道路运输、规费征稽、港口、航运、海事、救捞、船检、公安等系统；从专业性质看，交通行业主要有公路、桥梁、车辆、站场、船舶、航标、航道等专业领域；从组织性质看，交通行业主要有行政机关、执法单位、交通企业和事业单位等组织。不同的系统、专业、组织都有其自身的生产特征、服务要求和管理模式，因而具有不尽相同的价值理念，从而形成了文化的多样性。交通文化的多样性，要求交通文化建设要充分考虑不同文化价值理念的个性与共性，整个行业的文化建设在价值理念的提炼和价值体系的整合上要兼收并蓄、博采众长，从而形成能为整个行业广泛认同并普遍接受的价值理念。

交通文化的层次性。按照交通行业的职能、专业和组织等分类，可将交通文化细分为交通系统文化、交通专业文化和交通组织文化，各组成部分按照某种秩序有机结合，呈现出一定的层次性。其中，行业文化是一个面，系统文化是一条线，组织文化是一个点，专业文化则可看作对系统文化的细分，因为公路、桥梁、车辆、站场、船舶、航标和航道等是隶属于各交通系统的物质实体。整个交通文化体系因此呈现出一种“点-线-面”式的层次特征。各层次文化所秉承的价值理念具有内在的联系，一般来说，上层文化价值理念是对下层文化价值理念的归纳，上层文化更为抽象，下层文化更为具体。交通文化的层次性，要求提炼、整合交通行业的价值理念要自下而上、由点到面，逐层归纳，从而形成具有深厚基础的价值理念。

交通文化的传承性。交通文化形成于交通发展的实践，并随着交通的发展而发展。交通发展过程就是交通文化形成的过程，交通发展的历史沿革就是交通文化的传承沿革。交通发展在不同时期面临着不同的发展任务和发展条件，因而有着不同的价值理念和文化内涵。传承是发展的基础。交通文化的传承性，要求用历史唯物主义和辩证唯物主义的观点和方法去认识交通文化，从源远流长、积淀丰厚的发展历史中发掘、提炼交通文化的价值理念元素，充分吸收传统文化的合理成分，进而将交通行业优良的传统文化发扬光大。

交通文化的时代性。中国乃至世界交通发展都已进入新的阶段，快速推进中的中国交通现代化要求坚持科学的价值理念，发展先进的交通文化，以此促进交通事业又好又快发展。因此，建设交通文化，必须坚持先进文化前进方向，在传承交通传统文化的基础上，充分融入现代意识，不断丰富和发展其科学内涵，确立具有时代特征的价值理念，发展具有现代意识的物质文化、制度文化和精神文化体系。

三、交通文化的功能

交通文化的作用集中体现在“内聚人心、外塑形象”两个方面，具有凝聚、导向、激励、约束、外塑和辐射等基本功能。认识这些基本功能，是认识交通文化的建设目的与建设意义的基础。

交通文化的凝聚功能。交通文化所倡导的价值理念一旦为整体行业认同并接受，就成了千百万从业人员共同的理想与追求，进而以其强大的粘合力，从各个方面将整个行业及其成员聚合起来，形成巨大的向心力和凝聚力，形成强烈的集体意识与团队精神，为实现共同的理想与追求而齐心协力、共同奋斗。

交通文化的导向功能。交通文化所倡导的价值理念是整个行业的共同理想和共同追求的集中反映，代表了千百万交通人的主流思想和主流意识。这种共同的理想和追求，通过教育和灌输，会引导行业的个体与群体在思想、观念上做出调整，使其与整个行业所确立的价值取向保持一致，从而起到一种导向作用。

交通文化的激励功能。交通文化建设的核心要旨是以人为本、以文化人，强调确立共同的理想、营造和谐的氛围。这些都有利于增强各部门、各单位干部职工的使命感和责任感，激发干部职工的积极性和创造性，使广大干部职工乐于参与交通建设，乐于发挥聪明才智，为实现共同理想、实现自身价值而做出努力。

交通文化的约束功能。交通文化一旦形成，就建立了自身系统的价值理念，就为行业整体及其成员明确了价值取向，同时也确立了道德规范和行为准则，从而对行业整体及其成员起到一种约束作用。但是，这种约束具有自觉性，是一种软约束，这种软约束产生于整个行业的文化氛围，使各个成员产生共鸣，继而达到自我控制。

交通文化的外塑功能。交通行业特色文化所倡导并实践的价值理念是交通行业的旗帜，旗帜就是形象，这种形象包括理念形象、行为形象和视觉形象。这些形象是社会公众了解和评价交通行业的标志和表征。因此，交通文化具有外塑形象的重要功能。

交通文化的辐射功能。交通文化的辐射功能主要体现在所倡导并实践的价值理念通过外化而为广大社会公众所了解、所感受，会影响整个社会价值理念的形成与发展，从而使交通文化成为社会主文化的生长点和贡献源，为社会主义文化大发展、大繁荣做出贡献。

四、交通文化的载体

凡文化均有其价值理念的承载体或附着体。人类通过劳动创造文化。人类的劳动作用于自然形成物质文化，作用于社会形成制度文化，作用于人类自身形成精神文化。交通文化的载体主要包括主体载体、组织载体、制度载体和物质载体等。从根本上说，建设交通文化就是建设和优化这些载体。

主体载体。交通行业从业人员是交通行业的主体，自然也是交通文化的主体。交通行业从业人员既是交通行业价值理念的倡导者和实践者，也是交通行业价值理念的承载者和传播者。交通文化说到底是交通人的文化，是交通人的思想意识和价值取向。建设交通文化，要注重人的决定性因素，突出人的主体性地位，一是注重发掘广大从业人员的价值理念元素，确立具有深厚群众基础的价值理念体系；二是注重依靠广大从业人员建设交通文化，践行价值理念；三是注重通过文化建设来提升广大从业人员的综合素养，运用文化的力量来增强从业人员的凝聚力和向心力，激发交通从业人员的积极性和创造性。

组织载体。交通行业的行政机关、事业单位和交通企业等各种组织，既是交通行业的基本单元，也是交通文化建设的基本单元。这些组织作为交通文化的载体，与文化的内在联系主要体现在以下几个方面：一是组织内涵反映组织文化的性质。组织内部共同的目标追求、一致的价值取向、和谐的分工合作都是文化使然，其既是文化作用的结果，也是文化自身的表征。二是组织结构体现组织文化的个性。组织结构决定了组织内部的职责关系，其选择和形成受到组织文化的影响，并反作用于组织文化，从而使得不同的组织结构体现出不同的文化个性。三是组织功能体现组织文化的要求。组织的功能主要体现在整合人力资源、规范人的行为、满足人的需要，从而履行组织使命，实现组织目标，这些功能和作用与组织文化的功能和作用是一致的，正好体现了组织文化建设的目的和要求。建设交通文化，要求将组织建设作为重点内容，着力提升组织管理理念，改进组织管理方式，按照科学管理、规范管理的要求，优化组织的内部结构与协作关系。

制度载体。制度是要求组织成员共同遵守的办事规程、道德规范和行为准则。组织制度和组织文化之间关系十分密切。一方面，组织文化是组织制度制定与执行的重要决定因素，影响着组织制度的形成及其功效的发挥。组织制度是组织文化的产物，组织制度所具有的规范约束和激励作用等本身就体现了组织文化建设的直接目的和内在要求。这样，组织制度就成为了组织文化的重要载体，组织制定并执行各种办事规程、道德规范和行为准则都反映了组织文化所倡导的价值理念。另一方面，组织制度对组织文化的形成和发展也具有重要影响，有什么样的组织制度也必然会使组织成员表现出相应的处事态度和行为方式，从而营造相应的组织氛围、孕育相应的组织文化。建设交通文化，要求将制度建设作为重点内容，按照以人为本、科学管理的要求，以实现员工价值、规范员工行为为价值取向，着力健全组织内部的管理制度，推进制度创新与制度变革。

物质载体。物质载体是反映交通文化特色内容的重要载体和交通文化先进程度的重要标志。交通文化的物质载体主要包括以下几类：一是交通行业的生产资料，包括基础设施、运输装备及其支持保障系统，如公路、桥梁、车站、港口、航道、航标、车辆和船舶，办公场所、生产车间和服务场所等，这是交通生产力的物质基础，其外形特征、结构特点、技术价值、美学价值、历史价值、民族特色、地域特征、人文内涵及其社会经济意义等，是交通文明的重要标志，也是交通文化的重要特色所在。二是交通行业的形象标识，如各系统、部门和组织的徽标、着装和歌曲等，这也是交通文化的可感知性象征物，充分体现了交通文化的个性和风格。三是交通行业各种组织保障员工基本权益、提升员工综合素养的各种实体手段，如保健、卫生和安全等设施，技术培训、职业教育和文化教育等文化设施，这些也都充分体现了交通文化的个性和风格。建设交通文化，要求将物质载体建设作为重点内容，既要着力保证物质实体的经济社会意义，也要着意丰富物质实体的技术价值、美学价值、历史价值、民族特色、地域特征和人文内涵，着力提升交通行业的外在形象。

五、交通行业的价值体系

交通文化建设坚持社会主义先进文化前进方向，用马克思主义中国化最新成果武装和教育广大干部职工，用中国特色社会主义共同理想凝聚力量，用以爱国主义为核心的民族精神和以改革创新为核心的时代精神鼓舞斗志，用社会主义荣辱观引领风尚。经过长期的探索与实践，交通行业逐步形成了具有鲜明行业特色和时代特征的交通精神文化、制度文化和物质文化，形成了实践证明对于引导交通事业快速发展、科学发展、和谐发展具有重要指导作用的价值体系。

（一）行业使命：发展现代交通，做好“三个服务”

发展现代交通，促进民富国强，是国家和人民赋予交通行业的神圣使命。交通是支撑经济良性发展、促进社会全面进步的基础性产业和服务性行业，是促进经济增长、优化产业布局、改善人民生活、保障国家安全、维护社会稳定的基础条件和重要依托。交通发展的主要任务是发展现代交通业、实现交通现代化，根本目的是促进人民富裕、实现国家强盛。在目前及今后相当长时期内，交通行业围绕履行这一使命，必须把握世界交通发展的总体趋势和我国交通发展的阶段特征，着力调整交通结构、转变发展方式、推进自主创新、完善行业管理，加快推进交通由传统产业向现代服务业转型，努力提高做好“三个服务”（服务国民经济和社会发展全局，服务社会主义新农村建设，服务人民群众安全便捷出行）的能力和水平。

（二）共同愿景：建设一个更安全、更通畅、更便捷、更经济、更可靠、更和谐的现代化公路水路交通运输系统，实现人便于行、货畅其流，让人们享受高品质的运输服务，让经济社会发展更加充满活力，让交通与自然、交通与社会更加和谐。

交通行业致力于建设一个更安全、更通畅、更便捷、更经济、更可靠、更和谐的现代化公路水路交通运输系统，体现了交通行业基于自身使命而对未来交通发展愿望与发展前景的美好憧憬，对未来交通发展目标与发展效果的理想追求，是交通行业重要的价值取向。为实现这一愿景，一代代交通人前赴后继，作出了艰苦卓越的不懈努力，取得了举世瞩目的巨大成就，交通事业各个方面不断地实现了历史性突破和跨越式发展。目前，公路主骨架、水运主通道、港站主枢纽和支持保障系统建设全面推进，高速公路、特大桥梁、长大隧道和专业码头建设快速发展，万车竞发、百舸争流的繁荣景象已经初步形成，货畅其流、人便于行的良好效果已经日益显现，现代化公路水路交通运输系统已经初具规模，更加宏伟的发展目标正在又好又快地大力推进之中，交通发展的美好愿景必将成为现实。

（三）交通精神：艰苦奋斗、勇于创新，不畏风险、默默奉献

交通精神是民族精神和时代精神在交通实践中的生动体现，是对交通行业先进典型精神内核的高度概括，是交通行业广大从业人员共同创造的精神财富，是交通行业履行自身使命、实现共同愿景的强大动力，代表了交通行业广大从业人员的思想意志和精神风貌。交通精神的核心要素是“艰苦奋斗、勇于创新，不畏风险、默默奉献”。

艰苦奋斗是交通行业的优良传统。立足我国建设任务繁重、经济基础薄弱的基本国情，交通行业各条战线广大员工，本着高度的使命感和责任感，始终保持勤俭节约、艰苦朴素、拼搏进取、努力奋斗的优良传统，大力推进我国的现代化交通建设，确保交通发展的质量、效益和效率，创造了无数可圈可点的光辉业绩，涌现了以“一代人要有一代人的作为、一代人要有一代人的贡献、一代人要有一代人的牺牲”的“青岛港精神”，“胸怀祖国、热爱边疆的爱国精神，刻苦钻研、勤奋好学的进取精神，不懈探索、敢于突破的创新精神，恪尽职守、忘我工作的敬业精神，淡泊名利、清正廉洁的自律精神，生命不息、奋斗不止的拼搏精神”这一“刚毅精神”，以及“勇闯新路、改革进取的精神，干字当头、艰苦奋斗的精神，遵纪守法、诚实劳动的精神，领导干部以身作则、吃苦在前、享受在后的精神”这一“华铜海精神”等为代表的彰显艰苦奋斗精神的先进典型。

勇于创新是交通行业的时代追求。锐意进取、勇于创新，是交通行业在长期的改革与发展实践中不断适应新的形势变化和发展要求，有效解决突出矛盾和问题，不断取得重大进展与突破的成功经验。长期以来，交通行业抓住机遇、与时俱进，

注重理念创新、科技创新、体制机制创新和政策创新，为实现交通事业又好又快发展提供不竭动力，涌现了以“报效祖国，服务人民的主人翁精神，立足本职、追求卓越的敬业精神，求真务实、勇攀高峰的科学精神，锲而不舍、勇于拼搏的进取精神，团结协作、淡泊名利的团队精神”这一“起帆精神”，“爱岗敬业、无私奉献的主人翁精神，艰苦奋斗、努力开拓的拼搏精神，与时俱进、争创一流的创新精神，团结协作、互相关爱的团队精神”这一“振超精神”，“恪尽职守、忘我工作的敬业精神，立足岗位、刻苦自励的拼搏精神，敢为人先、勇攀高峰的创新精神，凝心聚力、团结协作的团队精神”这一“孔祥瑞精神”，以及“凝心聚力的和谐意识，拼搏奉献的创业精神，敢为人先的创新精神，追求卓越的创优精神”这一“润阳大桥精神”等为代表的凸显勇于创新精神的先进典型。

不畏风险是交通行业的突出意志。交通建设逢山开路、遇水架桥，车辆行驶于陡峭险峻的群山之间，船舶航行于风急浪高的水面之上，无不存在一定风险，正所谓“行船走马三分险”。长期以来，中国航海者面对风浪惊涛的海洋环境和突如其来的各种困难，总是勇往直前、镇静应对、精诚协作，圆满完成国家和人民交付的各项运输任务，彰显了“乘风破浪、不畏艰险、同舟共济”的“航海精神”。尤其，在发生海上安全事故的情形下，我国海上搜救队伍更是凭藉精湛的技能和过人的胆略，不顾个人安危，及时赶赴现场，全力施行搜救，确保人民生命与财产安全，凸显了“把生的希望送给别人、把死的危险留给自己”的“救捞精神”，是交通行业坚强意志力和大无畏精神的突出体现。

默默奉献是交通行业的真情付出。我国公路水路交通建设、运输和管理大多是在气候恶劣、地形复杂、人烟稀少的特殊条件下展开的，广大交通建设、运输和管理人员，无数的铺路工、养路工和航标工，寒来暑往、经年累月，不顾风吹雨打、不计名利得失，在平凡的岗位上、在艰苦的条件下，恪尽职守、真诚奉献，用宝贵的青春和人生，铺就了无数大道、送去了万家温暖、确保了万家平安，留下了无数可歌可泣的感人事迹，涌现了以“为人民服务到白头”的“小扁担精神”，“爱岗敬业、默默奉献”的“铺路石精神”，“燃烧自己、照亮别人、奉献社会”的“航标灯精神”，“尚法弘德，为民负责，执法为民，服务社会”的“海事精神”，以及“尽职在岗、奉献在船”的“孙彪精神”等为代表的凸显默默奉献精神的先进典型。

（四）职业道德：爱岗敬业、诚实守信、服务群众、奉献社会

交通行业开展职业道德建设，坚持用社会主义荣辱观引领风尚，按照《公民道德建设实施纲要》的要求，大力倡导并努力践行以“爱岗敬业、诚实守信、服务群

众、奉献社会”为主要内容的职业道德，为交通事业又好又快发展提供有力的制度保障。

爱岗敬业是职业道德的基础。爱岗敬业要求从业人员干一行、爱一行、精一行。交通行业为全社会提供交通基础设施和客货运输服务，交通工程建设关乎百年发展大计，客货运输服务涉及广大公众利益，从业人员首先要热爱本职工作、履行岗位职责，要结合岗位需要、立足岗位工作，加强业务学习、注重实践锻炼，不断提高个人综合素质，在工作中恪尽职守、精益求精，为保证工程建设和运输服务质量作出自己应有的贡献。

诚实守信是职业道德的精髓。诚实守信要求从业人员做到诚实、诚恳，讲信义、守信用。交通行业倡导并实践诚实守信的职业道德，要着眼于切实解决交通、运输和管理中群众反映强烈、社会危害严重的突出问题，健全诚信机制，开展诚信教育，强化诚信意识，进一步推进“共铸诚信交通”实践活动，做负责任的行业、负责任的部门、负责任的岗位，努力提高整个行业的公信力和信誉度。

服务群众是职业道德的更高要求。交通行业本身是服务性行业，服务是交通的本质属性，做好服务是交通发展的突出主题。交通行业各部门、各单位广大员工要着力增强服务意识，努力提高做好服务的能力和水平。要继续开展文明行业、文明单位、示范窗口建设活动，大力推行热情服务、周到服务、规范服务，为人民群众提供更加安全、便捷、高效的优质服务。

奉献社会是职业道德的最高境界。交通作为经济社会发展的基础性产业和服务性行业，与社会生产和社会生活的各个方面息息相关，广大从业人员要将奉献社会作为职业道德建设的出发点和归宿，立足各自的本职工作，以宽广的胸襟和坦荡的胸怀，以自己的才华和汗水真情地反哺于人民、回馈于社会，在奉献中实现自我、发展自我。

六、交通文化建设的现实意义

大力推进交通文化建设，是交通行业深入贯彻落实科学发展观，促进交通事业全面发展的重要方面。党的十七大报告指出：深入贯彻落实科学发展观，要按照中国特色社会主义事业总体布局，全面推进经济建设、政治建设、文化建设、社会建设，促进现代化建设各个环节、各个方面相协调；推动社会主义文化大发展大繁荣，要坚持社会主义先进文化前进方向，兴起社会主义文化建设新高潮，提高国家文化软实力。大力推进交通文化建设，就是要确立符合先进文化前进方向和交通事业发展要求，具有鲜明行业特点和时代特征的价值体系，并付诸交通发展

实践，提升交通文化软实力，为实现交通又好又快发展提供精神动力、制度保障和物质基础。

建设交通文化有利于确立共同理想，树立共同目标，进一步增强发展现代交通的使命感和责任感。理想就是信念，理想就是旗帜。交通文化建设大力倡导并努力践行建设一个更安全、更通畅、更便捷、更经济、更可靠、更和谐的现代化公路水路交通运输系统，致力促进人民富裕、实现国家强盛，这些核心价值一旦为交通行业各部门、各单位干部职工所接受，就成了广大交通员工共同的理想和信念，成了统一干部职工思想认识的旗帜和标杆，进而增强广大交通员工的使命感和责任感，引领广大交通员工为发展现代交通、促进民富国强而自强不息、奋斗不止。

建设交通文化有利于继承优良传统，弘扬时代精神，进一步提高做好“三个服务”的能力和水平。交通精神是交通行业的灵魂。交通文化建设大力倡导并努力践行以“艰苦奋斗、默默奉献、不畏风险、勇于创新”为核心要素的交通精神，是交通行业继承优良传统、体现时代要求，努力做好“三个服务”的精神追求和强大动力。建设交通文化，弘扬交通精神，就是要宣传先进典型，弘扬浩然正气，以此激发广大交通员工的积极性和创造性，使之成为不断提高做好“三个服务”的能力和水平的强大动力。

建设交通文化有利于凝聚行业力量，提升行业形象，进一步增强构建和谐交通的凝聚力和影响力。交通文化建设按照以人为本的核心要旨，在精神文化、制度文化和物质文化等各个层面，大力倡导并努力践行交通发展的事业追求和社会责任，努力实现好、维护好、发展好用户利益、公众利益、员工利益。这些价值取向，既是一种宣示，更是一种承诺，其所体现的人本主义和人文关怀，有利于改善交通行业的内在氛围、提升交通行业的外在形象，改善行业内外的关系，提高交通行业的凝聚力和影响力，从而提升交通发展的软实力，促进交通事业又好又快发展。

（执笔人：王先进　李春　樊东方　邱曼丽　刘利　张榕榕）

前　言

《船文化》一书是众多的编委会成员、船舶工业及航运界业内人士、出版社编辑同仁和撰著者共同努力的结果。

《船文化》一书几易其稿。撰著者谨记：我们写的既不是船舶史也不是教科书。但却是写了从古到今船舶在发展过程中有史料价值和有文化内涵的一些亮点。我们希望它能对交通从业人员和广大读者在普及船舶科技、文化、历史知识方面起到一些有益的作用。本书由4篇17章构成，即帆船篇7章，轮船篇4章；舰船家族篇3章和延伸篇3章。

帆船篇以时间为序，从石器时代舟船的起源讲到明清海禁导致中国造船业衰败。第一章写的是文化发展的多元论以及中国舟船的起源。

第二章写汉代的楼船与三国赤壁水战的斗舰。“汉习楼船”与赤壁水战，在中国几乎是家喻户晓的故事。之所以这样写，想必更能引起读者的阅读兴趣。

第三章写晋代的两大发明——水密舱壁和车轮舟。这些故事技术性强，对广大读者或许有些陌生。但是，这是船文化发展中的精华和亮点，在故事中有事件、有时间、有地点、有人物，期望会引起读者的注意，从而激发读者对祖国传统文化的认同感与自豪感。

第四章讲的是隋代的船舶。隋代国祚不长，但隋炀帝三下江南及其龙舟船队又是众所周知的故事。在广大群众的认知中，隋炀帝杨广是一个荒淫无度的暴君。但是在唐代著名诗人皮日休看来，他却是“若无水殿龙舟事，共禹论功不较多”的有为皇帝。为什么诗人皮日休将隋炀帝与大禹王相提并论？理由当然是因为隋代挖掘的大运河使多代人受益。隋代在四川建造了五牙舰，顺江而下三战皆捷，从而打败了南朝的陈后主，统一了全中国。本书采用的五牙舰图片，其复原模型陈列在北京军事博物馆。《中华科技五千年》和清华大学张春辉等编著的《中国机械工程发明史》都引用了这一复原研究成果；但也有船史学家认为这是“今人想象虚构”的。究竟是科技发明还是想象虚构？读者可有自己的判断。

第五章讲到唐、宋、元三代的船舶。虽然这三代时间跨度较大，但它们有一个共同点，都采取了开放的国策。昆明大观楼有著名的长联，下联有“汉习楼船，唐标铁柱，宋挥玉斧、元跨革囊”。这四句高度概括了中国船文化的发展。宋代特别注重发展海外交通，甚至对国家的版图都不太“重视”。唐代和元代都把云南放在统治的范围之内，而宋代玉斧一挥，把金沙江以西划为界外。所以云南的孙髯翁对宋代持批评的态度。唐宋元三代的船舶文化有重大发展，以至臻于成熟。从出土的古船和传世的艺术品如《清明上河图》都能看到这一点。

第六章讲明代的船文化。明代理论概括船文化的舟船著作众多，中国的三大船型在明代的著作中受到详细解读。明初的郑和下西洋以及郑和宝船，使中国船文化发展到巅峰时代。对明代郑和宝船的尺度和规模，国内外持怀疑态度的学者不乏其人。但是，在2005年纪念郑和下西洋600周年之后，特别是在发掘了南京宝船厂遗址获得重大成果之后，再想否定大型宝船的存在就真的很困难了。

第七章写的是明清海禁导致中国的造船业滑落到低谷。然而，即使在这段时间，中国船文化也有亮点。那就是在日本画家笔下的《唐船之图》，描绘了中国帆船的英姿。

本书轮船篇共4章。第八章 近代造船业是“一曲不屈的悲歌”。在中国中世纪船舶技术领先于世界上千年之后，却被西方发展和流行的坚船利炮敲开了大门。在林则徐等提出的“师夷之长技以制夷”思想指导下，封疆大吏曾国藩、李鸿章、左宗棠等发起了以造船铸炮为主要内容的洋务运动。中国人向西方学习先进技术可谓认真和努力，“然而老师总是侵略学生”，以“御侮”和“自强”为标榜的洋务运动，最终也只是一曲不屈的悲歌。但是，从科学技术发展的进程看，发端于洋务运动的中国近代造船技术，是中国人最早引进的先进的生产力，它对于发展我国的轮船业不仅是必要的，而且是不可逾越的。在80多年的时间里，全国总共建造了钢质轮船50多万吨，当然不算很成功。但确实为中国发展现代造船业奠定了不可或缺的基础。

第九章写的是新中国跻身于世界造船强国之路。这条道路并不平坦，经过艰苦创业的十数年，刚刚有些成绩，就遇上了十年动乱，中国当代的造船业是曲折前进的。是1978年开始的改革开放政策，使中国当代造船业和航运业焕发了青春。目前，我国造船业和水上运输业的发展形势十分看好，一个造船大国和造船强国即将屹立于世界的东方。由于当代造船业正在进行中，尚未有准确、完整的文献加以概括。笔者1949年起学习造船，1953年开始参加第一个五年建设计划的行列，亲历了很多船舶工业和运输业的重大事件。我们充满激情撰写这段历史时期的造船业发展过程和其中的亮点，是否能写得较为完整而真实，就只能请广大读者和有关专家评说了。当然，在我们的叙述中少不了用珍贵的历史图片作为佐证。

第十章讲的是船舶动力。其中第一节“从人力、风帆演变至核动力推进”。这是人民交通出版社原总编辑陈民扬同志的著作，约五千字，原发表在国家重点图书《科学的丰碑——20世纪重大科技成就纵览》（山东科学技术出版社，1998年）。笔者认为陈民扬同志对动力装置发展演变的过程写得既准确、权威，又通畅易读。经他同意，本书借用来惠及读者。

船舶动力装置并非笔者的专业。在动笔之前，我曾求教于内燃机专家朱国伟教授，承他提供MAN-B&W大型低速柴油机系列的最新资料。本章的文稿实属笔者的学习笔记。朱国伟教授在审阅本章文稿时删去一些厂家的广告语言。在此，我们对陈民扬、朱国伟两位教授一并致以谢忱。

第十一章 航海者的眼睛——船舶导航技术的发展。其作者是中国远洋运输（集团）总公司战略发展部的袁爱东处长，原文发表在《科学的丰碑——20世纪重大科技成就纵览》，经作者同意在本书作为一章，她又重新选配了几幅新的图样。作为船舶千里眼的雷达和卫星航海定位技术，都是发生于20世纪中叶的最新科技。原作是作为科学普及读物发表和出版的，对于有此类航海实践的船员，读起来当为通畅易读，对于不熟悉此类业务的读者会有生疏感，也在情理之中。不过，总会是“开卷有益”的，我们与读者一道感谢本章的作者袁爱东同志。

舰船家族篇共3章。当今船舶，她的用场决不限于运输。即使是运输船也因运输对象的不同和装卸方式的差异，而派生出互不相同的一系列新船型，从而构成了专业化的民用船舶大家族。除运输业之外，在科学调查、探测和研究领域，在工程建设、环境保护、渔业和石油开发等各种领域，都离不开现代化的船舶。第十二章专业化的民船大家族，可谓内容广泛，信息量丰富，可能是广大读者之所爱。

舰船家族篇的第十三章讲军舰。我们在写作伊始，曾有领导同志说，最好不写军舰，因为这不在交通行业的业务范围之内。可是，从古到今，舰与船总是同长共生。我们中国的造船人，不仅造了大量民用船舶供内需和出口，也为中国海军建造了各类各型的军舰，从而永远地结束了我国有海无防的历史。再说美国，它的民用船舶大多向国外购置，而军舰却始终立足于国内。考虑到海军舰艇是一大群军迷和舰船迷之所爱，写《船文化》一书时若少了军舰一章似乎不算完整。但是想写军舰也并不容易，首先作者不熟悉此道。我们既不能向工厂索取资料，更不能向海军界询问，因为要保守军事机密。本章的资料来源于作者公开出版过的《中国船舶工业》大型画册（人民交通出版社，1997），其中有军舰图片100多幅；其次是公开出版的刊物。例如从《舰船知识》杂志可搜集到很多资料。采用《舰船知识》上发表的军舰图片已获该杂志领导同志的同意。在此，谨向该杂志社俞东海社长和广大编辑同仁表示由衷的感谢。在互联网上也有很多关于国内外军舰的信息，我们谨慎地加以参考和利用。

第十四章　中国的十大名船。这是2006年春在人民大会堂正式公布的权威评选结果。我们在介绍十大名船的时候，也顺便补充了我们掌握的一些背景资料。有些资料是我们通过对各地区造船企业调研时得到的。这是由我的合作者宋颖补充完成的。

本书最后一部分延伸篇共分为第十五、第十六、第十七三章。在延伸篇中，讲述船文化的内涵和延伸。这里面主要是文献中、艺术品中、古典诗词中讲到的船以及关于船的故事。这是宋颖同志的作品。宋颖同志专攻中国文学，曾获新闻学硕士学位，文字功底不浅。我与她的合作是互补的，她不仅撰写了延伸篇三章，对有关的章节也做过些有益的补充、润色或文字加工工作。总之，这部《船文化》是我们俩人合作完成的。

我们为了搜集必要的资料与图片，曾到各造船企业进行调研。《船检文化》的承担单位——中国船级社给了我们热情的帮助。经中国船级社大连分社、青岛分社、南京分社、中国船级社上海规范研究所领导的安排，他们派人与本书作者一道，先后到大连船舶重工集团公司、大连船用柴油机厂、旅顺大坞船厂、山东威海船厂、山东烟台莱佛士船业公司、江南造船（集团）公司、沪东中华造船（集团）公司，上海外高桥造船有限公司等企业进行调研。在此，我们向中国船级社、向中国船级社党办的向良凯主任、向上述各单位陪同我们一路进行调研的陈国卫先生、蒋际波先生、原媛小姐致以衷心的谢意。

南通中远川崎船舶工程有限公司的造船和管理水平，在业内和客户中有很好的口碑。感谢《航海文化》课题组的辛加和部长为我们前去调研提供了方便。我们还要对中国船舶工业第一家上市企业——广州广船国际股份有限公司、广州文冲船厂有限公司、武汉南华高速船舶工程公司的设计部门、工会和负责文化宣传工作的同志深表感谢。

位于古运河畔的嘉兴船文化博物馆是我国首家专业船文化博物馆，也是一家由嘉兴市港航管理局创意和兴建的“国家文化工程”，《船文化》专著得到该馆热情的回应。该馆陈列的精致船模的图片在本书里也有所展示。澳门海事博物馆也为我们提供了图片。本书也采用了尤飞君主编的《中国古船图鉴》里的图片。在此对他们一并表示感谢。

长航集团作为《船文化》课题的承担单位，其下属的上海长江轮船公司、南京长江油运公司、中石化长燃南京分公司、金陵船厂、青山船厂、长江船舶设计院等单位负责文化宣传工作的各位领导和方楚昌同志等同仁也都对本书的完成给予了热情的支持。

我们的校友，中远总公司贸易部的张岩先生，向作者提供了许多中远和有关单位出版的形象资料；《中船重工》报的黄文玲女士、文冲船厂的陈莉女士、中远广州黄埔船业公司的张翔先生、长江航道局的汪权炎先生也向我们提供了船舶产品的图片。招商局重工（深圳）有限公司的副总部启一、总经理助理李东柏也为我们调研提供了帮助。武汉理工大学造船史研究中心的蔡薇、顿贺、龚昌奇老师也为我们提供了帮助。中国船级社武汉规范研究所教授级高工何国卫先生，作为课题组聘请的专家，经常与我们沟通和交流。他对本书的完成也起到了重要作用。最后，特别要提到责任编辑乔文平女士，她工作细致、严谨、热情，在提高书稿质量方面给予我们很大帮助，在合作中我们感受到她对我们的友善。对所有的指导与帮助，我们由衷地表示感谢。

《船文化》一书，虽然只是说“船”，但也可谓包罗万象。我们深感学识不足，力不从心，写得欠妥或错误之处肯定不少，这有待各位读者和专家的批评指正，我们预致谢意。

席 龙 飞

2008年 6月

于武汉理工大学交通学院

目　录

帆船篇

轮船篇

舰船家族篇

延伸篇

帆 船 篇

第一章　黄河长江与海洋共同孕育了中国的舟船文化

一、舟船出现以前的原始渡水工具

远古先民在猎取食物以及与洪水搏斗中，溺死于水中的事必然时常发生。当他们经常见到落叶、枯木等物体能漂浮在水面之上时，自然会对物体的漂浮现象逐渐有所感知。当他们多次利用浮力好的自然物体得以生存时，则更加深对漂浮现象的感知。在为取得食物，或是对某一隔水相望的地方产生向往的时候，想必更能促使他们根据已有的漂浮于水面的认识，选择浮性力的自然物体，作为泅渡工具。纵然是依靠一段枯木渡水，也是经过多次实践而取得的重大突破。

古书《世本》记有：“古者观落叶，因以为舟”。而《淮南子》更记叙有：“见窍木浮，而知为舟”。但是，两者把舟船的产生都未免说得过于轻而易举了。

《物原》说：“燧人氏以匏济水，伏羲氏始乘桴”。匏就是自然界生长的葫芦。桴就是渡水用的筏。《物原》中这句话是立足于谈筏的起源，顺便说到在筏出现以前曾有过抱着葫芦渡水的情况。

现在，很难知道燧人氏和伏羲氏究竟是何许人，古书又很难令人信服地说明他们存在的确切年代。这些古书是借燧人、伏羲之名，示意所论时代的久远罢了。为此可以认为，这些远古先民，在舟船尚未出现的很长一段时间里，已能跨着一段窍木或者抱着一个大葫芦作为渡水工具了。

由于原始的渡水工具易腐难存，所以在中国石器时代的考古中尚未有所发现。但是，根据中国民族学学者的考察，近在十数年前，甚至在目前，一些民族地区仍在沿用着形形色色的原始浮具。这些浮具对于认识和研究舟船的产生有着重要的借鉴作用。

（一）葫芦——腰舟

葫芦具有体轻、防湿性强、浮力大等特点，所以很早就被人类作为渡水工具。

中国古代称葫芦为瓠、匏、壶，后来又称壶芦、葫芦等等。在浙江余姚河姆渡新石器时代遗址曾发现葫芦的种子，这是中国早在7000年前就已栽培葫芦的有力见证[①]。

《易经》中有“包荒（kang）冯（ping）河”这句卜辞。包是匏的假借同义字，就是葫芦。荒是空虚的意思。冯河是指涉水渡河。“包荒冯河”就是抱着空心的葫芦渡河。葫芦这种浮具也许被沿用了一两万年之久。

抱着葫芦渡河，在后来的诗歌里也曾被提到。《诗经·邶风·匏有苦叶》中说道：“匏有苦叶，济有深涉。深则厉，浅则揭”。说的是，葫芦有枯黄的叶子，可以用来渡过深水。深水要漫过腰带，浅水只要提起衣裳就行了。在《国语·晋语》中有：“夫苦匏不材，于人共济而矣”。其中济即渡，说的也是利用葫芦渡水。

《庄子·逍遥游》中说：“今子有五石之瓠，何不虑以为大樽而浮乎江湖”。[②]虑就是用绳缀结在一起。樽为酒器，缚之亦可自渡；由此可以看出，从单个葫芦进而把几个葫芦用绳连缀到一起，不仅浮力可成倍增加，而且双手可以解脱，用以划水。这应当说是一个很大的进步。

图1-1 葫芦－腰舟

过河时把几个葫芦拴在腰间，也称为腰舟（图1-1）。这种腰舟的遗风，在一些兄弟民族地区至今还能看到。中国云南省哀牢山下礼社江两岸的彝族同胞，当捕鱼或远出外地的时候，就在腰部拴上几个葫芦[③]。这种腰舟在黄河流域也有踪迹可寻，例如在1949年前后，晋南黄河岸边的农民，为了耕田就骑着两个葫芦往返于黄河两岸。

①河姆渡遗址考古队.浙江河姆渡遗址第二期发掘的主要收获：[文物].1980.(5).1~15.

②周·庄周撰.晋·郭象注.《庄子》第1卷：四部备要·子部：台北：中华书局.1980年.第9页.

③宋兆麟.从葫芦到独木舟：[武汉水运工程学院学报].1982（4）.92.

（二）皮囊

在人们从狩猎、采集进入到农耕和饲养牲畜阶段后，还曾用牲畜的皮革制成皮囊以为浮具。其做法是将整个皮革翻剥下来后，把颈部和三个蹄部的孔口系牢，留一个蹄孔作为充气孔道。用时，先把皮囊吹鼓，然后再扎紧充气孔，便可单独作为浮具了。

皮囊是作为浮具用的，也称浮囊，它还有另外的名称“浑脱”（图1-2）。唐人李筌在《太白阴经》中记有：“浮囊，以浑脱羊皮，吹气令满，系缚其孔，缚于腋下，可以渡也”[①]。

这里的“浑脱羊皮”，原是指宰羊

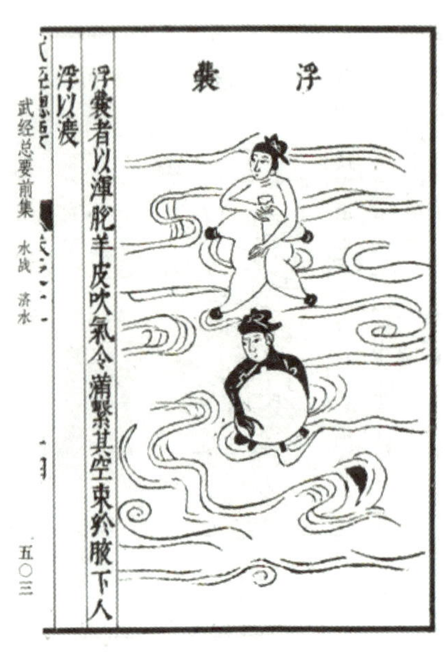

图1-2 皮囊（采自《武经总要》）

剥皮的一种方法。由于翻剥羊皮用作皮囊，久而久之，人们把皮囊也称作“浑脱”了。明代李开先在《塞上曲》中的诗句有：“不用轻舟与短棹，浑脱飞渡只须臾”[2]。须臾，很短的时间，或者说是片刻。

皮囊出现的年代，由于缺少考古学的发现，目前还难以考证。如果断定为出现在的饲养业以后，那当是进入新石器时代以后的事情了，但见于文字记载者只有近2000年时间。在《后汉书·南匈奴列传》中，记有永平八年（公元65年）汉与匈奴的争斗中使用革船的事例。文曰：“其年秋，北虏果遣二千骑侯望朔方，作马革船，欲度迎南部畔（叛）者，以汉有备，乃引去”[3]。在《后汉书·邓寇列传》中记有，章和二年（公元88年）护羌校尉邓训在青海贵德一带击迷唐时也曾使用过“缝革为船”，文曰：“训乃发湟中六千人，令长史任尚将之，缝革为船，置于箄上以渡河”[4]。这里记述的“作马革船”和“缝革为船”，与皮囊相比较则是更为高级的浮具，可见皮囊的出现将较为公元初年更为久远。至于“缝革为船，置于箄上”，说的就是皮筏了。

应用皮囊的地区，在中国主要是在黄河和长江的上游。皮囊制作简单，应用时携带方便，更不怕浅水、激流和险滩。

中国许多少数民族地区都有过使用皮囊的经历。这些少数民族是羌族、藏族、回族、蒙古族、彝族、纳西族、普米族等。唐代诗人白居易，在叙述少数民族弟兄由边陲到达国都长安时，有诗曰：“泛皮船兮渡绳桥，来自巂州道路遥”。巂州即四川省的越巂县，今改为越西县。迄今在中国的西北和西南的少数民族地区，使用皮囊的事例仍有所见。民族学家宋兆麟曾发表近年普米族同胞使用皮囊的照片。据认为皮囊以及皮筏是中国少数民族的一项发明。清人赵翼在其《陔馀丛考》中说：“以革为舟夜渡，是牛皮为船，由来久矣，皆出于番俗也”。[5]

①唐·李筌.《太白阴经》.卷4.
②鲁人勇.古老的水上运输工具——皮筏.[中国水运史研究].1987(1).102.
③南朝宋·范晔.后汉书·南匈奴列传:中华书局.1959年.第2949页.
④南朝宋·范晔.后汉书·邓寇列传:中华书局.1959年.第610页.
⑤宋兆麟.从葫芦到独木舟:[武汉水运工程学院学报]1982(4).96.

(三)筏

筏是由单体浮具发展起来的。一根树干,在远古就是一件浮具。树干呈现圆柱形,在水中易于滚动。为使其平稳,也为获得更大的浮力,人们将两根以上的树干并拢,用藤或绳系结起来应用。这样一来,集较多的单体浮具为一体就形成了筏(图1-3)。

筏,因其大小和取材的不同而有不同的名称。《尔雅》记有:“桴、栰编木为之”。大曰栰,小曰桴。郭璞注解说:“木曰栰,竹曰筏,小筏曰桴”。

图1-3 中国古代的筏

中国南方盛产竹,竹筏的使用很是广泛。用火将竹的两端烧烤后使其向上翘起,然后以藤条、野麻编缚在一起,划动起来阻力较小,顺流而下则漂浮如飞。图1-4为见于中国台湾海峡的竹筏。由于该筏还带有篷帆,可见其年代并不久远。

将许多皮囊编扎在一起,就成了皮

图1-4 中国台湾海峡的竹筏

筏。组成皮筏的皮囊少者有6~12个,多者可达400~500个[①]。

皮筏,虽是较原始的渡水和运载工具,但它的应用经久不衰。这是因为它具有独特的优点:制作简单,操纵灵活;安全可靠,不怕搁浅;成本低廉,不耗能源。图1-5为近年在宁夏黄河岸边还能见到的小型羊皮筏。这种小型羊皮筏的重量很轻,一个人就可以用肩背起来上路。

制作羊皮筏时需将皮囊充气。制作

图1-5 近年在宁夏所见的皮筏（鲁人勇提供）

牛皮筏时则皮囊可不必充气，而填以所装运的羊毛之类轻货。如不运此类轻货，则填以干草，俗称“草筏”。装货时注意载荷的平衡。

在大型长途运行的皮筏上，可张设帐幕，作旅客及筏工歇息之处。皮筏的每一个皮囊都是一个密封的提供浮力的单元。航行中即使有若干个皮囊破洞而失去浮力，但绝大多数皮囊仍不至于进水，其浮力足可以使皮筏脱离险境。中国西北地区历来有大宗的土特产如羊毛、药材、皮毛、菸草等，数量大而且是单向运输。过去，皮筏曾经长期作为主要的运输工具。

皮筏运输也有很大的局限性，最大的缺点是不能逆水而上，故有“下水人乘筏，上水筏乘人”之谚。

筏有因地制宜、不拘一格取材，制作简单和稳定性好等优点。尽管筏的构造简单，但确是人类征服自然的智慧结晶。人们从半身浸在水中抱着葫芦或皮囊渡水，到登上筏，甚至还能载上些猎物，其欢欣鼓舞之情，是不难想像的。

筏不仅能供作渔猎还能用来渡过大江大河，甚至可用于在海洋上漂流。“特别是中国首创的竹筏，体轻，抗折，它随着百越人的海上活动，最远传到了拉丁美洲的秘鲁沿海各地”[②]。

民间使用的竹筏、木筏，作为一种水上运载工具，沿用后世。不过将筏当做运载工具者日见稀少，绝大多数竹筏、木筏本身就是被运载的货物，如在山区采伐下来的竹、木材，主要靠山间小溪或小河漂流到山下集中，然后编结成筏，顺江河漂流下运。宋代诗人陆游，乾道六年（1170年）入蜀任夔州通判，所著《入蜀记》写下沿长江所见：在江中“遇一木筏，广十余丈，长五十余丈，上有三四十家，妻、子、鸡、犬、臼、碓皆具，中为阡陌相往来。亦有神祠，素所未睹也”。他还听说：“舟人云此尚小者耳，大者于筏上铺土作蔬圃或作酒肆”[③]。近代在长江中的竹、木筏上，押运人确实搭着简单的竹木棚屋居住，有时也带着家眷，支着锅灶，养着鸡、狗，但铺土种菜和开酒馆等项传闻或为夸饰之辞。不过，木筏自为货物自运的运输方式，也只限于顺江而下。正如陆游所说：“皆不复能入峡，但行大江而已”。

在原始的渡水工具中，葫芦或是皮囊只可称为浮具，筏也算不得船。具有容器形态的，也就是具有干舷的，才能称作舟或船。只有在独木舟问世以后，在人类的文明史上，才算是出现了第一艘船。

①鲁人勇．古老的水上运输工具——皮筏：[中国水运史研究]1987（1）．102．
[日]上野喜一郎．船の世界史（上卷）：东京：舵社．1980年．第23页．
③中国航海学会．中国航海史（古代航海史）：人民交通出版社．1988年．第10页．
④宋·陆游．入蜀记：卷4．知不足斋丛书．

二、中国舟船文化萌生的标志性器物

（一）什么是船文化

什么是文化？文化是指人类社会历史实践过程中所创造的物质财富和精神财富的总和。也就是说，自有人类历史以来，凡是与人的思想、行为及人工制品相联系的都是文化，因此有人认为，“文化”即“人化”。这样说来，茹毛饮血代表了一种文化，满汉全席也代表了一种文化，“蜀道之难，难于上青天”表示一种文化程度，“千里江陵一日还”也代表了一种文化程度。推而广之，衣食住行和琴棋书画，也都属于文化的范畴。

文化在本质上就是主体作用于客体（如自然）而形成的劳动成果，这些成果凝结着人类社会的集体智慧，不会因个体的消失而消失。船文化是指通过对铁、铜、木材和燃料等原材料进行加工，对这些没有生命的原始物质注入人类的意识形态和上层建筑，被许多有组织的人按一定的技术规律组合成船舶这一水上交通工具，并注入、储存特定的观念，在自然的形式里渗入了价值观念。船文化研究就是研究船舶外形特征、结构特点和技术价值，探讨不同类型船舶实体背后的民族特色、地域特征、美学价值、人文内涵和社会政治经济意义等。

（二）有段石锛是中国舟船文化萌生的标志性器物

有段石锛用于刳削木构件、木器，是制作独木舟等木制物的复合工具。

1973年，在浙江余姚罗江乡姚江之阳的河姆渡村，发现在我国长江中下游和东南沿海广大地区最具代表性的新石器时代的文化遗址——河姆渡遗址①。其出土文物之丰富，木构建筑遗迹规模之大，耜耕农业之发达，在所有新石器时代遗址中也是不多见的，经C^{14}测定，第4文化层距今近7000年②。有段石锛即在河姆渡遗址中出土。

河姆渡地势低洼，海拔高度只有3～4米，北距杭州湾仅约30千米，目前的滨海平原史前期尚未成陆。早前的河姆渡离海岸很近，原始人可较方便地顺水东进或北上，向海洋进军[③]。河姆渡遗址除出土大量淡水鱼遗骨外，还发现鲨鱼、鲸鱼及鲻鱼、裸顶鲷等海洋鱼类和海洋生物的遗骨，可以断言当时人们的捕捞范围已扩展到滨海的河口进而到了海上。

河姆渡文化不仅传播到许多沿海岛屿，而且越海传播到了台湾、菲律宾及南太平洋诸岛，最有力的证据就是史前石器有段石锛。有段石锛形制复杂，不像打制的旧石器那样易于制造。在长形的锛背面上半部做成低于下半部并形成一个台阶，即所谓“段”，以便绑扎上木柄便于应用。

有段古锛广泛分布在南洋和太平洋广大区域，甚至在太平洋东部的复活节岛和南美洲的厄瓜多尔也有发现。在中国台湾、南洋及波利尼西亚诸岛上的有段石锛在形态上同中国大陆东南地区的极为相似，但年代都比河姆渡发现的有段石锛晚，考古学界据此断定有段石锛起源于中国的东南沿海，逐次传播到南洋和太平洋。

林士民的研究认为：“河姆渡先民制作的石锛，是目前亚洲地区出土文物中最早的石锛，它的发展演变，向太平洋西岸及岛国传播脉络清楚，影响深远，成为国际文化交融中的典型器物之一”[④]。伴随有段石锛同时还出土有捆绑石锛的曲尺形木柄，表明它是一种复合工具（见图1-6）。

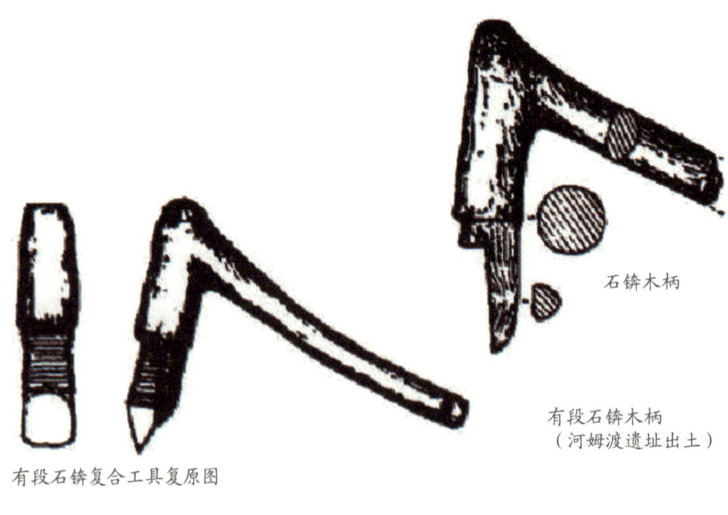

图1-6 有段石锛及其木柄

①河姆渡遗址考古队.1980.浙江河姆渡遗址第二期发掘的主要收获:[文物(5)]1~5页.
②夏鼐.1977.碳——14测定年代和中国史前考古学:[考古(4)]200页。
③吴玉贤、王振镛.1991.史前中国东南沿海海上交通的考古学观察:[中国与海上丝绸之路]福州:福建人民出版社.第275~288页.
④林士民.2005.论河姆渡文化中的石锛:见[再现昔日的文明——东方大港宁波考古研究]上海:三联书店.第24~31页.

三、黄河长江与海洋共同孕育了中国的舟船文化

大约在18000年以前，人类已遍布现代人所居住的各个大陆。我国柳江人、山顶洞人，便是这一阶段的代表，他们生活在旧石器时代的晚期。这时已经发明了人工取火，并且开始出现磨制石器。从这时再经过几千年，便进入到新石器时代。

新石器时代，是以磨制石器和烧制陶器出现为特征的。摩尔根（Lewis Henry Morgan,1818～1881年）在其代表著作《古代社会》中写道：“燧石器和石器的出现早于陶器，发现这些石器的用途需要很长时间，它们给人类带来了独木舟和木制器皿，最后在建筑房屋方面带来了木材和木板”[①]。恩格斯（Friedrich Engels,1820～1895年）更进一步指出，在新石器时代，“火和石斧通常已使人能够制造独木舟，有的地方已经使人能够用木材和木板来建筑房屋了”[②]。

新石器时代，约在10000年到4000年前，中间经历了6000年。火和石斧这两个基本条件，在烧制陶器以前便全部具备了。独木舟出现的时间大约在10000年以前，最迟当不晚于8000年以前。

1921年，在河南渑池县仰韶村首次发现我国新石器时代的一处文化遗址。其生产工具以磨制石器为主，常见的有刀、斧、锛、凿等。骨器也相当精致。日用陶器以细泥红陶和夹砂红褐陶为主。红陶常有彩绘的几何图案，故也称彩陶文化。据C^{14}测定，其绝对年代在6500年以前。史学界推论，以黄帝为名的文化当是仰韶文化。从中国的考古学发现和研究成果看，中国出现独木舟的时间要远早于6500年以前，即较黄帝的时代更早些。

①摩尔根(美Morgan L.H.).1977.古代社会(上册):北京:商务印书馆.第11页.
②恩格斯(德Engels F).1972.家庭、私有制和国家的起源:[马克思恩格斯选集(第4卷)]北京:人民出版社.第19页.

(一)木桨的出土证明新石器时代舟船活动已很广泛

发现于长江中下游和滨海地区的河姆渡文化要早于仰韶文化，其绝对年代在7000年以前。在河姆渡文化遗址的发掘中，发现有“干栏”式建筑遗址，梁柱间用榫卯结合，地板用企口板

密拼，具有相当成熟的木构技术。生产工具有伐木用的石斧、石凿。特别值得注意的是，在出土文物中还有6把木桨①②。这些木桨当为7000年前的遗物（见图1-7）。

图1－7 河姆渡出土的木桨

所有木桨都是用单块木料加工而成，桨柄与桨叶自然相连，不用销钉或榫卯相接。保存较好的一件残长92厘米，宽12.2厘米，厚2.1厘米，柄部残，断面呈方形，粗细仅容手握。做工精细，桨柄与桨叶结合处，阴刻有弦纹和斜线纹图案。显而易见，这样做工精细的木桨，不会是最原始的。原始木桨的出现当然会更早，如果推到8000年前或更早一些，应当说也在情理之中。考古学家认为，桨是随着舟船的出现而出现的，有舟未必有桨。巴西的考古学家曾说过，第一把桨正是人的两只手。但是，有桨却必定有舟。

河姆渡木桨的发现是极其宝贵的，但不是惟一的。浙江省另外两处新石器时代的文化遗址中也有原始木桨出土。1958年前后，我国考古工作者分别在滨临太湖的吴兴钱三漾和杭州水田畈两处③，发掘出新石器时代末期的文物，其中有5、6支木桨。据鉴定，这些都是4700年前的遗物。这一批木桨的发现足以证明，在新石器时代，长江中下游和滨海地区舟船活动就已相当广泛。

①河姆渡遗址考古队.1980.浙江河姆渡遗址第二期发掘的主要收获[文物(5)]1~15页.
②吴玉贤、王振镛.1991.史前中国东南沿海海上交通的考古学观察:[中国与海上丝绸之路]福州: 福州人民出版社. 第276~277页。
③浙江省文物管理委员会.1960.吴兴钱三漾遗址第一、第二次发掘报告:[考古学报(2)]93.浙江省文物管理委员会.1960.杭州水田畈遗址发掘报告:[考古学报(2)]103。

（二）跨湖桥遗址发现8000年前的独木舟

在杭州萧山跨湖桥遗址现场，有一艘先用火烧再用石器刳制出的独木舟（图1-8）。由于经过长期使用，舟体的内表面被磨得很光滑，但是大面积被火烧的痕迹犹存。这一考古发现证实了恩格斯的关于“火和石斧通常已使人们能够制造独木舟”的论断。不过，对跨湖桥遗址来说，制造独木舟使用的是火和石锛。伴随着独木舟的出土，还发现有相当数量的石锛及与之相配套的木柄。这许多石锛的木柄大致可分成大、中、小号，由于经过长期使用，已经被磨得非常光滑，甚至可以被看成是精致的工艺品。在独木舟的近旁不仅有相当数量的木材，更有两把正在加工的木桨如图1-8。令人惊叹的是，在离独木舟几米远的地方发现有一块编织物[①]，其纹理的精细、编织的工整，实不亚于现代人的工艺水平（图1-9）。

浙江萧山跨湖桥遗址出土的独木舟，不仅在中国是唯一的，在世界范围也是罕见的。此前我们仅见过一例，是荷兰发现的公元前6300年的独木舟。据《跨湖桥》一书的报告，独木舟存在的“2001、2002年发掘区湖Ⅳ－湖Ⅰ层，年代距今8200～7800年”。这证明：中国的舟船文化发端于距今8000年以前。

图1－8 跨湖桥遗址8000年前的独木舟（席龙飞摄）

图1－9 跨湖桥遗址发现的编织物测绘图（采自《跨湖桥》第49页）

①浙江省文物考古研究所、萧山博物馆.跨湖桥：北京：文物出版社，2004年第1版.第49页.

四、与木板船有关的甲骨文字

由原始社会进入奴隶社会后，出现了商品交换和以贝为代表的货币。伴随着生产的发展和商品交换的需要，提出了提高水上运载工具的装载量并改善其适航性能的要求，这时，筏与独木舟都逐渐不能满足需要了。

筏的特点和弱点在于没有干舷，筏体本身又有较大的缝隙。当筏的载重量增加时，乘载在筏上的人和货不可避免地要受到水的浸淹。独木舟虽然不漏水而且有一定的干舷，但在水中的稳定性不好。独木舟的大小和装载量还要受到原株树木大小的限制。

出现木板船的首要和必备条件是，必须有木板。摩尔根的学术见解是：石器的出现和应用，给人类带来了木板。

在7000年前的以河姆渡文化为代表的新石器时代，是否出现木板船，还有待考古研究。但是，那时既然已能为构筑“杆栏式”建筑而剖制木板，又有相当成熟的榫卯技术，可以认为那时制造木板船的物质条件已经基本具备了。

在中国出现木板船的有力见证，还是甲骨文中所见到的“舟”字，以此推论木板船最晚也应是殷商时代的产物。其时限相当于公元前16世纪到公元前11世纪，距今约3500多年到3000多年以前。

公元前16世纪，商汤灭夏桀后建立起奴隶制国家——商。商代的农业比较发达，已用多种谷类酿酒，手工业已能铸造精美的青铜器和烧制白陶，交换扩大，出现了规模较大的早期城市。记录社会生活的文字材料主要保存在甲骨、铜器及其他器物上，其中以甲骨上的为最多。甲骨文，1899年始发现于殷商遗址，即今河南省安阳市的小屯村，它是中国已发现的最古的汉字。由于甲骨文的笔画部位尚未定型，所以分散见到的“舟”字及与舟有关的字，写成了不同的象形式样(见图1－10)。

图1－10 甲骨文中的舟字及与舟有关的字

从甲骨文中的“舟”字，可以看出它所表征的舟，是由纵向和横向构件组合而成的。舟字的横线，代表肋骨或舱壁等构件，既能支撑两舷的纵向板材以加强舟体的强度，又能将舟体分隔成若干隔舱。更重要的是可以将纵向板材接长，即可用较短的木板造出长于木板的舟船。

甲骨文中的“般”字，从字形看，像一个人持桨或篙使船旋转移动。“般”字有一种读音pan（盘），可当盘旋解。在《康熙字典》上，对“般”的一种解释是“象舟之旋”。

“盪”字是“荡”字的古写，这在甲骨文中是可以见到的，也收入《康熙字典》。从字形看，像是一个人在荡舟。

图1－11 饕餮纹铜鼎上的“盪”字

商代饰有饕餮纹的铜鼎，收存于上海博物馆。鼎上的有一个铭文如图1－11，表现为一个人挑着贝币或货物立在船上，船后有一个人在荡桨。这是商代水运活动的记录[①]。“这个金文象形的会意字，记录下当时船舶已参与水上货运运输”[②]。

①田汝康、杨熺等编.水运技术词典•古代水运与木帆船分册：人民交通出版社，1980年第1版.第64页.

②中国航海学会.《中国航海史》(古代航海史)：人民交通出版社，1988年第1版.第19页.

五、铁箍在战国游艇上的应用

春秋战国距今已2000多年，我们只能通过文献和有关文物去了解当时船舶的概貌。正因为这样，1974年到1978年于河北平山县发掘出战国墓中的随葬船就非常珍贵。特别是发现采用铁箍联拼船板的技术，这当是在发明和使用铁钉之前，以铁器用于造船的一个突破。

河北省平山县三汲乡发现战国时期中山国都城灵寿的遗址，古城内外有战国墓30座。一号墓出土器物极丰，经考古学界考定为中山王之墓，埋葬时间约在公元前310年前后[①]。中山王墓尚有六座陪葬墓和两处车马坑和一个葬船坑。葬船坑分北室和南室，南室中、东、西并列木船3只，以西船为主兼用中船、东船的遗迹作为补充，据以获得该船的完整形象。船板已腐烂无存，但留下来的凹进墓坑里的灰痕余漆，看起来像一座浮雕画。据对船坑里发现的船舶蓬杆、布帘、浆等遗物的考辨，认定这些船绝非运输之用，而是中山王的御用游艇。从该船的船体型线图（图1-12）可以看出，战国游艇的尺度比例谐调,船舶具有相当理想的流线型，横剖线匀称，水线流畅。如果没有河北平山县战国游艇这一考古发现，人们很难想象早在2300年以前就有如此完美的船型。

在葬船坑的南室发现很多铁箍，西船31只，中船32只，东船8只。铁箍为宽20毫米，厚约3毫米的长铁片绕制而成。铁片虽未经金相分析，但肉眼观察

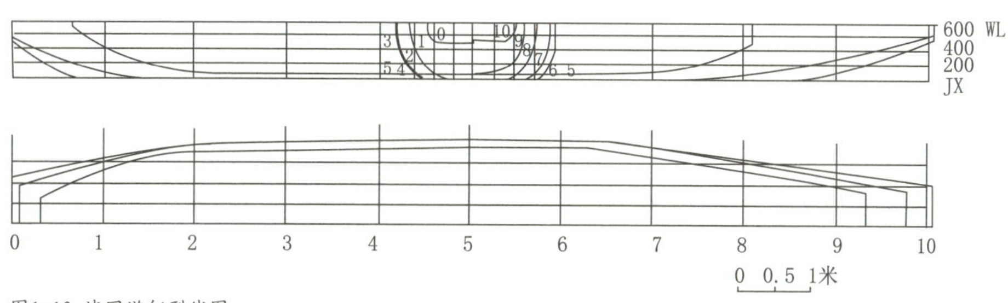

图1-12 战国游艇型线图

几乎与现代锻打的熟铁无异，可见当时的冶铁技术已经相当进步。船板的连接方法是：先在相邻两列板上，于距船板边接缝40～50毫米处各凿一20毫米见方的穿孔，以铁片经穿孔绕扎3道或4道，相邻的两船板即相互联拼；然后将孔之间隙以木片填塞，再注入铅液封固（见图1-13）。这种联拼方式牢固可靠。在葬船坑中未被挪动的部位铁箍如初。

由随葬船底部和舷侧壁的灰痕漆迹可以看到，船板的宽度为400～600毫米，船首处的船板稍窄，仅约300毫米。在两列外板的边接缝处以铁箍相联拼，既牢固又可靠。

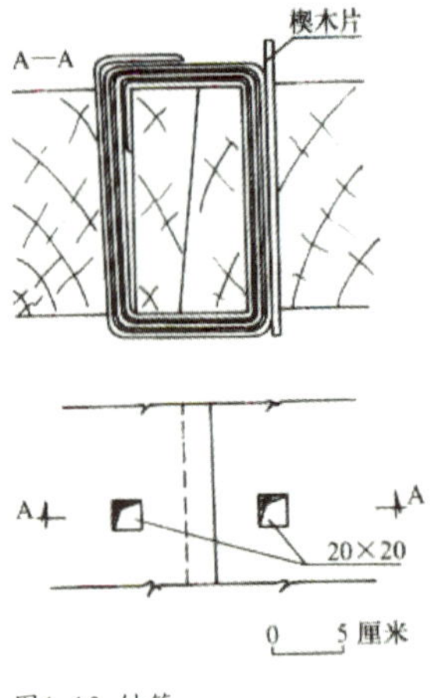

图1-13 铁箍

当时为什么不用铁钉而用铁箍？既能煅制铁箍，想必也能煅制铁钉。与铁钉相比，铁箍费工费料。可能是在铁器应用之始，尚缺少对铁钉功效的认识，铁箍使用日久，次要部位以铁钉代替骨铁（在出土的器物中有骨钉，长5厘米，呈三角棱锥形，如镞），后经实践证明铁钉也能达到充分牢固的效果，便完全取代铁箍了。这也许是木船建造中使用铁钉钉连船板的历史演进过程中的一个阶段。现代木船在最重要部位使用锔钉，也称“蚂蟥钉”，实际上是半个铁箍，显然是铁箍的继承和发展。战国时代以铁箍联拼船板的工艺，发展成宋代使用锔钉或挂锔工艺，对保证船舶的坚牢具有重要意义。

中山国为北方少数民族白狄所建，战国时期不过是只有“千乘”的小国。中山地处北陲，且少有大江大河之利，竟有如此纹饰瑰丽的游艇和这般高超的造船技艺，那么齐魏大国应更有甚之，南方的楚、吴、越各国濒江滨海，自古即有舟楫之利，正因为在战国时期的舟船技术有了坚实而广泛的基础，所以才使中国从秦汉时代开始大力发展海洋船舶，并且开拓了海上丝绸之路。

①河北省文物管理处、河北平山。中山国墓葬发掘简报：[文物]1979(1).4~10页.

六、吴国战船“大翼”

春秋战国时代各诸侯国之间的兼并战争激烈而频繁，从辽阔的中原到江河交错的江南，争战四起。中原战争用车，江南水战则以舟船为主。战争的需要，推动了造船业的发展，也促进了船型的多样化。

《文献通考·兵》载：“用舟师自康王始”。说的是楚康王十一年（公元前549年）夏，“楚子为舟师以伐吴，不为军政，无功而还”①。吴楚之间的水战相当频繁。到了公元前525年，又发生了一次激烈的水战，是吴国派公子光率舟师逆长江而上攻打楚国，结果反而被楚国俘去王舟艅艎。这就是《史记》所载：“王僚二年，公子光伐楚，败而亡王舟。光惧，袭楚，复得王舟而还”②。

《吴越春秋》记述着吴楚水师大小战例20余起。吴越之间的争夺，水战也很频繁。吴国的战船有大翼、中翼、小翼，另外还有楼船、突冒、桥船等。

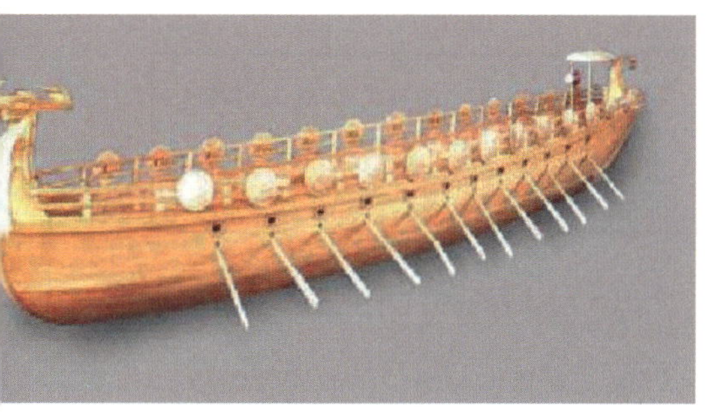

图1-14 吴国春秋时战船大翼（采自嘉兴船文化博物馆）

图1-15 传世的宴乐渔猎耕战纹铜壶拓本

《越绝书》关于吴王阖闾与伍子胥讨论水师训练方法的对话记有：“阖闾见子胥，敢问船运之备何如？对曰：船名大翼、小翼、突冒、楼船。令船军之教比陵军（陆军）之法，乃可用之。大翼者当陵军之车，小翼者当陵军之轻车，突冒者当陵军之冲车，楼船者当陵军之行楼车也，桥船者当陵军之轻足骠定骑也”③。

吴国战船大翼长12丈，宽1丈6尺，“容战士二十六人，棹（卒）五十人，舳舻三人，操长钩、矛、斧者四，吏仆夫长各一人，凡九十一人”④。据考证，周末到战国时，每尺约相当于0.23米，⑤这一数值与藏于南京大学的东周铜尺颇为一致⑥，折合成今日的米制，大翼长27.6米，宽3.68米。其船体修长，若顺水而下，再用50名桨手奋力操桨，则船行如飞。

①清•高士奇.左传纪事本末：卷49.北京：中华书局，1979年第1版.第721页.
②汉•司马迁.史记•吴太伯世家：上海古籍出版社，1986年第1版[二十五史]第182页.
③宋•李昉等.太平御览：卷770.北京：中华书局，1960年第1版.第3413页.
④宋•李昉等.太平御览：卷315.北京：中华书局，1960年第1版.第1450页.
⑤丘光明编.中国历代度量衡考：北京：科学出版社，1992年第1版.第6~8页.
⑥丘光明等著.中国科学技术史•度量衡卷：北京：科学出版社，2001年第1版.第156页.

七、船舶的天然推进器——风帆

风帆，是推动船舶前进的推进工具，风帆与桨、篙和橹一样，可统称为船舶推进器。所不同的是，风帆是利用自然界的风作为动力。风帆在船上的应用，为船舶的大型化和远洋航行开辟了广阔的前景。

若论帆出现的年代，外国可能比中国早得多。埃及方帆船的图样（见图1-16），是依据上埃及新石器时代晚期的陶质花瓶上的图案描绘的，其年代可推溯到公元前3100年[①]。该船的首尾两端高高地翘起，在近端处竖一桅并挂一帆。

图1-16 埃及花瓶上所描绘的方帆帆船（公元前3100年）

在公元前1500年，埃及某女王曾用帆船去远征，根据阿里——巴哈里的寺院里的浮雕绘出该帆船的图形如图1-17所示[②]。该船长约30米，除每舷有15名桨手之外，还树一桅并挂一方帆。由这些文物，可确信尼罗河流域帆船出现之早。

图1-17 古埃及女王远征时所乘的船（公元前1500年）

在我国，究竟风帆出现在哪个年代，可谓众说纷纭。

①*Mariner's Mirror*(1960),Vol.46,No.2.Combridge University Press,145.
②Peter Kemp, The History of Ships, London, Orbis Publishing Limited,1978,13.

（一）殷商时代出现风帆说

杨槱教授在《中国造船发展简史》中写道：“在甲骨文中还有‘凡’字很

像船的帆，因此商代人可能已在船上装帆利用风力来行船”①。

房仲甫在《扬帆渡美三千年——殷人跨越太平洋初探》中，从文化传播的角度和有关文物例证出发，探讨商代即有人夺海逃亡，终至到达了美洲②。在《殷人航渡美洲再探》一文中，作者更从美洲的文化与商文化的渊源，“墨西哥发现的商代文化遗迹”等多角度探讨殷人航渡美洲问题。在谈到“殷人的航海能力”时作者认为：“甲骨文既已有‘帆’字，当即有桅，可认为当时已能立桅扬帆。扬帆美洲单就航船来说，已有实据。商代既能织出世界最早的提花织物，帆用织物当不致匮乏”③。

张墨也认为商代出现了风帆④。《中国航海史》也将甲骨文中的凡字解释为帆。杨熺将刘鹗的《铁云藏龟》二三七上片的卜辞“戊戌卜，方其凡”，释义为“戊戌日占卜，船上必须挂帆”⑤。唐志拔在《中国舰船史》中，也同意此观点，不过将上述卜辞释义为：“一定在要船上挂帆吗？⑥”该书还就新石器时代山东的黑陶流传到辽宁、东南沿海直到台湾一带的事实，认为在海上长途航行，只靠划桨不用风帆是不可能办到的。

看来，中国在殷商时代出现风帆的论据主要有两个：一是将甲骨文中的凡字解释为帆；二是从文化传播的角度出发，认为只有风帆的出现和使用，才能使船舶作长途航行。根据这一学术观点，在年代上与埃及相比，大致说中国风帆的出现较尼罗河流域晚1500年，因此也易于为人们所接受。

①杨熛.中国造船发展简史：[中国造船工程学会1962年年会论文集]国防工业出版社，1954年.第8页.

②房仲甫.扬帆渡美三千年——殷人跨越太平洋初探.[人民日报]1981年12月5日.

③房仲甫.殷人航渡美洲再探：[世界历史]1983（3）.47～56页.

④张墨.试论中国古代海军的产生和最早的水战：[史学月刊]1981（4）.35页.

⑤中国航海学会.中国航海史（古代航海史）：人民交通出版社，1988年第1版，第13页.

⑥唐志拔.中国舰船史：海军出版社.1989年第1版.第22页.

（二）东汉前半期出现了记载帆的文字

在中国的学术界，也有不少人对殷商时代出现帆的论点持有异义。朱杰勤在《中国古代海船杂考》中提出：“大致在公元前后，中国航海船舶已知使用风帆行驶在大海上”①。与之相似的见解是《中国科学技术史稿》的论述：据《释名》说，“随风张幔曰帆，帆，泛也，使舟疾泛泛然也”。作者在这里指出：“这说明东汉已经使用了布帆，它是利用风力解决船舶动力的大发明②。”《释名》的作者刘熙，其生卒年不详，据清代学者毕沅考证，刘熙大约是东汉末年或三国时魏人③。《释名》对帆做了解释，认为在东汉末年已经使用了帆，应是准确的，而且东汉末年是帆出现年代的下限。

在针对风帆出现年代的学术讨论中，以文尚光的《中国风帆出现的年代》一文值得注意。首先，作者从《甲骨文编》、《古文字类编》中查出清末以来几十年中发现的甲骨文中的“凡”字共28种体形，还有周代的金文及秦代的篆文中的“凡”字，这些字都不能被认为具有“帆”的形象，它们甚至完全不像“日、月、水、舟”等字那样能表现出实物形象的某些特征。其次，从甲骨卜辞中“凡”字的释义来看，“凡”字有凡、般、盘、风、犯等5种释义，另外用做字的偏旁时与“舟”字、“皿”字相同。在《诗》、《书》、《易》、《礼》、《春秋》等13部分儒家经典中，有“凡”字的句子共856句，也没有一句可将其中的“凡”字释为“帆”。由之得出结论是：“甲骨文的‘凡’字并不能释为‘帆’字，所以，不能以之作为三千多年前的殷商时代就有风帆的证据”④。据文尚光的研究：“不但在先秦的诸子百家的著作中没有关于风帆或桅樯的记载，甚至在西汉的典籍中也是如此”。与汉武帝同时代的历史学家司马迁，其足迹遍历黄河上下，大江南北，然而在其所著《史记》中，仍未见有孤桅片帆。

在中国的历史文献中，有关风帆的记载以东汉马融（79～166年）的《广成颂》为最早。在汉安帝永初二年（115年），针对俗儒世士以为“文德可兴，武功宜废”的言论，马融上书以谏，在讲到将战舰艅艎组成水军的船队时，有对风帆的生动描述：“然后方艅艎，连舼舟，张云帆，施霓帱，靡飔风，陵迅流，发棹歌，从水讴，谣鱼出；蓍蔡浮，湘灵下，汉女游”⑤。如译成现代汉语，其大意是：将像艅艎那样的战船组成船队，升起似云彩、若霓虹的绸帆，乘着高风，踏着激流，唱着船歌开航前进，鱼儿和灵龟浮到水面倾听，湘水和汉水的女神也降临了！

既然在115年马融在《广成颂》中明白无误地记载着船帆，在其后的文献中关于帆的记载就越来越多，因之可断定，至迟到公元1世纪中国已出现了风帆。如此精美的彩绸帆，当不会是最原始的帆，帆出现的上限年代还值得深入研究。

林华东在《中国风帆探源》中指出：“倘殷商已有风帆，那么经西周至春秋当有发展，为何典籍和文物均未见踪影，盖不足信矣”。基于对战国时代有关海上航行的文献的分析和对战国时期文物的考证，林华东认为：“中国船上的风帆，在战国时代已经在吴、越，或者楚和齐等地出现。当然，这是原始的风帆，并不普遍，它可能是顺风便张帆，而逆风即划桨的小型而又简陋的帆船”[⑥]。

关于在春秋和战国时代在海上航行的文献记载，人们当会注意到《说苑·正谏篇》：“齐景公游于海上而乐之，六月不归”。还有《艺文类聚》引邓析书“同舟涉海，中流遇风，救患若一，所忧同也”。《越绝书》卷八对海上航行的形容尤其生动：“往若飘风，去则难从”。这些记载当会引起人们的思考和联想。作为帝王在海上航行又能感到乐趣，其船队当有相当的安全度和舒适性，6个月的航程也不谓不远，只靠划桨恐难以胜任。“往若飘风”可理解为有相当的航速，至少是并不需付出很大的艰辛。“去则难从”说的当是船在风的吹袭下，航向难以操纵。帆船在没有尾舵的配合时，其操纵性差已为当今的许多实践所证明。《越绝书》的这段记叙，恰是说到了开始使用风帆而尚未使用舵的一种技术状态。

①朱杰勤.中国古代海船杂考：[东南亚史论文集（第1集）]暨献大学历史系东南亚史研究所，1980年.第11页.

②杜石然、陈美东等.中国科学技术史稿：科学出版社，1982年.第214页.

③清•王先谦.释名疏证补.

④文尚光.中国风帆出现的年代：[武汉水运工程学院学报]1983（3）.63~70页.

⑤南朝宋•范晔.后汉书•马融传.

⑥林华东.中国风帆探源：[海交史研究]1986.(2).85~88页.

（三）战国时代出现风帆的考证

在中国的学术界，也有不少人对殷商时代出现帆的论点持有异义。其中争论较多的意见是：中国船上的风帆始于战国时代。

在春秋末及战国初年，中国北方沿海的航路已经开通，史书中的记载比比皆是。如果只靠划桨而无风帆作为船的动力，史籍上的诸多事例当难以实现。

如《史记·吴太伯世家》载吴王夫差十一年(公元前485年)：“齐鲍氏弑齐悼公，吴王闻之，哭于军门外三日，乃从海上攻齐，齐人败吴，吴王乃引兵归”。接着，于吴王夫差十四年(公元前482年)春，“吴王北会诸侯于黄池，欲霸中国，以全周室”[①]，“于是越王勾践乃命范蠡、舌庸率师，沿海泝淮，以绝吴路”[②]。再如于公元前473年越国灭吴国之后，《史记·越王勾践世家》记有：“范蠡以为大名之下，难以久居……乃装其轻宝珠玉，自与其私徒属，乘舟浮海以行，终不反”[③]。“范蠡浮海出齐”，是从现今的东海北上，到达黄海，海程数百公里。如此在海上长途跋涉的私人旅行，在当时看来已是常见的事了。

在战国时代，不仅在沿海的交通便捷通畅，人们更积极向外海发展。司马迁在《史记》中，对此种探索做过形象而生动的描述：“自威、宣、燕昭，使人入海求蓬莱、方丈、瀛洲。此三神山者，其传在渤海中，去人不远。患且至，则船风引而去。盖尝有至者"[④]。这段叙述说明：齐威王、齐宣王和燕昭王等都曾多次派人出海远航。既是帝王派出的船队，其规模和技术均应属上乘，远航的艰难也跃然纸上。"船风引而去"更透露出"当时远航已用风帆，然而不能掉戗驶风，而被风引来引去，终莫能至"[⑤]。

当然，上述关于海上航行的诸多事例见诸于各种文献，只能说明战国时代航海业的繁盛。"往若飘风，去则难从"以及"患且至，则船风引而去"等记载，也只是透露了这些是船舶已经使用风帆的一些征候，毕竟不能依此即认定这时已经使用风帆了。

林华东在《中国风帆探源》中引用两件战国时代的文物，提出了"中国船上的风帆始于战国时代"的论点[⑥]，值得人们注意与重视。其一，1976年在浙江鄞县甲村石秃山曾出土1件战国时期的青铜钺[⑦]（见图1-18），其正面镌印有一幅图案，下方以边框线示舟船，船上有4个泛舟者。4个泛舟者头上有羽冠图案。许多研究家认为此"羽冠"与许多铜鼓上那种紧戴在划舟人头上的羽冠不同，若为旗帜之类，又与水陆攻战纹铜鉴战船上的旗帜有异。林华东认为："或许这正是一种原始的风帆"[⑧]。其二，就是在湖南出土的战国时代越族铜器錞于，在其顶盘上刻有船纹。其中一种船纹在中部立有一扇状图形很像风帆。也有的船纹在船首尾有桨，中部的图形也似为风帆之属（见图1-19）。

许多技术的出现有渐进性，有一个演变过程。从战国时期中国沿海船舶交通较为繁盛的事实出发，再联系到这一时期积极开发远海交通的诸多事例，结合战国时期铜钺和铜錞于上出现带有风帆图案的船纹，综合各研究家的学术见解，"可以认定，中国船上的风帆始于战国时代"[⑨]，"可能是在吴、越，或

图1-18 战国青铜钺拓片摹本

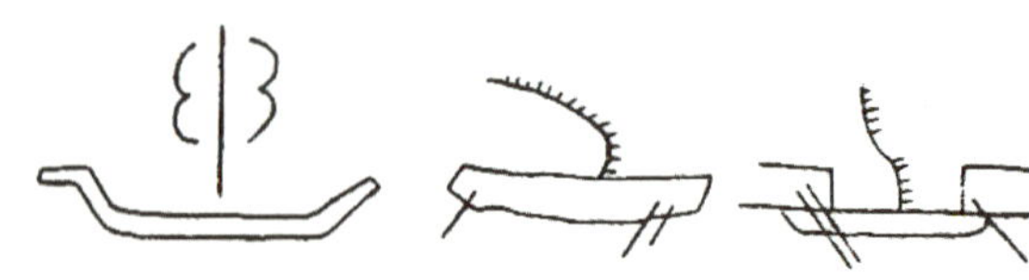

图1-19 錞于顶盘上刻画的船纹图案

楚、齐等地最先出现，但还不普遍，它可能是顺风便张帆，而逆风即划桨的小型而又简陋的帆船”[10]。

①汉•司马迁.史记•吴太伯世家.

②清•高士奇.左传纪事本末：第三册.

③汉•司马迁.史记•越王勾践世家.

④汉•司马迁.史记•封禅书.

⑤孙光圻.中国古代航海史：海洋出版社，1989年.第100页.

⑥林华东.中国风帆探源：[海交史研究]1986(2).85～88.

⑦曹锦炎、周生望.浙江鄞县出土春秋时代铜器：[考古]1984(8).

⑧林华东.中国风帆探源：[海交史研究]1986(2).88.

⑨林华东.中国风帆探源：[海交史研究]1986(2).88.

⑩施圆宣、林耀琛、许立言.风帆始于何时：[千古之谜——中国文化史500疑案]中州古籍出版社.1989年.第857页.

第二章　汉代的楼船与赤壁水战的斗舰

一、珍贵的汉代船模

（一）已出土的4艘汉代船模

共和国成立后，相继在长沙、广州、湖北荆州出土了汉代的木质和陶质的船舶模型，借助这些文物可以对汉代的船文化有较深入的了解。

1. 长沙西汉木船模型

建国初期，在长沙曾出土一艘西汉时期的木船模型。据当时的发掘报告说，这只船模的船身是由一段整木雕成的，船形细长，头部较狭，尾部稍宽，中部最宽，船底呈圆弧形。在船首、船尾上又各接出一段长方形平板，总长1.54米。船首部稍高，尾部方阔，上部外侧最宽处为0.2米。在船身两侧和首尾平板上都有模拟的钉孔。两侧有较高的护舷板，左右共16只桨，为内河快速船型。尾有桨1只，可用来操纵航向。现存国家博物馆[①]（见图2-1）。

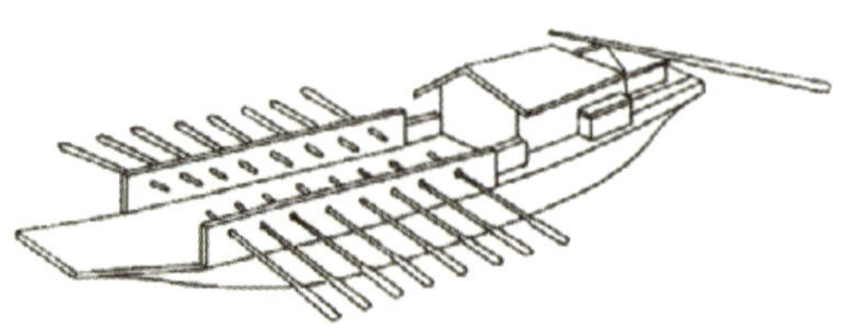
图2-1 长沙西汉木船模型

2. 广州西汉木船模型

1956年于广州西郊西汉木椁墓中出土一艘木质船模[②]。这只船模也是用一段整木雕成。船底中部略平而首尾部分略上翘，船中部有两个小房，前房较高呈方形，上为四阿(坡)式盖顶。后房稍低，长形，篷盖是两坡式。在两小房的两侧有用长板条构成的通道。前房以前为操舟之所，有木俑4个，持桨并坐两排，各持短桨一把。尾部有狭小的小房，顶盖是三面斜坡。在这尾区还有一个木俑，持一桨，或许是掌握船的方向。此船模全长0.806米，通高0.206米（见图2-2）。

图2－2 广州西汉木船模型

3. 广州东汉陶船模型

1955年于广州东郊的东汉墓中出土一艘陶质船模型[③]。底略平，全长54厘米，宽11.5厘米，通高16厘米。前窄后宽，从船首到船尾架8根横梁，横梁上铺甲板，甲板上建小房3处，前房矮而宽，上有横形篷顶。中房略高，方形，上盖圆形篷顶。后房又高，也是横形篷顶，作为舵楼。船首两侧各安桨架3支，船首悬一碇。最为重要的是船尾有舵，舵叶上有一孔。两舷有外延的板条，可作为船员司篙的通道。船上有6个姿态各异的陶俑，分布在船面的不同位置（见图2-3）。

图2－3 广州东汉陶船模型

4. 湖北江陵西汉木船模型

1973年于湖北荆州地区江陵县凤凰山西汉墓中出土一艘木质船模④，系用一段整木雕成，全长71厘米，宽10.5厘米。船形细长，尾部略宽，首部呈流线型上翘。甲板上置两横梁并伸出舷外，作为舷边通道板之支承。前部有4木俑各持1桨，尾部有后梢1支，与广州西汉木船模型颇有相似之处。该船模型现陈列在湖北省荆州博物馆⑤（见图2-4）。

在广东、湖南、湖北三省出土的4艘汉代船模，尽管在年代上有西汉、东汉之分，船模有木质和陶质的不同，船模的用途也不尽一致，但是从这4艘船模的对比分析中，还是能看到汉代船文化的一些基本特征。

1）汉代船舶设有甲板和上层建筑

船上普遍设有甲板和上层建筑，是4艘汉代船模的共同特点。汉代刘熙所著《释名》中述：“其上板曰覆，言所覆虑也；其上屋曰庐，象庐舍也⑥”。现在获得了实物证据。

以广州东汉的陶船模为例，上层建筑的长度几乎占了全船的3/4。即使是长沙西汉16桨船模，为了加快船速，设了众多的桨手和桨，

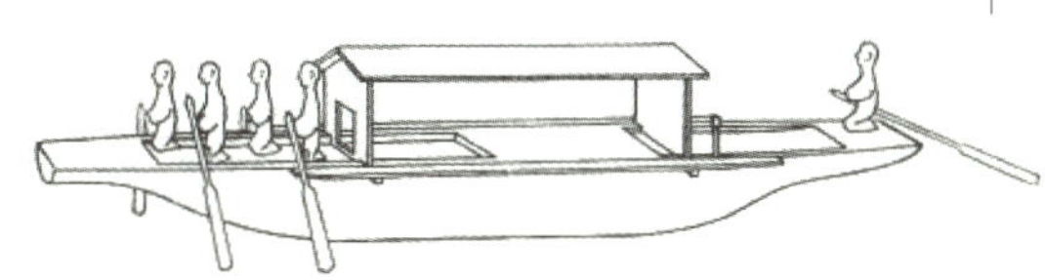

图2－4 湖北江陵西汉木船模型

也具有相当长的上层建筑。如果和西方古希腊、罗马、北欧维京(海盗)船(约在公元10世纪)等大部都没有甲板或没有上层建筑的船形比较起来，中国船的甲板和上层建筑确是别具特色的。

2）汉代船舶在两舷设瞰板即舷伸甲板

上述4个船模，除长沙西汉船模之外，其余3个船模在两舷都设有“瞰板”，现代造船术语中称为“舷伸甲板”。在古代木船上可用做撑篙船员的通道。在图2－1所示长沙西汉木船模中虽未见处在两舷的“瞰板”，但据当时发掘报告，尚有93号、94号两块大小相同的长木板，不知应安装在何处。如果借鉴广州西汉木船模型(图2－2)和湖北江陵木船模型(图2－4)，这两块长木板也应是“瞰板”，并装在船之两舷，用做通道。

“瞰板”的作用，除用做通道和撑篙使用之外，沿瞰板尚可缚上成捆的蒲草或树枝，当船舶超载时可提供一部分浮力，当船舶横向倾斜时可增加稳性并能减缓摇摆。

3）前出艄和后出艄

在上述3个木船模上，在船首、船尾都有向外延伸的部分或木板，这在古船的建造法式上被称为“前出艄”和“后出艄”。在船上设计成前出艄和后出艄，在两舷再安装两块瞰板，便可以在不改变船舶量度的条件下，增加船长和船宽，扩大了甲板的装载面积和操作面积。从出土的船模实例可见，中国船舶增加出艄和加瞰板的法式，是从汉代就开始出现并沿用到现代的。

4）铁钉在造船上的应用

在长沙西汉木船模型的舷侧板以及其它若干部件之间的连接部位上，都可见到模拟的钉孔。汉时的模型制作者的细微精神，为我们提供了实证。那就是，在战国时期应用铁箍联拼船板技术的基础上，汉代的人们在造船时已广泛使用铁钉。长沙西汉木船模本是一种冥器，该冥器制作者想必是模仿当时社会的生产实际，以求该冥器具有逼真的形象。

汉代造船使用铁钉联拼船板，也符合铁器的技术发展规律。在战国时代，铁制工具已广泛使用。在广州，还发现秦汉时代的铁钉。“广州秦汉造船遗址发现铁钉三枚（按：实际为七枚），此项铁钉，与近代木船建筑所用铁钉几无二致，但其数量确乎太少，尚不足以说明当时船舶的船板联拼情况[⑦]”。根据人们发现的长沙西汉木船模外板上的模拟钉孔和广州地区在秦汉时代发现的铁钉，可以断言西汉时期人们已经广泛使用铁钉来联拼船板。

（二）在广州发现的并非秦汉造船工场遗址

关于所谓“广州秦汉造船工场遗址”，虽然有一篇发掘报告在《文物》杂志上发表，但是该遗址作为造船工场的论据不足。已经有造船工程和船史研究学者发表论文对此提出质疑[⑧]，该论文被认为是中国科学院自然科学史研究所在20世纪80年代初重要的研究成果之一。2000年由广东人民出版社出版的《广东省志·船舶工业志》，关于这一问题写道：“有的考古专家认为该处是“秦汉造船工场遗址”，该工场可建造船长20～30米，船宽6～8米，载重量达五六十吨的大船。还有众多的造船、建筑、历史、地理、博物馆等学者专家们则认为该处是古代木结构建筑的建造遗址，否定是造船遗址（见附录）[⑨]”。《广州市志·船舶工业志》则根本不提“广州秦汉造船遗址”。这基本上表明了广州地区船舶工程学术界反对“造船遗址”说的态度。

2000年12月8～9日，由中国造船工程学会船史研究会、广东省科学技术协会、广东省造船工程学会、广东省地理学、华南理工大学建筑学院和交通学院、中国第四纪热带亚热带环境委员会、广东省立中山图书馆、武汉理工大学、武汉造船工程学会等十单位发起的“广州秦代造船工场遗址真伪学术研究会”，在广东省立中山图书馆隆重举行。会议也邀请了持“船台说”的学者到会发表论文。会议之后出版了《“广州秦代造船遗址”学术争鸣集》。[⑩]这是国内对“秦代造船遗址”问题首次进行科学的、多侧面的学术研究。由上述争鸣集，人们自然可以明了，在广州发现的并非造船遗址，而是古建筑遗址。

①章巽.中国航海科技史：海洋出版社.1991年.第33页。
②广州市文物管理委员会.广州皇帝岗西汉木椁墓发掘简报：[考古通讯]1957。
③广州市文物管理委员会.广州东郊汉砖室墓清理纪略：[文物参考资料]1955(6).61~76.
④长江流域第二期文物考古工作人员训练班.湖北江陵凤凰山西汉墓发掘简报：[文物]1974(6)：48.
⑤章巽.中国航海科技史：海洋出版社.1991年.第35页.
⑥清·王先谦.释名疏证补：卷7.
⑦王志毅.战国游艇遗迹：[中国造船]1981(2).99页.
⑧戴开元.‘广州秦汉造船工场遗址’说质疑：[武汉水运工程学院学报]1982(1).第17~25页.
⑨广东省地方志编纂委员会编.《广东省志·船舶工业志》：广东人民出版社.2000年。
⑩广东省立中山图书馆编.“广州秦代造船遗址”争鸣集：北京：建筑工业出版社，2002年第1版.

二、汉代的楼船

（一）汉代楼船的文献记载

《史记》卷三〇记有：“治楼船，高十余丈，旗帜加其上，甚壮[①]”。《后汉书》更有“又造十层赤楼帛栏船”[②]的记载。所谓帛栏，即以帛饰其栅栏。船有十层颇难令人理解，但在汉代发展了带有多层建筑的楼船，并且“旗帜加其上，甚壮”则是可信的。

关于汉代兴起的楼船，其最主要特征是具有多层上层建筑。所谓上层建筑，概指船舶甲板之上的船室。早在春秋、战国时期的各式战船，均设有甲板，这甲板也正是中国古船的特征之一。船舶设有甲板，不仅可以使船舱少受风雨的侵袭，而且甲板与船底、船舷可构成封闭的船壳，使船体更具整体刚性，有助于提高船体强度。关于甲板、甲板之上的高层上层建筑，在汉代的著作中都有专名和释义：“其上板曰覆，言所覆虑也；其上层曰庐，象庐舍也；其上重屋曰飞庐，在上，故曰飞也；又在其上曰爵室，于中望之，如鸟爵(通雀)之警视也[③]”。如依此说，汉代楼船的形制和规模当是：甲板之下为舱，供棹卒划桨之用。在舱内的棹卒有良好的保护，可免受敌人矢石之攻击。甲板上的战卒手持刀剑，以便在短兵相接时作接舷战。舷边设半身高的防护墙，称为女墙，以防敌方的矢石。在甲板上女墙之内设置上层建筑即为庐，庐上的上层建筑为飞庐，周边再设女墙，庐上的战卒手持长矛，有居高临下之势。弓弩手藏于此，是远距离的进攻力量。最高一层为爵室，“如鸟雀之警视”这正如今日的船桥，常称之为驾驶室或指挥室。

（二）汉代楼船的复原

楼船是汉代最具代表性的船型。汉代楼船的图样载于《武经总要》（见图2-5）。其具有庐、飞庐和爵室这3层上层建筑，与文献的记载还算相符。其它如划桨者设在舷边而不在甲板之下，再如作长途航行时却不设风帆等项，与文献记载却不相符。其尾部所设“懸式平衡舵”，则是汉代所不曾出现的。

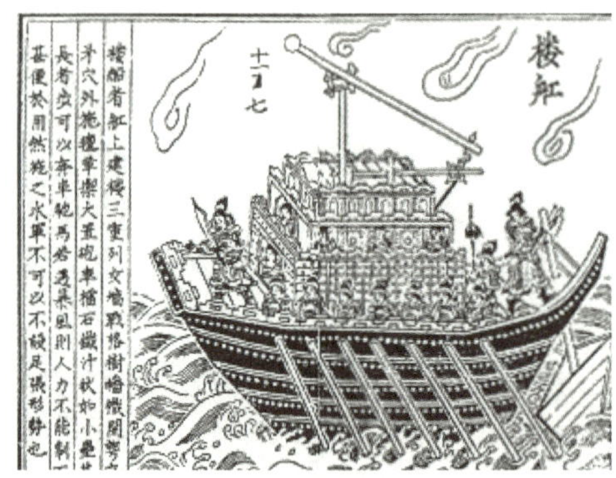

图2－5 楼船图（采自《武经总要》）

2002年，浙江嘉兴船文化博物馆，为了向观众展示汉楼船的形象，曾组织专业人员对汉楼船进行复原研究，并将复原研究结果绘成工程图样，制成汉楼船模型，并在该博物馆长期展出（楼船模型照片图见2-6）。汉楼船的长度取为42米，约合16丈。宽取8.4米，长宽比为5.0。船深为4米，于是宽深比为2.1，长深比为10.5米。此种尺度比对船舶强度的要求当属合理。吃水取2.5米，则宽吃水比为3.36。这对保证船的稳定性是有益的。

在总体布置上，设两桅两帆，首帆和主帆。有风帆的船对防止船舶摇摆或过大的横斜是有益的。船楼设在中间偏后的位置以利于驾驶和指挥，但其受风面积不宜过大。在首部和尾部各设抛石机作为武备。抛石机在陆军中是一种很有效的武备。作为军舰，在无风时，或者在港内时，也要有动力，为此设多名桨

图2-6 楼船模型照片（采自嘉兴船文化博物馆）

手，在甲板之下的舱内划桨。舱深4米，舱内有足够的空间作划桨用。船尾舵，其形式如同广州东汉陶船模型所显示的舵。此种舵，也称拖舵。在隋唐大运河出土的唐代古船中，舵仍是这种形式。

按所设定的船舶主要尺度，该楼船的满载排水量约在420～480吨之间。

①汉·司马迁.史记·平准书.
②南朝宋·范晔.后汉书·公孙述传.
③汉·刘熙.释名·释船.

三、汉代舵和橹的发明以及其它船舶属具的应用

船舶属具，是船舶航行中不可缺少的器物，是伴随着船舶的技术进步而逐步发展的。现代船舶的属具也称作船舶设备。

每一种属具都有一种或一种以上的功用。例如：桅，是用来张挂旗帜、灯具等信号和照明用具的，而将纤绳系于桅顶则可牵引船前进，将帆挂在桅上也就成了船的推进工具。

汉代时，各种船舶属具已基本齐备，而且汉代的文献又最早、最系统地对船舶属具作了诠释，所以，在这里我们将汉代已经出现并使用的船舶属具分别加以叙述，以对汉代的船文化有较全面的认识。

（一）桨、篙、纤

1. 桨

桨是最原始的船舶推进工具之一，其产生当在舟的产生之后。巴西船史学者认为最早的桨是人的两只手。最初，人们是抱着一棵树干或乘在独木舟上，用两只手划水使舟漂流的速度快一些。桨正是手的延伸。桨，古称为櫂、札、楫。我国早期对桨作过详细论述的著作，首推东汉（公元25～220年）人刘熙所著《释名·释船》，其对桨的定义和解释是：“在旁拨水曰櫂”。櫂，濯也，濯于水中也，且言使舟擢进也。又谓之札，形似札也。又谓之楫。楫，捷也，拨水使舟捷疾也”。

桨由桨叶和桨柄两部分构成。桨叶为扁板，桨柄多为圆杆。划桨分有立姿和坐姿。《太平御览》卷769引《吴时外国传》扶南国行船说：“立

则用长棹，坐则用短棹，水浅乃用篙”。将这些叙述与汉代木船模型相印证可知：长沙西汉木船模型上有16把桨，也就是所说有长棹。桨柄伸进舷板上的圆孔，这圆孔实际上构成桨的支点，行船时桨手站立着划进。广州西汉木船模型和湖北江陵西汉木船模型的4个木俑各持一把短桨，并且坐在船凳上以坐姿划桨。

有的坐姿划桨以双手持短桨直接向后拨水，并不利用支点。1955年，在云南晋宁石寨山发掘的古遗址和墓葬中，曾出土战国末期到西汉前期的铜鼓2种[①]，铜鼓上有竞渡船纹[②]，其持短桨的划桨姿势与现今龙舟竞渡基本一致。（见图2-7）

图2－7 云南晋宁铜鼓上的船纹

2. 篙

由长竹杆或长木杆构成。近代又为避免篙头被磨损或破裂，常在篙的下端安装铁箍，有的同时装铁尖和铁钩。篙的制作简便，使用方便，最适用于浅水河道和近岸航行的船舶。利用篙撑水底或岸边地物，可使作为浮体的舟船向用力的相反方向前进。一艘船通常是由两个人分持两支篙轮流撑。一个撑篙人将篙撑在水底或岸边，并且由船首走向船尾，则船向撑篙人行走的相反方向前进。另一撑篙人则持空篙由船尾返回到船首。如此反复撑船，则船不断前进。在《释名·释船》一书中所说的“交”即篙。“所用斥（撑）旁岸曰交（篙）。一人前，一人还，相交错也”。书中特别说明篙应撑到旁岸，这是撑篙的基本动作。书中“一人前，一人还”，说的是两个同撑一艘船时的相互配合，何其形象而生动。前述4只汉代船模，船的两舷都装有瞰板，即舷伸甲板，都可用作撑篙人的通道，是为撑篙的需要而设计的。根据船的大小，可以用一双到数双篙。

3. 纤

是用来牵引舟船前进的索具，也称纤索。通常是用竹蔑编成，既有较大的强度，又不怕湿，还耐腐蚀。《尔雅》中有：“汎汎杨舟，绋缡维之[③]”。绋是大绳，缡是船缆。这里所说的是“用纤索牵引杨舟，汎汎然也”。鉴于《尔雅》成书在公元前460～前300年前，看来用纤索牵引船舶已具有很久的历史。汉代将纤索也称“笮”。笮字带有竹字头，说明这时的纤索是用竹篾编制的，如图2-8所示。

《释名·释船》中记有：“引舟者曰笮。作也，作起也。起舟使动行也”[④]。引舟前进时，纤索系在何处未见有明确记载。今人见到的纤索常系在桅的

图2－8 竹蔑编的纤索

顶端，这样呈悬链线的纤索不致被水浸湿，也能少遭致额外的水对纤索的阻力。更为重要的是，系于桅顶的“纤索”和“桅”都具有一定的弹性，即使拉纤的力具有脉冲性，舟船也会平稳地前进。北宋时的《清明上河图》绘有多人拉纤和纤索系于桅顶的情景。

（二）高效的船舶推进器——“一橹顶三桨”

橹是船舶推进工具中一项带有突破性的重大发明。《释名·释船》说：“在旁曰橹。橹，膂也。用膂力然后舟行也。”在旁，指橹的安装与操作位置。膂作脊梁骨解，用膂力则意味着以腰部为主并带动全身的力气以推动舟船前进。《释名》记述了橹，可准确地说明橹的出现最晚是在汉代，但可惜没有进一步说明橹的构造特点。用桨时要“划”用橹时却要“摇”。《三国志》卷五四记吕蒙取南郡败关羽事。“蒙至寻阳，尽伏其精兵于舻艫中，使白衣摇橹，作商贾人服。……[⑤]”这个“摇”字是对橹的特点的集中概括。

作为船舶推进工具的使用，划桨比撑篙有显著的优越性，这是指划桨可以在远离岸边的深水区域中进行。划桨是靠水的反作用力推船前进的。但在划桨时，桨叶入水作功一次之后，则要离开水面为第二次作功作准备，是间歇作功。对舟船来说，是间歇推进。橹，则可以左右连续不断地摇，是不间歇地连续作功。橹对舟船是连续推进，这在推进工具中是一次带根本性的改革。

橹与桨相比较则有更高的效率，这是它的另一大优点。橹与长桨（或称之为棹）虽然都较长，都必须有一个支点，但在使用上有显著的不同。“纵曰橹，横曰桨，”棹是横向布置，前后划动，利用划水产生的反作用力推船前进；橹是纵向布置，左右摇动橹柄，橹板则在水中以较小的攻角左右滑动。由于攻角较小，滑动时很省力，却能产生较大的升力推船前进，这是橹被称为高效推进器的根本原因。

橹是由橹板、橹柄以及将二者连接起来的“二壮”所构成。在操橹甲板上，装设一个橹支纽作为支点，这是一个带球顶的铁钉，俗称橹人头。在橹板临近二壮的部位钉一硬木块叫橹垫，也叫橹脐，使用时将橹脐置于橹支纽上，这就构成一个球面运动副。橹相对于支点橹支纽具有三向约束，但对三轴具有三个旋转自由度。橹柄的顶端以橹索系在甲板上的铁环上。橹索一是起固定橹的作用，二是可以伸缩其长度来调节橹板的入水深度（见图2-9）。

摇橹时，橹以橹支纽为支点可以充

分转动，既可以调整橹板滑水时的攻角，使省力而具较大的推船力，也可以调节橹与船舶中线面的角度，可以操纵和控制船舶的航向。

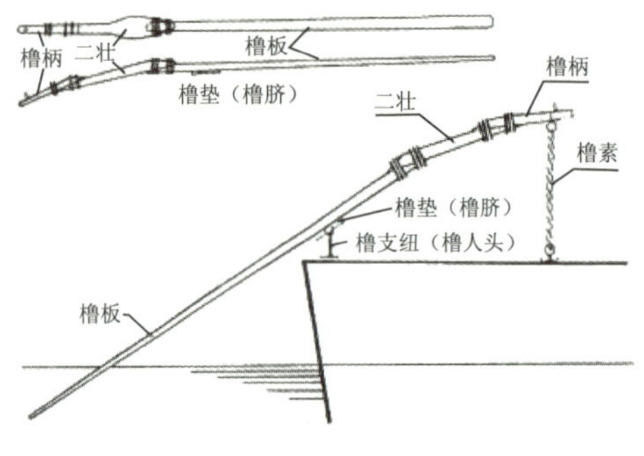

图2－9 橹的构造与布置

橹的作用和产生的推进力，如果从流体力学的角度分析的话，是水对滑动的橹板的升力，并非水的反作用力。既不同于划桨时水对桨的反作用力，也不同于鱼摆尾时产生的反作用力。

由于橹是连续、高效推进工具，又有操纵和控制船舶航向的能力，所以，自从它出现以后，无论是在内河或沿海，都广泛获得应用。即使在出现风帆后且帆装齐备的船上，橹仍作为一种辅助推进工具与风帆长期并存。远洋海船当进入无风带时仍须靠摇橹，大船进出港口时也要靠橹节制进退和控制航向。

橹，是中国对世界造船技术的重要贡献之一。橹的效率高的特点，是由于橹在水中以较小的攻角滑动时，阻力小而升力大。船家有一句俗语：“一橹顶三桨。”橹是连续性推进工具，而且又有操纵船舶回转的功能，一直到现在仍为科技史学者所称道。现在广为应用的螺旋桨推进器，它的不间歇作旋转运动的叶片，实际上也与在水中滑动的橹板相似。螺旋桨桨叶的叶片也具有阻力小而升力大的特点和优点。螺旋桨的发明和改进，虽然还不能说源于橹，但是其作用原理则是一致的。

（三）船尾舵的演变历程

1. 船尾舵

船尾舵，是操纵和控制船舶航向的属具。

当船舶在深水区域航行时，常用桨作为推进工具。大船常需配备多桨。当由众多的桨手划船时，桨用作推进是很有效的，但是既要推进，又要控制航向就有相当的困难。一桨两用已不可能，必须使桨进一步分工。使多数桨手以桨作为推进工具，另由一名桨手专司操纵航向。负责操纵航向的桨手常位于尾端，与推进桨手不相干扰，位于尾端又有利于改变船的航向。前图所示的长沙、广州、湖北江陵出土的3艘木船，在船尾都设有一桨手，其作用就是控制和操纵舟船的航向。这种设于尾部的桨通常称为操纵桨。

操纵桨，在长期的使用中当然是在不断演化和改进着的。据研究，“增加桨叶的面积以便于控制船的方向，逐渐产生了舵”，“增加桨柄的长度，逐渐形成了梢（或曰招）”[⑥]。

广州东汉陶船模型（图2－3），距今已近2000年，在其尾部正中位置上已经有了舵。这个舵比操纵桨有很大的演进和发展，它比桨叶的面积宽展了许多，有了较大的舵面积，其舵面积系数（即舵面积与船长和吃水乘积之比）约为9%。若仔细观察陶船模还会发现，这个舵不是沿着竖直的舵杆轴线转动，仍残留着以桨代舵的痕迹。即便是这样，这个舵已不再是桨了，它是舵的祖式，在世界范围来说，它也是最早的舵。

在西方的一些船舶发展史著作里，认定最早的舵出现在公元1242年，其最有力的凭证是德国埃尔滨城的徽记中有“Cog”型船。而该船的尾部有一个很窄的舵[⑦]。公元1242年，是我国南宋淳祐二年。我国这个时期不仅普遍使用了舵，而且已经采用了具有现代意义的平衡舵。这种普遍采用的平衡舵的形象在北宋《清明上河图》中被流传至今，甚至在天津还出土了一具北宋年代的平衡舵实物[⑧]，它的诞生远早于公元1242年。

《释名》一书对舵的解释是：“其尾曰柁。柁，拖也。在后见拖曳也。且言弼正船使顺流不使他戾也。”柁即舵，书中明确说明舵的位置在船尾，用途是扶（弼）正船的航向。至于舵的构造，《释名》里没有进一步说明。不过，从汉代的文物——广州东汉陶船模型，可知道舵的构造及其使用了。将汉代的文物和汉代的书籍两相对照，可以断定舵是产生于汉代的。因其位于尾部，也称船尾舵[⑨]。船尾舵到何时才演变到沿垂直轴线转动，迄今尚无确切物证。在1999年发掘到的隋唐大运河遗址曾发现多艘唐船，其中一号沉船附有一具非常完整的拖舵[⑩]，其形式与东汉陶船模型的舵颇有些相似，其操控办法简捷、方便、有效。这一考古发现说明，始于东汉的拖舵有很强的生命力。不过唐开元年间曾任广文馆博士的郑虔所绘山水画中已出现具有垂直轴线的舵[⑪]。这说明至少在唐代或唐以前，舵的轴线已垂直化了。看来垂直轴线舵与拖舵可能在一个相当长的时期内同时在沿用。

文物和文献都证明：我国舵的发明和应用大约早于西方近1000年。

2. 梢

扩展桨叶面积使桨演变成舵。另一个演变途径是增长桨柄的长度则使桨成为梢。

梢，是用一根整木料制成的，其长度可达到船长的70%。梢的末端做成大刀形状，多用于急流航道的船上。在长沙西汉的木船模上，还能看到桨向梢的演变：该木船模型长1.54米，而尾部的大长桨长1.02米。约占船长的66%。可见这大长桨与前舱16把长棹的作用是不同的。

梢，在古文献中也有记载。《晋书》卷94曾为夏统立传。夏统生长在海滨，一生不愿为官，却练就了一身娴熟的驾船技艺。书中生动地描写了夏统驾船表演的场面："操舵正橹，折旋中流"，"奋长梢而船直逝者三焉"，"观者皆悚遽"。为了获得更大的转船力矩，梢的柄要加长，因而操纵时也十分费力气，有时要几个人同时操纵。上述"奋长梢"，把操船的场面描绘得生动而形象，读起来如身临其境。

《清明上河图》中绘有8人合力奋长梢的场面，如图2-10所示。"梢"这一名称，迄今在四川、云南仍在应用。在湖北、河南以及北方地区，也有称之为"招"的。

图2－10 《清明上河图》中的奋长梢

（四）看风使舵——桅与帆

桅最早的用途是悬挂旗帜。如战国铜鉴上的船纹，其前方即立一旗帜。《释名》记有："前立柱曰桅。桅，巍也，巍巍高貌也。"这里虽然未对桅的作用和用途加以诠释，但与战国战船的形制相对照，主要也是用作悬挂旗帜。自风帆应用到船上之后，桅的一个重要作用是张帆。无论帆的形式如何，帆总是与桅相联系的。按照林华东的考证，中国的风帆可能出现在战国时期，到了汉代则获得广泛应用。如《释名·释船》所记："帆，泛也。随风张幔曰帆，使舟疾泛泛然也。"

中国风帆的出现和使用，虽较国外为晚，但因为中国的帆别具特点，而且有船尾舵与之相配合，[12]从汉代起，中国就有相当成熟的驶风技术，从而使中国的帆船能够跨越海洋，开辟了海上丝绸之路。

《南州异物志》为三国东吴太守万震所撰，原书虽已失传，但所记关于汉代的驶帆技术等内容，由于被收入《太平御览》而得以保存。《太平御览》卷771引《南州异物志》关于风帆的构造和驶风技术的记载："外徼人随舟大小，或作四帆，前后沓载之。有卢头木，叶如牖形，长丈余，织以为帆。其四帆不正向前，皆使邪移相聚，以取风吹。风后者激而相射，亦并得风力，若急则随宜增减之。邪张相取风气，而无高危之虑，故行不避迅风激浪，所以能疾。”从这段叙述中，可以得知，第一，汉代由于船舶长而载量大，已经开始使用多桅多帆；第二，帆为卢头木叶所织成，迄今虽不确知卢头木为何种植物，但从后世使用的由蒲叶和蔑片织成的帆来看，这用卢头木叶织成的帆当属硬帆；第三，用植物叶织成的帆，古曰篷，厚而硬，可利用侧向风力，“其四帆不正向前”就说明了这一点；第四，汉代已经注意到多帆的相互影响，要随时调节帆的位置和帆角，更要因风力大小而调节帆的面积。

多桅多帆是一项重大进步。随着船长的增加，采用多桅多帆可在获得大推进力和高航速的同时，使桅不过分高，以确保船的稳定与安全性。多桅多帆还可使船体受力较为均匀，有利于船体的强度。三国时还曾出现过七帆的快船。吴国曾遣康泰等航海往访林邑（今越南东南部）、扶南（今柬埔寨及越南最南端一带）等国，还曾经游历南洋诸岛的若干岛屿。康泰的《吴时外国传》记有：“从加那调州乘大伯舶，张七帆，时风一月余日，乃入秦，大秦国也”[13]。此航线据研究概指由今爪哇岛西端到今波斯湾或今红海沿岸一带，只需一月余，不可谓不快。

用植物叶编织的帆，硬而重，虽升帆时较为费力，但在偶遇骤风时可迅速解缆降帆，以确保船的安全。在急风时可升帆于桅之半，即可“随宜增减”帆的面积，以保航行安全。

硬帆最大的优点和特点是可以利用侧风。自然界里“风有八面”，除正逆风之外，硬帆皆可利用。由侧向吹往硬帆的风，按空气动力学原理，可获得较大的升力但阻力却很小，即硬帆还有较高的帆效（见图2-11）。

帆及舵的受力示意图如图所见，侧向风在产生对船的推进力的同时，还产生横漂力，将使船舶横向漂移。假若此横漂力在船舶重心之前，将使船向右旋转。为保持既定航向，应将舵向左转一定角度，在舵力的作用下可使船向左转。帆与舵适当地取得平衡，则可以保持既定的航向。随着风力大小和风向的变化，经常地改变帆角和舵角是十分重要的。“看风使舵”这一航海术语，在中国家喻户晓，意思是舵必须与风帆相配合。帆与舵两者相得益彰，有力地推

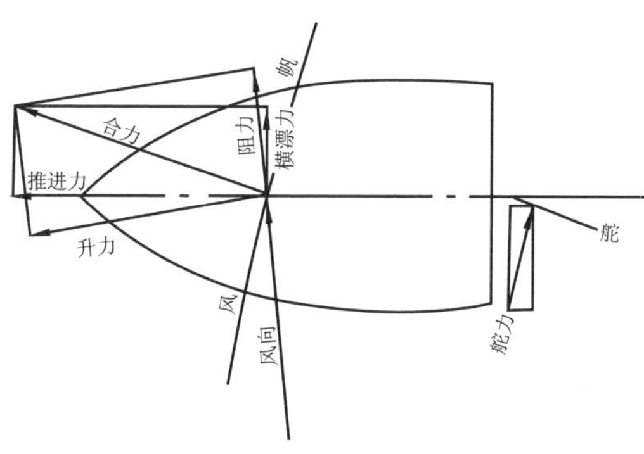

图2－11 帆及舵受力示意图

动了中国的航海业，对世界的航海业作出积极贡献。

美国科技史学家罗伯特·K·G·坦布尔在其著作中以“西方受惠于中国”为题的序言中写道：“如果没有从中国引进船尾舵、罗盘、多重桅杆等改进航海和导航的技术，欧洲绝不会有导致地理大发现的航行，哥伦布(Colombus)也不可能远航到美洲，欧洲人也就不可能建立那些殖民帝国”⑭。英国著名中国科技史学家李约瑟(Joseph Needham,1900—1995年)写道：“中国的这些发明和发现往往远远超过同时代的欧洲”，“在3至13世纪之间保持一个西方所望尘莫及的科学知识水平”⑮。从中国发明的舵、橹以及驶风技术的先进性，当可看到李约瑟的这一论断是公允的。

（五）碇

舟船要有行有止。行靠篙、纤、桨、橹，或者利用自然界的风力。止要靠各种系泊工具。现代的系泊工具主要是锚，古代就是碇。

在独木舟和舟船活动的初期，可以靠河岸上的树木或木桩系船，有时也可把船用缆绳系在岸边的大石头上。当船舶向开阔水域或海洋发展以后，没有近岸的木桩和石头可借以系泊，便只有靠专用的系泊工具了。

早期的系泊工具叫做“碇”，用绳索将一块未经加工但其形状却便于绑扎的石头绑扎起来投入水底，利用石块的重量拖住船体，这是简而易行的系泊方法。也可以用网兜装上许多石块投入水底以系船。随着使用经验的丰富，或者将石块稍加雕凿成为易于绑扎的形状，或者将石头凿孔穿系长绳，用石头系泊并固定船舶位置，古籍上概用“下碇”两字，启航则为“启碇”。

若干出土的碇石是值得人们注意的。“我国浙江余姚河姆渡遗址发掘中，曾发现新石器时代晚期的石碇，是一块直径50厘米的圆石，装在专门编织的网兜内。这可以说是我国已发现的最为古老的锚”⑯。

据报导，1976年在美国加利福尼亚帕拉斯维德半岛浅海中发现两起被称为石锚的人工石制品。一起是两件圆柱形和一种正三角形人工石制品。另一起是一块中间有孔大而圆的石头。它是在加利福尼亚的麦德西诺小岬附近由美国调查船打捞出来的。有的学者认为它是约有二三千年历史的“中国人最先到达美洲的新物证”⑰。两起石锚如图2-12所示，其中右边的圆形石礅，被认为是移作碇石用的“我国特有的农用碾场的碌碡。”该项人工石制品的断代是以石头上积聚的一层薄薄的锰矿外表为根据的，在学者中还存着争议，但确认这些是产自亚洲的石锚。美国圣地亚哥大学的莫里亚蒂说：“毫无疑问，这是一个

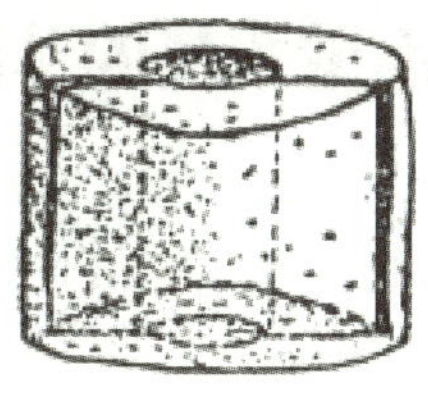
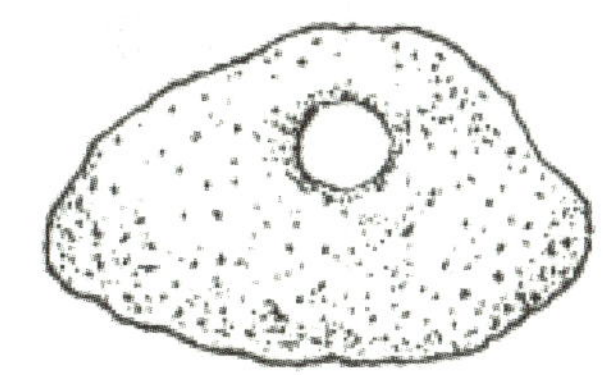
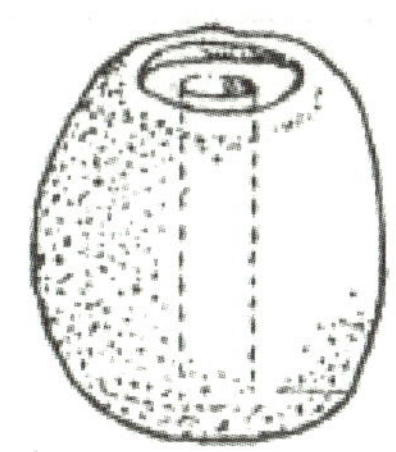

图2－12 1976年在加利福尼亚浅海发现的人工石制器

来自亚洲的早期船碇[18]”。

关于系石为碇的早期记载见于汉代的文献。汉献帝建安十三年（公元208年），孙权击黄祖。“祖横两蒙冲挟守沔口，以栟闾大绁系石为碇，上有千人，以弩交射，飞矢雨下，军不得前”[19]。该书在注解中，也称“碇”为“垂舟石。”

碇石的构造，到了汉代有了长足的进步。在广州东汉陶船模型的船首悬挂有碇。仔细观察此碇的构造就可以发现有两个爪，在垂直于两爪构成的平面又有一横杆。有的文献对此种构造的概括和评价为“正视呈‘十’字形，侧视则为‘V’字形，已具有后世多齿锚或有杆锚的特点”[20]。如果按照东汉陶船模型将此碇进行复原，这实际上是一种木石结合碇，如图2－13所示[21]。利用爪的抓力泊船，较单纯靠碇石重量泊船则是泊船原理的质的飞跃。

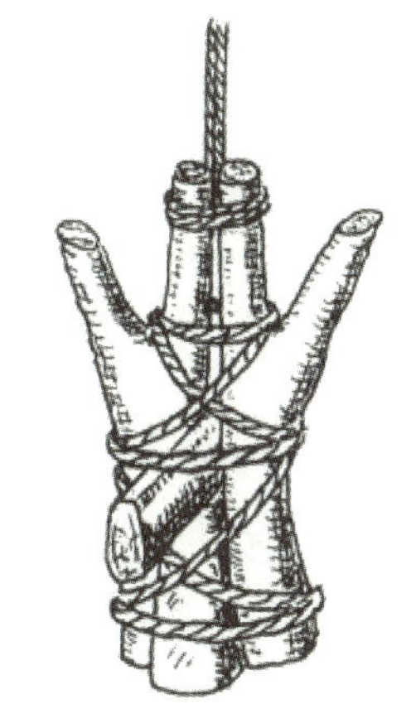

图2－13 东汉陶船模型的木石结合碇图

“令人惊异的是，近代西方所发明并曾风靡全球的有杆锚或称为海军锚，便是采用这种形式”[22]。海军锚的优越性是以较小的锚重而获得较大的系船力，这已为世所公认。虽然我们不能说海军锚的发明是借鉴过中国汉代的木石结合碇，但至少可以说汉代的碇在构造上的合理性，已为后世的大量实践所证实。

发端于汉代的木石结合碇沿用了很长时间，而且不断有所改进。在此后的唐、宋文献中也有记载，还有不少文物被发现。

①云南博物馆.云南晋宁石寨山古遗址及墓葬：[考古学报]1956，（1）.43页.
②冯汉骥：云南晋宁出土铜鼓研究：[文物]1974（1）.第51～60页.

③尔雅·释水：第十二.
④清·王先谦撰集.释名疏证补：上海古籍出版社，1984年第1版.第381页.
⑤陈寿.三国志•吴志•吕蒙传：北京：中华书局，1959年第1版.第1278页.
⑥席龙飞.桨舵考：[武汉水运工程学院学报]1981，（1）.第28页.
⑦Goerge F. Bass, *A History of Seafaring—— Based Underwater Archaeology.* Walker and Compony, New York.1972,P.13.
⑧天津市文物管理处.天津静海元蒙口宋船的发掘：[文物]1983，(7).第54~58页.
⑨席龙飞.船尾舵：[中国大百科全书.机械工程卷]北京：中国大百科全书出版社，1987年第1版.第100页.
⑩阚绪杭、龚昌奇、席龙飞.柳孜运河一批唐代沉船的发掘与研究：[淮北柳孜——运河发掘报告]科学出版社，2002年第1版.第144~161页.
⑪金秋鹏.中国古代的造船与航海：北京：中国青年出版社，1985年第1版.第49页.
⑫席龙飞.中外帆和舵技术的比较：[船史研究]1985年创刊号.第42页.
⑬太平御览：卷771.北京：中华书局，1960年第1版.第3419页.
⑭美·罗伯特K·G·坦布尔著.陈养正等译.中国：发明与发现的国度——中国的100个世界第一：南昌：21世纪出版社，1995年第1版.第12页.
⑮李约瑟.中国科学技术史第一卷导论：北京：科学出版社，1990年第1版.1~2页.
⑯沈同惠.蓬莱古船属具论析：[蓬莱古船与登州古港]大连海运学院出版社.1989年第1版.第81页.
⑰石钟健.古代中国船只到达美洲的文物证据：[思想战役]1983年第1期.
⑱房仲甫.殷人航渡美洲再探：[世界历史]983年第3期.第56页.
⑲资治通鉴卷65：北京：中华书局，1956年第1版.第2078页.
⑳沈同惠.蓬莱古船属具论析：[蓬莱古船与登州古港]大连海运学院出版社，1989年第1版.第83页.
㉑席龙飞.中国造船史：武汉：湖北教育出版社，2000年第1版.第94页.
㉒章巽.中国航海科技史：北京：海洋出版社，1991年第1版.第42页.

四、三国赤壁水战的斗舰

前已述及，汉代的著名舰船当属楼船。如《史记》卷三十所记：“治楼船高十余丈，旗帜加其上，甚壮”[①]。楼船在舰队中作用在于可壮大军威。甚缺点则是船型高大，较难操控，常带来负面效应。汉代水军中最为重要的并具代表性的船舰当为斗舰。

斗舰是东汉时出现的新的战舰，对它的记述首先见于《三国志》。孙权的部属说：荆州“刘表治水军，蒙冲斗舰，乃以千数”[②]。雄踞江东已历三世的孙权，其水军斗舰之规模，当不亚于刘表，甚或过之。孙权的将军贺齐，“性奢绮，尤好军事，兵甲器械极为精好，所乘船雕刻丹镂，青盖绛襜，干橹戈予，葩瓜文画，弓弩矢箭，咸取上材，蒙冲斗舰之属，望之若山”[③]。斗舰，在孙权与刘备组成联军共同抵御曹操强大兵力的赤壁之战中起了重要作用。

东汉末年，曹操托名汉相，挟天子以征四方，遂统一了北方。随即秣马励兵，训练水师，准备攻灭控制荆襄的刘表和虎踞江东的孙权。汉建安十三年（公元208年）七月，曹操统兵20余万，南下争雄。在今湖北当阳大败依附刘表的刘备，又占领了荆州，收降刘表的水军七八万。刘备逃至夏口（今武昌），旋又退至樊口（今湖北鄂州市西北）。

孙权、刘备面对压境大军，组成5万兵力的联军，溯江而上，抗击曹军。在赤壁（今湖北赤壁市，长江南岸）与乌林（长江北岸）的曹军隔江对峙。孙军统帅周瑜的部将黄盖献计曰：“今寇众我寡，难与持久。操军方连船舰，首尾相接，可烧而走也”④。周瑜采纳黄盖这一火攻之计，“乃取蒙冲斗舰十艘，载燥荻、枯柴，灌油其中，裹以帷幕，上建旌旗，预备走舸，系于其尾。先以书遣操，诈云欲降。时东南风急，盖以十艘最著前，中江举帆，余船以次俱进。操军吏士皆出营立观，指言盖降。去北军二里余，同时发火，火烈风猛，船往如箭，尽烧北船，延及岸上营落。顷之烟炎张天，人马烧溺死者甚众。瑜等率轻锐继其后，擂鼓大震，北军大坏，操引军从华容道步走……”⑤

关于斗舰的形制，刘熙的《释名》所记稍嫌简略。唐代李筌所撰《太白阴经》成书于乾元二年(759年)，对斗舰有如下描述：“战舰，船舷上设中墙半身，墙下开掣棹孔、舷(内)五尺又建棚，与女墙齐，棚上又建女墙，重列战格。上无覆背，前后左右树牙旗，幡帜、金鼓，战船也”⑥。李筌的对斗舰的描述详尽得多，但两书中对斗舰形制的特征——两层甲板而且都有以“施板”或“女墙”的防护设施等记载，基本上是相符的。比《太白阴经》晚42年成书的唐代杜佑的《通典》，对斗舰的形制也有大体相同的记载⑦。甚至北宋曾公亮的《武经总要》和明代茅元仪的《武备志》对斗舰的描述，除个别辞语外，也与《太白阴经》及《通典》相一致。这说明东汉末年兴起的斗舰，其型制早已规范化了。然而斗舰型制的形象资料缺乏，未见汉代、唐代传世的图样。迄今只见有《武经总要》和《武备志》所附斗舰的外观图。应该说，上述两书所绘的斗舰图，只能算得上是示意图而已。其中船体、人物、旗帜、武器等，相互间缺少适当的比例。船体的主要尺度也与舰船的法式不相符合。

1987年，应北京中国军事博物馆之邀，我们曾完成对赤壁之战斗舰的复原研究⑧。经过论证的斗舰复原尺度是：总长37.4米，水线长32.7米，船宽9.0米，船深3.0米，吃水1.8～2.0米，战棚高2.3米，舵楼高2.5米⑨。因而上层建筑就要有5米多高。在斗舰的上甲板上设战棚，战棚的长约占船长的3／4。上甲板和战棚甲板均设有“可隐半身”的女墙，女墙上均设供射箭用的垛口。战棚的四周有可供射击和隐蔽均便的弩窗和四通大开门。全船设两桅、两帆、30把桨。两只木石结合碇位于首部。起碇及带缆用的人力绞车分别设在主甲板前部和战棚甲板上。上层建筑采用飞檐、斗拱与雕栏相结合，首封板饰象征勇猛必胜的兽头浅雕，全船设有四方旗、帅旗、旌旗、金鼓、矛戈等。所复

图2－14 赤壁大战的斗舰(现展于澳门海事博物馆和嘉兴船文化博物馆)

原的斗舰以1：30的比例，制成楠木船模一具，今收藏并陈列于北京中国军事博物馆中的古代战争馆。

1987年，为中国军事博物馆对斗舰进行复原研究和设计时，曾在船尾设绕垂直舵杆转动的不平衡舵一具。现在看来此种设计是很幼稚的，当然也是不正确的。

虽然在东汉的陶船上出现了舵，但见到的是拖舵。什么年代才开始出现绕垂直舵杆转动的不平衡舵还不很清楚。自从我们考察和研究了隋唐运河出土的一批唐船和拖舵，我们才认识到拖舵的有效性[⑩]。2001年，我们为澳门海事博物馆作斗舰的复原研究和设计时，则采用了如图2－14所示的拖舵，嘉兴船文化博物馆展出的斗舰，也采用了此种模式。

①汉·司马迁.史记•平准书：上海古籍出版社，上海书店1986年版[三十五史]第180页.

②晋·陈寿.三国志·吴书·周瑜传：上海古籍出版社，上海书店1986年版[三十五史]第1219页.

③晋·陈寿.三国志·吴书·贺齐传：上海古籍出版社，上海书店1986年版[三十五史]第1233页.

④宋·司马光.资治通鉴第65：北京：中华书局，1965年第1版.第2093页.

⑤宋·司马光.资治通鉴第65：北京：中华书局，1965年第1版.第2093页.

⑥唐·李筌.太白阴经·水战具篇第四十.

⑦唐·杜佑.通典卷160.

⑧席龙飞.长江古代的两型战舰：[长江日报]1988-2-14(3).

⑨李惠贤、文尚光．赤壁之战斗舰的复原研究：[武汉水运工程学院学报]1990（3）．310～315页．

⑩阚绪杭、龚昌奇、席龙飞．隋唐运河柳孜唐船及其拖舵的研究：[哈尔滨工业大学学报（社会科学版）]2001（4）．35～38。

第三章　晋代的两大发明
——水密舱壁和车轮舟

一、晋代的八槽舰

“八槽舰”是晋代跟随孙恩海上起兵的卢循建造的，其特点是利用水密舱壁将船体分隔成八个船舱，即使某个船舱破洞淹水，船舶仍可保证不致沉没。

晋隆安三年（公元399年）十月，孙恩自海岛起兵，杀上虞县令并攻占会稽（今浙江绍兴）[①]，还迅速占有会稽等八郡，“旬日之中，众数十万”，“自号征东将军”[②]。是年十二月，孙恩被击败，乃逃入海岛。

晋安帝元兴元年（公元402年），孙恩率众攻临海（浙江省），为官军击败，其所率三吴男女，死亡殆尽。恩乃投海自杀。“余众数千人复推恩妹夫卢循为主”[③]。

晋安帝元兴二年（公元403年）正月，卢循率众攻东阳（浙江省），八月又攻永嘉，均未得手。晋元兴三年（公元404年）十月航海南下并攻陷广州。卢循“自摄州事，号平南将军”。

晋义熙六年（公元410年），卢循由广州北上占豫章（今江西南昌）等郡，然后沿长江顺流而下，直逼建康（今南京），当时卢循曾率大型船队。《晋书·卢循传》记有：“乃连旗而下，戎卒十万，舳舻千计，败卫将军刘毅于桑落洲（今九江东北长江中）迳至江宁（今南京附近）[④]”。

晋义熙七年（公元411年），卢循屡败，再次攻广州未克，又南下奔交州龙编（今越南河内东）。龙编刺史率众军士“掷雉尾炬焚其舰”。兵众大溃，卢循战败而投水死。

孙恩卢循海上起兵凡十数年，多用水战，且两次航海南下。在多年的争战中，对舟船技术或有发明创造，乃近于常理。

（一）卢循建造八槽舰的文献记载

在《晋书》的《孙恩传》和《卢循传》里，以及在《资治通鉴》中，都有关于孙、卢两人率舰争战的记述，而且两人均先后沉海而死。孙、卢在历史文献中是被列为贼寇的，诸多文献并未记有卢循建造的八槽舰，当然也不会恰当评价他的功绩。但是，在某些帝王的言行录里，在某些帝王的纪传里，却透露出卢循创造、发明八槽舰的一些史实。

《艺文类聚》引《义熙起居注》

图3-1 卢循的八槽舰

曰："卢循新造八槽舰九枚，起四层，高十余丈"⑤。《宋书·武帝纪》在记述刘裕镇压卢循水军时，曾说卢循"别有八槽舰九枚，起四层，高十二丈"⑥。卢循所造八槽舰，被认为是用水密壁将舰体分隔成八个舱的舰船。船舶水密舱壁是中国的一项创造，其首创者为晋代起义军领袖之一的卢循，时间为公元5世纪之初⑦。

（二）西方人眼里的八槽舰及其水密舱壁

水密舱壁这项发明，在中国是有渊源的。在公元前16世纪的商代有甲骨文，其中"舟"字有几种写法。甲骨文属于象形文字，从"舟"字可以看出它所表征的舟，是由纵向和横向构件组合成的。舟字的横线，代表什么呢？似肋骨，也似舱壁，二者必有其一，或二者兼而有之。

西方学者认为，中国人发明水密舱壁是借鉴了竹子的横隔膜，是顺理成章的事情。美国科技史学者写道："建造船舶舱壁的想法是很自然的，中国人是从观察竹竿的结构获得这个灵感的，竹竿节的横隔膜把竹分隔成好多节空竹筒。由于欧洲没有竹子，因此欧洲人没有这方面的灵感"⑧。

中国发明水密舱壁不仅有渊源，更有出土古船的实物作为凭证。迄今虽然尚未发现过晋代或晋代以前的舱壁实物，但却发现有两艘唐代古船是设置了水密舱壁的。其一是1973年6月在江苏如皋发现的唐代木船[⑨]。该船船长约18米，分成9个船舱，两舱之间设有水密舱壁。船舱最长的2.86米，最短的为0.96米。其二是1960年3月在江苏扬州施桥镇发现的唐代木船[⑩]。该船复原后的长度约为24米，共分为5个大舱。扬州施桥唐船的结构坚实，制作精细，木板之间以榫头和铁钉并用联接，板缝处填以油灰，水密性良好。

中国发明的水密舱壁技术具有3项重要作用：其一，即使某一船舱因触礁破洞而淹水，也可抑止淹水不致于波及邻舱，从而保证船舶不致下沉;其二，船壳板、甲板因有众多舱壁的支撑，增加了船体的刚度与强度；其三，舱壁为船体提供了坚固的横向结构，使桅杆得以与船体紧密连接，这也为中国古代帆船采用多桅多帆成为可能。

对中国的水密舱壁技术，马可·波罗（Marco Polo,1254～1324年）有详尽的了解并将其传到欧洲。《马可·波罗行记》写道：“若干最大船舶有最大舱十三所，以厚板隔之，其用在防海险，如船身触礁或触饿鲸而海水透入之事，其事常见，……至是水由破处浸入，流入船舶。水手发现船身破处，立将浸水舱中之货物徙于邻舱，盖诸舱之壁嵌甚坚，水不能透。然后修理破处，复将徙出货物运回舱中”[⑪]。

“使人惊异的是这些做法马可·波罗在公元1295年就写得很清楚，但没有人给予重视。公元1444年尼科罗·德·康蒂（Nicol de Conti，约1395～1469年）在《旅行》一书中也写到这些做法。在这部书中，他说：‘这些船有好几个船舱。这样，如果其中一个船舱破裂，其它的船舱不受影响，船可以继续航行，并完成航行任务’。但欧洲的造船者和水手们非常保守，水密舱原理传到西方500年之后才被采用”[⑫]。

西方的学者认为，中国发明和广泛使用已经上千年的水密舱壁技术，才在欧洲被仿效，那是18世纪末到19世纪初的事情。在欧洲最先设计船舶水密分舱的是英国海军总工程师塞缪尔·本瑟姆爵士（Sir Samuel Bentham,1757～1831年）。他曾受英国海军大臣之命，设计并建造了6艘具有一种新型结构的航海轮船，“像今天中国人的做法那样，用分隔船舱来加固船的结构，并防止船沉没”[⑬]。

提到“用横向舱壁来分隔货舱，”李约瑟（Joseph Needham，1900～1995年）写道：“我们知道，在19世纪早期，欧洲造船业采用这种水密舱壁是充分意识到中国这种先行的实践的”[14]。八槽舰的航区是从浙江沿海航行到广东沿海，又可从广东沿海航行到今北部湾以及今越南沿海，经复原研究，八槽舰的主要尺度是：总长29.4米；水线长24.0米；型宽5.6米；型深2.5米；吃水1.8米。八槽舰设计成尖底，首尾起翘的海船船型。其复原模型现今展出在嘉兴船文化博物馆。

①宋·司马光.资治通鉴：卷111，北京：中华书局，1956年第1版.第3497页.
②唐·房玄龄.晋书·孙恩传：上海古籍出版社，[1986年版，《二十五史》]第1552页.
③宋·司马光.资治通鉴：卷112，北京：中华书局，1956年第1版.第3541页.
④唐·房玄龄.晋书·卢循传：上海古籍出版社，[1986年版《二十五史》]第1552页.
⑤唐·欧阳询.艺文类聚第七十一舟车部：上海古籍出版社，1982年版.第1234页.
⑥南朝梁·沈约.宋书·武帝纪：上海古籍出版社，[1986年版《二十五史》]第1633页.
⑦席龙飞著.中国造船史：武汉：湖北教育出版社，2000年第1版.第115页.
⑧[美]罗伯特·K·G坦普尔著.陈养正等译.中国：发明与发现的国度：南昌.21世纪出版社，1995年12月第1版.第397页.
⑨南京博物院.如皋发现的唐代木船：[文物]1974年第5期.第84～90页.
⑩江苏省文物工作队.扬州施桥发现了古代木船：[文物]1961年第6期.第52～54页.
⑪[意]马可·波罗著、冯承钧译.马可·波罗行记：上海：商务印书馆，1937年版.第191页.
⑫[美]罗伯特·K·G坦普尔著，陈养正等译.中国：发明与发现的国度：南昌，21世纪出版社，1995年12月第1版.第396页.
⑬[美]罗伯特·K·G坦普尔著，陈养正等译.中国：发明与发现的国度：南昌，21世纪出版社，1995年12月第1版.第396页.
⑭潘吉星主编.李约瑟文集：沈阳：辽宁科学技术出版社，1986年版.第258～259页.

二、晋代出现了桨轮船或称为车轮船

（一）中国发明和运用桨轮船的实践

1. 晋代义熙十三年（公元5世纪初）在渭水出现了桨轮船

晋朝大将刘裕，在镇压了孙恩、卢循（曾创用八槽舰者）所统率的农民起义军之后，就大举攻击建都长安的后秦。晋义熙十三年（公元417年），刘裕的部将王镇恶由黄河乘车轮舟“溯渭（水）而进，舰外不见有行船人。北土素无舟楫，莫不惊以为神[1]”。《资治通鉴》则记有：“镇恶溯渭而上，乘蒙冲小舰，行船者皆在舰内，秦人见舰进而无行船者，皆惊以为神”[2]。王镇恶所乘小舰，既不张帆也不划桨，藏在舰内的行船者当是脚踏轮使船逆水急进，这是世界上首次出现桨轮船的生动记录，为科技史家所公认。

2. 南北朝时期仍有制造和使用车轮船的记录

祖冲之（429～500年），是南北朝时期杰出的数学家、天文学家和机械发明家。“又造千里船，于新亭江试之，日行百余里”[3]。这“不因风水，施机自运”的千里船，即车轮舟。

南朝梁的水军将领徐世谱为巴东（今属湖北省）人，世居荆州，有膂力，善水战，又能造船。梁大宝二年（551年），与侯景战于赤亭湖（今湖南华容）时，景军甚盛。“世谱乃别造楼船、拍舰、火舫、水车，以益军势。将战，又乘大舰居前，大败景军，生擒景将任约，景退走”④。徐世谱所造“水车”，即车轮战舰。

（二）由桨发展成轮桨使船舶推进技术产生飞跃

作为船舶推进工具的桨，操作时只能做前后直线、间歇运动，对船的推进也是间歇性的。“桨的进一步发展就是轮桨的出现，即‘车船’的出现。从桨转化为轮桨，在船舶推进发展史上是件大事。轮桨在我国创用之早以及后来宋朝车船种类之多、规模之大均足以震惊世界。它使船舶的人力推进工具产生了一个飞跃，达到了半机械化程度，成为古代船舶人力推进技术的最高水平”⑤。

所谓“轮桨”，即将桨的叶片装在轮子的周边，这就可以使原本桨的直线、间歇、往复运动，变为圆周、连续、旋转运动。由连续旋转的轮桨不断划水，可以连续推进，避免了手力划桨时所做的虚功，而且借自身的体重用脚踏转轴可较为省力。在同一根转轴上可因船宽的大小安装很多踏脚板，由很多人同时踏之，可以发挥多人的作用，提高车轮舟的推进效能和船速。车轮向前转船就前进，车轮向后转则船可后退。进退自如，机动灵活，这就提高了船的机动性，对战船尤为重要。

（三）中国发明的车轮舟比西方早1000年

车轮舟也称桨轮船，是中国古代造船技术中一项重大发明，而且早在晋代义熙十三年（417年）即已出现⑥⑦。在西方，“在十五世纪德国技术手稿中提出过关于制造明轮船的建议，而这些船可能是在无所不在的竖式水车启示下的再次发明”⑧。这说的就是威尔乔利亚斯（Robertus Valturius）刊行于1472年的《军事》（“*De Re Militari*”）一书，书中提到备有5轴10个桨轮的船和另1个备有1轴2个桨轮的船⑨。有关文献记有，欧洲桨轮船的第1次试验，是于1543年在西班牙的巴塞罗那进行的。由中外文献的对比可知：中国发明和使用的桨轮船，要比西方早1000年。

中国发明和实际使用桨轮船或称车轮舟，自晋代而南北朝，以迄唐代和宋代，未曾间断。在宋代，甚至将车轮战船列入水军的编制。

关于桨轮船，英国学者李约瑟（Joseph Needham. 1900～1995年）写道：“这种船在中国肯定流传下来了，因为在鸦片战争期间（1839～1842年），有大量的踏车操作的明轮作战帆船派去同英国船作战，

图3-2 南宋时高宣等人建造的车轮战船

而且证明颇为有效，虽然结果并没有带来什么希望。由于向来的那种自鸣得意的心情，西方人曾认为中国的这些船是模仿他们的明轮汽船而制造的。但对中国当时的文献进行的研究表明，根本就不是那么回事。……在4世纪的拜占廷，曾经提出了一项用牛转动绞盘驱动明轮船的建议，但没有证据说明曾经建造过这种船。由于手稿仅仅在文艺复兴时期（14到16世纪）才被发现，因而不可能对中国造船匠产生什么影响”⑩。事实上，中外文献证明，几乎欧洲在4世纪末刚刚提出车轮船设想时⑪，中国在公元417年在渭水已经有了在船内踏车轮前进的车轮船。在中国于1134年已大规模发展车轮战船（见图3-2）并编成水军时，尚较欧洲于1543年的第1次桨轮船试验早了400多年。

①唐.李延寿撰.南史·王镇恶传：上海古籍出版社，[1986年版《二十五史》]第2720页.

②北宋司马光编著.资治通鉴卷118：北京：中华书局，1956年第1版.第3708页.

③梁萧子显撰.南齐书·祖冲之传：北京：中华书局，1972年第1版.第906页.

④唐姚思廉撰.陈书·徐世谱传：北京：中华书局，1972年第1版.第197页.

⑤周世德.中国古船桨系考略：[自然科学史研究]1989年第2期.第190页.

⑥唐李延寿撰.南史·王镇恶传：上海古籍出版社，[1986年版《二十五史》]第2720页.

⑦北宋司马光编著.资治通鉴卷188：北京：中华书局，1956年第1版.第3708页.

⑧潘吉星主编.李约瑟文集：沈阳：辽宁科学出版社，1986年第1版.第261～262页.

⑨[日]上野喜一郎.船の世界史(上卷)：东京：舵社，1980年第1版.第259页.

⑩潘吉星主编.李约瑟文集：沈阳：辽宁科学出版社，1986年第1版.第261页.

⑪[美]罗伯特·K·G·坦普尔.中国：发明与发现的国度：南昌：21世纪出版社，1995年第1版.第402页.

第四章　隋代的五牙舰及龙舟船队

一、在统一全国战役中发挥重要作用的隋代五牙舰

隋文帝在开皇元年（581年）建立隋朝，其统治中国的时间只有短短的20多年，但是在开运河、造船以及发展海上交通方面，却做了许多事情。

（一）五牙舰在统一全国战役中的作用

隋文帝杨坚，在统一全国的战争中，为了讨伐江南的陈叔宝，吸取了晋代于益州大造船舰伐吴的历史经验，命行军元帅杨素于永安（今重庆奉节）大造船舰，训练水师。隋开皇八年（588年），杨素统帅由五牙舰为主力的，包括黄龙、平乘、舴艋等各型战船组成的庞大舰队，在长江上与陈的守军展开激战。

第一次激战在开皇八年（588年）冬于长江三峡展开。“陈将戚欣以青龙百余艘，屯兵数万人守狼尾滩，以遏军路”[①]。杨素对这次战役非常重视，乃分别以步卒击南岸，以甲骑击北岸，“杨素亲率黄龙数千艘，衔枚而下”，遂使陈将戚欣败走，“悉俘其众”[②]。

第二战是在开皇九年（589年），夜袭陈将吕仲肃，破其横江铁锁。“陈南康内史吕仲肃屯岐亭，正据江峡，于北岸凿岩，缀铁锁三条，横截上流，以遏战船。素与（刘）仁恩登陆俱发，先攻其栅，仲肃军夜溃，素除去其锁”[③]。

第三战最为激烈。“（吕）忠肃复据荆门之延洲，素遣巴蜑（习水性、善驾舶部族）千人乘五牙四艘，以拍竿碎其十余舰，遂大破之，俘甲士二千余人，忠肃仅以身免”[④]。“巴陵以东，无敢守者。”

由杨素统帅的以五牙舰为主力的舟师，在消灭陈统治，结束南北朝分裂局面，统一全国的大业中发挥了重要的作用。

（二）有关文献对五牙舰的记述

《隋书 · 杨素传》记有：“素居永安，造大舰，名曰五牙。上起楼五层，高百余尺，左右前后置六拍竿，并高五十尺，容战士八百人，旗帜加于上。次曰黄龙，置兵百人。自余平乘、舴艋等各有差。及大举伐陈，以素为行军元帅，引舟师趣三峡。”

《文献通考》等文献关于五牙舰隋陈水战的记述，大体与《隋书 · 杨素

传》相类似。

我国古籍中的船舶图样，往往与实际相差甚远，五牙舰图也是这样。该图能给人启示的是该船起楼五层，至于船楼是否会像图中显示那样高大丰满，从船舶的稳性及其它航行性能审视颇可商榷。该图也未能就拍竿的形制、机理有所揭示。

李盘所撰《金汤借箸十二筹》有对拍竿及五牙舰的记述："拍竿：其制如大桅，上置巨石，下作辘轳，绳贯其颠，施大舰上。每舰作五层楼，高百尺，置六拍竿，并高五十尺，战士八百人，旗帜加于上。每迎战敌船，迫逼则发拍竿击之，当者立碎"[⑤]。该书对五牙舰的记述也与《隋书》相一致。关于拍竿的记述则以《金汤借箸十二筹》的表述最为生动而具体。

（三）五牙舰的复原

1. 五牙舰的形制及尺度

从形制上分析，起楼五层是五牙舰的重要特征。我国自汉代起有楼船，但只起楼三层。即使是三层楼的楼船，也是出于壮军威的目的而设，在航行性能上并无好处。《太白阴经》记有"楼船：船上建楼三重，列女墙、战格……忽遇风暴，人力不能制，不便于事。然为水军，不可不设，以张形势"[⑥]。具有三层楼的楼船，在暴风中都有麻烦，何况五层楼的五牙舰？

鉴于各种文献都强调"起楼五层，"同时也考虑到五牙舰是航行在长江航道上的船型，与航海船毕竟有差别，所以仍作为复原的依据，并且与古文献上的图样不同，应当是"宝塔式"的，即高层的上层建筑体形宜小。

鉴于有五层楼的上层建筑，还有"并高五十尺"（合12.5米以上）的6根拍竿，为保证船的稳性，船宽不可太窄。再考虑到全舰要载战士800人，而且要在舰上操纵拍竿、划桨、摇橹、操舵，并使用弓弩等冷兵器作战，甲板面积太小也是不适宜的（图4-1）。

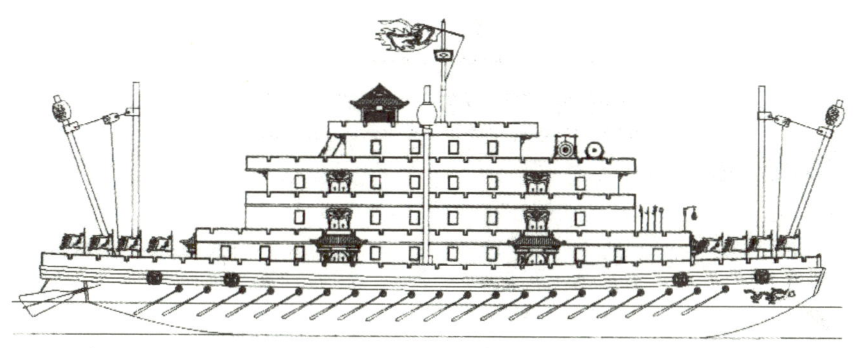

图4-1 经复原研究而设绘的五牙舰图

由现时上溯1400年，总长为55米的大舰，当属庞然大物。不过，这样大的船在长江三峡中还是有先例的，这就是西晋灭吴时曾在四川造的大船。《晋书·王濬传》载：“武帝谋伐吴，诏（王）濬修舟舰。濬乃作大船连舫，方百二十步（围长约170米）受二千余人。以木为城，起楼橹，开四出门，其上皆得驰马来往。”两船并列称连舫，总长为55米，宽15米的两艘船并列，则恰好合“方二十步”之数。由之可见五牙舰所复原的尺度还是有先例可援的。吃水取2.2米，即使冬季枯水也可通航。经复原研究的五牙舰模型（图4-2），已正式展出于中国人民革命军事博物馆古近代战争馆。经修改后五牙舰模型展出在浙江嘉兴船文化博物馆。

2. 拍竿的形制及布置

拍竿的形制可能有如图4-3所示的3种，A形类似如抛石机，虽然也运用杠杆原理，但攻击力不强，似不足取。B形虽较有攻击力，但不便于操作，而且与《金汤借箸十二筹》中的论述相悖。图中C形，拍竿的支点（转轴）离甲板较近，力点（拍竿之‘上置巨石’）离支点较远，即旋转半径较大。拍竿顶端的巨石转落时其加速度与旋转半径的平方成正比，最有攻击力。而且大体与文献上所记“其制如大桅，上置巨石，下作轳辘，绳贯其颠”句相符，因此按此种形式复原也获得机械史学家陆敬严教授的首肯。

拍竿的布置取前后各两只，左右舷各一只。轳辘（绞盘）设在甲板之下，操作有足够的空间，而且可以防止敌人的矢石，较为安全。

图4-2 展出在嘉兴船文化博物馆的五牙舰模型照片

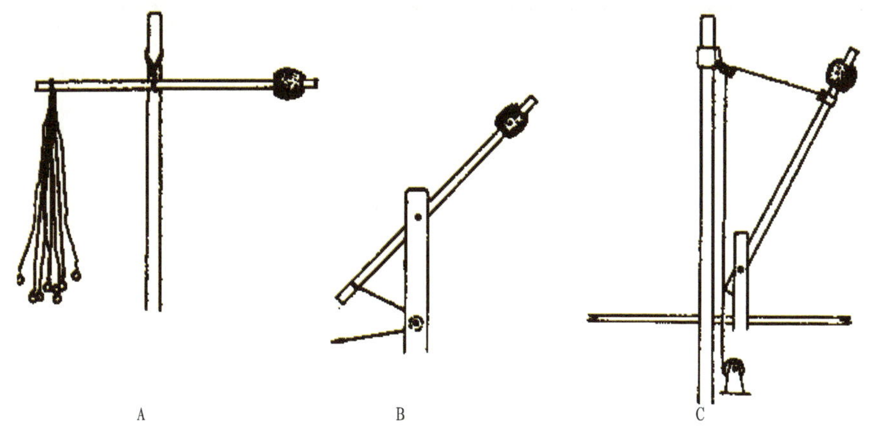

图4-3 拍竿的3种复原形式

（四）五牙舰的动力与操纵

五牙舰是否装帆，未见于诸文献。但从其具有高大丰满的上层建筑看，似无装帆的可能。舰的动力以划桨为主，全船设40把长桨，配合两把大尾橹和一个拖舵。划桨则在甲板之下的大舱内，这在古战船是常例。在川江的急流中，舰的操控要靠桨、橹和拖舵。

二、隋炀帝的龙舟船队3次巡游江都

（一）隋代大运河的开凿

隋代兴建人工运河始于文帝杨坚，成于炀帝杨广。隋代结束了延续300多年的国内分裂局面，为有效地控制江南割据势力霸地自王，巩固统一，开凿运河加强水陆交通，是势所必行的举措。隋代兴人工运河，是中国历史发展的必然。隋代大运河示意图见图4-4。

（二）炀帝3次巡游是隋代造船能力和船舶制式的大检阅

1. 隋炀帝3次率庞大舟船队巡游江都

隋炀帝于公元605、610和616年，3次率庞大的旅游船队巡游江都，挥霍民财扰乱民生达至极点。大业元年巡游江都，“自长安至江都，置离宫四十余所。”为此一项，特建造龙舟以及各种游船数万艘。《隋书·炀帝纪》记有：“遣黄门侍郎王弘、上仪同、于士澄往江南采木，造龙舟、风艒、黄龙、赤舰、楼船等数万艘”⑦。由此足见当时造船能力之强大。不过这都是在严苛监督下建造的，“东京官吏督役严急，役

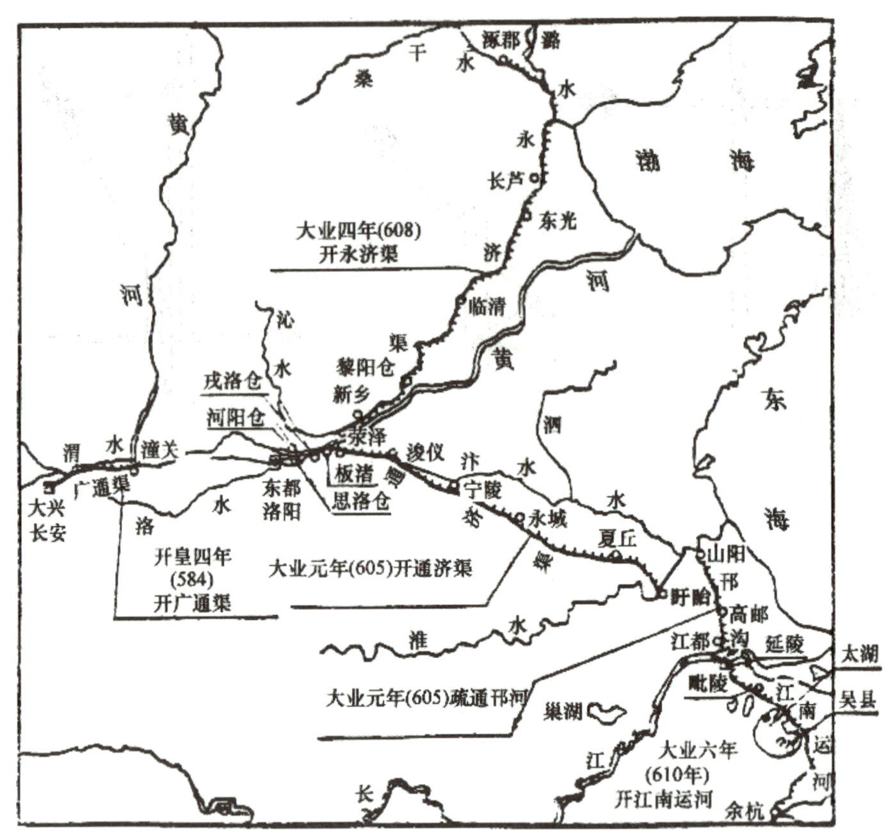

图4-4 隋代大运河示意图

丁死者什四五”[⑧]。

2. 隋代造船能力与船舶制式的大检阅

“龙舟四重，长二百尺。上重有正殿、东西朝堂，中二重有百二十房，皆饰以金玉，下重内侍处之。皇后乘翔螭舟，制度差小，而装饰无异。别有浮景九艘，三重，皆水殿也。又有漾彩、朱鸟、苍螭、白虎、玄武、飞羽、青凫、陵波、五楼、道场、玄坛、板艙、黄篾等数千艘，后宫、诸王、公主、百官、僧尼、道士、蕃客乘之，及载内外百司供奉之物，共用挽船士八万余人，其挽漾彩以上者九千余人，谓之殿脚，皆以锦彩为袍。又有平乘青龙、蒙冲、艚艖、八棹、艇舸等数千艘，并十二卫兵乘之，并载兵器帐幕，兵士自引，不给夫。舳舻相接二百余里，照耀川陆，骑兵翊两岸而行，旌旗蔽野”[⑨]。隋炀帝第一次巡游江都的龙舟船队拥有船只5191艘（见表4-1）[10]。这是隋代造船能力和船舶制式的一次大检阅。龙舟模型见图4-5。

图4-5 龙舟模型照片（采自嘉兴船文化博物馆）

（三）有关文献对保证龙舟稳性的描述

隋代龙舟的形制、式样，在现存的文物中尚未有发现过。后世北宋张择端所绘《金明池争标图》对这类帝王乘坐的龙舟有形象的描绘。宋代孟元老在《东京梦华录》里也有文字的叙述。

龙舟在布置上的一大特点是具有高大的上层建筑，船舶重心必高。为显示龙的形象其船身狭长，长与宽之比值近于10，船宽相对较窄。如何保证船舶稳性问题至为重要。船身窄小的船舶其稳性如何解决，使人疑虑重重。然而孟元老在书中对龙舟特别写明："底上密排铸铁大银样如桌面大者，压重庶不欹倒也[11]"。这说明当时人们对压重的必要性是重视的，对解决稳性问题是有办法的是科学的。

隋代龙舟长20丈，到了宋代如《东京梦华录》所载就增加到三四十丈。对这一尺度人们或有疑窦。但从孟元老所记以桌面大小的铸铁作压重而且

隋炀帝第一次巡游江都龙舟船队船只一览表　　表4-1

船名	艘数	船名	艘数	船名	艘数	船名	艘数
龙舟	1	二楼船	250	飞羽舫	6	蒙冲	500
翔螭舟	1	板	200	青凫舫	10	艚舟爰	500
浮景舟	9	朱鸟舫	24	陵波舫	10	八棹舸	200
漾彩舟	36	苍螭舫	24	黄篾舫	2000	舴艋舸	200
五楼船	52	白虎舫	24	平 乘	500		
三楼船	120	玄武舫	24	青 龙	500		

"密排"，说明压重量较大。这又从侧面反映出龙舟之大。如果完全是虚夸不实之辞，当时或并不深谙船舶原理的孟元老，恐怕也难以"编造"出"底上密排铸铁"这样有分量的词句的。

①魏征.隋书·杨素传：北京：中华书局，1973年第1版.第1283页.

②司马光.资治通鉴卷176：北京：中华书局，1956年第1版.第5499页.

③魏征.隋书·杨素传：北京：中华书局，1973年第1版.第1283页.

④司马光.资治通鉴卷177：北京：中华书局，1956年第1版.第5512页.

⑤明·李盘.金汤借箸十二筹：卷十一.

⑥唐·李筌.太白阴经·水战具篇：[辑于《守山阁丛书》子集].

⑦隋书·炀帝纪：上海：上海古籍出版社，1986年第1版.第3258页.

⑧宋·司马光.资治通鉴卷180：北京：中华书局，1956年第1版.第5619页.

⑨宋·司马光.资治通鉴卷180：北京：中华书局，1956年第1版.第5621页.

⑩席龙飞.中国造船史：武汉：湖北教育出版社，2000年第1版.第109页.

⑪宋·孟元老撰、邓之诚注.东京梦华录注：北京：中华书局，1982年第1版.第185页.

第五章 舟船文明由唐至元臻于成熟

一、舰船所展示的盛唐文治武功

(一)唐代的内河航运及江河船舶

唐代是在隋代统一南北的基础上建立起来封建大国，自公元618年立国，到公元907年结束，经历了290年，是中国封建社会发展较快的时期。唐代，造船技术的进步在内河航运和交通海外方面起到了重大作用。正如唐人崔融所写："天下诸津，舟航所聚，旁通巴、汉，前指闽越，七泽十薮，三江五湖，控引河洛，兼包淮海。弘舸巨舰，千舳万艘，交贸往还，昧旦永日"①。

在唐代开国不久的武德七年（公元624年），颁布了均田令和租庸调法。租，就是每个成年男性农民每年要向官府缴纳实物地租粟2石；庸，是每个农民每年向官府无偿地服劳役20天，若不服役，准许每天纳绢3尺或布3尺7寸5分抵免；调，就是随乡土所出，每年缴纳绢（或绫、绝）2丈、绵3两。"租庸调制符合当时社会经济的发展要求，所以出现了唐初社会经济繁荣的景象"②。从而也使内河航运承担了繁重的任务。"今国用渐广，漕运数倍于前"。

开元二十二年（734年）兼任江淮、河南转运使的裴耀卿，分析了南北漕运的缘由：江南户口众多，为国库的重要来源。然而其所运送的租庸调等，于正、二月上道，至扬州进入运河的斗门，适逢水浅而受阻。到四月份以后才能渡淮河而入汴河，这时又属汴河干浅季节，加上搬运、停留，到六七月份方能到达黄河。这时每又逢黄河水涨而不适于航运，常须停一两月等待水势减弱才能航行。"计从江南至东都（洛阳），停滞日多，得行日少，粮食既皆不足，欠折因此而生。又江南百姓不习（黄）河水，皆转雇河师水手，更为损费"③。因此提出实行分段运转法，"凡三岁，运米七百万斛，省僦车钱三十万缗"④。

安史之乱历时7年多，"汴水堙废"，"时兵火之后，中外艰食，关中米斗千钱"⑤。广德二年（764年），刘晏任河南、江淮转运使，疏浚汴水，更针对汴水的水文，建造"歇艎支江船"，每船千斛，十船为纲，每纲300人，篙工50人。还依黄河的急流，特别是要具有驶上三门峡的能力，建造了"上门填阙船"。两种船建造数千艘以应需要。自刘晏以来漕运更形成定制。“未十年，人人习河险。江船不入汴，汴船不入河，河船不入渭。江南之运积扬州，汴河之运积河阴，河船之运积渭口，渭船之运入太仓。岁转粟百一十万石，无升斗溺者”⑥。“唐世推漕运之能者，惟（刘）晏为首，后来皆遵其法度云”。

内河航运，以汴渠（通济渠）和长江干支流为主道。由蜀中沿江而下到扬州，或由交州、广州经湘江、赣水进长江达扬州，再经汴渠进入黄河，入渭河至长安。甚至经永济渠还可到达清河（河北）和幽州。“以扬州为中心，形成了通江达海的全国水运网”⑦。

在内河航运较为发达的唐代，黄河有“上门填阙船”，黄河与长江之间有适宜于汴水的“歇艎支江船”，航行于长江的则有大型船舶俞大娘船。

《唐国史补》载：“江湖语云，水不载万，言大船不过八九千石。然则大历、贞元间有俞大娘航船最大，居者养生，送死、嫁娶悉在其间，开巷为圃，操驾之工数百，南至江西，北至淮南，岁一往来，其利甚溥。此则不啻载万也”⑧。此种俞大娘船的名称来源虽不得而知，但所谓生死嫁娶悉在船上，实为以船为家的传统，较为可信。关于载量为八九千石的规模，也为北宋的文献所证实。张舜民《画墁集》，记述了他亲眼所见的万石船的实况：“丙戌，观万石船，船形制圆短，如三间大屋，户出其背。中甚华饰，登降以梯级，非甚大风不行，钱载二千万贯，米载一万二千石”⑨。经核算，其载重量为500～550吨⑩。

①后晋·刘煦.旧唐书·崔融传：北京：中华书局，1975年第1版.第2998页.
②白寿彝主编.中国通史：（9）.上海人民出版社，1999年第1版.第705页.
③后晋·刘煦.旧唐书·裴耀卿传：北京：中华书局，1975年第1版.第2114页.
④宋·司马光.资治通鉴：卷214：北京：中华书局，1956年第1版.第6808页.
⑤宋·司马光.资治通鉴：卷223：北京：中华书局，1956年第1版.第7164页.
⑥宋·欧阳修.新唐书·食货志：北京：中华书局，1975年第1版.第1368页.
⑦房仲甫、李仁和.中国水运史：北京：新华出版社，2003年第1版.第149页.
⑧唐·李肇.唐国史补（卷下）：[景印文渊阁四库全书]台北：商务印书馆.1985年影印版.第1035册.第449页.
⑨北宋·张舜民.画墁集卷8：[知不足斋丛书]另见[丛书集成初编]上海：商务印书馆，1935年第1版.第65页.
⑩席龙飞、杨熺、唐锡仁.中国科学技术史·交通卷：北京科学出版社，2004年第1版.第85页.

（二）唐代的海上交通与海洋船舶

唐代经济之繁荣，文化之发达，疆域之广袤，国力之强盛，在当时世界上是绝无仅有的。唐帝国兴起之时，在西亚和北非一带，也兴起了一个强大的阿拉伯回教帝国。两国间的经济文化交往密切，极大地促进了唐代海上交通的发展。

于公元8世纪末任宰相的贾耽

（730～805年），曾出任鸿胪卿，主持与各国交往及朝贡事宜，他熟悉边疆山川风土，曾绘撰成《海内华夷图》一轴及《古今郡国县道四夷述》四十卷等地理学著作[①]。《新唐书·地理志》附载有贾耽所述唐代交通四邻的七条路线，其中两条是海上交通线：即南方的“广州通海夷道”和北方的“登州海行入高丽、渤海道”。

广州通海夷道如图5-1所示。两汉时航路的西端止于印度，但在唐代已大有改观。沿今阿拉伯海东岸一直驶入阿曼湾和波斯湾，到达当时的乌刺国，即今阿拉伯河下游及阿巴丹港一带。

“考虑到贾耽所记从广州到波斯湾及其以南的航路如此翔实，唯有亲临该航线各港口的海员方可提供这么精确的资料。因此，有理由相信，富有开拓和勇敢精神的中国海员，早在8世纪已驾驶海船、沿着古老的汉代南海航路到达南印度，继而西行，到达波斯湾一带港口。他们甚至继续沿着海岸南驶，直抵东非南部海滨，从而在中国与非洲东岸国家间建立了最早的直接联系[②]”。

唐代我国远洋航行的海船，以船身大、容积广、构造坚固、抵抗风涛能力强以及我国船员航海技术纯熟，著称于太平洋和印度洋上。东晋高僧法显（约

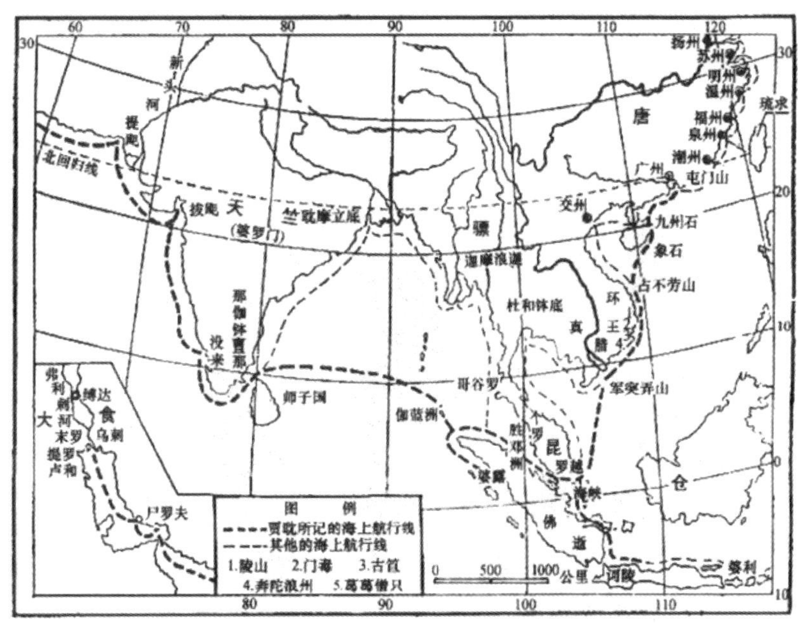

图5-1　通海夷道图

337～422年）从印度由海路回国时所乘“商人大船”，每船大约载200余人。到了唐代，大的船舶长达20丈，可载六七百人，载货万斛[3]。由于唐代中国海船这样巨大，所以在波斯湾内航行时，只能止于阿拉伯河下游及今阿巴丹港一带，如再向西至幼发拉底河口，须更换小船转运商货[4]。鉴于中国海船坚固且完善，所以自唐代末期（公元9世纪）以后，阿拉伯商人来中国都希望搭乘中国海船。迄今为止，我国尚未有唐代的海船出土，因而缺少其形象资料。我国甘肃敦煌莫高窟现存的壁画和雕塑作品，反映了我国从6世纪到14世纪的部分社会生活，其中第45窟就有唐代海船的壁画（见图5-2）[5]。壁画中的海船虽然并不能反映出当时船舶的技术水平的典型性，但是唐代的航海和船舶已成为当时社会生活中值得重视的事物则是不争的事实。

据诸文献所记，唐时来中国的海船有各种名称：（1）蛮舶（《旧唐书·卢钧传》）；（2）蕃舶（《新唐书·李勉传》）；（3）西域舶（《旧唐书·李勉传》）；（4）西南夷舶（《新唐书·李勉传》）；（5）南海舶（《唐国史补》）；（6）师子国舶（《唐国史补》）；（7）昆仑舶（《新唐书·王琳传》）；（8）波斯舶（《大唐西域求法高僧传》）[6]等。唐李肇所撰《唐国史补》记有：“南海舶，外国船也。每岁至安南、广州。师子国舶最大，梯而上下数丈，皆积宝货。至则本道奏报，郡邑为之喧阗。在蕃长为主领，市舶使籍其名物，纳船脚，禁珍异，蕃商有以欺诈入牢狱者。舶发之后，海路必养白鸽为信。舶

图5-2　甘肃敦煌莫高窟第45窟的壁画“唐代海船”（北京国家博物馆提供）

没，则鸽虽千里亦能归也。”⑦

唐贾耽所记述的北方航线是：自登州（今山东蓬莱）发船，东北海行到今辽宁半岛的老铁山，继而沿海岸到鸭绿江口。从此分成两路，一路沿溯鸭绿江东北行，再转陆路往渤海王城（今黑龙江省宁安县境的镜泊湖之东北）；另一路仍沿海岸南行，经今江华岛而到大阜岛、唐恩浦口（今仁川南），即为航程终点。登陆向东南行赴新罗王城（今韩国庆尚北道的庆州）。这一航线如继续延伸则可达日本（见图5-3）。

航朝鲜半岛西岸，这条航路常称之为北南道。《文献通考》记有：“至六朝及宋，则多从南道”，说明此航线是从六朝时（公元3世纪至6世纪末）开始形成的。

从长江口横渡东海直达奄美大岛的航线，也称南岛道。在日本遣唐中期（672～769年），从日本博多扬帆，先到五岛，经屋久岛再到奄美大岛，然后西行，横渡东海，从扬子江口驶入扬州港，沿运河到达唐都长安。

从中国到日本最近的航线是南道，

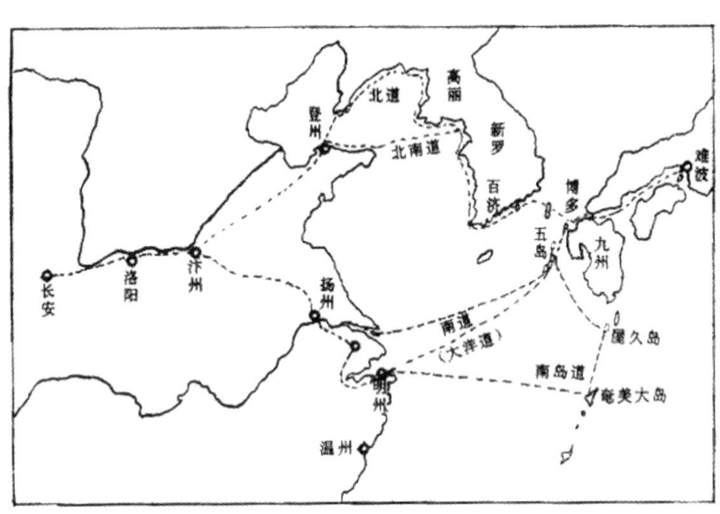

图5-3　唐时赴朝鲜和日本的航线

上述去高丽（今朝鲜）的航线起源甚早，是一般商船乐于采用的方便而安全的航线，通常称之为北道。至于大规模的海上用兵，例如公元660年因新罗求救而进兵百济，则往往从山东半岛直

也称大洋道。从明州（今宁波）出发，横渡东海，直达日本的五岛列岛。从日本来中国时，从博多扬帆，先到五岛候风，等候到顺风时则可一气横渡东海到达明州或扬州（见图5-3）。

据日本文献《安祥寺惠运传》记载：唐会昌二年（公元842年），海商李处人[8]的唐船载日本学问僧惠运，由日本值嘉岛（即平户岛）出发经6天抵达浙江温州。又据《安祥寺惠运传续后记》记载，唐大中元年（公元847年），海商张之信[9]的唐舶自明州（今宁波）望海镇出发，用3天时间即到达日本的值嘉岛，为当时南道最快的航船。南道（大洋道）是中日间最便捷的航线，日本遣唐使在后期也多利用这条航线[10]。

图5-4 日本遣唐船（采自香港《七海扬帆》）

中日海上通路的开辟，是两国造船师和航海家经多年奋斗和牺牲才获得的成果。日本船史著作《船的世界史》写道："自公元630年到894年的264年间，虽计划派出遣唐使计有18次，然而实际成行的有15次，其中得以完成任务并安全返国的，只有8次[11]"。

在9世纪时，往来于中国和日本之间的，大体上完全是唐船。日本遣唐使船，虽由日本朝廷下令在日本各地建造，但也注意吸收中国造船经验，"建造者和驾驶者，大都是唐人"[12]。图5-4所示的遣唐船，是依据日本1975年发行的邮票图案绘制的。船上所用双帆是用蔑席制成，这种硬帆的优越性在于可利用侧向来风。只要是非正逆风，皆可行驶，这是中国风帆的优秀传统。首部设有绞碇机，由图5-4可见，这碇石显然是木石结合碇。在舷侧缚有竹橐，可有两个作用：一是，船横摇时可增加入水一舷的浮力，减缓横摇的幅度；二是，像今日载重线标志，用以限制船舶的装载。北宋的文献对此记有："又于舟腹两旁，缚大竹为橐以拒浪。装载之法，水不得过橐，以为轻重之度"[13]。

①后晋·刘煦. 旧唐书·贾耽传：北京：中华书局，1975年第1版. 第3784页.

②姚楠、陈佳荣、丘进. 七海扬帆：香港：中华书局有限公司，1990年第1版. 第68页.

③杨槱. 中国造船发展简史：[中国造船工程学会1962年年会论文集]第二分册. 北京：国防工业出版社，1964年第1版. 第12页.

④章巽. 我国古代的海上交通：北京：商务印书馆，1986年第2版. 第48页.

⑤王冠倬. 中国古船：海洋出版社，1991年第1版. 第68页.

⑥[日]桑原骘藏著、陈裕菁译.蒲寿庚考：上海：中华书局，1929年第1版.第49~50页.
⑦唐•李肇.唐国史补：卷下.[景印文渊阁四库全书].台北：商务印书馆，1985年影印版.第1035册.第449页.
⑧水运技术词典.古代水运与木帆船分册：北京：人民交通出版社，1980年第1版.第41页.
⑨水运技术词典.古代水运与木帆船分册：北京：人民交通出版社，1980年第1版.第41页.
⑩陈佳荣.中外交通史：香港：学津书店，1987年第1版.第217页.
⑪[日]上野喜郎.船の世界史：上卷.东京：舵社，1980年第1版.
⑫[日]木宫泰彦著、胡锡年译.日中文化交流史：北京：商务印书馆，1980年版.第108页.
⑬北宋·徐兢.宣和奉使高丽图经：卷三十四.[故宫博物院1931年影印本].

（三）唐代的造船地点

在唐代，随着国内生产力的发展和国际海上交往的频繁，造船生产力不断扩大。造船地点几乎遍及全国各地。值得注意的是，这个时期的主要造船基地，多与盛产丝绸和瓷器的地区相一致。造船与丝、瓷生产相互推进，相得益彰。

沿海地区历来是建造海船的主要地区。北方主要有登州、莱州，南方则以扬州、明州（今宁波）、温州、福州、泉州、高州（今属广东茂名）、琼州（海口市一带）和交州（今属越南）等地最为著名[①]。

内陆广大地区设有造船工场。有文献可参考的有江南的宣州（今安徽省宣州市）、润州（今江苏镇江市）、常州、苏州、湖州、杭州、越州（今浙江丽水市）、江州（今江西瑞昌市）、洪州（今南昌市）、饶州（今江西波阳县）以及剑南道（今四川境内）沿江各地[②]。

①陈希育.中国帆船与海外贸易：厦门：厦门大学出版社，1991年第1版.第10页.
②宋•司马光.资治通鉴：卷197~199.北京：中华书局，1956年第1版.第6209、6249、6258、6259页.

（四）江苏如皋唐船展示了水密舱壁

1973年6月，在江苏如皋县，发现一只古代木船。现存船身残长17.32米，复原后约为18米。船宽2.58米，船深1.6米。自首及尾共分为9个舱，在第2舱后舱壁处尚存一段残桅，残长1米，尚存有一块带桅孔的盖板(见图5-5)。显然这是一艘单桅运输船。据估算，该船排水量约为33～35吨，载重量可达20～25。

随船同时出土文物大多数是陶瓷器，器形简陋，质地粗糙，均是民间日用品。在船舱的木板缝中出土“开元通宝”铜钱3枚，显系船民所遗留。3枚铜钱大小不一，字体亦异，又无州名之

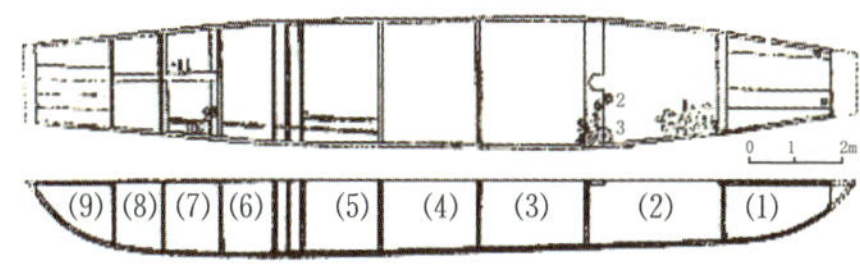

图5-5 江苏如皋发现的唐代木船

铸迹，因此断为可能是江民私铸之钱，从铜钱也可推测出此船年代的上限。伴随出土的陶瓷器，考古学家认为“此船应属唐代，约在高宗以后”，即应在公元649年以后。

如皋唐船出土在如皋东南约70里，南距长江不到30里。在唐代距江较近，或即为通江的河口。该船型瘦长，船板又不厚重，应是航行于苏北水网地区的货船。

江苏如皋唐代木船的发掘，最可宝贵的是使人们看见了中国传统造船技术的先进性。

第一，船长约18米的船，分成9个船舱，两舱之间设水密舱壁。此船舱长最长者为2.86米，最短者为0.96米。船舶的水密舱壁是中国的一项创造。其首创者为晋代的起义军领袖之一的卢循。除前引《义熙起居注》的“卢循新造八槽舰九枚”之外，《宋书·武帝纪》也记有：“(卢)循即日发巴陵(今岳阳一带)，与(徐)道覆连旗而下，别有八槽舰九枚，起四层，高十二丈”[①]。时为晋义熙六年(410年)五月[②]。可见，水密舱壁的出现，依文献之记载当在公元5世纪之初。江苏如皋唐代木船所见的舱壁，则是迄今所能见到的（造于649年）最早的实物证据。提到“用横向舱壁来分割货舱”，李约瑟写道：“我们知道，在19世纪早期，欧洲造船业采用这种水密舱壁是充分意识到中国这种先行的实践的”[③]。

第二，江苏如皋唐代木船，“除船底部是用整木榫接外，两舷和船隔舱板以及船篷(舱面)盖板均用铁钉钉成。铁钉断面方形，(每二列木板边接缝的)铁钉共分两排，上下交叉钉成，相隔6厘米。这种重叠钉合的办法，称为人字缝”[④]，其技术有其时代的先进性，奠定了中国古代造船技术的优秀传统。

第三，江苏如皋唐代木船的发掘报告中，特别提到了该船的捻缝技术：“船舱及底部均以铁钉钉成人字缝，其中填石灰、桐油，严密坚固”[⑤]。桐油是油桐树产的油桐子所得的甘性油，是中国特产。其化学成分是桐油酸甘油脂，易起氧化、聚合作用，形成的漆膜坚韧耐水。石灰的主要成分是氧化钙。将石灰和桐油调和，能促进桐油的聚合而干结，并能生成桐油酸钙，有很好的填充、隔水作用。将麻丝或麻制旧品(如旧渔网)经人工复捣，掺在桐油、石灰捻料中有充填、增加附着性、防止开裂和提高团块的机械强度等作用，迄今仍是木船捻缝时所必需的充填材料。

①梁·沈约. 宋书·武帝纪.
②宋·司马光. 资治通鉴：卷115.
③潘吉星主编. 李约瑟文集. 辽宁科学技术出版社，1986. 第258～259页.
④南京博物院. 如皋发现的唐代木船：[文物]1974(5).88.
⑤南京博物院. 如皋发现的唐代木船：[文物]1974(5).86.

（五）扬州施桥唐船——运河里的“歇艎支江船”

1960年3月，在江苏扬州施桥镇挖河工程中，发现古代大木船一只（图5-6），同时还有一只独木舟。施桥镇在扬州市南9公里，镇东不远有一条长江的夹江，夹江西段称沙头河，由东向西流到距施桥300米处，南折入长江。1960年的挖河工程即是修浚一条南北向的新河道，向南五里即进入长江。木船就是在距施桥东南400米处的新河的靠西坡处发现的。

扬州施桥古船是大型木船由楠木制成，料厚质坚。全船分作5个大舱。整个船身是以榫头和铁钉并用连接的，船内隔舱板及舱板枕木均与左右船舷榫接。古船的结构坚实，制作精细，木板之间都以油灰填缝。木料上有节疤和裂痕处，则用小木块补塞。

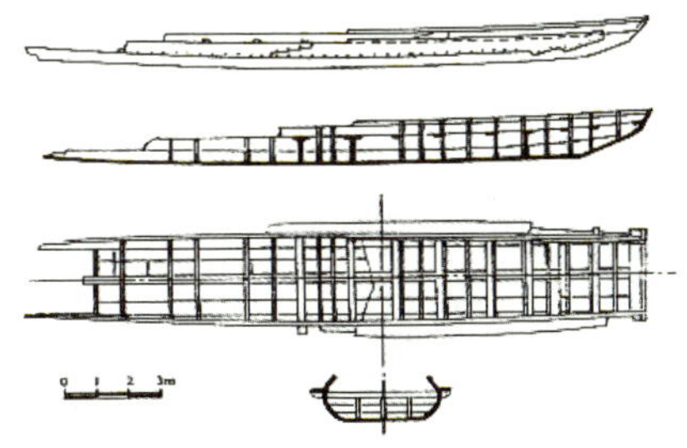

图5-6　扬州施桥唐船（按《文物》1961(6)：53改绘）

关于扬州施桥古船的年代，在1961年的发掘报告中并不十分肯定。《扬州古港史》的研究认为应当是唐代的文物[①]。国内不少文物工作者也都认定扬州施桥古船是唐船[②③]。

扬州施桥唐船的用途和航区如何？只要认真考察和分析施桥唐船的图样，这个问题也不难解决。

首先，该船舱深只有1.3米，其吃水当在舷板（舷伸甲板）之下，只约有1.0米。从其吃水之浅判断，这既不是海船也不是长江干线船。按《新唐书·食货志》所记：“江船不入汴，汴船不入河，河船不入渭”的规定，这当是汴河即运河的船。

从图中的船中剖面看，舷伸甲板以上的舷板极度向内倾，排除了是客船的可能性。如果是货船，为什么舱壁又非常之低，只有大约1.0米，而且在沿舱壁顶端一线遍设一系列横梁。这大约高度为1.0米的一系列横梁，对在舱内装卸货物，显然是不方便和不适宜的。合理的解释是：在低矮的舱壁和一系列横梁之上铺以木板，然后在木铺板上载货。此种船的特点是：船体肥阔，底平舱浅，正与当今的“半舱驳”相类似，适于在长江与黄河之间的运河上运输粮食和盐巴。以其吃水浅和底平舱浅的特点看，这或正是《新唐书·食货志》上提到的“歇艎支江船”。

《新唐书·食货志》记有：“（刘）晏为歇艎支江船二千艘，每船受千斛”。按前述“以粳米一斛之重为一石。凡石者以九十二斤半为法”计算，这“受千斛”之船，其载重当为46.25吨。

航行在汴河(运河)上的船，其推进方式主要是两种：一是撑篙，二是拉纤。施桥唐船每舷均设舷伸甲板，正是为撑篙而备。该船舷墙极度向内收拢，正好便于在货物之上加盖以蔑席。该船发掘时，在船底及周围，清理出许多竹缆(拉纤用)和竹编织物残片。这些均可为“歇艎支江船”之说当佐证。

①吴家兴等.扬州古港史:人民交通出版社.1988年.第26页.

②朱江.海上丝绸之路的著名港口——扬州:海洋出版社.1986年.第50页.

③王冠倬.中国古船:海洋出版社.1991年.第68页.

（六）在隋唐大运河首次发现一批唐代沉船

1999年5月至11月在安徽淮北市濉溪县的柳孜，配合宿州至（安徽）永城公路改建工程进行的考古发掘中，发现一批唐代沉船及全国各地20余座窑口的大量瓷器等文化遗物，曾被评为1999年全国十大考古新发现之一①。这一重大发现使人们认识到大运河在唐代水运上的重大价值。

1. 柳孜运河一号沉船带有完整的拖舵

柳孜运河一号沉船的照片和拖舵的照片如图5-7，图5-8所示。这是继1978年在天津静海发现北宋河船带有完整的舵之后，又一具年代更早的唐代的完整的舵。此舵的形式与现代的舵不同，并不具有垂直的转轴，却与在广州东郊东汉陶船模型所带的舵基本相似，此舵有很大的舵面积拖在船尾，故也称拖舵。

如前所述，舵是汉代的一项发现，东汉陶船模型上的舵当是最早的文物见证。现在见到的唐代运河船上的舵，仍是拖舵，可见拖舵使用年限之久远。究竟什么年代开始出现具有垂直转轴的舵，目前尚不十分肯定。由于唐代一幅名画中的船上画有垂直转轴的舵，基本上可以确定在唐代。可以认为在唐代，两种形式的舵可能同时存在。

2. 柳孜运河4号沉船也应是一艘“歇艎支江船”

柳孜运河4号沉船实际是并不完整的一段船首部结构。材质坚硬，结构工艺精良。经复原，该首部构造图由测绘图的侧视图可见，该首部的型式与前所述扬州施桥唐船颇为相似。由于是在汴

图5-7 柳孜运河的一号沉船（照片）

图5-8 一号唐船的拖舵（照片）

河（通济渠）中发现，我们认为这也应当是一艘《新唐书·食货志》中提到的“歇艎支江船”。

①阚绪杭，龚昌奇，席龙飞.柳孜运河一批唐代沉船的发掘与研究：[淮北柳孜——运河遗址发掘报告]北京：科学出版社，2002年第1版.第144~161页.

二、宋代水运及造船技术位冲世界前列

（一）宋代海运业的发展及市舶司的建立

自唐末至五代，由于连年割据战争，中国社会经济遭到极大的破坏。960年正月，后周的御前都点检赵匡胤在陈桥驿发动兵变，回开封建立了北宋。北宋建立后仍须进行统一全国的战争。北宋初年，在广州、泉州、成都、常德、江陵、杭州和金陵，都还存在着割据政权，在河东还存在着北汉。北宋王朝南征北战十多年才相继使他们纳土归附，到太平兴国四年(979年)，才把十国中的最后一个北汉征服。但是，穷其国力仍无法控制北方及西北地区的混乱局面。由于辽与西夏的阻遏，河西走廊已完全隔绝，在整个宋代统治的300多年间，与西域的陆路交往严重受阻。因此，中国与外部世界的交流主要依赖海上交通，尤其是在南宋偏安时期，海上交通有了长足的发展。

特别应当提到的是，“在北宋，独立手工业者的数量较前代多了，矿冶、制瓷、丝织和造纸等手工业部门的发展都十分显著”[①]。在宋代，丝绸生产从黄河流域和巴蜀地区，向南方发展起来。江浙地区的丝织品也“名著天下”。据陆游所记，亳州出轻纱，拿在手里若有若无，用来做衣服，淡淡的就像蒙上一层烟雾，可谓精妙绝伦。瓷器的制造，在北宋一代，不论在产量上或制作技术方面，都比前代有很大的提高。北宋有五大名窑：定、汝、官、哥、钧窑，各具特色。

宋代的丝、瓷贸易，主要依靠海上航运。在唐以前中国同外国的贸易往来以丝绸为大宗，到了宋代，陶瓷大有后来居上之势。当时“船舶深阔各数十丈，商人分占贮货，人得数尺许，下以贮货，夜卧其上。货多陶器，大小相套，无少隙地”[②]。中国盛产的精美陶瓷，由广州或泉州出发，经由南海而行销东南亚、南亚、西亚、北非乃至东非

沿岸各港埠。

为了方便对商贸事务和往来船舶的管理，宋政府在主要的通商海港设立有市舶司、市舶务或市舶场等机构。除了唐开元二年（714年）在广州设立市舶使之外，在北宋及南宋时曾设立市舶司的地方有以下多处。

广州（971年设市舶司），这是汉、唐以来南方的主要海港，侨居的外国人很多，宋时称为蕃坊。“南宋初年，广州仍保持着最大航海贸易港的地位”[③]。

杭州（978年设两浙（路）市舶司，989年设市舶司），“北宋时，杭州是直通汴京的大运河与海相通的南大门，故以国际贸易港和中转港的面目出现。市舶司的作用是舶货的进口征榷，使节、贡物由外海转内河并向京城汴梁的中转。南宋时，国都设在杭州，因而杭州港更带有浓厚的友好交往港的形态，以接待来访的各国使臣和舶商为主。从海外贸易角度来说，它是中国惟一的建过都城的海港”。[④]

明州（今宁波市，999年设市舶司），在建立市舶司之前曾先后由两浙市舶司、杭州市舶司管辖。明州虽非都会，但为海道辐辏之所，南通闽广，东则倭国，北则高句丽，商舶往来，物货丰衍。北宋末年起，为避免辽东金人的骚扰，所有与日本、高丽往来的船舶，悉由明州进出。

泉州（1087年设市舶司），位于闽东南海滨，扼晋江的入海口，既有江岸，又有海湾，利于靠泊。是交通南洋的门户，海舶往来之盛仅次于广州。南宋时获得大发展，到宋末元初时，泉州的重要性竟凌驾于广州之上。

除了上述设有市舶司、务的港口之外，长江以北的密州板桥镇（今山东胶州市）、通州（今南通）、扬州、楚州（今淮安）、海州（今江苏东海），长江以南的镇江、平江（今苏州）、越州（今绍兴）、台州、福州、漳州、潮州（今广东潮安）、雷州（今广东海康）、琼州（今海口市）等，也都是两宋时期重要的通商港口。

①翦伯赞.中国史纲要（下册）：人民出版社，1983年.第22页.
②宋•朱彧.萍舟可谈：卷2.
③中国航海学会.中国航海史(古代航海史)：人民交通出版社，1988年.第161页.
④吴振华.杭州古港史：人民交通出版社，1989年.第190页.

（二）宋代船舶建造工场遍布沿海与内陆

宋代的船舶在航海性能上有所提高。在长期习惯于客货混装的基础上，又出现了以载客为主的客舟、神舟，用于出使外国，展示了海运船舶的辉煌。即使在运河上，也有明显的客船和货船在构造上的区别。北宋时期建都于开封，南北的漕运还占相当重要的地位，在船舶种类中，漕运船也称纲船为大宗，其它也有座船（客舟）、战船、马船(运兵船)等类。到了南宋时，运河的漕船锐减，漕运船（纲船）量随之下降，因江、海防的任务较突出，战船的量逐渐有所提高。宋代的造船工场遍布内陆各州和沿海各主要港埠地区。

北宋真宗(998～1022年)末年，纲船产量为每年2916艘，其中江西路虔州（后改名为赣州）、吉州占1130艘[①]。至北宋后期，两浙路的温州、明州的造船份额增大，额定年产量各为600艘，而江西路与湖南路的虔州（今赣州）、吉州（今江西吉安）、潭州（今湖南长沙）、衡州（今湖南衡阳）4州共723艘[②]。巴蜀的泸州、叙州（今四川宜宾）、眉州（今四川眉山）、嘉州（今四川乐山）也是重要的船舶产地。再有凤翔府的斜谷（今陕西眉县西南）和汉水金州（今陕西安康）也生产船舶。

南宋时海运业大盛。宋政府曾在福建路、广东路建造船工场。南宋初年，官府从广东路潮州发运粮食三万石到福州，每一万石为一“纲”，共“三纲”，另外还有一支船队则载粮前来温州交卸[③]。

“福建、广南海道深阔”，不若两浙路如明州一带，是“浅海去处，风涛低小”，因而所造船舶较大[④]，吃水也较深并有较优越的适航性能。“海中不畏风涛，惟惧靠搁，谓之凑浅，则不可复脱”[⑤]。

宋代造船工场有官营和民营两类。为江防、海防打造战船一类任务由官营造船工场承担。漕运船、客舟之类任务虽也有官营，但民营的分量将不会小。甚至朝廷出使国外，也要仰仗民营造船工场并向其“顾募客舟”[⑥]。

宋代的官营造船工场具封建性，其造船工匠来源有3种：被发配的犯人，招募兵员中的地方军（时称厢军）中的有一定手艺的兵役，从民间征来的工匠。所谓具有封建性是指各类工匠都无自由可言。如果有“厌倦工役，将身逃走”者，得追捕办罪[⑦]。在各工匠中以犯人的身份最低下。“昼者重役，夜则镣锭，无有出期”[⑧]。北宋仁宗天圣七年（1029年），荆湖南路转运使上陈，要求将“诸州杂犯配军”“悉送潭州”从事“水运牵挽又造船冶铁工役”[⑨]。

官营造船工场的这种封建性，当影响了船场的发展。南宋政府曾在福建路、广东路设立官营船场，到孝宗二年（1164年）时即行诏罢[⑩]。而民营的造船工场，在繁盛的国内外贸易中则得以充分发展。《宋会要》中记有：“漳、泉、福、兴化，凡滨海之民所造舟船，乃自备财力，兴贩牟利而已”[⑪]。可以看出民营造船业的发达景况。兴化即今福建兴化湾的莆田市。

关于宋代官营、民营造船工场的分

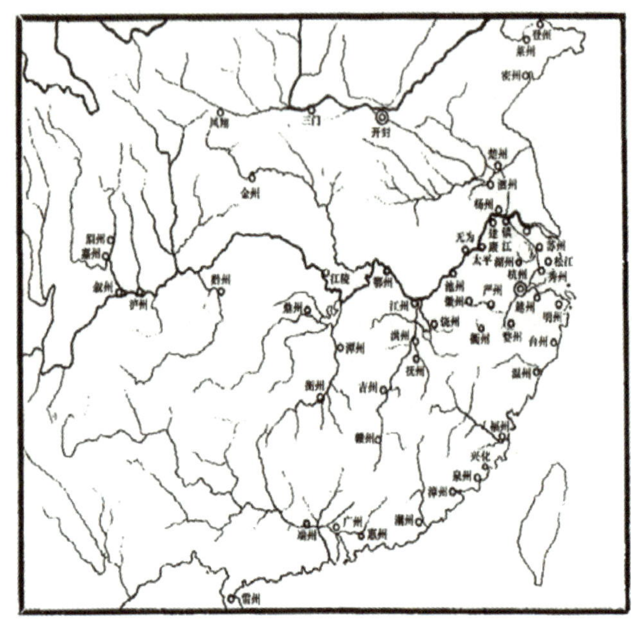

图5-9 宋代造船场地的分布

布（见图5-9），盖以内河与沿海运输的港口和连接点为主，并且要兼及到有利于造船材料（木材、铁钉、桐油、石灰、麻皮、煤）的供应。

①清·徐松等.宋会要辑稿·食货.
②清·徐松等.宋会要辑稿·食货：［宋会要辑稿·职官］42之53.
③清·徐松等.宋会要辑稿·食货.
④清·徐松等.宋会要辑稿·食货.
⑤宋·朱彧.萍洲可谈：卷2.
⑥宋·徐兢.宣和奉使高丽图经：卷34卷.
⑦清·徐松等.宋会要辑稿·职官.
⑧清·徐松等.宋会要辑稿·职官.
⑨清·徐松等.宋会要辑稿·刑官.
⑩清·徐松等.宋会要辑稿·食货.
⑪清·徐松等.宋会要辑稿·刑法.

（三）天津静海县出土的宋代内河船附有完整的平衡舵

1978年6月，在天津静海县东滩乡元蒙口村清理出一只宋代河船。船为木船，齐头、齐尾、平底。体长14.62米，最大宽度为4.05米，型深1.23米。首尾有一定的起翘，无隔舱、无桅杆遗迹，但有一较完整的平衡舵实物。船体较完好，惟左舷上部有腐朽。照片（见图5-10）为宋代河船出土现场[①]。

随船出土有一些陶碗、瓷碗残片以及“开元通宝”、“政和通宝”等钱币。“政和通宝”提供了沉船年代的上限，即应晚于政和元年（1111年）。

图5-10 天津静海宋代河船出土现场

从地层看，其第四层到船口的第六层，均为浅黄色、黄色的淤积、冲积土层，总厚度约为1.5米，土质十分纯净。这极有可能是北宋政和七年黄河泛滥、沧州河决所造成。由此推断船的建造年代应在政和七年（1117年）之前。

据发掘报告，该船出自俗称“运粮河”的古河道。从船体构造看，是适于运粮的内河船。报告正确估算其排水量为38吨，因此其净载重量也不少于28吨。

静海船出土时，发现舵被淤泥挤在紧靠船尾板的位置。舵杆为一修整过的树干，残高2.19米。舵叶呈三角形。

平衡舵，可使转舵较为省力，对现代船可节约舵机功率，这也是极为重要的一项发明。在公元1117年，西方尚未曾出现过船尾舵，更不用说平衡舵了。所以，静海宋船的舵，堪称世界第一的平衡舵。（见图5-11）“最可宝贵的是，它提供了第一个保存较为完好的宋代平衡舵实物，这是我国船舵臻于成熟的重要物证”[②]。

①天津市文物管理处. 天津静海元蒙口宋船的发掘：[文物]1983（7）. 54～58页.

②席龙飞. 桨舵考：[武汉水运工程学院学报]1981，（1）. 25页.

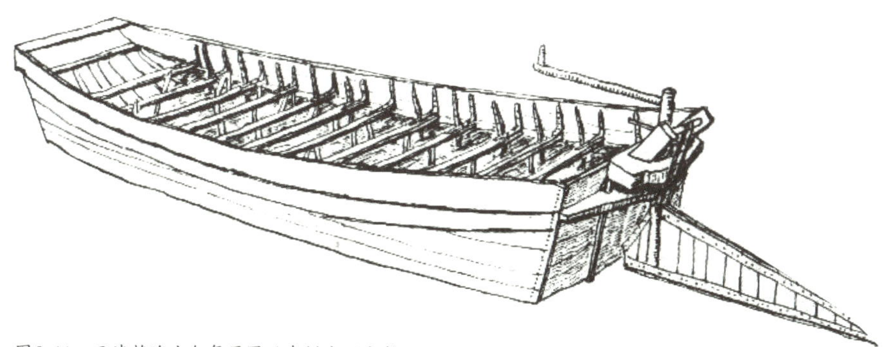

图5-11 天津静海宋船复原图（素描自《文物》1983（7）：54～56页船模照片）

(四)宁波宋代古船附有减摇龙骨

1979年4月，在宁波市东门口交邮工地施工中，发现古船一艘。尾部自第8号肋位起因施工而遭到严重破坏。好在自第1到第7号肋位的船体均得以发掘并有测绘图可作为复原的依据(见图5-12)。宁波古船压在宋代层之下，“在船的底部出土有‘乾德（963～968年）元宝’一枚。出土瓷器也是五代至北宋时期的产品，因此认为船舶是属于北宋时期所建造的”[①]。

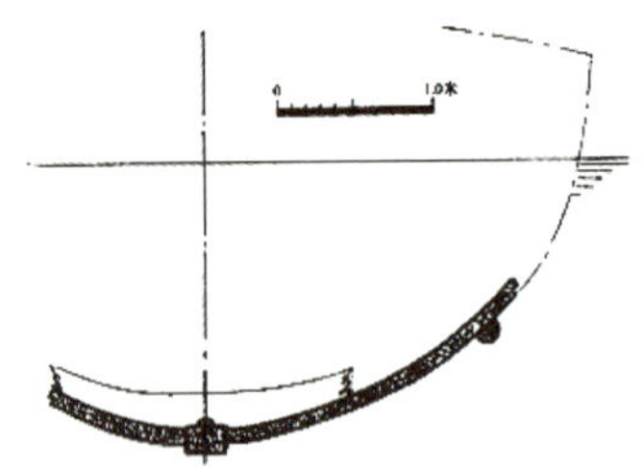

图5-12　宁波宋船第6号肋位的实测图

宁波宋船的出土有一项惊人的发现，那就是该船竟装有现代海洋船舶经常装设的减摇龙骨。减摇龙骨由半圆木构成，最大宽度90毫米，贴近船壳板处的厚度为140毫米，残长达7.10米，用两排间隔400～500毫米的参钉固定在第7和第8列壳板的边接缝上，图5-13为该减摇龙骨的残件。

国外，“开始使用舭龙骨是在19世纪的头25年，即在帆船时代”[②]。

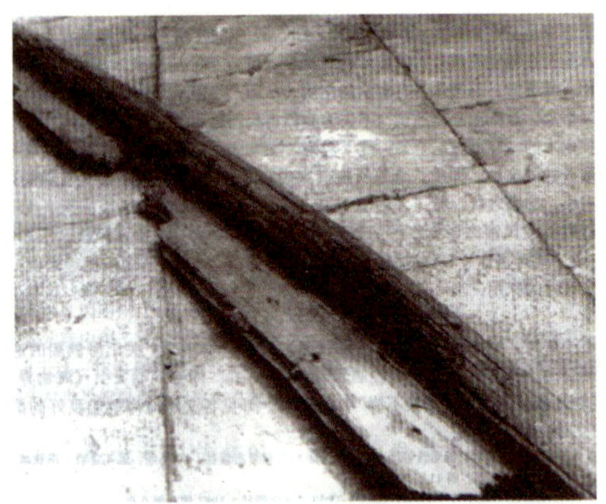

图5-13　宁波宋船的减摇龙骨(照片，宁波市文管会提供)

“宁波出土的宋代海船说明，我国至晚在北宋（960～1127年）末年，就实际使用了减摇龙骨，它比国外大约要早七百年。”[③]

经查阅，中国关于减摇龙骨这一技术也有文字记载和图形资料。清代道光六年（1826年）刊印的《江苏海运全集》中有“沙船底图”。图5-14中的梗水木[④]即减摇龙骨。梗水木一词既确切又形象。《江苏海运全集》的梗水木图也画得逼真，不失为我国古典图籍中之佳品，见图5-14。

在北宋之前还有记叙船舶在风浪中具有较好适航性与耐波性的文献，即唐代李筌的《太白阴经》。李筌在该书中讲到海鹘船：“舷下左右置浮板，形如鹘翅，其船虽风浪涨天，无有倾侧”[⑤]。

宁波宋船实际应用了减摇龙骨这一技术，对改善船舶航海性能、保证航

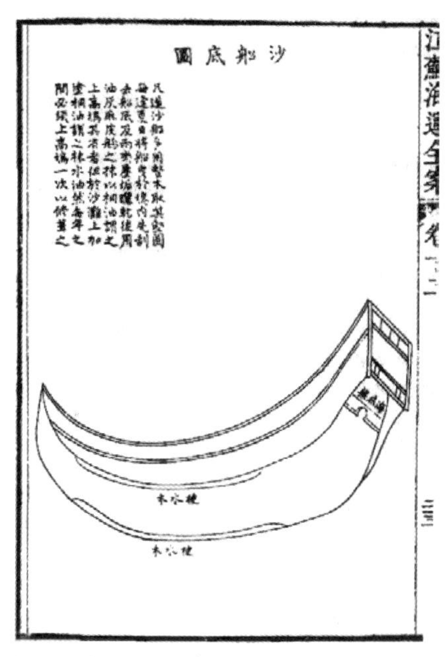

图5-14　梗水木图（采自《江苏海运全集》）

海安全，起了重要作用。“由于这一技术具有简单、经济的重要特点和优点，迄今仍在继续发挥重要作用。这是我们祖先对世界航海事业的重大贡献之一”[⑥]。

①林士民. 宁波东门口码头遗址发掘报告：[浙江省文物考古所学刊]文物出版社, 1981年第1版. 第105～129页.

②[前苏]勃拉哥维新斯基著、魏东升等译. 船舶摇摆: 北京: 高等教育出版社, 1959年. 第420页.

③席龙飞、何国卫. 中国古船的减摇龙骨：[自然科学史研究]1987（4）. 369页.

④清 · 贺长龄：江苏海运全集. 第十二卷.

⑤唐 · 李筌. 太白阴经：第12卷.

⑥席龙飞、何国卫. 中国古船的减摇龙骨：[自然科学史研究]1984（4）. 371.

（五）泉州宋代海船的船型、结构和工艺

1974年夏，在福建省泉州湾的后渚港出土了一艘宋代木造航海货船（见图5-15）。这一重大考古发现，在中国和全世界都是罕见的。当1975年3月29日的新华社播发了新闻电讯[①]之后，引起国内外广泛关注。同年在《文物》第10期发表了发掘报告[②]以及有关学术论文。1979年3月在古港泉州召开了“泉州湾宋代海船科学讨论会”，集中了考古、历史、造船、航海、海外交通、地质、物理、化学、医药和海洋生物等诸多学科约百多位学者，就宋代海船的年代、建造地点、航线、沉没原因、古船的复原以及出土文物的鉴定与考释等问题进行了深入的讨论并得出相应的结论。泉州宋代海船的复原模型作为一项

图5-15　泉州湾宋代海船于1974年夏出土

重要展品，1983年6月在美国芝加哥科学工业博物馆举行的《中国：七千年的探索》展览会上展出。美国《芝加哥论坛报》在6月5日发表评论文章："中国人对世界发展做出了巨大贡献。"[③]文中对中国的水针罗盘、造船和航海技术给以高度的评价。

1. 泉州宋代海船的船型

许多史料都指出宋代远洋海船的吃水深且具有较好的航海性能。"海中不畏风涛，唯惧靠搁"[④]。"海行不畏深，惟惧浅搁。以舟底不平，若潮落，则倾覆不可救，故常以绳垂铅锤试之"[⑤]。

泉州宋船的宽度大而长与宽之比小，这对保证船舶稳性是极为有利的。特别应当指出，古船的型线非常瘦削，这对保证快速性是很重要的。正如宋代徐兢在《宣和奉使高丽图经》中所说："上平如衡，下侧如刃，贵其可以破浪而行也"。V形的横剖面有利于改善耐波性。尖底和深吃水相配合可有较好的适航性，受到横向风吹袭时，抗横漂能力也较强。由此可见，泉州湾宋代海船的船型设计是综合考虑了稳性、快速性、耐波性和加工工艺等多种要求的。从现代船舶设计理论的角度来分析，也是值得称道的"[⑥]。

在1979年3月于古城泉州召开的"泉州湾宋代海船科学讨论会"上，对泉州古船的研究获得以下几项重要成果：

1）关于古船的年代

舱中出土铜钱504枚，除33枚为唐钱外，其余全为宋钱。其中最晚的是一枚背为"七"的南宋"咸淳元宝"，乃咸淳七年（1271年）所铸。这可认为是海船沉没绝对年代的上限[⑦]。对沉船地点淤泥样品进行了海滩沉积环境的研究，结论是该船的沉没埋藏过程当有700年以上的时间[⑧]。

2）关于古船的航线

综合研究的结论是：这是一艘由南洋返航的远洋船。首先，船舱中出土的香料、药物，在数量上占出土文物的第一位，计有降真香、沉香、檀香等香料木和胡椒、槟榔、乳香、龙涎、朱砂、水银、玳瑁等药物。这些香药的主要产地是南洋诸国和阿拉伯沿岸，俗称"南路货"，而载此货的船当为南路船。船中出土的贝壳和船壳附着的海洋生物，大部分属于暖海种。更发现船壳上有很多钻孔动物——巨铠船蛆，对船板破坏严重。这种船蛆标本是在我国沿海从未发现过的。这是船舶来自南洋一带的最有力的证据[⑨]。

3）关于古船的建造地点

从造船工艺看，"海船龙骨接合处凿有'保寿孔'，中放铜镜、铜铁钱等物，其排列形式似'七星伴月'状，据称这是本地造船的传统习惯"[⑩]。

4）关于海船的沉没原因

船底无损，可信并非触礁。只要驶向附近的洛阳江也可避台风，即使遇难，只要有人管理也可营救。从海船上部皆损破，大桅也被拔掉，舱内瓷器多成碎片，且一件瓷器的碎片分散到各舱等情况看，说明船沉前或有风浪冲击，或有人为的战乱，造成了“野渡无人舟自横”的局面。许多史学家分析，南宋末年，泉州提举市舶司蒲寿庚降元，宋将张世杰率军进攻泉州，泉州风云突变，战火纷飞。海船可能是这个期间沉没的，时为1277年。

为了开展科学研究的需要，泉州湾宋代海船，已陈列在泉州海外交通史博物馆的古船陈列馆（见图5-16）。在精美的大理石立柱上刻着金字的诗句：“州南有海浩无穷，每岁造舟通异域”。这是南宋时代惠安人谢履的两句诗，这既是福建泉州地区造船事业兴旺发达的写照，也是抒发扩大造船与航海业的决心。泉州古船陈列馆展品具有丰富的造船科学内涵，为国内外广大群众和学术界所关注。

图5-16　泉州海外交通史博物馆的古船陈列馆（成冬冬摄）

2. 泉州宋代海船船体结构的特点

1）龙骨

泉州宋船松木主龙骨断面为宽420毫米，厚270毫米，长12.4米。在尾部接上长度为5.25米的尾龙骨，首端接以樟木首柱。龙骨的接头部位选在弯矩较小的靠近首尾1／4船长处，接头用“直角同口”榫合，未见铁迹。接头的形式能适应遇到的各种外力。造船匠师的深思熟虑得以充分展现。

2）壳板

船壳系多重板构造。紧临龙骨的第1、第2列板用樟木，余为杉木。壳板都以整木裁制，板宽280～350毫米，长9.21～13.5米。船壳的内层板厚82～85毫米，中层厚50毫米，外层厚45～50毫米。关于中国船舶在结构上的特点和优点，马可•波罗曾说：“船用好铁钉结合，有二重板叠加于上”[11]。日本学者桑原曾考证：“侧面为欲坚牢，用二重松板”[12]。泉州宋船为上记载提供了实物证据。

3）舱壁及肋骨

泉州宋船设有12道水密舱壁，将船分隔成13个货舱。舱壁板厚100～120毫米，多用杉木，边缝榫接并填塞捻料。最下一列壁板用樟木以耐腐蚀，在近龙骨处开有120毫米×120毫米的流水孔。

对于中国帆船，马可•波罗曾说：“若干最大船舶有最大舱十三所，以厚板隔之，其用在防海险，如船身触礁或触饿鲸而海水透入之事，其事常见，……至是水由破处浸入，流入船舶。水手发现船身破处，立将浸水舱中之货物徙于邻舱，盖诸舱之壁嵌甚坚，水不能透。然后修理破处，复将徙出货物运回舱中”[13]。泉州宋船用12道舱壁将船分隔成13个舱，与马可·波罗的记叙是一致的。

4）可眠桅技术

泉州宋船保存下来两个桅座，都用大块樟木制成。与现代中国帆船相一致，两个桅夹柱应是与舱壁相连接的，用来固定船的桅杆。中国船的桅杆可眠倒和拆卸，在泉州宋船主桅前的第5号舱壁上留有宽300毫米，残高340毫米的方形孔，证实泉州宋船当时已经采用了可眠桅、卸桅的技术。

大桅可以起、倒之技术，在北宋的文献上也有记载。《梦溪笔谈》中有一故事：嘉祐（1056～1063年）中，苏州昆山县海上有一船，桅折风飘抵岸，船中有三十余人。衣冠如唐人，但语言不可晓，后得悉为高丽船。时赞善大夫韩正彦知昆山县事，“正彦使人为其治桅。桅旧植船木上不可动，工人为之造转轴，教其起倒之法，其人又喜”[14]。由之可见，其时桅杆能够起、倒已是成熟技术。

5）舵可以升降

现存的舵承座由3块大樟木构成。舵承的轴孔直径380毫米，可知所配舵杆直径应近于380毫米。舵承的轴孔向后倾斜22度，这一数据与现代船相近。

在第11舱还曾出土一樟木的绞车轴残段[15]。轴身凿有两个直径130毫米的圆通孔，当是绞棒孔。这绞车轴或就是起舵用的绞关构件。中国海船的舵一向可以升降。降下去可以提高舵效，还有利于抗横漂；升起来使舵获得保护。看来这一成熟技术在宋代泉州海船上已经使用。

3. 造船工艺的先进性

1）二重、三重板技术

泉州宋船三重板的总厚度约为180毫米。若用单层板，不仅弯板困难，而且由于板材具有残留应力而有损于强度，是不可取的。但是，若采用双重、三重板，两重板之间不留空隙，以避免和减缓腐蚀，这就要求加工工艺十分精细。

2）选材适当而考究

泉州宋船各种构件均依所处部位，受力状况和受腐蚀程度的不同而选用不同的木材。各部位的木材均经过科学鉴定[16]。泉州宋船在我国的重要地位，也在于它能就地取材。

3）壳板的钉连技术

壳板横向的连接缝系平接与搭接混合使用。纵向则采用“斜面同口”、“滑肩同口”和“直角同口”等方法。

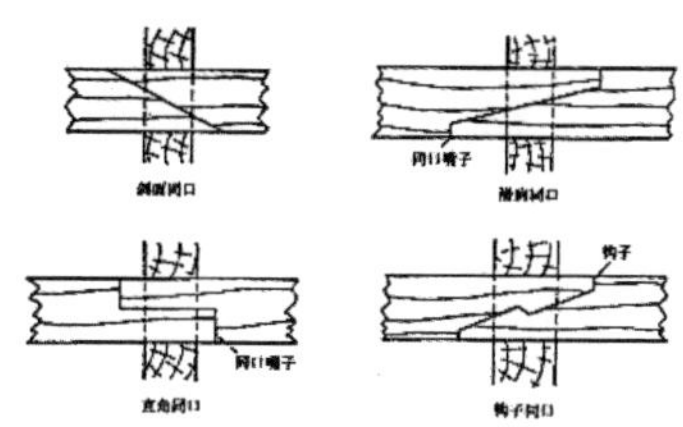

图5-17 板列纵向连接的几种方式

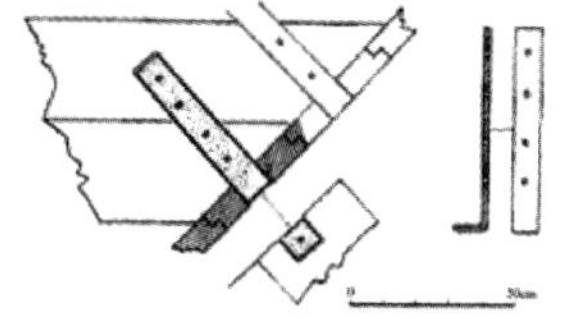

图5-18 泉州宋船所用挂锔（锔钉）及其钉法

“钩子同口”在泉州宋船上尚未发现（图5-17）。“不论是横接或纵接都以子母榫榫合，并塞以麻丝、桐油灰捻料，还加上铁钉”[17]。铁钉的断面形状有方、圆、扁、棱形等多样并有不同的钉帽，但多已严重锈蚀，钉的名称多因地而异。在中国，用钉钉连船板的技术可上溯到战国时代，战国时代用铁箍拼连船板的技术，当是锔钉（蚂蟥钉）的祖式。在泉州古船出土之前已发现有多艘唐、宋时期的船舶采用钉连船板技术。1962年杨槱教授就得出结论：“宋时造船无疑已广泛采用铁钉来钉连船板”[18]。

在中国，钉连船板技术中最为重要的，也最具有技术先进性的，是使用挂锔或称为锔钉，这在泉州宋船上也有发现。锔钉长约500、宽50、厚6毫米，一端摺成直角，用以钩住外板并钉在舱壁上，为此锔钉上有4个小方孔。“铁钩钉（即锔钉）的残迹，仅第八舱就残留14处之多”[19]。

如图5-18所示，挂锔的根本作用，在于将外板拉紧并钉连在舱壁上。做法是先在舱壁上预开锔槽，在外板上开孔缝，把锔（钉）由外向内打进并就位在舱壁的锔槽内，再用钉将锔钉钉在舱壁上。

①1975年3月30日人民日报载．福建泉州湾发现一艘宋代木造海船：1975年3月31日光明日报载．福建省文物考古工作者在泉州湾发掘一艘宋代木造海船．

②泉州湾宋代海船发掘报告编写组．泉州湾宋代海船发掘简报：［文物］1975（10）．1～8．

③见1983年6月28、29、30日《参考消息》报．

④宋•朱彧．萍州可谈：卷2．

⑤宋•徐兢．宣和奉使高丽图经：卷34．

⑥席龙飞、何国卫．对泉州湾出土的宋代海船及其复原尺度的探讨：［中国造船］1979（2）．111．

⑦泉文．泉州湾宋代海船有关问题的探讨：［海交史研究］．1978（创刊号）．51．

⑧林禾杰．泉州湾宋代海船沉没环境的研究：［海交史研究］1982（4）．42～51．

⑨李复雪．泉州湾宋代海船上贝类的研究：［海交史研究］1984（6）．107．

⑩泉文．泉州湾宋代海船有关问题的探讨：［海交史研究］1978（创刊号）．51．

⑪冯承钧译．马可·波罗行记．商务印书馆，1936年．第620页．

⑫［日］桑原骘藏著．陈裕菁译．蒲寿庚考：中华书局，1929年．第5页．

⑬冯承钧译．马可·波罗行记：商务印书馆，1936年．第620页．

⑭宋·沈括·梦溪笔谈：卷24．

⑮福建省泉州海外交通史博物馆编．泉州湾宋代海船发掘与研究：海洋出版社．1987年．第21～22页．图十八．

⑯陈振端．泉州湾出土宋代海船木材鉴定：［海交史研究］1982（4）．52．

⑰福建省泉州海外交通史博物馆编.泉州湾宋代海船发掘与研究：海洋出版社，1987年.第19页.

⑱杨櫆.中国造船发展简史：[中国造船工程学会1962年年会论文集（第二分册）]1962年.国防工业出版社，1964年.第13页.

⑲徐英范.挂锔连接工艺及其起源考：[船史研究]1985（1）.66.

（六）宋代古沉船“南海一号”

在广东省川山群岛的上川岛和下川岛之间海域，在20年前就发现有古代沉船。经多次水下探摸得知沉船较为完整。根据沉船地点和打捞出来的瓷器、铜钱、金器和铁器等文物判断，确认这是南宋时期我国的远洋贸易船，在海底已沉睡了840多年。鉴于该古船船体完整，尺度较大，所承载的文物丰富而精美，遂定名为“南海一号”。2007年12月22日，在鞭炮声中，“南海一号”由起重船吊出水面并落位到半潜驳船上。25日晚，“南海一号”连同沉箱被拖到海陵岛岸边。26日开始登陆，用气囊垫在沉箱下缓缓向前滚动。28日方始入住水晶宫。

虽然“南海一号”今日尚未能与广大观众见面，但其舟船文化的先进性为人们所瞩目。

第一，根据多种文献记载，我国自北宋起已经在海船上广泛使用指南浮针。人们期待在“南海一号”上能够发现指南浮针的实物。如果能有所获，那将是国宝级文物，在世界上也是唯一的。

第二，据水下探摸，“南海一号”的船体结构保存完好。这将是迄今所发现的最为完整的古船。人们将第一次亲眼见到中国古船的形象。这对了解和研究中国古船的船型、结构和用料是极为珍贵的。

第三，据了解，船的桅杆已不存在了，但是桅杆的下半部或桅座必定会存在。中国古船领先于世界的多桅多帆的技术必将昭示于人。经过研究和复原，人们将能见到中国风帆利用八面来风的特点和优点。

第四，船尾舵也是我们所特别关注的文物。宋代的尾舵已经可以利用绞关轴控制其升降。出海后将尾舵降下以求获得较高的舵效，还可以抗横漂；当船舶驶入浅水或港口时将舵提起，使舵叶得到保护。要知道，与“南海一号”同一时代的西方船舶，还不曾有船尾舵。在西方《船舶史》的著作中，作者们一再强调：他们的船尾舵开始出现在1242年。

第五，“南海一号”木石结合碇的部件——石质碇杆，已经被发现，这是呈棱形的长石条。与木质的碇杆、碇钩相结合就能成为完整的木石结合碇。过去，我们曾见过元代的木石结合碇，现在则可以将此种碇推前到宋代。此种带有横向石质碇杆的船碇，与20世纪初西方发明的钢质带有横杆的海军锚，在作用原理上颇有一致之处。虽然还不能说海军锚借鉴了中国的古碇，但是中国古代的带有横杆的木石结合碇，其作用原理的先进性和合理性却为后世的海军锚所证实。

我们期待着对“南海一号”的进一步考古发掘，相信“南海一号”必将极大地丰富中国的舟船文化。

三、继往开来的元代海上交通与漕运

（一）元代的海上交通往来频繁

继两宋之后的元朝（1279～1368年）是一个强大的帝国。一方面，在成吉思汗及其继承者们率领下的蒙古大军东征西讨，到处诉诸于武力。可是它的政治和文化，却又吸收了许多被征服的国家特别是南宋的宝贵传统，并大力加以发扬。在海上交通方面尤其如此。

元世祖忽必烈灭宋以后，收纳了南宋许多和航海事业有关的人才。其中最著名的，有曾在南宋时任提举泉州市舶30年、拥有大量海船的蒲寿庚。蒲寿庚降元后，大受宠信，先后任闽广大都督兵马招讨使、江西省参知政事、中书左丞等职，并受命诏谕海外，以复互市。《元史》记有，至元十五年（1278年）八月，“诏行中书省唆都、蒲寿庚等曰：‘诸蕃国列居东南岛屿者，皆有慕义之心，可因蕃舶诸人宣布联意。诚能来朝，朕将宠礼之。其往来互市，各从所欲’”[①]。还有南宋末年长江口的崇明人朱清和嘉定人张瑄。他俩全是渔民出身，一同贩过私盐，也做过海盗，官吏搜捕紧急时，则航海北逃到渤海一带，“往来若风与鬼，影迹不可得”。他们十分熟悉海道与航海业务，被忽必烈收用后，曾随元丞相伯颜浮海南下攻灭南宋，后来成为“大元海运”的主持人。

元承宋制，宋代的诸海港仍是元代的重要海港。元代也和宋代一样，在全国几个重要海港分设市舶司。主要有三处，即泉州、广州、庆元（今宁波）之市舶提举司[②]。除此之外，其它设立过市舶司的还有上海、澉浦、温州、杭州等处。元代这些设立市舶司的地方，都在长江口以南，在长江口以北的海上交通运输，主要是兴办“海运”[③]。

元代一向重视对外的经济与文化交流，海外来中国的各界人士甚众。同时，元朝也不断派出使节、游历家至海外通好。其中影响较大的有亦黑迷失、杨庭璧、周达观、汪大渊等。

亦黑迷失是今新疆维族人，是元初的著名航海家和外交家。他曾任兵部侍郎，荆湖、占城等处行中书参知政事，两次奉诏参与元朝对东南亚的军事行动。至元九年（1272年）起，屡次出使僧伽刺（今斯里兰卡）、八罗孛国（今印度东南部泰米尔纳德邦境）等国，并“偕其国人以珍宝奉表来朝”。以后又至占城（今越南南部）、南巫里（今苏门答腊西）、速木都剌（苏门答腊）等国。密切了元朝与海外诸国的关系，扩大了元朝在海外的影响。官至平章政事为集贤院使。仁宗念其屡使绝域，诏封吴国公[④]。

杨庭璧，是元代出使海外的外交家中成绩最为显赫的一员。“（至元）十六年（1279年）十二月，遣广东招讨司达鲁花赤杨庭璧诏俱蓝（今印度西南端的奎隆）。十七年三月至其国。国主必纳的令其弟肯那却不刺木省书回回字降表，附庭璧以进，言来岁遣使入贡”[⑤]。在杨庭璧等屡次出使俱蓝及南海诸国的影响下，到至元二十三年（1286年），与中国建立航海贸易关系的，已有马八儿、须门那、僧急里、南无力、马兰丹、那旺、丁呵儿、来来、急兰亦带、苏木都剌等十国。

元朝廷在遣使沟通西洋航路的同时，还派人加强同邻近国家真腊（今柬埔寨）和占城（今越南中部）的海上联系。元贞二年（1296年），周达观随使臣出使真腊，前后3年，谙悉其俗，返国后遂记其闻，撰成《真腊风土记》一书，约8500字。该书虽不长，但记载了柬埔寨13世纪末社会生活的情景，生动而翔实。

在周达观赴真腊30多年后，又有汪大渊两下西洋之举。在长期的远航活动中，汪大渊所到之处，凡“其目所及，皆为书记之”。据两次经历，撰成《岛夷志略》，记载所到之地200余处，几乎包括现在的越南、柬埔寨、泰国、新加坡、马来西亚、印尼、菲律宾、缅甸、印度、斯里兰卡、马尔代夫、沙特阿拉伯、伊拉克、民主也门、索马里、坦桑尼亚、肯尼亚等国家的广大地区[⑥]。值得指出的是，汪大渊在当时仅为一介平民，其身世不见经传。他能够不畏艰险，独身附舶，远洋跋涉，遍游东西洋诸国，实难能可贵。而他所撰《岛夷志略》，内容宏富，分条细致，记载翔实，可补正史之缺，纠前人之偏，诚为中外海上交通之珍贵史料。这也正标志着元代海外交通的发展。元代中国船舶、商旅较之唐宋时期，更为频繁地进出与往复南海至东、西洋之间，中国对西方国家的了解也大大进了一步。

①明·宋濂等.元史·世祖纪.
②明·宋濂等.元史·百官志.
③章巽.我国古代的海上交通：商务印书馆，1986年.第58页.
④明·宋濂等.元史·亦黑迷失传.
⑤明·宋濂等.元史·八马儿等国传.
⑥张铁牛、高晓星.中国古代海军史：八一出版社，1993年.第111页.

（二）元代的海上漕运具有开创性

元代的海上漕运，突破以往任何一个朝代，由最初的至元二十年（1283年）的年运量4万余石，到天历二年（1329年）最高年运量达350万余石，前后经历47年之久。元建都于大都（今北京），十分仰仗江南盛产的粮食，所以海上漕运正是每岁二运的经常而重要的任务。

《元史·食货志》记有："太祖（成吉思汗）起朔方，其俗不待蚕而衣，不待耕而食，初无所事焉。世祖（忽必烈）即位之初，首诏天下，国以民为本，民以衣食为本"[①]。"元都于燕，去江南极远，而有司庶府之繁，卫士编民之众，无不仰给于江南。自丞相伯颜献海运之言，而江南之粮分为春夏二运。盖至于京师者一岁多至三百万余石，民无挽输之劳，国有储蓄之富，岂非一代之良法欤"[②]。

然而，早期为了要沟通北方的政治中心和东南的经济中心地区，元政府曾从事开通南北大运河，结果却未能完全满足需要，尤其是在粮运方面，不得不假道于海上。《大元海运记》记有："运浙西粮涉江入淮，由黄河逆水至中滦旱站，搬运至淇门之御河，接运赴都。次后创开济州泗河，自淮至新开河，由大清河至利津河入海接运。因海口沙壅，又从东阿旱站运至大清河至利津河及创开胶莱河道通海缵运。至元十九年（1282年），太傅丞相伯颜见里河之缵运粮斛，前后劳费不赀而未见成效，追思至元十二年（1275年）海中搬运亡宋库藏图籍物货之道，奏命江淮行省限六十日造平底海船六十只，听候调用。于是行省委上海总管罗璧、张碹、朱清等依限打造。当年八月有旨，令海道运粮至扬州，罗璧等就用官船军人，仍令有司召顾梢碇水手，装载官粮四万六千余石，寻求海道"[③]。

元代"海运"的主要创行者，就是张瑄和朱清。据《大元海运记》卷下，海漕运粮数字逐年增加。例如至元二十年（1283年）为4.6万石，1284年猛增到29万石。1286年为57.8万石，1290年为159.5万石，1305年为184.3万石，1310年为292.6万石，1315年为243.5万石，1320年为326.4万石，到1329年达到352.2万石，这是最高额。所用平底海船数额，在延祐元年（1314年）时，由浙西平江路刘家港开洋者为1653艘，由浙东庆元路（今宁波）烈港开洋者为147艘，合计共1800艘。此期船舶的载量是：小者二千余石，大者八九千石。

对于张瑄、朱清的海运业绩，一些蒙古族官吏并不赞赏，也有的以朱、张为"南人"，屡有谗言。还有阿八赤等人"广开新河"以运粮，"然新河候潮以人，船多损坏，民亦苦之"[④]。惟忽必烈始终重用张瑄和朱清。至元二十八年（1291年），世祖“罢江淮漕运，完全用海道运粮”。更升迁张瑄为骠骑卫上将军、淮东道宣慰使兼领海道都漕运万户府事，朱清为骠骑卫上将军、江东道宣慰使兼领海道都漕运万户府事，中书省奏准合并设立海道都漕运万户府二处⑤。

元代“海运”的航线，有过两次重大变化。最初的航线（1282～1291年）是，从平江路刘家港（今江苏太仓浏河口）出航，经海门（今江苏海门）附近的黄连沙头及其北的万里长滩，一直沿着海岸北航，靠着山东半岛的南岸向东北以达半岛的东端成山角，由成山角转而西行，到渤海湾西头进入界河（即今海河口），沿河可达杨村码头（今河北武清县），便是终点。这一航线因离岸太近，浅沙甚多，航行不便，时间要长达几个月之久，且多危险。

至元二十九年（1292年），朱清等决心“踏开生路”，粮船出长江口以后便离开海岸，如得西南顺风，一昼夜约行1000多里到青水洋，过此后再值东南风、4日便可到成山角，转过成山角，仍按原航线航抵渤海湾西头的界河。这一航线离开了多浅沙的近海，还利用了西太平洋自南向北的黑潮暖流，航行时间大为缩短。

至元三十年（1293年），千户殷明略又开新线，从刘家港出发，由长江口出海后即直接向东进入黑水大洋，再直奔成山角，再转向西由渤海南部以达界河口(见图5-19)。风向顺利时只要10天左右便可航完全程⑥。从连续3年间航线的两次变化，便可看出元代海运创办者们的勇敢和探索精神。

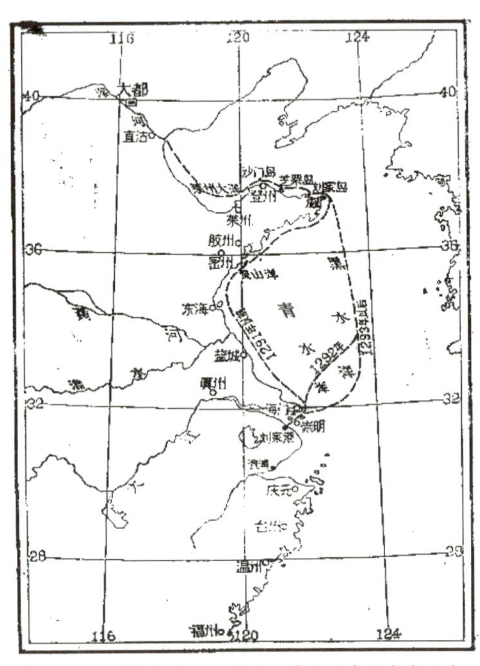

图5-19　元朝海运的主要航路（采自《中国古代的海上交通》）

①明·宋濂等.元史·食货·农桑.
②明·宋濂等.元史·食货·海运.
③清·胡书农.大元海运记.
④明·宋濂等.元史·食货·海运.
⑤清·胡书农.大元海运记.
⑥章巽.中国古代的海上交通：商务印书馆，1986年.第59～60页.

(三)元代的漕运船舶及远洋海船

1. 海运漕船

海运漕船主要有遮洋船和钻风船二型，钻风船约可载400余石，遮洋船载货800石或1000石。遮洋船是行驶万里长滩、黑水洋及山东半岛北面的沙门岛（今长岛县）航道，风险不大，建造费用仅及出使琉球、日本海船的1/10，但舵杆必用铁梨木制，坚固可靠。“凡海舟，元朝与国初运米者，曰遮洋船，次者曰钻风船”。①《水运技术词典》遮洋船条记有：“遮洋船容载一千石，船体扁浅，平底平头，全长八丈二尺，宽一丈五尺，深四尺八寸，十六舱。其长宽比5.4弱，宽深比3.1强。设双桅，四橹，铁锚二。舵杆用铁力木，有吊舵绳，使舵可升降”②。延祐以来，海运船已航行在离岸深水航道上，船舶体型和载量均增大。小者2000余石，大者八九千石。“当时以海关石计算，海关石等于154.5公斤，说明延祐以来大小海船容量已是从300吨到1390吨了”③。

2. 远洋海船的声名远播海外

元代的远洋海船，由马可·波罗的《东方见闻录》而远播海外。马可·波罗（Marco Polo，1254～1324年），在1271年（至元八年）夏，随父、叔离开故乡威尼斯，1275年（至元十二年）由陆路丝绸之路到达元朝的上都，觐见世祖，深得世祖之宠信，留仕元朝17年。1291年（至元二十八年）初，为护送阔阔真公主一行，分乘14艘四桅十二帆、配备两年食物的大船，从刺桐（今泉州）港起碇，赴伊儿汗国的都城④。

马可·波罗在他的游记中说道：“我郑重的告诉你们罢，假如有一只载胡椒的船去亚力山大港

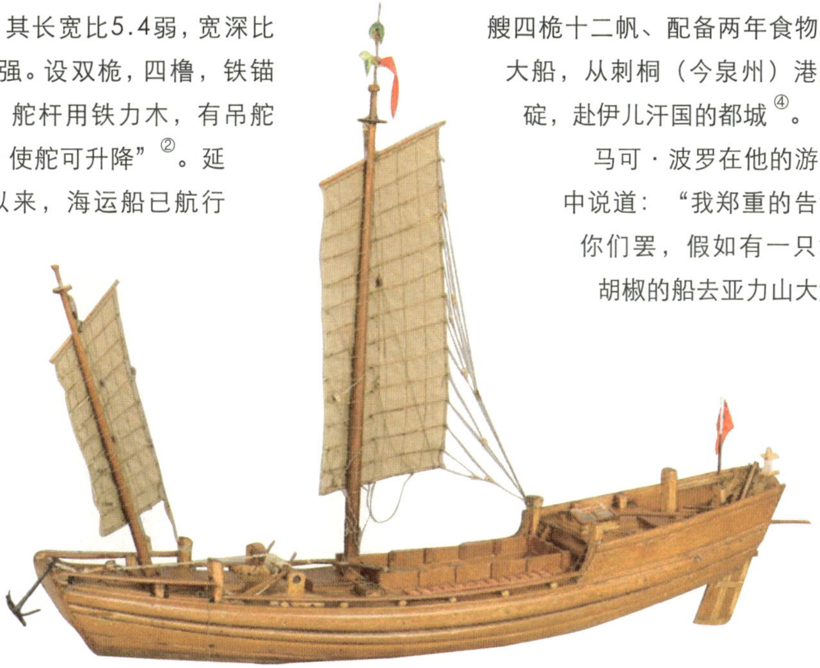

图5-20 元代的漕船

或到信奉基督教国之别地者，比例起来，必有一百只船来到这刺桐（泉州）港。因为你们要晓得，据商业量额上说起来，这是世界上两大港之一”。关于中国船舶在结构上的特点和优点，马可·波罗说道：“船用好铁钉结合，有二厚板叠加于上”。“若干最大船舶有大舱十三所，以厚板隔之，其用在防海险，如船身触礁或触饿鲸而海水透入之事，其事常见……至是水由破处浸入，流入船舶。水手发现船身破处，立将浸水舱中之货物徙于邻舱，盖诸舱之壁嵌甚坚，水不能透。然后修理破处，复将徙出货物运回舱中”[5]。马可·波罗对中国元代船舶的描述，已为泉州湾出土的沉没于宋代（1277年）的远洋海船所证实，由此更能领会舟船有“元承宋制”这一事实。

①清·陈梦雷、蒋廷锡.古今图书集成·经济汇编·考工典.

②水运技术词典：人民交通出版社，1980年.第25页.

③吴蕨兰.元代的船舶事业：[中国造船工程学会成立四十周年论文集]1983年.第111~117页.

④姚楠、陈佳荣、丘进.七海扬帆.香港：中华书局，1990年.第164页.

⑤张星烺·哥孛罗游记：商务印书馆，1937年.第337~342页；冯承钧译.马可·波罗行纪：商务印书馆，1936年.第619~620页.

（四）韩国新安沉船的发掘、研究及展出

虽然关于元代船舶的文献并不缺乏，但关于元代船的微观描述和较为准确的图样，仍很难觅获。因此，考古发掘中获得的元代实船，有重大的学术价值。从中可得悉中国船舶在设计、构造以及施工中的许多精湛之处。

迄今为止，已经出土并经过研究的元代古船有两艘：一是，在韩国全罗南道光州市木浦新安海底打捞到的中国元代航海货船；一是，在山东省蓬莱市水城发掘到的一艘元代末年的战船。此外在河北磁县曾发现元代内河船[1]。再者，还有2005年在山东蓬莱水城又新发掘二艘元代古船，据研究这是在韩国制造的高丽古船。同时还出土一艘年代在明代的古船，其形制与先前出土的古战船相类似。

图5-21 新安古船在韩国博物馆.

1976年，在韩国全罗南道光州市

的西部新安郡道德岛海面作业的渔船，起网时发现几件中国瓷器。以此为开端，韩国政府直接参与，由文化公报部所属的文物管理局组成调查团，由海军派潜水员协助，于1976年11月进行试发掘，查明确有木质船体遗存。

在1976～1984年的9年间，发掘打捞工作持续进行了10次，在1984年还有两次复查性打捞。所获文物中陶瓷器20 691件，除几件高丽青瓷和日本陶瓷之外，绝大多数是中国宋元时代的制品，其中有不少精品（图5-23）。此外，尚有金属遗物729件，石材45件，紫檀木1017件，还有船员日常用品1346件。值得重视的是还有铜钱28吨又19.6千克，铜钱是用吸引软管打捞起的。这些铜钱都是中国铸造的，包括唐、北宋、南宋、辽、金、西夏、元等各代的铜钱。

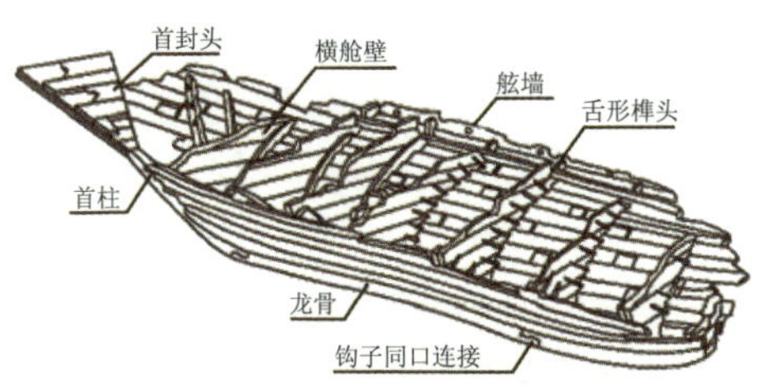

图5-22 新安沉船残骸图（据金镛汉）

图5-23 随新安船出土的中国精美瓷器照片

韩国新安沉船和相关文物的打捞，受到国际学术界的重视。1977年在首尔，1983年在日本，先后召开了两次“新安海底文物国际学术讨论会”。1991年12月在上海召开的“世界帆船史国际学术讨论会”上，韩国学者发表了“关于新安海底沉船的学术报告”。

1994年12月，在光州市木浦海滨建成“国立海事博物馆”（National Martime Museum），展出了新安船残骸及相关文物。经我国学者和韩国等学者的共同研究，确信新安古船是中国元代的航海货船，在造船技术上，较已出土的宋代古船有明显技术进步。

①磁县文化馆.河北磁县南开河村元代木船发掘简报：[考古（6）]1978.388～399页.

（五）蓬莱古船的发掘、研究与展出

1984年在蓬莱水城的清淤过程中，发掘出一艘古船。蓬莱古船（图5-24）残长达28.6米，残宽只有5.6米，其长宽比接近5.0，这比通常的航海货船大许多，说明它的用途与一般海洋货船有所不同。古船出土时船内外伴

图5-24 登州古船博物馆展厅中的蓬莱古船

有石弹、铁炮、铜炮以及许多装有石灰的瓷瓶等武器，说明它应是一艘具有较高速度的快速战船。

特别应当注意到，蓬莱水城在历史上曾是驻扎水师的港埠。北宋庆历二年（1042年）为抵御辽国的南侵，登州郡守郭志高“奏置刀鱼巡检，水兵三百戍沙门岛，备御契丹”[①]。因其水师所驾驶的战船，形狭长酷似刀鱼，也称刀鱼战棹，此水寨也称“刀鱼寨”。元朝的蓬莱水城仍像北宋时期一样，驻扎着水师，用于巡逻海面，出哨防洋。所用的战舰当为沿袭宋朝的“刀鱼战棹”[②]。

刀鱼战船船型源于浙江沿海，俗称钓槽船。“浙江民间有钓鱼船，谓之钓槽，其尾阔可分水，面敞可容兵，底狭尖可破浪。粮储器杖，置之簧版下，标牌矢石，分之两旁。可容五十卒者，而广丈有二尺，长五丈，率直四百缗”[③]。此类刀鱼战船长宽比值较大，吃水不深，造价也不高，对于沿海风涛不很大的海域较为适用。北宋时曾将“措置合用刀鱼战船，已行画样，颁下州县[④]”制造。元代是中国在海上对外用兵的全盛时期，而且船也愈造愈大，但其船型一般仍是元承宋制[⑤]。

综上所述，蓬莱古船应是沿用刀鱼战船型的海防战船。

①清 · 道光年间. 蓬莱县志：卷4.
②邹异华、袁晓春. 蓬莱古船的年代及用途考. 蓬莱古船与登州古港：大连海运学院出版社，1989年. 第77页.
③宋 · 李心传. 建炎以来系年要录：卷7.
④清 · 徐松辑. 宋会要辑稿。食货：50之8.
⑤辛元欧. 蓬莱水城出土古船考. 蓬莱古船与登州古港：大连海运学院出版社，1989年. 第69页.

第六章 明代船舶是中国舟船文化发展的巅峰

一、明代的内河航运与海上交通

（一）明代的内河航运

明王朝建立之初，建都金陵。皇城金陵不仅是明朝的统治中心，也是漕粮的消费中心。输往金陵的漕粮，主要通过江运与河运。江西、湖广（当时指湖南、湖北）等地的粮谷，循江而至；东南沿海地区的粮谷，或溯江而上，或由江南运河运抵；凤阳、泗州的粮谷由淮而运；河南、山东的粮谷经黄而至。正如《明史·食货志三》所记：“太祖都金陵，四方贡赋，由江以达京师，道近而易”。

1. 明代的漕粮运输

洪武前期，辽东战事频繁。前期元兵在北方还有相当的残余势力。明王朝，在辽东及北平一带屯驻了大量军队，其粮饷主要靠江南漕粮的接济。南粮北运的方式仍沿袭元朝旧制，由苏州太仓刘家港起航实行海运。洪武二十年（1387年），明朝消灭了北元在辽东的残余势力，政局趋于稳定。洪武三十年（1397年），北方实行“屯田自给”，于是海运停罢。

经过“靖难之役”后的永乐元年（1403年），随着北京政治地位的上升，消费人口迅速增加，对江南漕粮的需求日益增长。明成祖遂令海运粮饷，一往辽东，一往北京。

永乐九年（1411年），成祖同意济宁州同知潘叔正奏议，命工部尚书宋礼开会通河，筑东平（今属山东）戴村坝，遏汶水出南旺（在汶山县南），分流南北，使会通河得到充分水量，二十旬而工成，从此海运漕粮渐减①。

永乐十三年（1415年），平江伯陈瑄督漕运，凿清江浦河道，自此漕运畅通，海运乃废。“议造浅船二千余艘，初运二百万石，寖至五百万石，国用以饶”②。

明自永乐十九年（1421年）迁都北京后，又回复到了元代漕粮仰仗于江南的状况。《明史》记有：“自成祖迁燕，道里辽远，法凡三变。初支运，次兑运、支运相参，至支运悉变为长运而制定”③。所谓“支运”，是指民间将漕浪运到淮安为止，其后由军工分段运抵北京。

宣德六年（1431年），陈瑄请行兑运。即将江南民粮兑拨给附近卫所的官军，以远近为差，给以路费耗米，由官军运载至北京。实行兑运法之后，仍有民户自愿将漕粮运至指定粮仓卸纳，于是形成了兑运、支运相参的状况。

成化七年（1471年），又有对兑运法的改革，即命运军到江南交兑，民间除担负一定运费外，还支付渡江费用，不再自运。此后长运法，即由运军负责运漕粮的方式贯彻到明末。

"运船之数，永乐至景泰，大小无定，为数至多。天顺（1457年）以后，定船万一千七百七十，官军十二万人。"其时运船每只载米472石，而后因船数缺少，每船载米七八百石。为保持运船的良好技术状态，实行"三年小修，六年大修，十年更换"的制度。于是每年为漕运一项，即造新船1177艘之多。

2. 其他一些大宗货物的江河水运

明代，除了粮食的漕运之外，还有一些大宗货物的水运。如四川向云南、贵州、施州卫（今湖北恩施）、永宁卫（今叙水县）、建昌卫（今西昌）、松潘、叠溪等地饷粮运输，四川向云、贵、荆、襄的盐运。还有最繁重的是木材运输。明朝多次采伐四川楠木，均由水路运输。永乐四年，为修建北京行宫，明成祖先后5次敕命工部尚书宋礼赴川，采伐和督运大木，由长江转运北上。嘉清三十六年，为营建三殿，又派官员到四川，采巨木15721根。万历三十五年，复向四川额定采伐楠木24610根，限3年内分运北京。川江上下，船筏争流，号子歌声，震荡峡谷④。还有，江西的木材扎排流经鄱阳湖，转道长江运往南京、常州等地，江西的木材在江浙的木材市场上占有重要地位。明代江西景德镇已经发展成为全国的瓷业中心，洪武年间，景德镇有御器厂1所，辖窑23座，宣德年间有58座。民窑数量更大，隆庆、万历年间达900座。景德镇瓷器不仅出江西销往全国，而且出中国销往世界，主要靠水运⑤。

①清·张廷玉等.明史·宋礼传.
②清·张廷玉等.明史·陈瑄传.
③清·张廷玉等.明史·食货志三.
④王绍筌等四川内河航运史：四川人民出版社，1989年第1版.第98～100页.
⑤沈兴敬等.江西内河航运史：人民交通出版社，1991年第1版.第75～77页.

（二）明代的海上交通

继承宋元以来繁盛的海上交通传统，明代的海上交通事业，有很厚实的基础。明代初年，为保证北平、辽东的军需，仍沿元代的传统经营"海运"，把江南的粮食运往北方。永乐元年（1403年），将北平改称北京顺天府，漕运的需求增加。直到永乐十三年（1415年）五月，大运河整理“工成”，“增置浅船三千余艘。设徐、沛、沽头、金沟、山东、谷亭、鲁桥等闸。自是漕运直达通州，而海陆运俱废”①。

1. 沿海航运

由佚名作者成书于嘉清庚戌年（1550年）的《海道经》，详细记述了明初经营“海运”的航线；②

①由长江口的刘家港到山东半岛东端的成山角航线。

②由成山西航，经刘（公）岛、芝罘岛、沙门岛（今庙岛），转北入铁山洋（今旅顺老铁山以南海面）而到达辽东各码头。

③由直沽（今天津市区）向东南渤海南部的沙门岛、刘（公）岛，转过成山咀，再依第一条航线，即可到达长江口的刘家港。

④由辽河口南航到老铁山，东南直至成山，仍依第一条航线南航到长江口外的茶山（今余山），收刘家港抛锚。

⑤由福建闽江口长乐港的五虎门开洋北上，过福宁县（今霞浦县）东海面，入浙江省境，过温州、台州、及宁波府定海卫以东，望北航达长江口外的茶山（今佘山），再依第一条航线北航即到达成山。

从上述5条航线看，明初沿海的远距离航行采取了离海岸较远的直线航道，这相应要求有性能好的海船和较高的航海技术。

这本《海道经》对当时闽江口以南的航路没有提及，但是从传世的《郑和航海图》则可以了解到闽江口以南的航线以及郑和下西洋的远洋航线状况。

2. 明代对外的海上交通——郑和下西洋

明成祖朱棣为扩大明朝的政治影响，争取和平稳定的国际环境，以明初强大的封建经济为后盾，以先进的造船业和航海技术为基础，把中国与海外各国、各民族之间的友好往来推进到一个繁盛的新阶段。在这样的时代背景下，出现了举世瞩目的郑和下西洋航海壮举。

郑和在永乐三年（1405年）至宣德八年（1433年）的28年间，曾率领

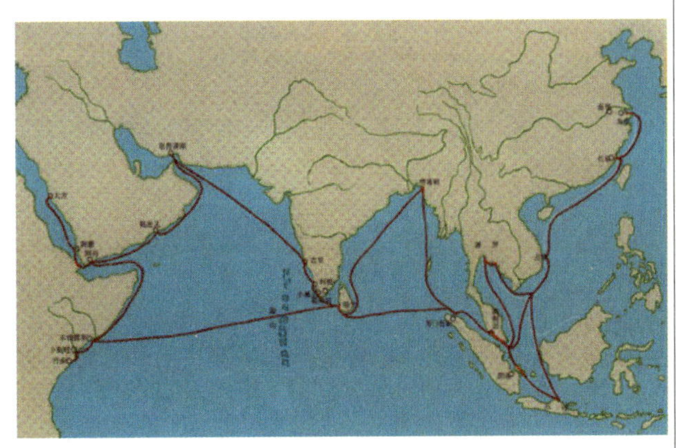

图6-1 郑和第七次下西洋航线图

百余艘大小舰船组成的庞大船队，7次远航西洋，共访问过亚洲、非洲等30多个国家和地区（见图6-1）。

根据郑和亲自刊立娄东刘家港天妃宫《通番事迹记》碑和福建长乐天妃宫《天妃灵应之记》碑文，并参照《明实录》和郑和下西洋随行人员所著《瀛涯胜览》、《星槎胜览》、《西洋番国志》等文献，将郑和历次下西洋往返年月及所经过的主要国家和地区列表，见表6-1所示。

郑和七下西洋，“既要组织好又能安全航行，必须具有科学的航海技术，这是不言而喻的”[③]。

郑和船队的航海技术可以概括为[④]：

1.船队功能完备、分工明确、组织

郑和下西洋往返时间及所经国家和地区　　表6–1

序次	出发 年月	回国 年月	所经主要国家和地区
1	永乐三年（1405年）十月～十二月	永乐五年（1407年）九月二日	占城、暹罗、旧港、满剌加、苏门答剌、锡兰、古里
2	永乐五年（1407年）冬末，或次年春初	永乐七年（1409年）夏末	占城、暹罗、渤泥、爪洼、满剌加、锡兰、加异勒、柯枝、古里
3	永乐七年（1409年）十二月	永乐九年（1411年）六月十六日	占城、暹罗、爪洼、满剌加、阿鲁、苏门答剌、锡兰、甘巴里、小葛兰、柯枝、溜山、古里、忽鲁谟斯
4	永乐十一年（1413年）	永乐十三年（1415）七月八日	占城、爪洼、古兰丹、彭亨、满剌加、阿鲁、锡兰、柯枝、溜山、古里、忽鲁谟斯、木骨都束、麻林
5	永乐十九年（1417年）秋～冬	永乐十七年（1419年）七月十七日	占城、渤泥、爪洼、彭亨、满剌加、锡兰、沙里湾埿、柯枝、古里、木骨都束、卜剌哇、阿丹、剌撒、忽鲁谟斯、麻林
6	永乐十九年（1421年）秋	永乐二十年（1422年）八月十八日	占城、暹罗、满剌加、榜葛剌、锡兰、柯枝、溜山、古里、祖法儿、阿丹、剌撒、木骨都束、卜剌哇、忽鲁谟斯
7	宣德六年（1431年）十二月九日	宣德八年（1433年）七月六日	占城、暹罗、爪洼、满剌加、苏门签剌、榜葛剌、锡兰、小葛兰、加异勒、柯枝、溜山、古里、忽鲁谟斯、祖法儿、阿丹、剌撒、天方、木骨都束、卜剌哇、竹步

图6-2 《郑和航海图》局部

严密、队形合理。

2.善于利用季风并有成熟的驶风技术。

3.以罗经指示航向、以“更”数计航程和以测天体高度测定船位的船舶定位及导航技术。

4.《郑和航海图》(见图6-2)反映了郑和下西洋高度的航海技术成就。

①清·张廷玉.明史·河渠志三.

②海道经：丛书集成初编.商务印书馆，1936年版.第2~7页.

③[日]寺田隆信著、庄景辉泽.郑和——联系中国与伊斯兰世界的航海家：海洋出版社，1985年.第119页.

④武定国，郑和下西洋在航海上的伟大成就，联合国教科文组织海上丝绸之路综合考察组织委员会编。中国与海上丝绸之路。福建人民出版社，1991年.第266页.

二、中国古代的三大船型

中国古代的船型，到明代，或者说通过明代的文献，已经理得出清晰的条理。从前曾有人提出中国古代传统的船型可分为沙船、广船、福船、鸟船四大船型。其实，鸟船仅是福船派生的船型，还不能自树一帜，现将中国古代三大类传统的船型分述如下。

（一）沙 船

沙船是发源于长江口及崇明一带的方头方梢平底的浅吃水船型，多桅多帆，长与宽之比值比较大。因底平不怕沙浅，有“稍搁无碍”之效。过去，多在上海附近的太仓浏河等地制造。历史上以崇明为著。太仓、通州（今江苏南通）、海门、常熟、嘉定，江阴等处均有。道光年间上海有沙船5000艘。

沙船的历史渊源可追溯到南宋时期。《宋史·兵志》记有：“南渡以后江淮皆为边境故也。建炎初（1127年），李纲请于沿江、淮、河帅府置水兵二军，要郡别置水兵一军，次要郡别置中军。招善舟楫者充，立军号曰凌波、楼船军。其战舰则有海鳅、水哨马、双车、得胜、十棹、大飞、旗捷、防沙、平底、水飞马之名”[①]。此防沙、平底似为沙船的祖式。

《大元海运记》中载：委张瑄、朱清“限六十日造平底海船六十只”，此平底海船盖为后世沙船的原型。

明嘉靖年间的《南船记》载有“二百料巡沙船图”并记有“所谓沙船像崇明三沙船式也”。明嘉靖年间成书的《筹海图编》始有沙船的图文。

周世德在《中国沙船考略》中，实测了大型沙船的帆装图和结构图。该文认为：“在主要尺度比值方面，古代沙船与现代沙船很相近。”

茅元仪的《武备志》记述了沙船的突出优点：“沙船能调戗使斗风。”这可能是引自《筹海图编》。逆风行船必须走“之”字形的航迹。利用逆风行船时，帆除获推进力之外，还附带产生使船横向漂移的力。由于沙船吃水较浅，其抗横漂的能力有限，故必须使用披水板，放在下风一侧，用时插入水中，以阻扼船横向漂移。图6-3所

图6-3 沙船模型照片（采自澳门海事博物馆）

示沙船模型照片左舷所挂者即是披水板。造船专家、上海交大王世铨（公衡）教授认为“防止横漂的披水板也是中国首创”[②]。

①元·脱脱等.《宋史·兵志一》.
②王世铨，讨论周世德的《中国沙船考略》时的发言.中国造船工程学会1962年年会论文集，第二分册：国防出版社，1962年.第61页.

（二）福船

福船，是福建、浙江沿海一带尖底海船的统称，其所包含的船型和用途相当广泛。

福建造船业历史悠久，春秋时吴王夫差曾在闽江口设立造船场[①]。三国时吴国曾在今福州置建安典船校尉，将罪人“送付建安作船”[②]。唐宋时期，福建对外交流扩大。宋时的福州、兴化、泉州、漳州已成为重要的造船中心，当时朝廷遣使外国时常到福建雇募客舟，其船“上平如衡，下侧如刃，贵其破浪而行也”。船舶的这些特点为产生后世的福船奠定了技术基础。

明天启元年（1621年）茅元仪撰成《武备志》，博采历代文献二千余种，继嘉靖年成书的《筹海图编》之后，明确提出福船的船型系列。

据《武备志》所述，开浪船即鸟船，以其头尖故名。在福船船型系列中，以苍山船为最小。若敌船进入内海，因大福船、海沧船皆不能入，必用小苍船以追之，用之冲敌颇便而健，温州人呼之为苍山铁，也有铁头船之名。“戚继光云：近者改苍山船为艟𫜫船，比苍山船大，比海沧船更小而无立壁（侧壁不披茅竹），最为得其中制。遇倭舟或小或少，皆可施功”[③]。

明代抗倭名将戚继光在闽浙沿海抗倭时，即应用了福船的系列船型。经复原的戚继光抗倭大福船（见图6-4），现陈列在北京军事博物馆的古代战争馆。该模型是由福建省惠安船厂老工人完全按福船的型制建造的，长约6米，保持了福船的特色和风格。

图6-4 北京军事博物馆陈列的抗倭大福船长度为6米的模型

①陈奇、陈颖东. 中国福船: [福建造船] 1992（1）. 12.
②晋 · 陈寿. 三国志 · 吴 · 孙皓传.
③明 · 茅元仪等. 武备志: 卷117: 天启辛酉年（1621年）刻本.

（三）广 船

南海郡的番禺（今广州市），自战国以来即是重要都会，也是造船重镇。南海、合浦以及其南的交趾、日南（今越南境内），是汉代向印度洋航行的重要口门。诸地又盛产林木，是重要的造船地点。唐、宋时期的广州、高州（今茂名市）、琼州（今海口市）、惠州、潮州等的的造船业兴盛。“广船原系民船，由于明代东南沿海抗倭的需要，将其中东莞的‘乌艚’，新会的‘横江’两种大船增加战斗设施，改成为良好的战船，统称‘广船’”[①]。‘广船’是当时中国著名的船型，在肃清倭患的战斗中做出了贡献[②]。

《明史 · 兵制》对广船的评价是：“广东船，铁栗木为之，视福船尤巨而坚。其利用者二，可发拂郎机，可掷火球”[③]。《武备志》对广船缺点也有客观评价：“广船若坏须用铁力木修理，难于其继。且其制下窄上宽，状若两翼，在里海则稳，在外海则动摇，此广船之利弊也”[④]。

广船的帆形如张开的折扇，与其他船型相比最具特点（图6-5）。为了减缓摇摆，广船采用了在中线面处深过龙骨的插板，此插板也有抗横漂的作用。为了操舵的轻捷，广船的舵叶上有许多菱形的开孔，也称开孔舵。广船在尾部有较长的虚梢（假尾）。广船的模型收藏在澳门海事博物馆。

图6-5 广船的帆形别具特点

①广东省地方史志编纂委员会编. 广东省志 · 船舶工业志: 广东人民出版社. 2000年. 第40页.
②张德荫、潘惟史、王宸. 广州市志•船舶工业志: 广州船舶工业公司. 1997年. 第1页.
③清 · 张廷玉等. 明史 · 兵志四.
④明 · 茅元仪等. 武备志卷116.

三、明代古船的发掘与研究

（一）山东梁山县明代河船

1956年4月，山东省梁山县黑虎庙区馆里乡贾庄村农民在村西宋金河支流挖藕时，发现木船一艘[①]。随船出土有：手持铜铳1只，上刻“杭州护卫教师吴住孙习举口人王宦音保铳筒，重三斤七两，洪武十年（1377年）口月日造”铭文。铁锚1只，上刻“甲字五百六十号，八十五斤，洪武一年（1372年）造。口字一千三十九号，八十五斤重”铭文。还有铜钱4枚，计“洪武通宝”2枚（1枚背有“浙”字），“大观通宝”1枚，另1枚字迹不清。同时出土的兵器有铁刀、铁剑、铁箭头、铁矛头等，其它还有铁盔甲、马鞍、马镫、马刷子、马嚼子、铜锅、铜盔、铜壶等。陶瓷器则出土有碗、高足杯、瓶等。

从铁锚和铜铳的制造年代看当属洪武初年。从出土的碗、高足杯及陶瓷瓶的式样看，显然是元代的器物，且未见明以后的器物。文物工作者于1958年发表了发掘报告把古船断为明初船舶是准确的[②]。

发掘报告在结语中指出：“在洪武时期，这一地带并没有水战，由浙江到北京，那时水路的漕运，也极重要。漕运需要保护，这船也许是一艘护航的船。”有的研究认为“这是一艘明初水师中的运输船，船上的武器是用来护航自卫的”[③]。

梁山船的底板、舷板、舱壁板、甲板以及货舱开口等构件基本完整，是中国出土古船中最完整的一艘，弥足珍贵。山东省博物馆曾专建一平房对古船妥为保管，当时并未公开展出。1987年8月，我们在博物馆的支持下对梁山船进行了实测，绘成型线图[④]。设吃水为0.75米，则排水量为31.96吨。

图6-6 明代出土的山东梁山内河船模型

①梁山县文化科. 山东省梁山县发现明初木船：[文物参考资料]1956（9）. 73～74.
②刘桂芳. 山东梁山县发现的明初兵船：[文物参考资料]1958（2）. 51～54.
③唐志拔. 中国舰船史：海军出版社，1989年. 第144页.
④顿贺、席龙飞、何国卫等. 对明代梁山古船的测绘及研究：[武汉交通科技大学学报]1998（3）. 258.

（二）浙江象山县明代海船

“1994年，在浙江省宁波市象山县涂茨镇后七埠村，平岩头砖瓦厂取土时发现一条古代海船。”“沉船位于南距南堤坝约200米处的海泥堆积层中。在筑堤前，海潮直至沉船位置，从地理位置看，此区域是一个良好的避风海湾”。“1995年12月9日至28日进行了抢救性发掘，清理出的海船保存较为完好”[①]。宁波市的文物工作者于1998年在《考古》第3期发表了初步报告。鉴于该船与前述蓬莱元代古船及其相似，此处不再赘述。

（三）山东蓬莱市明代海船

“为了配合蓬莱水城小海大规模清淤工程，2005年7月～11月，山东省文物考古研究所，烟台市博物馆和蓬莱市文物局联合组队，对清淤过程中发现的古船进行了考古发掘和清理，共发掘3艘大型海船，编号为二、三、四号船（1984年发现的船为一号船）。3艘古船位于南小海的西南角，南为二号船，北为三号船，在1984年发现的一号船的西部，保存较完整。四号船在二、三号的东北方向，仅存4块残底板”[②]。根据地层关系，考古工作者认为此二号船为明代船舶。“三号船的制造、使用年代应为元末明初，同属海洋货船”[③]。三号船是高丽古船[④]，四号船也是。为了对这新发现的3艘古船进行研究，曾于2006年8月在蓬莱召开了“蓬莱古船国际学术研讨会”。鉴于山东蓬莱明代海船（二号船）与一号船和象山船颇为相似，兹不赘述。

①宁波市文物考古研究所、象山县文管会.浙江象山县明代海船的清理：[考古]1998（3）.

②山东省文物考古研究所等.蓬莱古船：文物出版社，2006年第1版.第16页.

③山东省文物考古研究所等.蓬莱古船：文物出版社，2006年第1版.第85页.

④龚昌奇、蔡薇、席龙飞.蓬莱三号古船的测绘及复原研究：[蓬莱古船]第114~119页.

四、郑和宝船是中国舟船文化的瑰宝

（一）明成祖朱棣与伟大航海家郑和

朱棣是明朝开国皇帝朱元璋的第四子，被封为燕王，封地为北平。洪武十三年（1380年），三月，朱棣就藩北平，长期统率雄兵，执掌北方军政大权。洪武三十一年（1398年），朱元璋逝世后，皇太孙朱允炆即位，史称建文帝，他深感诸皇叔拥兵自重，难以控制，乃采取贬削诸藩王势力的政策。建文元年（1399年）七月，朱棣发动“靖难之役”，经过4年血战，攻占南京，夺得帝位，改年号为永乐。

朱棣是中国历史上具有雄才大略的帝王（图6-7）。他即位后，实行了两项重大决策：第一，在永乐元年（1403年）正月，朱棣升北平为北京，并逐步营建北京城。永乐十九年（1421年）六月，正式颁诏，迁都北京。第二，在永乐三年六月颁诏，命令郑和、王景弘等通使西洋。

朱棣早在北平燕王府邸时，居住在一个充满国际色彩的大都市，曾接触过许多元时来中国的各国人士，他对外部世界有相当的了解，他的思想也比较开放。有的学者认为：明成祖朱棣“与其说是父亲太祖的后继者，倒更应该说是被太祖打倒的元世祖忽必烈的继承人”[①]。朱棣即位后在对外关系方面采取了一系列的积极措施，命郑和下西洋则是其中最重要的。郑和下西洋前后共7次，其中6次是在朱棣时代。

朱棣为什么会选定郑和为下西洋的统帅？这很大程度上是因为朱棣十分了解郑和，可谓“知人善任”。郑和先世原居西域，信奉伊斯兰教。北宋时举家不远万里到开封投奔宋朝，历代都在朝廷为官。郑和的五世祖赛典赤·赡思丁，曾驻镇咸阳，为都讨大元帅，上柱国左丞相、平章政事。1274年至1279年任云南省平章政事，死后追封为咸阳王，“元咸阳王赡思丁墓”迄今仍在昆明市。

郑和（原名马和）于洪武四年（1371年）生于云南省昆明市晋宁县宝山乡和代村。据研究，其父、祖父都曾去麦加朝圣。洪武十五年（1382年），在明朝发动的统一云南的战争中，马和父亲马哈在战乱中死去，11岁的马和被明军俘获，留在军中从事杂役。13岁时马和遭阉割。19岁时被选入燕王府服役。建文元年（1399年），燕王朱棣以“清君侧”为名，发动“靖难之役”，28岁的马和追随朱棣先后转战河北、山东、江苏等地，屡立战功。永乐元年（1403年），朱棣在南京称帝，32岁的马和被擢升为内官监太监。永乐二年（1404年）正月初一，皇帝亲笔御赐“郑”，从此马和改称郑和（图6-8）。同时进行下西洋的准备。永乐三年（1405年）7月11日，皇帝朱棣下诏出使，郑和被任命为钦差正使、总兵太监，第一次下西洋。

图6-7　明成祖朱棣画像

我国当代明史学家吴晗在1962年为中共中央党校讲授明史时，对郑和（1371～1433年）的伟大航海实践曾作过专题论述。指出郑和下西洋“其规模之大，人数之多，范围之广，那是历史前所未有的，就是明朝以后也没有。这样大规模的航海，在当时世界历史上也没有过。郑和下西洋比哥伦布发现新大陆早87年，比迪亚士发现好望角早83年，比达·伽马发现新航路早93年，比麦哲伦到达菲律宾早116年。比世界上所有的航海家的航海活动都早。

图6-8 郑和雕像（作者：澳门海事博物馆陈斌）

可以说郑和是历史上最早的、最伟大的、最有成绩的航海家”[②]。

①庄景辉.郑和下西洋是什么：[云帆万里照洋]中国社会科学院出版社,2005年第1版.第16页.
②吴晗.明史简述：北京：中华书局，1980年第1版.74页.

（二）郑和宝船的文献记载

记载郑和宝船的文献有多种。第一种是正史。《明史·郑和传》记有："成祖疑惠帝亡海外，欲踪迹之，且欲耀兵异域，示中国富强。永乐三年六月，命（郑）和及其侪王景弘等通使西洋，将士卒二万七千八百余人，多赍金币，以次遍历诸番国。造大舶，修四十四丈广十八丈者六十二。"记录郑和宝船尺度及下西洋官兵人数的文献，首推《明史·郑和传》。

第二种文献是编年体的明代史《国榷》。书中所记是第一次下西洋的情况：宝船六十三艘，大者长四十四丈，阔一十八丈；次者长三十七丈，阔一十五丈。下西洋官兵人数记为二万七千八百七十人。《国榷》著于明天启元年（1621年），向来只有手抄本，在清代未经刊行，故未经清人篡改，史料价值较高，直到1958年才正式出版。

第三种文献是随行翻译马欢的著作《瀛涯胜览》。作者在第四、第六、第七次下西洋中3次随行。该书撰于明永乐十四年（1416年）。所记为第四次下西洋的情况。

第四种文献是《三宝征彝集》。《天一阁书目》曾著录。可惜海内外知名学者几乎均只闻其书名而未睹其书。可喜的是，1983年春，在江西九江召开的郑和下西洋学术讨论会上，山东大学硕士研究生邱克，报告了他在北京图书馆见到了这海内孤本，不仅证实了这是《瀛涯胜览》的早期抄本，更以复印件披露了所载宝船数、尺度、下西洋官兵数，全用会计数码大写[①]。这就排除了各种数字在传抄中产生讹误的可能性。

第五种文献是明末顾起元的《客座赘语》。

第六种文献是明末罗懋登所撰小说《西洋记》。该书成于明万历二十五年（1597年），虽为文学著作，但古今学者均普遍认为对研究郑和有学术价值。罗懋登著《西洋记》所载下西洋5种船型如表6-2所列。

第七种文献是《郑和家谱》。

7种文献所记下西洋的哪一次以及所到国家，皆各不相同。但对最大的宝船的尺度均是一致的，人数和船数也相差不大。据此可认为宝船尺度和船数的文献依据是充分的、可信的。

过去，有些学者以文献所记宝船的长宽比值过于小，不符合人们“长船短马”的认识，遂产生各种忖测。自从于1974年出土了泉州宋代古船，1978年出土了宁波宋代古船和1976～1984年在韩国新安郡海底发掘出元代海船之后，人们的疑窦被解开了。因为这3艘宋、元时代的古船其长宽比都是很小的，大约在2.5～2.8之间。因此可以说：郑和宝船的长宽比值获得了文物例证。

①邱克.谈明史所载郑和宝船尺寸的可靠性：[文史哲]第3期.第10～12页.

罗懋登著《西洋记》载下西洋的5种船型　　表6–2

船型	桅数	长与阔尺度	长宽比值
宝船	九	长四十四丈四尺，阔一十八丈	2.4666……
马船	八	长三十七丈，阔一十五丈	2.4666……
粮船	七	长二十八丈，阔一十二丈	2.333……
座船	六	长二十四丈，阔九丈四尺	2.55319
战船	五	长一十八丈，阔六丈八尺	2.64706

（三）外国学者对宝船的研究和论述

在国外的学者中，越是对郑和研究得比较深入的人，越是对宝船尺度持肯定的态度。法国汉学家伯希和于1933年，对马欢的《瀛涯胜览》、费信的《星槎胜览》、巩珍的《西洋番国志》和黄省曾的《西洋朝贡典录》等下西洋的纪行著作进行考订、注释后用法文出版，书名为《十五世纪初中国人的伟大航行》。两年后即1935年，冯承钧将其译成中文，译名为《郑和下西洋考》[①]。伯希和对“造大船，修四十四丈广十八丈者六十二”句加了诸多注释，使人们不能不相信。

李约瑟在他的《中国科学技术史》第四卷第三章中写道：“明代文献中有关郑和船队旗舰的尺度，乍看似乎难以相信，但实际上丝毫不是‘奇谈’”。他还对明朝的水师加以概括：“在明朝全盛时期（1420年前后），其海军也许超过了历史上任何时期的亚洲国家，甚至可能超过同时代的任何欧洲国家，乃至超过所有欧洲国家海军的总和。永乐年间，明朝海军拥有三千八百艘舰只，其中包括一千三百五十艘巡逻船，一千三百五十艘属于卫、所、寨的战船，和以南京新江口为基地的有四百艘大战船的主力船队，以及四百艘运粮的漕船。此外，还有二百五十艘远航宝船，每艘宝船上平均规定人数由1405年的四百五十人增加到1431年的六百九十人以上，最大的宝船当然超过一千人(见图6-9)”[②]。

寺田隆信在其所著《郑和——联结中国与伊斯兰世界的航海家》一书中，不仅盛赞中国的传统造船技术，而且将郑和船队与其后欧洲船队作对比。寺田写道：“造船技术的优劣，是一个国家生产技术水平的反映。像以上所说的那样，15世纪初的中国，以高超的传统造船技术，建造了难以置信的巨大船舶，接连不断地把他们送入大海之中”。

“对比所谓‘大航海时代’的航海，不仅迟于郑和之后五六十年，而且所乘船舶的尺度、性能，船队的规模，无论哪一样都远不及郑和的船队。瓦斯科·达·伽马的船队，正如前面

图6-9 郑和宝船复原效果图（采自科学出版社2004年版《中国科学技术史·交通卷》）

已叙述的。而1492年8月出航的哥伦布的船队，也仅有3艘，乘员88名，旗舰圣·玛利亚号只不过才250吨。并且，到达美洲时，已经失去1艘，留下的两艘也落得满身疮痍。1517年以周航世界为目标而启航的麦哲伦船队，其命运如何，这是众所周知的”。

“伽马、哥伦布、麦哲伦的航海的历史意义，是必须给予充分评价的。然而，造成那样的结果，这是与他们不仅在航海和操船技术方面有问题，而且与乘坐的船舶也经不起大洋的风浪不无关系。从总的方面来说，他们的航海，是一种探险的、冒险的活动”[③]。

牛津大学出版社于1994年出版的《中国曾控制过公海——1405～1433期间的宝船队》[④]一书，其第一章刊有美国作者詹氏（Jan Adkins）所绘：“郑和宝船与哥伦布旗舰圣·玛利亚号的对比图”（图6-10）。两者在尺度与规模上的对比，

图6-10 郑和宝船与哥伦布旗舰的对比（采自Jan Adkins）

何其鲜明与生动。

在15世纪初叶，郑和统帅着以大型宝船为帅船，由数十艘各型船舶

图6-11 郑和宝船模型图（采自尤飞君《中国古船图鉴》）

组成的混合舰队，从南京出发，到浏河口又有一批船只加入船队，驶出长江口，“维销挂席，际天而行”。那宏伟的场面，确是“渺渺沧沧，浩浩荡荡，威威武武，辉辉煌煌”。这不仅在当时，即使是百年后全部欧洲航海家的船队与郑和的宝船队相比，也要黯然失色。

①[法]伯希和著，冯承钧译.郑和下西洋考：上海：商务印书馆，1935所第1版.

②Joseph,Needham.1978.*Science and Civilisation in China. Volume* IV. Parts 3.The Cambridge University Press.p.479.

③[日]寺田隆信著，庄景辉译.郑和——联结中国与伊斯兰世界的航海家.

④Louise Levalhes.1994.*When China Ruled the Seas-The Treasure Fleet of the Dragon Thorne 1405~1433.* New York, Oxford. Oxford University Press.

（四）科学航海与郑和航海图

郑和7下西洋，必须具有科学的航海技术，《郑和航海图》反映了郑和下西洋高度的航海技术成就。《郑和航海图》原名《自宝船厂开船从龙江关出水直抵外国诸番图》，由于收入明代茅元仪所辑《武备志》第240卷而得以流传。这是世界上最早的可供实际航海的海图。

章巽教授认为：“在我国古代海图的发展史上，《郑和航海图》实在是水平最高，系统最完备，在继承中又有了重大创造和发展的”[①]。

中国台湾学者徐玉虎更将《郑和航海图》与其后的葡萄牙国航海图作了对比：“念及多年前葡萄牙国驻港领导柏比道曾将该国十五、十六两世纪航海图两巨册，赠送香港大学。考该海图为自西元1500年至1600年，诸航海家历次航海所绘制，由简而繁，由模糊而清晰，亦注录各地海岸、山脉、河流、树木与房舍等。对航线未有标注，只此一点足让该图在实用上，不如《武备志》所录之海图。如再从时间上言之，盖在葡萄牙东航前百年，即明永乐三年，西元1405年，郑和业经率领巨船六十有二艘，官兵两万七千余人，乘长风破万里浪，远航非洲东海岸，往来于南中国海与印度洋七次，创下世界航海史上之伟绩。斯时也，欧人之航海尚在摸索之中。同时，尤为可资者，郑和等尚绘制中国与非洲间航海图，该图早于葡萄牙人航海图百年。两图相较，后者既有葡图之优点，又无葡图所缺而为舟子所需之航行标注指南，故其价值远非葡图可比”[②]。

朱鉴秋认为：《郑和航海图》比荷兰瓦格涅尔编绘并于1584年出版的号称世界第一部航海图集的《航海明镜》，要早100多年，而且，就海图所绘的海域范围来说，也要广阔得多。郑和7下西洋历时28年，船队所到不仅有南洋诸国，还跨越印度洋、波斯湾，直到东非海岸，遍访30多个国家，但其出发港却是长江下游的南京龙江关和濒临长江出海口的江苏太仓。按照《郑和航海图》，还有一个起始点是福州市的南台桥，即现在的台江地区。所有船只最后到福建长乐的五虎门集中候风，然后开洋。

①章巽.新编郑和航海图集·序：北京：人民交通出版社，1988年第1版.第3页.
②徐玉虎.明代郑和航海图之研究：中国台湾学生书店印行.收入北京：人民交通出版社，1985年出版的[郑和研究资料选编]第361页.

（五）南京宝船厂与郑和宝船

1. 南京宝船厂和龙江船厂并非同一个船厂

《郑和航海图》原名《自宝船厂开船从龙江关出水直抵外国诸番图》[①]，由于收入明代茅元仪所辑《武备志》第240卷而流传至今。该图不仅记有宝船厂，而且在图上画出该厂的确切位置，宝船厂设在大江之边，与江中的太子洲隔夹江相对。

由于有一部《龙江船厂志》，南京的龙江船厂很是有名。而且直到20世纪80年代，仍有学者将龙江船厂与宝船厂混为一谈：“龙江船厂始建于明初洪武年间，至永乐时因建宝船下西洋，故又称宝船厂”[②]。

《龙江船厂志》记有：“洪武初，即都城西北隅空地，开厂造船。其地东抵城濠，西抵秦淮街军民塘地，西北抵仪凤门第一厢民住廊房基地（阔一百三十八丈），南抵留守右卫军营基地，北抵南京兵部苜蓿地及彭城伯张田（深参百伍拾肆丈）[③]。”其所附“厂图”分前厂与后厂。“二厂各有溪口，达之龙江，限以石闸、板桥，以时启闭”。图上还注有“秦淮北通江”5字。《龙江船厂志》的文字和附图，均说明该厂临秦淮河，通过秦淮河以达长江。

据此，可以知道：设在长江边的宝船厂与临秦淮河且远离长江的龙江船厂并非同一船厂。

由于龙江船厂厂域不大，且不临长江，因此有人以龙江船厂图为据，断言宝船不会达到44丈。

原江苏省造船工程学会副秘书长、中国船史研究会副会长洪长倬先生，生前曾对南京宝船厂遗址作过踏勘与调查，绘出两船厂的位置图如图6-12所示。洪先生所绘宝船厂位置图与《郑和航海图》基本上是一致的。洪长倬撰文指出：“宝船厂是有可能制造宝船的，史书所载宝船的尺度也是无问题的”[④]。宝船厂和龙江船厂，究竟是一个厂，还是两个厂，有些人并不很清楚，“龙江宝船厂”的称谓也时有出现。位于宝船厂遗址附近的南京新华船厂的杨斌先生撰文，解决了这一难题。杨斌认为：宝船厂无厂志，虽有遗址、口碑，在交通不便的古代能有几人了解，由于“厂

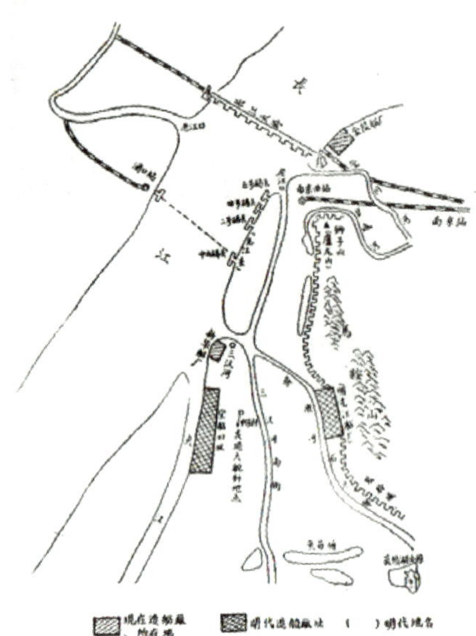

图6-12 宝船厂与龙江船厂位置图

籍”不明，找不到“根”，就向有厂志的龙江船厂附靠[⑤]。

宝船厂在下西洋之后就停止造船业务。因常年不造船，厂区都长满了茂草，还得“拨匠丁赴厂看守”。看守宝船厂的匠丁要由龙江船厂派出，这几乎成了龙江船厂的负担。《龙江船厂志·官司志》中，在讲述匠丁的编制时还特别提到：“宝船厂匠二名。洪武、永乐中，造船入海取宝。该厂有宝库，故取拨匠丁赴厂看守。今厂库鞠为茂草，而匠丁之输钱如故”[⑥]。在《龙江船厂志中》中，凡讲到龙江船厂时，一律用“本厂”字样。如“本厂物料丛聚”、“每遇本厂起船、出船、车水、作坝等务”等等。惟对宝船厂使用“该厂”字样。在《龙江船厂志》中有“本厂”和“该厂”之分，充分说明宝船厂不是龙江船厂。

2. 南京宝船厂遗址的发掘及其成果

为了纪念郑和下西洋600周年，南京市曾建设宝船遗址公园。为了配合工程建设，经国家文物局批准，南京市博物馆的考古专家自2003年8月至2004年7月，对遗址中现存的第四、五、六3个作塘中的第六作塘（造船坞）进行了抢救性发掘，成果十分丰富[⑦]。

“作塘，即船坞，量大体庞，是造船遗址中最主要的建筑设施遗存”。六作塘现长421、宽41米。底部基本形成一个平面，宽为8～14.2米。“这次发掘，共在六作塘底部发现了34处建筑遗址的基础。相邻两个遗址之间最近的只有1.5米，最远的有30米之多。从目前六作塘的长度来分析，当时在塘内至少可以同时生产两条甚至更多的大型的船只（见图6-13）”。

“六作塘”底部为松软的淤泥。在这里发现的34处造船“基础”遗迹。每处“基础”都密集地打下直径8-12厘米的木桩（或称地钉），打入生土层约1.2米。这34处“基础”的形状略有差异，多数呈长方形，长约10米许，宽约3米许。每处“基础”打木桩百多只。保证作塘底部有足够的强度用于造船。

图6-13 六作塘发掘完成后全景（采自《宝船厂遗址》）

在从遗址发掘出的千余件文物中，下述6种文物对研究郑和宝船至为重要：

1.在作塘内出土了相当数量的木板。更有长度分别为11米和10.1米的两根舵杆，上端方形并有2个斜穿方孔，用以装舵柄，下端是扁形，有3个长方形浅槽，这当是用以安装舵叶的。

2.发掘到相当数量的铁制工具，如斧、锯、凿、锉、钻、锥、刀等。还有木制的木锤、木桨、夯、刮刀等工具。各式铁钉有长钉、短钉、枣核钉、钯钉等。

3.宝船遗址公园施工过程中，在已被填埋的部分，出土了高为1.5米的4爪铁锚，上下各有一只铁环。其制式与明代以来流行的四爪铁锚颇为一致。

4.发现有大量棕绳，直径从1.5厘米到11厘米不等。粗棕绳由上百股细小棕索绞合而成，坚固致密。

5.发现有数个当年施工中尚未用完的由桐油和石灰揉合而成的油泥坨。水密捻缝技术，这是中国古代造船技术中的一项发明。以一份桐油和二份石灰相揉和，再用一份黄麻，充填木板的缝隙，水密的效果十分好。油泥坨的发现最能确证这里是造船遗址。

6.发现有近百枚经打制而成的直径为3～12厘米的石球，这可视为石炮弹。

根据对第六作塘所测量的长宽数据和用地钉加固了的基础，结合上述出土文物，我们可形成以下几点认识：

第一，这南京宝船厂遗址，确是造船厂遗址，这里是可以方便地建造大型船舶的。当船舶造好之后，将作塘灌满江水，凿开与长江相邻的“坞门”，船舶即可驶进长江。

第二，根据第六作塘现在的宽度，此处似难以建造宽18丈的大型宝船。如果考虑600年前未淤积的状况，是否能在六作塘建造宽18丈的船，尚须研究。

20个世纪的60年代，中国科学院自然科学史研究所的周世德研究员，曾向我们展示过大型的宝船厂遗址地图，七个作塘中以第七作塘为最宽最大。此种经晒制的蓝图想必不止一份，应当还能寻访到。宝船厂是永乐年间专为建造下西洋的宝船而建设的。相信在此厂是能够建造长44丈4尺、宽18丈的大型宝船的。

3. 对考古成果的分析

1.从明代南京宝船厂遗址“六作塘”的发掘成果看，这里确实是能够建造、而且已经建造了大型海运船舶的船厂。虽然这个作塘或许不能造宽18丈的大型宝船，但是宝船厂的其他作塘，例如“七作塘”应是能够造长44丈4尺、宽18丈的大型宝船的。

2.《明史·郑和传》记有：“造大舶，修四十四丈广十八丈者六十二”。马欢的纪行著作《瀛涯胜览》，在卷首记有：“宝舡六十三号，大者长四十四丈四尺，阔一十八丈；中者长三十七丈，阔一十五丈。”马欢所记当然是第4次下西洋的情况。因为马欢是1413年第4次下西洋时，作为翻译人员随行，于1415年归国。于1416年撰成《瀛涯胜览》。笔者见到的明代淡生堂抄本《瀛涯胜览》[⑧]是抄自“景泰辛未”年，即1451年的一种版本。那种认为宝船尺度最早见于明末罗懋登的《西洋记》，并且说《瀛涯胜览》的宝船尺度是抄自《西洋记》的说法，是缺少根据的。

今天，南京明代宝船厂遗址的发掘成果，可以为文献所记的大型宝船作证。文献所记的长44丈4尺、阔18丈的大型宝船，是可以在这里建造的。

3.《瀛涯胜览》所记“宝船六十三号”中，既有大者和中者，想必也会有小者。笔者以为这63号是总数。44丈4尺长的大型宝船当是极少数的。

从大者、中者两型宝船的长宽比均为2.466。这一点看，中型宝船，即长37丈，宽15丈者，是先建成的。而后，为了更增大载量，才在中型宝船尺度上再加两成，即乘以1.2，成为长44.4丈宽18丈的大型宝船。如果是先造大型宝船，就不会带上一个四尺的零头。

4.《明史·郑和传》所记：“造大舶，修四十四丈，广十八丈六十二者”句，当然不能理解为44丈长的宝船有62艘。这62艘船既有大者、中者，也应有小者在内。这长44丈宽18丈的大型宝船在下西洋过程中应是最有代表性的。

这最有代表性的长44丈的大型宝船是不是在第一次下西洋时就出现了呢？在迄今所见的文献上没有明确记载，是值得继续研究的。

5.《试论郑和宝船》一文中的表2

（见表6-3），列出的是依《明成祖实录》所载永乐元年至十七年建造海船的统计资料。在永乐三年之前共有4次上谕。永乐二年正月的那次造船，到永乐三年冬季第一次出航，约有二年时间。那时，命福建所造大型船舶或者还达不到《明史》所列的长44丈。

上表所列的第11次上谕，是在永乐六年正月十八，命工部建造宝船48艘。这次造的船如果来不及为第二年即

《明成祖实录》所载永乐元年至十七年建造海船统计表　　表6-3

序号	年　月　日	建造地点	艘数	建或改	明实录卷数	附　注
1	元年五月初五	福建	137	建造	卷19	海 船
2	元年八月十八	京卫及浙江、湖广、江西、苏州	200	建造	卷21	海运船
3	元年十月十七	湖广、浙江、江西	188	改造	卷23	海运船
4	二年正月二十一	福建	5	建造	卷26	特指遣使西洋
5	三年五月二十二	浙江	1180	建造	卷35	海 舟
6	三年十月十六	浙江、江西、湖广及直隶安庆	80	改造	卷38	海运船
7	三年十一月初五	浙江、江西、湖广	13	改造	卷39	海运船
8	四年十月初九	浙江、江西、湖广及直隶、徽州、安庆、太平、镇江、苏州	88	建造	卷46	海运船
9	五年九月初五	命都指挥王浩改造海运船	249	改造	卷52	备使西洋诸国
10	五年十一月初七	浙江、湖广、江西	16	改造	卷54	海运船
11	六年正月十八	命工都	48	建造	卷55	宝 船
12	六年二月二十八	浙江、金乡等卫	23	改造	卷55	海运船
13	六年十一月初六	江西、浙江、湖广及直隶、苏松军府	58	建造	卷60	海运船
14	七年十月二十四	江西、浙江、湖广及苏州等府卫	35	建造	卷66	海 船
15	七年十二月初十	扬州等卫	5	建造	卷67	海运船

续上表

序号	年　月　日	建造地点	艘数	建或改	明实录卷数	附　注
16	九年十月十三	浙江临山、观海、定海、宁波昌国	45	建造	卷79	海　船
17	十年九月二十八	浙江、湖广、江西及镇江	130	建造	卷85	海运船
18	十年十一月二十一	扬州等卫	61	建造	卷86	海风船
19	十一年九月二十五	江西、湖广、浙江及镇江等府卫	63	改造	卷89	海风船
20	十三年三月二十二	命都督同知督造	?	建造	卷96	海　船
21	十七年九月十三	未指明，从上下文分析应是工部	41	建造	卷114	宝　船

注：本表随拙作《试论郑和宝船》发表于1983年。以后承多位学者广为引用。现根据《郑和下西洋资料汇编》增编本（2005年）修改。

永乐七年的第三次下西洋使用的话，那么，当会为永乐十一年的第4次下西洋所使用。马欢《瀛涯胜览》所记的长44丈4尺，阔18丈的大型宝船，是在第四次下西洋时才开始出现的，建造地点当是南京宝船厂。在永乐三年以后，未见有命福建造船的上谕[9]。

6. 费信曾于第2、第4、第5、第7次四度随行，归后于1436年著有《星槎胜览》。巩珍曾于第7次随行，所著《西洋番国志》成书为1434年。洪长倬认为：两书虽对宝船尺度无所记载，但成书较晚，“《瀛涯胜览》所称的宝船尺度如有很大差错，他们不会甘于缄默吧！”且巩珍在《西洋番国志》中记有：“其所乘宝舟，体势巍然，巨无与敌，蓬、帆、锚、舵，非二三百人莫能举动”。应当说巩珍与马欢所述并不相悖。

①明茅元仪.武备志：第二百四十卷.天启辛酉年（1621年）刻本.

②罗宗真.郑和宝船厂和龙江船厂遗址考.[郑和下西洋论文集]第二集.南京大学出版社，1985年第1版.第28页.

③明·李昭祥撰.龙江船厂志：南京：江苏古籍出版社，1999年3月第1版.第97~100页.

④洪长倬.宝船厂遗址及宝船尺度问题：[郑和下西洋论文集]第二集.南京：南京大学出版社，1985年第1版.第37、39页.

⑤杨斌.试解明代宝船厂之谜.[郑和研究]2001年第1期.第49页.

⑥明·李昭祥撰.龙江船厂志：南京：江苏古籍出版社，1999年3月第1版.第93页.

⑦南京市博物馆. 宝船厂遗址——南京明宝船厂六作塘考古报告: 北京: 文物出版社, 2006年第1版.

⑧明·马欢. 瀛洼胜览: [明代淡生堂抄本]藏于福建省图书馆. 参见席龙飞、何国卫. 子孙永珍——马欢《瀛洼胜览》明代淡生堂抄本寻访记: [海交史研究]2005年待刊.

⑨席龙飞、何国卫. 论论郑和宝船: [武汉水运工程学院学报]1983年第3期. 第9～18页

第七章　明清海禁导致中国造船业迅速滑向低谷

一、明清海禁愈演愈烈

（一）明代海禁使中国造船业从巅峰跌落下来

明代初年，中国沿海开始受到倭寇的骚扰。明太祖朱元璋为防止内地海商出海勾结倭寇为患，于洪武四年（1371年）诏令“濒海民不得私自出海”[①]，遂开中国实施海禁国策之先例。洪武七年（1374年）“罢明州、泉州、广州市舶司”[②]，洪武二十七年（1394年）又严令“敢有私下诸番互市者，必量以重法”[③]。明成祖朱棣是一位有进取精神的封建皇帝，由他倡导的郑和下西洋（1405～1433年）的伟大事业冲破了明初的海上禁令，重新开放明州等地的市舶司，曾使中国成为世界第一造船大国和航海强国。可曾几何时，明廷在永乐皇帝死后，却一反他的开海国策，斥下西洋为弊政，逆世界潮流而动，采取禁海、闭关的国策。从而使中国的造船业从巅峰上跌落下来。

到了明代中叶的嘉靖年间（1522～1566年），海禁尤烈。嘉靖二年（1523年）又罢浙、闽、粤三地市舶司[④]。嘉靖四年（1525年）规定：“查海船但双桅者，即捕之”[⑤]。嘉靖十二年（1533年）复令“一切违禁大船，尽数毁之”，凡“沿海军民，私与贼市，其邻舍不举者连坐”[⑥]。嘉靖廿六年（1547年），浙江巡抚朱纨上任后，“下令禁海，凡双樯余皇，一切毁之，违者斩”[⑦]。从禁造双桅航海大船到全部焚毁，从打击海商到实行连坐法，明王朝对私人海上贸易打击日甚一日，迫使不少海商集团为谋生计，不得不与倭寇表里为乱，进行武装反抗，甚至沦为“倭寇”。

嘉靖年间的倭患实际上是明廷实施严厉的海禁的恶果。御倭战争结束后，明朝不少官吏已认识到开放海禁的重要性，懂得了“市通则寇转为商，市禁则商转为寇”的道理。隆庆元年（1576年），取消“寸板不许下海，寸货不许入番”的禁令，于是中国的民间商船终于冲破重重包围，成批的中国双桅贸易船（日本人称之为唐船见图7-1）活跃在中国各港与日本长崎港之间。但就当时中国海船的吨位、性能、船队规模及

图 7-1 日本《唐船之图》中的宁波船

海上航程而言，较之明初郑和下西洋均呈明显的衰退趋势。具有成百艘大型远洋船队的郑和时代已经一去不复返了。

①引自明太祖实录：卷70.
②谈迁：国榷：卷5.
③引自明太祖实录：卷205.
④引自锁定续文献通考：卷26.
⑤引自明世宗实录：卷54.
⑥引自明世宗实录：卷154.
⑦清·谷应泰.明史纪事本末：卷55.

（二）清代的禁海、迁海和开海政策妨碍了清代造船业的发展

崛起于东北的满洲贵族先在关外建国号大清，势力日益强大。顺治元年（1644年）五月清兵入关，十月清世祖即位。当清政府建都北京之初，曾“遇到关内人民和南明政权的强烈抵抗，而东南沿海一带地方，正是抗清武力的根据地，所以清政府一开始就实行严格的‘海禁’”[1]。

顺治三年（1646年）郑成功海上起兵后，重视发展造船业，并建立一支强大的海上船队。他所统帅的海上劲旅，出没于浙江、福建、广东沿海，攻城略地，占据州县，曾屡败清兵。顺治十二年（1655年），清王朝曾效法前朝的“寸板不得下海”的禁令[2]。

顺治十八年（1661年）郑成功率大军在台湾登陆，次年，赶走了窃踞台湾的荷兰殖民者，光复了台湾[③]。清政府为要孤立郑成功在台湾的抗清势力，防阻其发动攻势，更下“迁海令”，强迫山东以南沿海居民分别内迁三十里到五十里，并尽烧沿海民居和船只，不准片板入海，商船民船一律严禁下海航行。这对于我国的海上交通事业，自然是很大的打击。

康熙二十二年（1683年），清军完全平定台湾。康熙皇帝从郑氏那里了解到开展海上贸易的诸多好处，遂于次年正式废除“迁海令”，颁布了“展海令”，允许国人外出经商[④]。还在云台山（今江苏连云港）、宁波、漳州、澳门设4海关。然而40年的海禁阻遏了造船业的发展与进步。

①章巽. 中国古代的海上交通：北京：商务印书馆，1986年第1版. 第285页.
②大清会典事例：卷629. 兵部.
③翦伯赞. 中国史纲要（下册）：北京：人民出版社，1983年第1版. 第285页.
④引自《清圣祖实录》卷116. 第18页.

二、明末清初往返于日本长崎港的中国帆船

（一）李约瑟博士和薮内清博士的共识

在中国明末到清初实行海禁政策的当时，东邻日本则正处于江户时代（1603～1867年），也在实行锁国政策，然而却开长崎一港实行与中国、荷兰的海上贸易。不论是中国的货物运往日本，或者是将日本的货物运往中国，统由中国沿岸各港与长崎港之间的中国商船（当时称之为唐船）担任。当时，由唐船运载的货物远较荷兰船的货物更为珍贵。唐船的英姿，在介绍长崎读物的插图中，或在长崎的版画中均有遗存，不仅从美术史的角度，即使从海事史的角度来考察，也颇为珍贵[①]。1971年7～8月，英国李约瑟博士在日本逗留期间，了解到“唐船之图”并有强烈的兴趣。在李约瑟和日本著名学者薮内清两位博士的要求下，日本大庭修教授于1972年3月在关西大学的学刊上系统介绍了“唐船之图”，并发表了11艘中国帆船和1艘荷兰帆船的图样。

①[日]大庭修 · 平户松浦史料博物馆藏‘唐船之図について’——江户时代に来航した中国商船の资料：関西大学东西学術研究所纪要，1972（5）. 13～49.

（二）江户时期日本画师笔下的中国帆船

1991年12月，世界帆船史国际学术讨论会在上海召开，大庭修应邀到会并发表了《江户时期日本画师笔下的中国帆船》，论文中发表了30幅中国帆船的彩色图样①。

英国李约瑟编撰的宏篇巨著《中国的科学与文明》中，在322页讲述航海技术的125幅插图中仅有2幅具体表现古代海船的图样。描绘中国古代船舶的绘画太少，造成了船舶史研究上的困难。由李约瑟的著作可以看出，此卷"唐船之图"可以确信是研究中国船舶在世界上有数的重要资料②。

据日本在20世纪50年代和60年代发表的文献和著作，自清廷于康熙二十四年（1685）颁布"展海令"起，中国赴日的商船数猛增。例如：1683年为24艘，1684年也是24艘，1685年为85艘，1686年则达到102艘。到康熙二十七年（1688年）则高达194艘。自此以后是由日本方面对每年到港船舶数加以限制③。

图7-2 宁波船的首部

图7-3 宁波船的尾部

"唐船"的始发港是山东、南京（江苏省）、舟山、普陀山、宁波（见图7-2，图7-3，图7-4）、台州、温州（浙江省）、福州、泉州、厦门、漳州、台湾、沙埕（福建省）、安海、潮州、广州、高州、海南等所谓濒海5省以及来自安南、广南（今越南归仁附近）、占城、暹逻、腊贾（马来半岛中部东岸）、宋卡、北大年、马六甲、爪哇等东南亚各地的港口。但是，从所绘船图可以看出，即使是来自广南和爪哇的船，也尽显中国船的风格。所绘暹罗船除了首部有一斜桅挂软帆是受西洋船风格的影响外也是中国船风格。

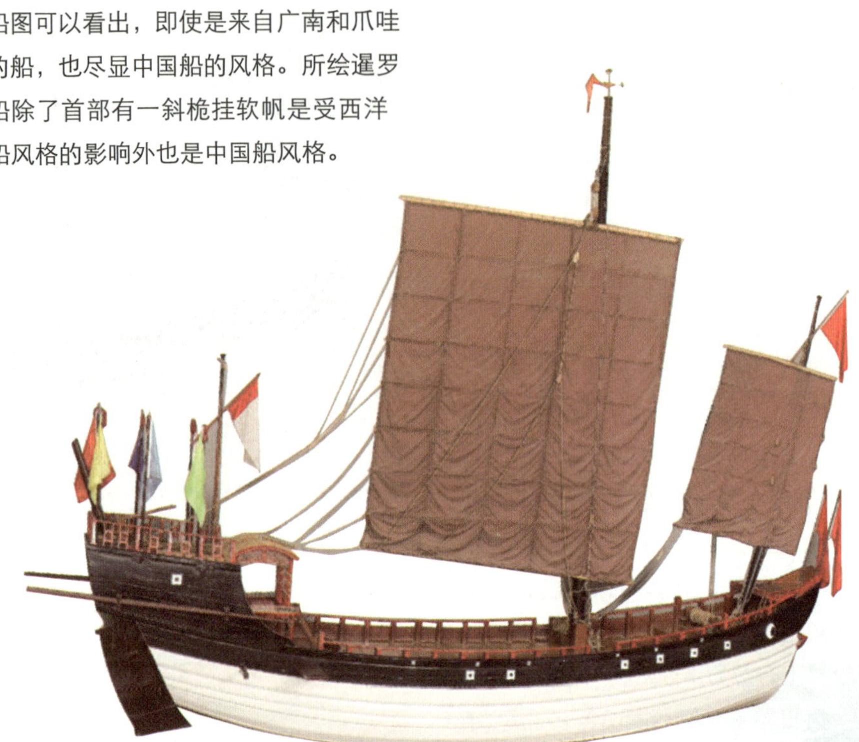

图7-4 宁波船模型（采自尤飞君《中国古船图鉴》）

①[日]大庭修·平户松浦史料博物馆藏‘唐船之图について’——江户时代に来航した中国商船の资料：[关西大学东西学府研究所纪要]1972，（5）：13～49.

②Osamu Oba [大庭修.日].1991.Portraits of Chinese Junks Painted by Japanese Painters in Edo Period. Proceedings of *International Sailing Ships History Conference*. Shanghai MHRA of CSNAME.5～18 .

③[日]堀元美.唐船之图とその 前景[その1]：[中国涂料]1984（1）.33.

④[日]大庭修.平户松浦史料博物馆藏唐船之图について——江户时代 来航した中国商船の资料：[关西大学东西学术研究所纪要].1972.（1）.15～16.

第七章　明清海禁导致中国造船业迅速滑向低谷

轮 船 篇

第八章　近代造船业是一曲不屈的悲歌

一、世界第一艘轮船与中国第一艘轮船

（一）世界第一艘蒸汽机明轮船“克莱蒙特”号

17世纪，欧洲的自然科学有了迅速发展。伽利略、培根、笛卡尔、巴斯卡和牛顿等许多科学家涌现出来。到18世纪，伯努里的《流体动力学》（1738年）和欧拉的《船舶科学》（1749年）等科学著作相继发表，开始建立近代造船科学。到18世纪末，西班牙、法国、英国、美国等许多国家都有人在探讨用蒸汽机推进船舶的方案。

1807年，美国人发明家、工程师富尔顿（1765～1815年）完成了近代第一艘蒸汽机明轮船“克莱蒙特”号（见图8-1）。克莱蒙特是支持他创业的社会名人、也是富尔顿的岳父利文斯顿的故乡。该船在哈德逊河上载旅客，以32小时完成了距纽约150英里的航程，航速已超过顺风顺水的帆船（需要48小时）。

所谓“明轮船”，是指用蒸汽机带动位于船舶两舷的两个大轮盘，拨水使船前进。因为两个特大的轮盘很是明显，所以称之为明轮。靠蒸汽机带动明轮推船前进的蒸汽机船，也就被称之为明轮船，简称为轮船。轮船的发动机称之为轮机，管理轮机的船员也称之为轮机员，按职务还可分为轮机长、大管轮、二管轮和三管轮。经营航运业的公司，也常称之为轮船公司。尽管到1845年起就有用水下的螺旋桨推进器替代明轮的技术进步，但轮船的称谓仍没有改变。不过将水面下的螺旋桨推进器称之为暗轮。总之，少不了一个“轮”字。甚至将

图8－1　富尔顿建造于1807年的明轮船“克莱蒙特”号（采自杨熛《轮船史》）

客船称之为客轮、货船称之为货轮，拖船叫拖轮，油船叫油轮，传递邮件的快速客船被称为邮轮。

“克莱蒙特”号是航行于内河的木质客船。有高高的烟囱和船舷的两个大轮盘。特别是时常拉响汽笛，要求同行的帆船避让，这常常为传统的帆船船员所妒忌，无理冲撞的事时有发生。为此，州政府贴出布告，对轮船加以保护，不准对轮船无理冲撞。试航成功后，富尔顿在纽约和奥尔巴尼两城市间开辟了一条旅客班轮航线。轮船不受天气风向的影响，准时到达，受到乘客欢迎，在商业上很成功。

其实，富尔顿并不是建造出蒸汽机明轮船的第一人，早在1785~1788年，美国人菲奇就已造过两艘蒸汽机明轮船，但富尔顿的运气显然比菲奇好得多！

菲奇建造的第一艘蒸汽机明轮船长18.3米，宽2.44米，用蒸汽机带动12只垂直桨划水，桨轮在船尾。该船在美国费城的特拉华河上航行多次，航速每小时5.0~6.5公里。美国 5 个州的立法会议员代表，在观看过这艘船的行进演示后，同意给菲奇14年垄断经营蒸汽船的特权。1790年夏，菲奇又造了一艘更大的客船，在特拉瓦河上开辟航线，开始了美国费城到特雷顿之间的客运，往返共航行了约4000公里，未发生过严重事故，但却未能获利，进而也失去了有关方面的支持。一年后，由于入不敷出，菲奇流落到法国巴黎。当时法国大革命爆发，菲奇在巴黎衣食无着，只好通过给船主当水手的方式，渡过大西洋再次回到美国。1798年，穷困潦倒的菲奇服安眠药自杀身亡。

继菲奇之后，富尔顿之前，1788年，英国人赛明顿也制造出在两侧装有桨轮的轮船，航行成功。1803年，他制成一艘拖船在克莱德运河上航行。由于这艘拖船使传统的，在河岸用缆绳拉船的拖船业者面临失业，从而遭到他们的拼命反对，他们把拖船强行拖上岸。赛明顿也在失望中逝世了。

命运却给了富尔顿更多的青睐。他多才多艺，极具创造性，受人欢迎。

1782年，17岁的富尔顿在费城学习绘画，并在一家机器厂任制图工人。1787年，富尔顿为富兰克林画像，在富兰克林的资助下移居到英国。在英国期间，富尔顿先后发明了亚麻纺织机、锯大理石的机械和一种制绳的装置。其间，他对1776年在美国独立战争时期，美国耶鲁大学毕业生戴维•布什内尔发明的“海龟”号潜艇进行了改进。1797年，富尔顿移居法国。1799 年，富尔顿认识了当时的美国驻法公使利文斯顿，并在他家里看到了菲奇的轮船设计图，利文斯顿还招富尔顿做了自己的女婿。1802年，富尔顿来到英国伦敦，认识了发明蒸汽机的瓦特同时研究了赛明顿的拖船。1804年，在瓦特的帮助下，富尔顿买到一批制作精良的蒸汽机零件，带回美国继续他的造船事业。

（二）第一艘横渡大西洋的明轮客船

克莱蒙特号出现12年之后，到1819年，更有了由美洲横渡大西洋到达英国利物浦港的蒸汽机帆船。建造横渡大西洋的客船，还是1836年以后的事。利用风帆航海，若横渡大西洋，西航需时40天，东航需时30天。利用先进的蒸汽机船，可缩短到15天。开创横渡大西洋的事业非常诱人，因而也是以激烈竞争的方式开始的。

1836年，英美轮船公司成立并确定建造“英国女王”号，以争取获得横渡大西洋先锋船的荣誉。然而，因在建的“英国女王”号推迟竣工，只好临时借用克科轮船公司的“天狼星”号（见图8-2）与大西方轮船公司的“大西方”号(见图8-3)相竞争。

图8-2 第1艘横渡大西洋的明轮客船“天狼星”号

“天狼星”号长54.25米，703总吨。1838年3月28日从伦敦开航，途经爱尔兰的克科港，4月4日从该港出发，载客40人（另一说载客94人）不载货，4月23日到达纽约港。实际用时19天，平均航速为8.5海里/小时。不过，“天狼星”号毕竟不是为大西洋航线设计的，其燃料煤舱严重不足，致使凡有空余的处所都装上了煤炭。由于途中遇到了风浪，燃料煤耗尽，甚至把木质家具也当燃料烧了，才勉强到达了纽约港。“天狼星”号的到达轰动了全纽约。

图8-3 蒸汽机明轮船“大西方”号（采自杨槱《轮船史》）

然而引起更大轰动的是在“天狼星”号进港几个小时之后，大西方轮船公司的“大西方”号也开进了纽约港。该船1838年3月31日建成，全长

80.2米，总宽（包括明轮罩）18.2米，1321总吨。在返布里斯托尔港途中曾发生火灾，因而4月2日才进布里斯托尔港并进行修整。4月8日从该港出航，4月23日到达纽约。“大西方”号费时15天平均船速9.3海里/小时。

在1838年，更有“路易·威廉”号（617总吨，长53.7米），“利物浦”号（1150总吨，67.96米）先后从利物浦港到达纽约。

（三）殖民地政策与海洋客船的发展

产业革命进入19世纪时就波及欧洲各国，伴随着从手工业到机械工业的转换，劳动力过剩，社会上充满着失业人群。资产阶级到海外倾销过剩物资的欲望与当政集团谋求海外殖民地政策不谋而合。殖民地出现之后，宗主国有许多劳动力向殖民地移住，而他们又常常要返回宗主国。在这种情况下，宗主国与殖民地之间产生了大量的人口流动，而客船就成了这种人口流动的工具[①]。

在南北战争结束政治趋于稳定的美国，包括铺设横跨美洲大陆的铁路（1869年完成）等各项事业，急需劳动力，因此，去美国的移民占绝大多数。据统计，从英国本土经过大西洋到美国、英领北美、澳洲的移民数，自19世纪中叶到20世纪初，每10年间约为170到280万人[②]。

联结欧洲各国与北美的北大西洋航线，距离约3000海里，可称为黄金航线，各国相继成立轮船公司，参加该航线的客运的竞争。表8-1所列是代表性轮船公司的典型客船。

海洋客船在近40年的竞争中经历了迅速的变革。首先，造船从用木材转变到用铁。其次，推进器从以明轮为主风帆为辅，转变到以螺旋桨为主。1845年4月，英国海军的一艘螺旋桨船（Raeeler号）与一艘明轮船（Alect号）在泰晤士河和英国东海岸作拔河竞赛，获胜的当然是螺旋桨船，已传为佳话。自此以后，螺旋桨逐渐流行起来。随着蒸汽机的改进与螺旋桨的采用，船速的提高也很显著。

与大西洋航线相类似，通向东方的轮船也在迅速变化。苏伊士运河1869年开通之前，从欧洲到印度的交通，由埃及的亚历山大到苏伊士要取陆路，然后，用东印度轮船公司的船到印度。到中国则有P&O轮船公司的船，该公司

图8-4 螺旋桨船与明轮船拔河竞赛

1840年起40年间的若干典型大西洋客船　　表8－1

客船名	不列塔尼亚	华盛顿	大西洋	格拉斯哥城	波斯	亚德利亚海	大洋	亚利桑那
公司名	丘纳德	海洋	科林那	印曼	丘纳德	科林那	白星	圭昂
国别	英	美	美	英	英	美	英	美
总吨数	1135	1640	2845	1609	3300	4145	3707	5147
长（m）	63.09	70.22	85.56	69.18	114.60	105.16	128.01	137.21
宽（m）	10.36	11.82	13.98	10.35	13.71	15.24	12.46	13.83
船材	木	木	木	木	铁	木	铁	铁
功率(kw)	423	1100	2000	350	3600	3600	3000	6300
推进器	明轮	明轮	明轮	螺旋桨	明轮	明轮	螺旋桨	螺旋桨
船速（kn）	9	9	12	9	13.5	13	14	15
建造年	1840	1847	1850	1850	1856	1857	1871	1879

于1853年曾造“喜马拉雅”号，该船3438总吨，长103.76米。

为开辟从欧洲到澳洲的航线，1851年英国创立东方轮船公司。从欧洲绕过非洲南端的好望角，开往澳洲的航路特别长，需要大型客船。于是1860年建成19世纪最大的客船“大东方”号（见图8－5）。该船长207.13米，宽25.23米，18951总吨，排水量为27384吨，载客定额为4000人（一等800人，二等2000人，三等1200人），载货定额为18000吨。该船在吃水线以下的船壳板设计成双重板，这对安全、强度都是有益的。1860年6月17日从英国的南安普敦出发，28日到

图8－5 19世纪世界最大的铁质客船“大东方”号

达纽约。由于采用风帆、明轮和螺旋桨联合推进，船速最高达15海里/小时。因为这是史无前例的巨船，纽约全市举行了盛大的欢迎。然而“大东方”号并未在预定的欧洲～澳洲航线上使用，自1860年3年间9次横渡大西洋。1864年改作在大西洋铺设海底电缆用。关于“大东方”号的建造和营运未能获得预期的成功，据认为是尺度太大。从船长的统计资料看，“大东方”号的长度超前了40年，它已接近于20世纪初期的船舶长度。

①[日]野间恒.定期客船サービス盛衰记:[世界の舰船]第333集.1984（3）.
②[日]野间恒.定期客船サービス盛衰记:[世界の舰船]第333集.1984（3）.

（四）鸦片战争中使用的舰船

中国古代的造船技术可谓灿烂辉煌。船尾舵、水密舱壁、车轮舟和指南浮针等发明创造是中国对造船技术的世界性贡献。然而自明中叶以来，中国长期处于相对停滞的封建社会中。重农抑商的传统，禁海的国策，压抑了明末清初的资本主义萌芽，西方近代造船科学和产业革命之风迟迟未能吹进中国。清代的造船业进展缓慢，远洋航海几乎处于停滞状态，甚至远远落后于前代。

处于资本主义积累时期的葡、西、荷、俄、英、法等国，继之美国，陆续来中国寻求市场和殖民地。英国（后来还有美国）竟以走私鸦片来平衡他们与中国的贸易逆差。“英国殖民主义者的这种贩毒活动，损害了千千万万中国人的健康和意志，大量白银不断外流，中国国库和全国的金融受到破坏。对中国来说，这种局面不可继续。对英国殖民主义者来说，这一巨大财源决不可放弃。于是，这种尖锐的矛盾在1840年以战争的形式爆发了”①。在1840～1842年的鸦片战争中，英国侵略军派出军舰32艘、运输舰25艘，其中还有3艘是轮船用作通讯。英舰大者长32丈余，宽6丈余，火炮多达70多位，射程可达20里。而清水师兵船最大者，“仅宽2丈余长11丈2尺，安炮不过10门”②。战争中由于我抗敌将士英勇，虽然也给敌军舰船以重创，但是战争仍以我国的失败而告终，中国开始沦为半殖民地半封建社会。

①白寿彝，1980.中国通史纲要：上海：上海人民出版社，第372页.
②张希海，1987年.鸦片战争时期的中国兵船：[船史研究]（3）.27.

（五）中国第一艘蒸汽机明轮船“黄鹄”号

以林则徐为代表的中国有识之士，看到西方的飞剪式帆船和蒸汽机轮船胜过中国的老式帆船，早在第一次鸦片战争时期就曾提出“造船铸炮……师敌之长技以制敌”，向西方学习先进技术以“御侮”、“自强”。在这一思想的影响下，到了19世纪60年代，就出现了由封疆大吏曾国藩、李鸿章、左宗棠等人操办的洋务运动，中国近代造船业得以发端，并出现了中国第一艘轮船“黄鹄”号。

咸丰十一年（1861年）12月，曾国藩设立安庆内军械所，制造枪炮。翌年，委任中国近代科学家徐寿（1818～1884年）（见图8-6 徐寿像）、华衡芳（1844～1902年）等人，设计和制造轮船。同治三年（1864年），曾国藩的湘军攻占南京，徐寿等人的轮船试制工作也迁南京进行。1865年4月，终于建成中国自行设计的第一艘轮船。该船排水量约45吨，船长55尺，航速6.9节，命名为“黄鹄”号[①]。“黄鹄”号的成就，虽与前此5年在英国建成的远洋客货船、排水量达27 384吨的“大东方”（Great Eastem）号相差悬殊，但在我国这却是一项伟大的科学实践，是我国近代造船业的起步。此后遂有一系列造船工厂的陆续创办，设计建造了一批批兵商轮船，培养了不少造船技术人才，奠定了我国现代造船业的基础，包括大连、青岛在外国侵略者占领期间所建的部分船厂。

图8-6 中国近代科学家徐寿像

①李惠贤.1986.黄鹄号——中国自造第一艘轮船：[船史研究]（2）.87～91页.

二、江南制造总局及其所造轮船

1863年的一天，当曾国藩召见中国第一个留美学生容闳，问他：“今日欲为中国谋最有益最重要之事，当从何处着手？”时，便已决心建立一“西式机器工厂”，也就是先建立机器母厂，再由其派生出各子机器厂。

那段日子，热衷于造船事业的曾国藩强烈意识到必须摆脱落后的手工操作，才能大大提高建造轮船的效率。在召见容闳后的第二天，他就写信给李鸿章（见图8-7）：“敝处现拟设立铁

图8-7 创办江南制造总局的李鸿章

厂，应用造船之器，须向西洋购买”。1865年，趁容闳携曾国藩给他的6.8万两银子从美国购买到百余台机器运抵上海之机，曾国藩、李鸿章在从美商手中盘购的旗记铁厂原址上正式成立了中国第一座具有“制器之器”的近代工业母厂，李鸿章名之为“江南机器制造总局”。

江南机器制造总局造船工业一波三折的命运体现了太多的早期洋务派对船舶工业思想认识的局限和摸索中执著地寻求发展的轨迹。

江南机器制造总局（见图8-8）成立之初，为剿灭捻军，其主要任务是“以制造枪炮，藉充军用为主”。直到1868年，该局才得以制成中国第一艘木壳明轮兵船“恬吉”号（取“四海波恬、厂务安吉”之义，后改名“惠吉”以避光绪皇帝“载恬”名讳），船长185尺，功率392马力，排水量600吨。其主机为购自外国的旧机器，它的汽炉和木船壳均系自造。据当时的《教会新报》报道，观看“恬吉”号试航的上海军民无不欢喜。“恬吉”号的试航成功，使曾国藩深得清廷赞许，同治皇帝颁布嘉尚上谕，慈禧太后还亲自召见了曾国藩，专门问及他造船的有关情况，可见，江南机器制造总局的造船活动已得到了清廷的支持。1869年，江南机器制造总局又制成了我国第一艘由螺旋桨驱动的暗轮木壳兵船“操江”号。

江南机器制造总局于1885年建成钢质兵船“保民”号（见图8-5），这是总局造的第八艘兵船。这8艘兵船的技术情况见表8-2[①]。在1865～1885的20年间，还建造小型船艇7艘，达14艘，排水量共计10 490吨，此外还修船11艘。

从“惠吉”号到“保民”号，江南机器制造总局在造船技术上的进步是明显的。这除了局中工匠造船技术日趋精湛外，与精通造船制器技术的专家徐寿、徐建寅（两人是父子）、华蘅芳等人的刻意求精、善于监督是分不开的。他们不仅为中国近代船舶工业开创了局面，也为中国培育了第一代产业工人和造船骨干。

图8-8 江南机器制造总局大门

江南制造局1868～1885年建船一览表　　表8-2

舰 名	舰型	船质	长（英尺）	宽（英尺）	吃水（英尺）	排水量（吨）	功率（马力）	航速（节）	下水年份
惠吉	兵轮	木	185	27.2	8	600	392	9	1868
操江	兵轮	木	180	27.7	10	640	425	9	1869
测海	兵轮	木	175	28	10	600	431	9.3	1869
威靖	兵轮	木	205	30.6	11	1000	605		1870
海安	兵轮	木	300	42	20	2800	1800	9	1872
驭远	兵轮	木	300	42	21	2800	1800	9	1873
金瓯	兵轮	木	105	20	7	300	200	10	1876
保民	兵轮	木	225.3	36	14.3	1500	1900	11.3	1885

曾国藩在世的最后7年，倡导造船不遗余力，致使江南机器制造总局的造船活动进入盛期。但由于江南机器制造总局成立时本无造船的打算，局内洋员又缺少造船技术，造船业务不占主要地位。1870年李鸿章调任直隶总督兼北洋大臣后，局务一任洋员主办。曾国藩去世后，该局由李鸿章主政。因受朝臣造船糜费，建议暂停造船活动思想的影响，李鸿章遂热衷于购船活动，江南机器制造总局又恢复以制造枪炮为主。1885年以后，清政府即下令该局停止造船。直到1905年局坞分立，竟长期荒废达二三十年之久，堪称近代造船史上的悲剧。

1905年4月，时任南、北洋海军提督的叶祖珪驻节沪上。经这位被满清政府多次授勋为“巴图鲁”、在中日黄海大战等海战中屡建功勋强硬海战派大臣等人筹议，船坞从制造局独立出来，称江南船坞。由于经营上采取了商业化的运作，为江南船坞带来了生机。“其要点有三：①自行承揽修造华洋兵商轮船；②自负盈亏；③盈利提成酌留花红，大部分则作为扩大再生产的资金。这些商业化措施，使江南船坞不再是旧时封建衙门式的官办军事工厂，而逐渐转变为具有资本主义性质的企业”。

清政府聘请英国人毛根（R.B.Mauchan）为江南船坞总稽查兼总工程师，授以船坞经营管理权。毛根既熟悉造、修船的一般技术，又熟悉上海的造、修船市场行情，他从英商船厂移植过来一套包工制度，减少固定工人，由他带来的监工头督率工人、学徒从事各项工厂作业。为了招揽修造船业务，他派员远道到吴淞江、蕴藻浜一带去等候，并外出打探洋船进港消息，及时上船招揽生意。经营体制的改变，使江南船坞的修造船业务日显生机，不断地建造出“江华”、“官府”、以及中国第一艘在洪水期间可直达重庆的川江浅水货轮“隆茂”号等具有标志性意义的新船。自局坞分立到1911年辛亥革命止的6年间，江南船坞累计造船136艘，排水量21 040吨，修船542艘。还提前还清了局坞分立时所借开办费白银20万两。1912年4月，北京政府将江南船坞收归海军部，改名为江南造船所，仍聘毛根为该所总工程师。

江南船坞于1912年建成了船长约百米的长江客货轮“江华”号，是江南船坞时期建造的最大内河船舶。该船后来曾被改建，在长江申汉线上前后营运了60多年，充分显示了它卓越的技术性能。

1918年夏，第一次世界大战进行中，美国急需一批远洋运输船，乃与我国签订了4艘万吨级远洋运输舰的建造合同。尽管大战已于1918年末结束，但4艘船仍如期交货。这4艘船是全遮蔽甲板型蒸汽机货船，总长135米，型宽

16.71米，型深11.57米，指示功率3 670马力。这些运输舰的钢板等主要原材料由美国进口，巨型三缸蒸汽主机则由江南造船所自制（见图8-9）。这批船的船名、建造及交船日期等见表8-3[②]。

图8-9 江南制造用于建造万吨船的蒸汽机

为美国承造的第一艘远洋运输舰“官府”号于1920年6月3日下水，1921年2月17日交船开赴美国（见图8-10）。《东方杂志》第16卷第2期报道说：“江南造船所承造的一万吨汽船，除日本不计外，为远东从来所造最大船……从前中国所需军舰及商船，多在美、英、日本国订造，今则情形一变，向之需求于人者，今能供人之需求，中国产业史上乃开一新纪元”。可见当时舆论界是何等欢欣！这批船的建造质量也被认为是很好的。据美舰监造员报告：“经美国运输部次第验收，工程既称坚固，配制又极精良，美政府大为满意”。诚然，当时造船所的总工程师是英国人毛根，而有关器材则多是由国外购置的。

自承造美国万吨级货船工程之后，该所营业日见畅旺，客户来所定造、定修者络绎不绝。以1915年~1926年为例，自局坞分家以来，江南造船所累计盈余1000万元，每年平均盈余80余万元，这足以使昔日指令性质的官办工厂难望其项背。为适应日益发展的修造船需要，江南造船所不断扩充生产设施，几度扩大厂区。1925年建成2号船坞，

江南造船所为美国建造万吨级远洋货船时期表　　表8-3

船　名	安龙骨 日期	安外板 日期	下水 日期	交船 日期
Mandarin（官府）	1919.3.9.	1919.10.6.	1920.6.3.	1921.2.17.
Celestial（天朝）	1919.3.24.	1919.12.10.	1920.8.3.	1921.5.29.
Oriental（东方）	1919.3.29.	1920.8.3.	1921.2.23.	1921.10.1.
Cathay（震旦）	1920.4.5.	1920.8.3.	1921.5.26.	1921.12.21.

图8-10 1921年建成中国第一艘出口美国的万吨级远洋货船

长153米；1932年又建成3号船坞，1936年扩建后坞长197米，宽30.48米，深8米，成为当时全国各船厂中最大的干船坞。

1929年陈绍宽任国民政府海军部政务次长兼江南造船所所长以后，尽力谋求海军的建设和舰船制造，并将马尾海军制造飞机处并入江南造船所，开始制造水上飞机。江南造船所于1936年建成“平海”号巡洋舰（见图8-11），该舰总长109.8米，型宽11.9米，型深6.7米，吃水4米，排水量2 400吨。主机功率 7 427马力，航速25节。舰上装有140毫米双联舰炮3座，80毫米高射炮3门，60毫米炮4门，533毫米双联装鱼雷发射管2座，可载水上侦察机1~2架，颇具近代航空母舰的雏形。1937年9月为抗击日本舰队进犯长江，“平海”号曾作为海军第一舰队司令的旗舰，指挥舰队防守江阴水道。

据统计，自1905年至1937年，江南造船所共建造各种舰船716艘，总排水量21.9万吨，其中外国舰船376艘，计14.28万吨，占总排水量的65.2%。在这32年中，该所建设规模逐渐扩大，修造舰船不仅数量大，技术水平也较高，从而成为中国近代船舶工业的主要基地。然而在1937年日军侵占上海之后，竟将江南造船所占为已有，并委三菱重工株式会社经营管理，后来还改称三菱重工江南造船所。

中国近代造船业岂不是一曲悲歌!

图8-11 江南造船所1936年建成的“平海”号巡洋舰

① 姜鸣. 1994. 中国近代海军史事日记(1860~1911):北京: 生活·读书·新知三联书店，第286页.

② 石健主编. 1994. 中国近代舰艇工业史料集: 上海: 上海人民出版社，第205页.

三、福州船政局及其造船技术成就

（一）建造木壳舰船时期

1866年，闽浙总督左宗棠在福建马尾创办福州船政局，专事造船。1867年在福州船政局开办求是堂艺局，后来改称船政学堂，分前学堂和后学堂。前学堂学习船体和轮机的设计制造，学习法语。后学堂培训驾驶、轮管人才，学习英语。同年，左宗棠调任陕甘总督，乃推荐前江西巡抚沈葆祯任第一任船政大臣。沈忠实地执行左宗棠办船政的方针，左则从各方面给沈以有力支持。

左宗棠（见图8-12）生平力主制造轮船，建立海军，抵抗外国侵略，实为中国近代造船工业的奠基人之一。他设计了引进国外技术和进口成套设备的建厂蓝图，并主要是通过雇用技术监督日意格（Prasper Marie Giguel）、德克碑（Panl Alexandre Neveue d’Aiguebelle）等法国人加以实施。左并不“唯洋是赖”，他与洋员签订合同，写明洋员的权限、职务和纪律，还明确规定洋员监督是在船政大臣的领导下工作，要求洋员在5年期限内，保证教会中国员工能够自制、监造和驾驶、管理轮船。左宗棠制定了“不重在造而重在学”的策略，沈葆祯则指出：“船政的根本在于学堂”①。

图8-12 创办福州船政局的左宗棠

1866年12月23日，船政基础工程全面动工。求是堂艺局（船政学堂）招生105名。1867年10月中旬兴建第一座造船台，12月30日竣工，其余3座预定次年秋冬陆续完工。

1868年1月18日，开工制造第一艘船舶，次年6月10日下水，该木壳轮船命名为“万年清”。同年9月，“万年清”北上试航，操驾及轮管人员全用中国人。1870年1月更有第2艘船“湄云”号建成试航；1870年5月，第3号船下水；1870年12月，第4号船下水。这两艘船分别命名为“福星”和“伏波”。“伏波”号兵船略如图8－13所示。

1872年4月23日，木壳巡洋船“扬武”号比原计划提前半年下水。该船排水量1 560吨，功率为1 130马力，航速

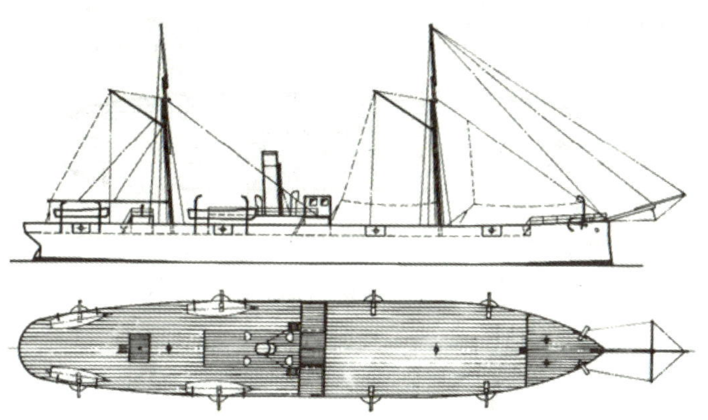

图8-13 福州船政建造的第4艘船舶“伏波”号（采自姜鸣）

12节。吨位和功率都有很大提高，显示了一定的技术水平。到1875年的近10年间，船政局兴建兵、商船轮船15艘，排水量合计17 000余吨。这批船虽属仿制的木壳轮船，质量上只达到西方二三流的水平，但却显示了中国近代造船业的前进步伐。

1874年，依照合同雇用的外国技匠期满，大部分辞退回国。船政学堂自己培养的学生则逐步走上生产岗位，促进了船政局向自造的阶段顺利过渡。1875年，船政学堂制造专业学生吴德章、罗臻禄、游学诗、汪乔年等，献其自绘船身及机器图样，禀请自造。经过一年制成，于1876年3月28日下水，船政学堂将自己独立设计制造的蒸汽机船命名为“艺新”号。汪乔年、吴德章于1876年7月10日驾驶“艺新”号出洋试航，“船身坚固，轮机灵捷”。担任副监督的法国人德克碑认为：“中华多好手，制作驾驶均可放手自为”[②]。沈葆祯对“艺新”号的成功给予很高评价，称之：“实为中华发创之始”。自“艺新”号起，船政局进入了自主造船时期。

①林庆元．1986年．福建船政局史稿：福建人民出版社，第59页．

②陈道章．1986．马尾船政大事记：福建省航海学会，第25页．

（二）建造铁肋木壳船及钢质舰船时期

船政局在造船技术上紧跟当时西方的技术进展。例如西方在1850年开始盛行铁木混合结构船，也称铁肋船，船政局在1876年就着手制造铁肋船。西方在1860年开始盛行钢质船，船政局第一艘钢质船则始于1886年。在蒸汽机的选用和试制上也是这样。1876年，船政局就曾向国外购买较新式省煤的康邦轮机（Compound engine）。康邦轮机，即复合式的多气缸、蒸汽可多次膨胀的两缸或三缸蒸汽机，机器效率较高，功率也较大。

1877年5月，船政局的第20号船“威远”号下水，这是第一艘铁肋船，安装的正是购自英国的卧式康邦蒸汽机。1878年6月，船政局的第21号船“超武”号下水，这是第二艘铁肋船，其排水量、功率和航速均与第20号船相同。所有铁肋、铁梁、铁龙骨、斗鲸（首柱）及所配轮机，均系中国工匠按图仿造，而且与购自外洋者如出一辙。

1882年，由船政学堂派遣去欧洲学习的留学生魏瀚、杨廉臣、李寿田等学成归国。由他们监造的当时吨位最大、航速最高的铁肋巡海快船（即巡洋舰）“开济”号（见图8-14），于1883年1月下水。“开济”号的建成，表明中国在造船技术上与西方的差距在缩短。

福州船政局建船情况见表8-4。

第一艘巡洋舰“开济”号拨归南洋

福州船政局建船一览表（采自《中国近代海军史事日记》） 表8－4

舰名	舰型	船质	长（英尺）	宽（宽尺）	吃水（英尺）	排水量（吨）	功率（马力）	航速（节）	下水年份
万年清	兵轮	木	238	27.8	14.5	1370	530*	10	1869
湄云	兵轮	木	166.1	26.4	10.6	55	370*	9	1869
福星	兵轮	木	166.4	26.4	10.6	515	320*	9	1870
伏波	兵轮	木	217.8	35	13	1258	530*	10	1870
安澜	兵轮	木	200.8	30	12	1258	580*	10	1871
镇海	兵轮	木	166	26	11.8	572	350*	9	1871
扬武	兵轮	木	190	36	16	1560	1130*	12	1872
飞云	兵轮	木	200	32	12	1258	580*	10	1872
靖远	兵轮	木	166	26	11.8	572	350*	9	1872
振威	兵轮	木	166	26	11.8	572	350*	9	1872
济安	兵轮	木	200	30	12	1258	580*	10	1873
永保	运输船	木	217.8	35	13	1358	580*	10	1873
海镜	运输船	木	217.8	35	13	1358	580*	10	1873
琛航	运输船	木	217.8	35	13	1358	580*	10	1873
大雅	运输船	木	217.8	35	13	1358	580*	10	1873
元凯	兵轮	木	208	32	13	1258	580*	10	1875
艺新	兵轮	木	118.8	17	15.1	245	200*	9	1876
登瀛洲	兵轮	木	204.4	33.5	16	1258	580*	10	1876

续上表

舰名	舰型	船质	长（英尺）	宽（宽尺）	吃水（英尺）	排水量（吨）	功率（马力）	航速（节）	下水年份
泰安	兵轮	木	204.4	33.5	16	1258	580*	10	1876
威远	练习舰	铁肋	217.1	31.1	17.8	1268	750	12	1877
超武	兵轮	铁肋	217.1	31.1	17.8	1268	750	12	1878
康济	练习舰	铁肋	217.1	31.1	17.8	1268	750	12	1879
澄庆	兵轮	铁肋	217.1	31.1	17.8	1268	750	12	1880
开济	巡洋舰	铁肋	260	36	17	2200	24700	15	1883
横海	兵轮	铁肋	217.1	31.1	14	1230	750	12	1884
镜海	巡洋舰	铁肋	260	36	17	2200	2400	15	1885
寰泰	巡洋舰	铁肋	260	36	17	2200	2400	15	1886
广甲	巡洋舰	铁肋	212	36.7	13.9	1300	1600	14*	1887
平远	巡洋舰	钢	197	40	13.1	2100	2400	14	1888
广庚	兵轮	钢	144	20	10	320	400	14	1889
广乙	巡洋舰	钢	235	27	13	1000	2400	14	1889
广丙	巡洋舰	钢	226	26.4	11.6	1000	2400	14*	1891
福清	巡洋舰	钢	233	26.4	18.7	1030	2400	13	1893
通济	练习船	钢	252.7	34.1	16	1900	1600		1895
福安	运输船	钢	238	32.2		1800	750	11.5	1897
建威	鱼雷快舰	钢	258	26.5	11.5	850	6500	23	1898
吉云	拖船		110.4	18.5	7	135	300	11	1898
建安	鱼雷快船	钢	258	26.5	11.5	850	6500	23	1900
建翼	拖船	钢	86	10	6	50	550	21	1902

注：*号者为参照有关资料作过修改

水师后，得到两江总督左宗棠的重视，决定再定造两艘，是为2号快船与3号快船。第2号快船“镜清”号，于1885年12月下水，于1886年8月建成。第3号快船“寰泰”号，则于1886年10月下水，于1887年8月建成。“镜清”号与“寰泰”号装设具有减摇作用的舭龙骨，“日后航行愈稳而不簸”。

1886年12月7日，在左宗棠等人的促使下，我国第一艘钢质、钢甲型巡洋舰“龙威”号开始安放龙骨，由魏瀚备料监造。1888年1月29日下水，1889年5月15日建成。该舰长60.0米，宽12.2米，深6.8米，吃水3.99米，排

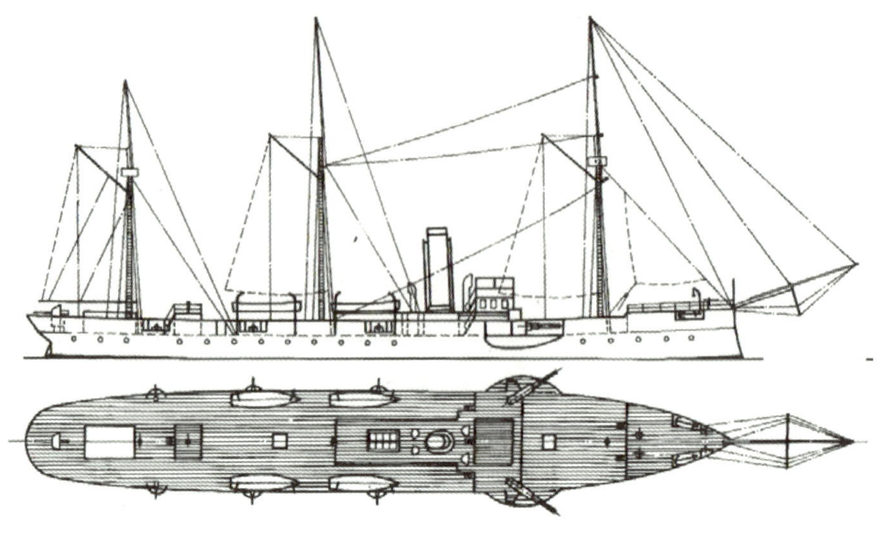

图8－14 1883年建造的第一艘铁肋双重木壳巡洋舰“开济”号（采自姜鸣）

水量2 100吨，双蒸汽机共2 400马力，航速14节，配有260毫米主炮1门，120毫米炮3门，鱼雷发射管4具。军舰前段装甲厚为5英寸，后段装甲6英寸，机舱、炮台装甲厚8英寸①。在编入北洋海军序列后改名为“平远”，是后来参加中日甲午战争的主力战舰之一。“龙威”号（见图8-15）的建成，标志我国的造船技术水平达到了一个更高的阶段。很可惜，“平远”舰在中日甲午海战中受重创而被俘，后来成为日本的主力战舰之一。图8-15所示的钢质钢甲巡洋舰“平远”舰的图片，来自日本的历史资料，读者可以看到舰首悬挂着日本的太阳旗，舰尾悬挂着日本的海军旗。

船政局为了修理舰船的需要，1888年奏请在罗星塔下青洲地方建新

图8－15 建于1888年的我国第一艘钢质装甲巡洋舰“龙威”号（来自姜鸣）

图8-16 1888年在罗星塔下青洲地方建长38丈的石船坞

船坞，历时5年建成。坞身长38丈、宽10丈、深2.8丈，当时国内的大型舰船皆可进坞修理。图8-16为古坞照片。

19世纪80年代的后期，应两广总督张之洞的要求为两广有偿建造军舰若干艘。在这批新造舰中采用了“穹甲”新技术。所谓“穹甲”者，内用铁肋，外加穹甲一层，可保护轮机、锅炉、弹药等舱，也可冲击敌舰。1889年下水的“广乙”号即为第一艘“穹甲”舰。此类快船是魏瀚参照国外新式轮船图式，在设计与建造中又作了多方面的改进，试航证明其稳定性良好，灵敏度也高，充分表现了中国技术人员与工人的智慧和才能。

19世纪80年代，是船政局兴旺发达的时期。魏瀚、郑清廉、吴德章、陈兆翱、李寿田、杨廉臣等留学归来的学生成为船政局的中坚。当时的船政大臣裴荫森称赞说：“该学生等于制造之学研虑殚精，不特创中华未有之奇能，抑且骎乎驾泰西而上之”[②]。

光绪二十四年（1898年），光绪帝诏定国是，变法图强。7月29日，清廷以筹造兵轮为自强之计，着各省如数解拨福建船厂经费总计170余万两银。然而不久慈禧发动政变，戊戌变法失败，废除一切新政。拨给船政的款项大部分被挪作荣禄的拱卫京畿部队的军费，给船政局造成极大困难。1907年，陆军部奏准福建船政局暂行停办。

进入民国时期，由于资金不足，造船业务受到极大限制。1926年，福州船政局改为海军马尾造船所，与江南造船所恰成鲜明的对照。最根本的原因在于马尾造船所未能向企业化方向转变。1918年，北洋政府利用这里的技术条

图8-17 福州船政局曾设飞机工程处制造飞机

件，设立飞机工程处制造飞机（见图8-17）。到1931年，共试造了16架水上飞机。1931年初，该处迁至江南造船所。福州船政局历史地成为中国航空工业的摇篮，当为人们所始料未及。

①姜鸣.1994.中国近代海军史事日记（1860～1911年）：北京：生活·读书·新知三联书店，第154、304页.
②姜鸣.1991.龙旗飘扬下的舰队——中国近代海军兴衰史：上海：上海交通大学出版社，第220页.

四、天津机器局及北洋水师大沽船坞

（一）天津机器局的创办及其所造特种船舶

天津机器局是清政府饬令三口通商大臣崇厚创办的一所大型军事工厂，于1867年正式成立。1870年李鸿章任直隶总督，接办该局。天津机器局（见图8-18）分东西两部分。西局在城南海光寺，制造枪炮并修理轮船。东局在城东贾家沽，制造火药子弹。北洋水师学堂、水雷学堂、电报学堂都与东局毗邻。天津机器局修造船虽不多，但却以制造特种船舶而著称。最令人瞩目的是该局在1880年曾制造过潜水艇，时称“水底机船”，形似橄榄，入水半浮水面，“若涉大洋，能令水面一无所见，而布

图8-18 天津机器局

雷无不如志，洵摧敌之利器也”[①]。在当时能制造这类特种船舶，实属难能可贵。此外，于光绪初年还制成挖泥船。在1880和1881年还制成2艘20多米长的布雷艇和由130只小舟组成的舟桥一套。

①石健主编.1994.中国近代舰艇工业史料集：上海：上海人民出版社，第478页.

（二）北洋水师大沽船坞的创办及其成绩

1880年1月，李鸿章奏请光绪皇帝批准，兴建大沽船坞，以解决北洋水师的修船问题。大沽船坞的概况如表8-5[①]。

1886年又建造了土坞两道，以供收泊蚊艇（即炮艇）避冻及修船使用。

1900年，遭八国联军洗劫，仍建有各种船驳8艘。1909年，完成了将购自英国的驱逐舰“飞霆”号改装为炮舰的工程。试航成功，时速达19海里。

清政府派海军大臣载洵、副大臣萨镇冰专程来坞视察。

大沽船坞作为我国北方最早、最大的造船中心，在修理大型海军船只、造船方面，发挥过历史作用，还为我国北方培养了一批技术人才和技术工人。

辛亥革命后的1913年，改名为海军大沽造船所。在1915年到1925年间，曾建造“安澜”、“静澜”、“河利”、“海达”等多艘船舶，还造有“靖海”、“镇海”、“海鹤”、“海燕”等军用炮舰。1919年时职工达1 600人。

大沽船坞概况　表8-5

坞号	建造 年份	主尺度（英尺）	进坞船舶吨位	结　构
甲	1880	320×90×20	2 000	板基，土质坞门
乙	1884	350×80×17	1 500	板基，土坞坝坞门
丙	1884	350×83×16	1 500	土基，土坞坝坞门
丁	1885	300×83×14	300	板基，土坞坝坞门
戊	1885	170×100×7	小型浅水轮数只	土基，土坞坝坞门

北洋政府期间，政局动荡，海军大沽造船所10余年间所长易人达15次之多，每次更迭，器材物资均遭劫夺。1929年2月因经费困难而停工。1930年张学良东北易帜，奉军进驻平津，工厂复工。1935年宋哲元主政华北，工厂以修造枪炮为主业，时职工又达1 400人。

1945年8月，日本投降后，南京政府海军部派人接管，竟将器材盗卖一空。1946年5月，海军部又改派邱某接管，到1946年10月始复工，时职工约350人。1948年解放前夕，经邱所长督促技工，用军舰将各重要机床、工具、材料等1 000吨运往长山岛，另行建筑海军修船厂，还掳去各厂技工数十名。大沽造船所至此损失殆尽。

①宋宏修、周忠英. 1987. 北洋水师大沽船坞及其历史贡献：[船史研究]（3）. 95.

五、广东军装机器局及所属黄埔船坞

1873年，两广总督瑞麟创办广东军装机器局。1876年，两广总督刘坤一购买了香港黄埔船坞公司在广州黄埔的柯拜、录顺、于仁等3座船坞及附属设备，在1874到1879年间，先后制成内河小轮船16艘。柯拜船坞，是英商柯拜（John Couper）在1845年无视中国主权擅自在广州黄埔所建。1851年动工，1854年建成。坞长300英尺，坞口宽75英尺。第2次鸦片战争时被愤怒的民众所捣毁。在1860年签订《北京条约》后，小柯拜继承父业，用所获赔“恤金”于1861年修复并扩充为柯拜船坞公司[①]。

黄埔船坞（即原柯拜船坞）坞底全长514英尺，分作内外两截，同时能容两只船，但如有大船，亦可当作一个坞使用（见图8-19）[②]。

图8－19 广东机器局黄埔船坞——原柯拜船坞

录顺船坞长383英尺，后编为二号船坞，在1893年曾加以修理并增置设备，以后曾划归水雷局管辖，故也称为水雷坞。该坞留用至今（见图8－20）。

1884年5月，张之洞调任两广总督。他到任不久，即积极扩充机器局，筹办粤洋海军。1885年初，在机器局的黄埔船坞开设黄埔船局。1885年冬即完成浅水炮艇“广元”、“广亨”、“广利”、“广贞”4艘。1887年，从德国购进设备、材料，在船局装配水雷艇9艘。在1887和1888年，又先后完成浅水炮舰“广戊”、“广已”2艘。到1890年和1891年，又先后完成铁甲炮舰“广金”、“广玉”2艘。

黄埔船局在民国期间的1915～1916年，曾为广东海军建造“东江”、“北江”号浅水炮舰2艘。1916年由广东实业厅接管，改称黄埔船厂。1921年以后，两座石坞长期失修，漏水严重，先后停用，泥坞也崩塌废弃，1925年厂务工作停辍。1931年，黄埔船厂部分设备拆迁到海军广南

图8－20 广东机器局留用至今的录顺船坞

造船所。这广南造船所是航商谭毓秀创于1914的广南船坞。1934年计划将黄埔船厂扩建为可以建造万吨级船舶的广东造船厂并进行筹备，1936年初工程停止，筹备处裁撤。广州沦陷期间，该厂为日本侵略军占据[③]。

①王志毅.1986.中国近代造船史:北京：海洋出版社，第20～21页.
②孙毓堂.1957.中国近代工业史资料（第一辑）:北京：科学出版社，第458页.
③黄胜兰、李春潮、潘惟忠等主编.1996.广东省志.船舶工业志.[广东省船舶工业联合公司（送审稿）]，第40～42页.

六、旅顺船坞和大连修造船工场

（一）北洋水师旅顺船坞

北洋水师在订购“定远”、“镇远”这两艘长达90.95米、排水量为7 335吨的大型铁甲舰后，为满足进坞检修的需要，修筑大型船坞随即提到议事日程。李鸿章于1880年选定旅顺要塞筑港建坞。次年设旅顺工程局，统筹筑港，动工兴建坞厂、炮台、局库等工程设施。后因工程浩大，屡建屡停。直到1886年，旅顺港坞厂库未完工程交由上海法兰西银行介绍的法商德威尼承包，议定造价125万两白银，工期30个月，保固10年。后因增加一些工程，延期半年，到1890年11月9日竣工，实付白银139.35万两。“所筑大石坞，长四十一丈三尺（137.6米），宽十二丈四尺（41.3米），深三丈七尺（12.3米），石阶、铁梯、滑道俱全。坞口以铁船横栏为门，全坞石工俱用山东大方石，垩以西洋塞门德土（水泥），凝结坚实。实堪为油修铁甲战舰之用”[①]。该坞当时曾号称东洋第一坞，为世人瞩目。北洋水师的“镇远”、“济远”等舰均曾入坞检修。

1894年，中日甲午战争爆发，船坞被日军占领1年。“三国干涉还辽”后由中国赎回。1897年沙俄侵占旅顺大连，船坞沦归俄国。1905年日俄战争中俄国战败，船坞被日本侵占并受日本海军管辖，易名为日本旅顺海军修理厂。

旅顺船坞（见图8-21）在历史上进行过3次大的改造。第1次是在竣工后，为消除漏水现象的维修工程。第2次是在俄国占领时期，为修大型装甲舰和巡洋舰，将船坞加长40米。第3次是

图8－21 旅顺船坞局厂门，右侧为一艘大型舰只正在入坞修理中

在日本占领时期的1910年到1914年，开阔了大坞口，改建了抽水机房。

1922年12月，旅顺海军修理厂由日本海军租赁给南满洲铁道株式会社（满铁），成为满洲船渠株式会社的旅顺工场，并开始大量修造商船，为日本掠夺中国资源提供运输条件，同时还承修了日本海军和中国北洋军阀的一些军用舰船。1936年末，旅顺工场又归日本海军要港司令部管辖。1937年抗日战争开始后改名为日本海军工作部。日本投降前，该海军工作部占地14.6万平方米，有大小船坞各1座，3 000吨级船台1座。设机械、装配、锻造、铜工、铸造、木工、铁船、制罐、剪切、模型、电气、小型蒸汽机船等13个车间，共有机器设备122台。

1945年8月22日，根据当时中苏两国政府的有关条约，由苏军接管旅顺船坞。1946年1月改名为海军102工厂，

图8-22 今日的旅顺大坞

隶属苏联太平洋舰队。主要任务是修理苏联商船和太平洋舰队的舰艇。直到1950年签订新中苏友好同盟条约之后才由中国收回，由我国海军管辖，迄今仍然是一所重要的修造船企业（见图8-22）。

①赵尔巽.清史稿.兵志：上海古籍出版社，[1986年版二十五史]第9326页.

（二）中东铁路公司所属的大连修造船工场

1898年3月27日，沙俄政府强迫清政府签订不平等的《旅大租地条约》，接着沙俄政府即着手筹建大连商港以及为其配套的修造船工场。5月22日起，中东铁路公司在大连湾地区进行实地勘测，选定在大连湾西南角的青泥洼海滨为厂址，6月10日起，拓建修造船工场。到1902年底第一期工程结束时，轮船修理工场已略具规模，3 000吨级的船坞已建成（见图8-23），其长116米，底宽13米，深7.6米，两开式扉门，并配备有电动排水泵。凡吃水深度不超过5.5米，3 000吨级以下的船舶均可入坞修理。

修造船工场的第二期工程主要建设长度183米的船坞及一些配套工程，虽已开始挖土方工程，后因爆发日俄战争而未建成。1904年5月28日，日本侵略军进占大连，并接管了被沙俄遗弃和破坏的大连修造船工场。1906年，日军成立旅顺海军工作部，大连修造船工场

图8－23 大连修造船工厂全景

转属该部。1906年11月，日本仿照沙俄的模式，成立南满洲铁道株式会社。1907年4月，满铁从海军手上接管大连修船工场，一年之后，满铁将大连修造船工场出租给日本神户川崎造船所，名为川崎造船所大连出张所。生产业务主要是修船。

1912年，该所建成创建以来第一艘大型钢质船，即排水量为419吨的挖泥船“台出丸”。1913年3月，将3 000吨级船坞扩建为5 000吨级，次年3月竣工，坞长132米。随着生产的发展还逐次扩建了机械、锻造车间及其他陆上设备。扩建后的川崎大连出张所占地面积30 679平方米，拥有电动设备370千瓦，汽动设备22千瓦，常年职工人数约400人左右。到1922年，年坞修船舶80艘，造小型船舶10艘。

1922年末到1923年初，满铁先后承租了日本海军的旅顺工场并收回了川崎大连出张所，于3月31日创建了满洲船渠株式会社（满船），下设大连和旅顺两工场。1931年9月18日，日本帝国主义悍然发动“九•一八”事变，大连汽船株式会社（大汽）急于吞并不景气的“满船”，并以承揽伪满洲国的军需品订货为契机，以摆脱不景气境状。

1937年8月，大连修造船工场从“大汽”中分离出来，成立了大连船渠铁工株式会社。为了侵华战争和太平洋战争的需要，自1938年到1944年，先后经过3次扩建，已拥有3座4 000吨级以下船台、6 000吨级和8 000吨级船坞各1座，工人约5 000人。该船渠会社的设计纲领是：年建造3 000吨级D型战时标准船9艘，修船10万吨。在1942年至1945年，建造了3 000吨、3 850吨、4 500吨和8 100吨4种型号的战时标准船11艘。这批船的建造情况列于表8－6[①]。5艘4 000吨级的货船，从开工到交船，基本上都只用了6个月时间，这充分反映大连船渠会社完全纳入了日本战时经济发展的轨道，也表现了该造船企业的生产能力。

抗日战争胜利后，按苏美英签订的《雅尔塔协定》和1945年8月14日前苏联政府与中国国民政府的有关协定，大连船渠铁工株式会社由苏联接管，易名为大连船渠修船造船机械工厂，隶属于前苏联海运部，直到1951年由中国接收。

大连船厂渠会社1942～1945年所造战时标准船情况表　　表8－6

船名	主要尺寸（米）	总吨数（吨）	重量吨（吨）	主机功率（千瓦）	最大时速（海里/小时）	制造时间	
						开工	交工
清河丸	85.73×12.50×6.50	2091	3045	956	12.72	1941.3.27	1942.7.6
海河丸	85.73×12.50×6.50	2088	3045	1153	13.19	1942.1.15	1943.4.24
福岭丸	120.00×16.50×9.30	5969	8369	2059	15.12	1942.7.11	1943.11.16
柳河丸	93.33×13.70×7.60	2813	4522	1482	14.28	1943.1.15	1943.12.27
大慈丸	93.33×13.70×7.60	2813	4522	1776	14.51	1943.6.26	1944.5.27
庄河丸	93.33×13.70×7.60	2813	4522	1442	14.40	1943.10.7	1944.6.30
大亚丸	85.00×13.40×7.30	2200	4043	851	11.13	1944.4.12	1944.10.16
大宇丸	85.00×13.40×7.30	2200	4043	930	11.43	1944.6.5	1944.11.23
大吉丸	85.00×13.40×7.30	2200	4043	844	11.43	19448.10	1945.2.23
大黑丸	85.00×13.40×7.30	2200	4043	809		1944.11.4	1945.5.16
大康丸	85.00×13.40×7.30	2200	4043	809		1945.1.26	1945.8.8

大连船渠厂在前苏联厂方的领导和船渠党委、职工会的组织下，其修船能力迅速达到和超过了战前的水平。1946年的修船总数额即达到17万排水吨，1947年达到21万排水吨。最多的年份为31万排水吨。所修理的最大船舶是17 350排水吨的柴油机油船“石油”号，还有技术要求较高的“列宁格勒”号火车渡船和“克里翕”号客货船等。8 000吨级的北坞纵长165米，一次进坞合计总长为176米的两艘船舶竟同时修理，已翻身得解放的工人群众，劳动热情和创造精神得到充分发挥。

大连船渠厂1947年开始恢复造船生产，到1950年计建造100吨、500吨驳船、110千瓦（150马力）海上拖船等4型船舶475艘，总吨达54 770吨。其中有一型100吨驳船和海上拖船，是由前苏联提供设计图纸建造的全焊接结构的船舶。以焊接代替了铆接，以平行流水分段建造法取代了传统的“以铁骨架装船皮”的“扎灯笼”式造船法。用焊接、分段建造并大批量造船，这在中国造船历史上还是第一次。

大连船渠厂在20 世纪40年代的一项重大技术成就就是研制成功并批量生产铸钢锚链（见图8-24），填补了中国的一项技术空白。此项技术的难点有：

图8-24 大连船渠厂1948年研制成功的铸钢锚链（采自大连造船厂史）

砂型制做，优质钢冶炼和热处理。在前苏联专家的指导下，单就为消灭浇铸时出现气孔一项，在砂芯式造型法、浇口、冒口和激冷铁安放位置等项，就进行过砂型制做的长时间的多次试验并最终获得成功。

①大连造船厂史编委会编. 1998. [大连造船厂史（1898～1998年）]第42～51页.

（三）大连造船厂建厂委员会

鉴于大连优越的地理环境和充足的原料、劳动力资源，当时旅大市委主要领导欧阳钦积极主张另建新的造船厂。经市委讨论决定于1947年7月成立大连造船厂建厂委员会①。厂址在大连香炉礁，该委员会由工业厅长张有萱作兼任主任，吴元恺、田子夫为副主任。鉴于造船技术人员严重不足的情况，通过华东工业部副部长程望邀请我国造船界权威叶在馥教授到大连工作，1949年，叶在馥偕同杨槱与朱淑新到达大连，叶任大连造船厂建厂委员会总工程师。当时还留任了几位尚未回国的日本工程师与造船专家。

美帝国主义发动侵朝战争后香炉礁新厂停建，厂区移交给大连中苏造船公司。同时，主要由上海聘请来的百余名技术人员也调往该公司，他们后来成为辽宁造船工业的主要技术骨干。成立于1947年的大连造船厂建厂委员会虽然仅存在3年，但为辽宁造船工业开拓了道路。现今，耸立在香炉礁的大连造船新厂，拥有15万吨级的造船台和30万吨级的造船坞，具有年造船能力数百万吨，是我国最大的造船总装厂之一。据悉，目前该厂又与大连造船厂合并为大连船舶重工集团公司，是我国最有实力的造船企业之一。

①孙嘉良主编. 1994. 辽宁近代船舶工业史料：大连理工大学出版社，第17页.

七、青岛的近代造船业

（一）青岛水师工厂——青岛造船厂

1897年11月，德国远东巡洋舰队占领胶澳。次年3月强迫清政府签订《胶澳租界条约》，强行租借胶州湾为军港，租期99年。同年，德国人在青岛市西北建设港区码头、船厂、船坞。1900年始称青岛水师工厂，同时也称总督府工厂。

1907年，新建的位于青岛大港第四码头（现第五码头）的大型修造船厂正式命名的青岛造船厂，规模宏大，有1.6万吨浮船坞一座（见图8-25）。浮坞长125米，外宽39米，内宽30米，深13米，浮力1.6万吨，可容纳长145米、万吨级船舶入坞修理。该坞当时被称为亚洲第一大浮船坞。与之相配套的150吨大型起重机也同时交付使用①。船厂还拥有各种机械设备90余台，均为电力驱动。厂房和码头设施也很完善。1.6万吨的浮船坞，其建设费用为5000万马克。

1898年到1914年间，青岛造船厂共建造舰船近40艘，修理大小舰船约500艘次。1910年，曾为清政府海军建造“舞凤”号炮舰1艘，长38米，排水量220吨，功率600马力。

第一次世界大战爆发后，日本对德宣战，1914年11月，日军进占青岛。青岛造船厂在战争中破坏惨重。该厂的大型浮船坞被日军打捞出水后劫往日本佐世保军港，旋即转日本福田造船所使用。1915年，日本将青岛造船厂残余设备迁移到船渠港口工地，并增建800吨级船台1座，可承担中小型船舶的修造工程。

图8-25 青岛造船厂竣工于1905年的16 000吨浮船坞

1922年，日本把青岛主权交还中国，船厂后来改称港工事务所船机工厂，生产获得一些恢复。然而在1938年，日军第二次侵占青岛，船厂遭受的破坏更为严重。抗日战争胜利后的1946年，该厂回归青岛港务局。到1948年，工厂仅有80名职工，生产技术力量薄弱。

①石健主编.1994.中国近代舰艇工业史料集:上海:上海人民出版社，第877~880页

（二）青岛水雷枪械厂——海军青岛造船所

德国侵占青岛后，1898年在小港西侧建立水雷枪械修理厂，并建有丁字形栈桥式钢质码头、仓库、简易车间。1900年兼营修船。1927年改名为海军铁工厂。

1930年东北易帜，东北海军副总

司令沈鸿烈于1931年兼任青岛市长，倡议建立海军工厂和海军船坞。1932年12月动工开挖船坞，坞长157米，宽29米，其深度在高潮时为8米，低潮时为5米。船坞工程（见图8-26）于1934年4月竣工，坞底、坞壁全用崂山花岗石，石坞之底背捣注0.3到2米厚的混凝土，使外表石块与原有岩石结成整体，非常坚实。船坞建成后，解决了万吨级以下舰船进坞修理的难题。最先进坞修理的是“永翔”号军舰，政记公司的7 000吨“花甲”号也曾进坞修理。1935年该厂又建5 000吨级船台，水工设施也较为完善。

1937年12月，日本第二次侵占青岛后，日本浦贺船渠株式会社将青岛海军工厂在内的4所工厂兼并，改名为青岛工场。主要业务是修理商船和军舰，也建造过一些挖泥船、破冰船及小型近海货船，后来还为日军造过一些自杀艇。

1945年日本无条件投降后，海军当局接收该厂并改名为海军青岛造船所。1947年曾接收美国赠送的钢骨水泥浮船坞，总长119米，坞宽25.6米，内宽19.5米，坞深5.8米，载重量2 800吨，排水量8 500吨，可容4 000吨级船舶坞修。

海军青岛造船所自1946年到1948年7月，共修理舰艇241艘，约24.1万吨；修理商船277艘，约22.1万吨。还

图8－26 青岛海军工厂建于1934年的长度为157米的石船坞

建成排水量340吨的蒸汽机货船和功率为265千瓦的蒸汽机拖船等。1948年秋，随着国民党军队节节败退，海军下令将青岛造船所南迁台湾高雄，将石船坞的坞门沉于胶洲湾主航道北侧。1949年初还将浮船坞先后拖至厦门、广州，最后拖到台湾。

八、近代造船业对发展中国近代船文化的历史作用

自操办洋务运动起到中华人民共和国成立的1949年，中国近代造船业走过了坎坷曲折的道路。在80多年的时间里，全国总共建造了钢质轮船50多万吨[①]。洋务运动虽然以“自强”、“御侮”为标榜，但是在帝国主义压迫

下，加上封建统治者的反动腐朽，最终也没能达到“御侮”的目的，更没能自强。中国近代造船业的发展，既缺少近代科学技术作先导，又缺少近代工业作基础，更无稳定的社会环境，因而无法达到先进的水平。但是，从科学技术的发展进程看，发端于洋务运动的近代造船技术是中国人最早引进的一种先进的生产力。它对于发展我国的造船业不仅是必要的，而且是不可逾越的。“这些新兴近代化事业，是洋务运动推行改革开放的主要成果，也是旧中国从封建社会走向近代化的初步基础”[②]。事实上，它已经超出造船业自身的范围，不仅是中国近代工业的先导，而且在传播西方自然科学和发展中国近代教育事业方面也产生了积极作用。

①王荣生，陈芳启. 1989. 发展中的中国船舶工业：北京：机械工业出版社，第1页。
②姜铎. 1996. 姜铎文存——近代中国洋务运动与资本主义论丛. 长春：吉林人民出版社，第287页。

（一）近代造船业成为中国近代工业的先导[①]

从某种意义上说，造船业起了母行业的作用。例如：江南制造总局曾制造出中国的第一台机床。1867～1876的10年间，共制造出车、铇、钻、锯等各色机床共168台。再如：江南制造局于1891年炼出了中国的第一炉钢。（见图8-27）还有，福州船政局下设的飞机工程处，1919年制成我国的第一架双桴、双翼飞机“甲型一号”。从1918年第1931年，福州船政局共制造飞机16架。以后将飞机工程处并入江南造船所，造船业历史地成为航空工业的摇篮。

图8-27 江南制造局炼出中国的第一炉钢

（二）近代造船业成为传播西方自然科学的窗口[②]

江南制造总局成立后，制炮、造船、译书三业并举。对制造中国第一艘轮船做出贡献的徐寿、华衡芳，被聘到江南制造局翻译馆（见图8-28），他们先后翻译出版科技书籍23类、150种、1 075卷。其中大多数是自然科学和工程技术方面的书籍。这些图书广为流传，在日本也产生了很大的影响，日本还派人来访求并购取译本。

图8-28 江南制造局设翻译馆

图8-29 严复铜像

（三）近代造船业导致近代科技教育事业的发端③

福州船政局开办求是堂艺局（后改称船政学堂）时曾明确提出“艺局为造就人才之地”。船政学堂一改我国历代官学以读《四书》、《五经》为核心并走科举、登仕之路的传统，完全以自然科学和工程技术为教学内容，还安排相当的时间进行实习和操作，非常注意贯彻学以致用的原则。可以说船政学堂开我国近代教育的先河。船政学堂作为一个典型，培养了一批诸如魏瀚、吴德章、李涛田、汪乔年、邓世昌、刘步蟾、萨镇冰等优秀造船专家和海军舰长，更培养了像严复（见图8-29）、詹天佑等杰出人才。詹天佑在我国建设京张铁路的成就与贡献尽人皆知。严复于1880年任天津北洋水师学堂总教习，1889年为会办（副校长）、1890年到1900年任总办（校长），1912年严复一度出任北京大学校长。严复的突出贡献和闻名于世，更在于他大量翻译介绍西方资产阶级学术著作，宣传民主和科学思想，批判封建思想。他翻译的《天演论》一书，被誉为“中国西学第一”。蔡元培概括为“其大旨在尊民叛君，尊今叛古”，表现了作为一个先进的中国人非凡的见识和勇气。④福州船政局在中国近代史上占有重要地位，而所办的船政学堂则更加增加了它的光彩。

①霍汝素. 1987. 造船工业在中国近代史上的历史地位: [船史研究（3）]1～7页.
②辛元欧. 1995. 近代江南精神颂: [船史研究（8）]30～31页.
③席龙飞、刘妍. 1996. 福建船政在科教兴国方面的历史贡献: [船史研究（10）]155～160页.
④张志建著. 1995. 严复学术思想研究（序, 附录: 严复生平年表）: 北京: 商务印书馆国际有限公司, 第199～320页.

马力 一种计量功率的单位。1马力等于在1秒钟内完成75公斤·米的功，也等于0.735千瓦，或称公制马力

九、抗日战争中的长江大撤退

（一）以沉船构筑长江防线

抗日战争期间，为阻止日军沿长江攻入中国内陆，国民政府通过沉船的方式在长江上构筑了3道防线。

1. 江阴防线

“七•七”事变后，淞沪地区形势骤紧，战争随时有可能爆发。国民政府为了保卫首都南京，决定在江阴沉船塞江，阻止日军溯江西进。国民政府交通部立即向招商局和上海民营企业租用一二千吨的旧海轮备用。上海轮船同业公会各同业深明大义，积极响应上级部署。交通部共计向招商局租到“嘉乐”等7艘，向民营航业租得“海狮”等海船16艘，这些船舶全部集中在镇江。

船员们都认为有重要军运任务，无不按期到达。1937年8月12日晨6时半，第二舰队司令下达“沉船塞港”的命令，船员们才恍然大悟。晨8时许，军舰在前，海轮在后，船队抵达江阴城下游长山港鹅鼻嘴下端江面最窄处停泊。军舰上派员到海轮，指示船员将船横泊于两岸标志的一直线上。下午6时平潮时，各轮开始放水，船体慢慢下沉。第一批沉下了招商局的“嘉乐”、“新铭”、“同华”、“遇顺”、“广利”、“泰顺”等6艘；民营轮船沉下了“华新”、“醒狮”、“回安”、“通利”、“源长”等14艘，海军下沉了“通济”、“大同”、“自强”、“威胜”等8艘舰艇。

由于江流下冲，水力较大，各轮无法一一横沉，与预先计划的每艘相隔40公尺的要求有异，漏洞甚大，唯恐不能阻止日舰通过。于是，又沉下“公平”、“万宰”、“永吉”3轮，并将镇江、芜湖、九江、汉口、长沙等地的日商趸船28艘，陆续凿沉，江上防线初步告成。

封锁线筑成后，军方为牢固起见，海军又调用“海圻”、“海容”、“海筹”、“海琛”4舰，在封锁线后增筑一条辅助阻塞线；同时又用石子、185艘民船、盐船填补空隙，费时2个月，动员近2 000人的江阴封锁线全部筑成。

原以为这道封锁线可以把日本在长江以内的军舰和商船全部俘获，不料消息被国民政府行政院秘书密告给日本人，日军马上通知各舰船和侨民撤离，逃出长江口。我们仅截获了日清公司的“岳阳丸”、“大贞丸”两艘商船。

江阴阻塞线后虽经日军疯狂轰炸，始终未被攻破。上海失守后，日军攻下江阴，经过激烈战斗，才迂回到封锁线后方，进行爆破，清除沉塞物。可是，日军大型军舰仍很长时间未能通过，江阴阻塞线对延缓日军西犯，为抗日军队争取调整部署时间起到了积极的作用。

2. 马当防线

马当(今马垱)是长江最重要的要塞之一，地处江西彭泽县境内，与江中的小孤山遥相对峙，成犄角之势。江中沙滩将江流一分为二，左水道狭窄，右水道流经马当山下，为主要航道，此处为长江中游最狭窄处，宽不及500米，水流湍急，形势险要，形成天堑要隘。

国民政府军事委员会为阻敌西进，力保九江、武汉安全，经过两次施工，在江心建成一条拦河坝式的阻塞线，在长江南岸留有仅可通行一条船的狭窄航道。并在两岸山峰险要处设有炮台、碉堡、战壕等工事，水面布置3道水雷防线，前后共布雷1500余枚。同时配置重兵防守。

1938年6月中旬，日军进攻马当。由于遭到中国空军的连续轰炸和两岸江防炮火的打击，加以江中布设了水雷，日军推进极为缓慢，有3艘汽艇被岸上炮火击沉，一艘运兵的战舰触雷沉没。经过两天激战，日军仍无法打通水上通道，被迫放弃从江上展开进攻的计划，改以一部分兵力在马当以东的茅林洲、香口一带登陆，沿长江南岸向马当迂回进攻。

日军从太白湖口经过十多次突击均未得逞后，改变了战术，于26日拂晓前，乘我守军疲惫，以藏石矶江边堤坝芦苇为掩护，悄悄摸到长山西端我军阵地前施放毒气弹，我守军官兵全无防毒设施及经验，第7中队官兵几乎全部中毒身亡。

是日清晨，日军在飞机掩护下，多艘汽艇冲入江面布雷区，以火力引爆水雷，大量舰艇则载着陆战队从藏石矶登陆，敌香山炮兵和江面海军均增强火力，轰击马当长山阵地。到中午，长山阵地已被日军切为数段，炮兵炮弹已尽，我军守将眼看长山阵地危在旦夕，援兵无望，只得下令撤退，马当要塞遂告陷落。

3. 田家镇防线

1938年夏，武汉大会战已经开始，武汉的人员、物资向宜昌方向紧急疏散。长江北岸的田家镇航道狭窄，是长江中游的咽喉，武汉的门户。国民政府最高统帅部决定在鄂东广济县田家镇的田壁航道赶筑长江第三道封锁线，需要征用仅存的12艘海轮和招商局的"江安"、"江华"、"江顺"、"江新"四大江轮沉江构筑。

当时武汉军事紧张，汉口九江间交通均由大江轮维持，向四川疏散的旅客和物资，都是先由大江轮运往宜昌再由民生公司的船接运至重庆。这些海轮和江轮都是预定的承运船只，如被征用，后方水运将遭到严重困难，而且直接影响军事运输。

时任汉口航政局局长的王洸建议建造钢骨水泥船来代替16条江海大轮。

钢骨水泥船试验所很快成立，为了防止日军登陆后将沉船打捞再用，田家镇封锁线在江阴、马当封锁线的基础上得到了改进。造船专家、桥梁专家研究后确定：水泥船长80英尺、宽24英尺、舱面建四角型钢架两座，每个高30余英尺，有1万公斤应力。造船地点定在武昌下新河一带的民船修造处。

1938年6月间工程开始，过往武昌汉口间的乘客，先见到许多工人在下新河挖泥筑坝，沿江岸壁旁又围起篱笆，而后在坝内突然现出钢铁构架，不久就成了4幢没有门窗的水泥高楼大厦，最后还在顶上竖起两个好像无线天线架似的铁塔。

4艘钢骨水泥船建成后于当年8月底前后沉江。9月29日，日军在78架飞机和百余门大小炮的协同下，才攻陷田家镇要塞。田家镇被攻占数日后，英文《楚报》报道：田家镇江面的水雷已被日军扫除，惟封锁线构造奇特，军舰尚难通过。

（二）中山舰在抗敌中殉国

1910年清政府在日本分别与三菱长崎造船所、神户川崎造船所签订了建造“永丰”、“永翔”两艘姊妹炮舰的合同。翌年，在中国爆发了辛亥革命，建立了中华民国。所订两艘炮舰分别于1913年1月竣工，并由日本海员驾驶抵达上海交船，“永丰”、“永翔”（见图8-30）两舰遂编入中华民国北京政府海军第一舰队的序列。

“永丰”后来因为在保护孙中山的革命战争中立下大功，更名为“中山”舰。

图8-30 中山舰（原名永丰）的姊妹舰“永翔”舰

在中国近代舰船史上，“中山”舰是一艘排水量不足千吨的炮舰，和当时排水量为4300吨的巡洋舰“海圻”号相比要小得多，为什么能成为一代名舰？

“中山”舰自从1913年开始服役起，经历了此后25年中国许多重大历史事件，是20世纪前期中国历史的重要见证者。

1. 起义倒袁 护法反段

1916年袁世凯复辟称帝，激起全国人民强烈反抗和一致声讨。蔡锷首先在云南起兵，孙中山则在上海起义讨伐袁世凯并颁发了《讨袁檄文》。在孙中山的号召下，前海军司令李鼎新、第一舰队司令林葆怿、练习舰队司令曾光麟等，率领“永丰”、“海蓉”等舰在上海通电起义，加入孙中山的护国军行列。在“永丰”舰的影响下，11艘军舰宣布起义。

袁世凯死后，皖系军阀段祺瑞窃取了北洋军政府。段祺瑞政府勾结日本帝国主义，孙中山为了捍卫民主共和国法制，发起护法运动。时任海军总长的程璧光和第一舰队司令林葆怿接受孙中山的护法主张，率第一舰队南下广州。8月5日下午，“永丰”等3舰同抵黄埔，受到广州各界的热烈欢迎。程璧光代表护法海军发表演说表示：“决计争回真共和，非至约法，国会恢复，我海军不肯罢休”。从此，海军第一舰队包括“永丰”舰在内共11艘军舰组成了护法舰队，成为支持孙中山护法的一支重要力量。

2. 广州平叛 战功赫赫

1921年4月，广州召开了非常国会，孙中山任非常大总统。1922年，就在孙中山领导的护法军平定桂系军阀，准备大举北伐之际，广东省省长兼粤军总司令陈炯明公然叛变，悍然攻打总统府。孙中山化妆成医生离开总统府，来到天字号码头，登上了“宝璧”号炮舰，海军司令温树德来“宝璧”舰邀请孙中山移驻自己的座舰“永翔”舰。当时温树德对叛军态度暧昧，这引起了“永丰”舰舰长冯肇宪等人的警惕，冯肇宪随即派2名水兵代表来“永翔”舰，以请总统训话以安抚军心为名，将孙中山和夫人请到“永丰”舰。

在广州湾和珠江江面，孙中山坐镇“永丰”舰，和全体官兵一道与叛军进行了艰苦卓绝的斗争，叛军在帝国主义的支持下，对“永丰”舰等舰实施猛烈的炮击，更用鱼雷、水雷夹击，“永丰”舰虽6次遭炮击负伤，但仍顽强反击，终于粉碎了陈炯明谋害孙中山，扼杀革命政权的阴谋。

蒋介石应召到“永丰”舰参加平叛过程中，得到孙中山的信任。这恰恰成为他发迹的起点。

1923年2月，在平叛一周年之际，孙中山偕同夫人重登“永丰”舰，表彰

“永丰”舰立下的赫赫战功，“永丰”舰更名为“中山”舰。

3. 中山名舰　横遭诬陷

在孙中山坐镇“中山”舰平息陈炯明叛变之后，1926年，时任国民革命军第一军军长、黄埔军校校长及广州卫戍区司令的蒋介石，为了打击国民党中的左派和共产党，一手制造了“中山舰事件”。

共产党员李之龙任“中山”舰舰长。1926年3月18日晚，有3个人来到李之龙寓所，交给他一封信，要求他调两艘军舰开赴黄埔，听候蒋校长调遣。李之龙遂命“中山”舰、“宝璧”舰前往。19日晨，军校方面却称“本无此事”。20日晨3时，蒋介石以李之龙有“异动阴谋”为罪名，扣留了“中山”舰，逮捕了李之龙，同时又派兵拘捕了黄埔军校和第一军中所有的共产党员。接着，蒋介石玩弄权术，把事件发生的原因归咎于国民政府主席汪精卫，逼汪精卫出国，还乘机赶走了3名反对他独裁的苏联顾问。

“中山舰”事件后，“中山”舰被国民党右派所控制。

4. 英勇抗日　金口殉国

1937年抗日战争爆发。9月，“中山”舰等47艘军舰由国民政府调入长江，以“拱卫京畿（南京）”。当时许多军舰在抗战中或被日本飞机和军舰击沉，或自沉于江阴、马当等地以阻塞长江航道。“中山”舰的主副炮也被拆下移装到长江要塞以增加江防的火力。

1938年武汉大会战前夕，“中山”舰奉命由岳阳水域驶向武汉，担任从嘉鱼、新堤到武昌金口一带的航道封锁任务。

10月24日上午，“中山”舰在武昌金口镇长江水域进行日常巡逻，被日军侦察机发现，下午3时，6架日机向“中山”舰迎面飞来并进行轰炸。舰长萨师俊一声令下，舰上火炮一齐向日机开火，全舰官兵决心与敌机血战到底。由于日机无法接近舰身，只能在高空水平投弹，一排排炸弹在“中山”舰四周爆炸，但均没有击中“中山”舰，而日机却被我军高射炮击落3架。敌机改变战术，轮流俯冲投弹，并辅以机枪扫射。在鏖战中，“中山”舰舰尾左舷中弹，舵机失灵，进而锅炉舱破损，进水迅猛，不到3分钟已浸水1.3米，舰艇失去动力。舰长萨师俊双腿被炸断，左臂也受伤，但仍坚持指挥官兵杀敌。在舰体已倾斜40余度时，副舰长吕叔奋指挥放下仅有的两只舢舨，将受重伤的舰长、伤员抬上舢舨离舰，其他舰员则跳入水中向岸边游去。舢舨离舰不久，又遇日舰扫射，萨师俊饮弹牺牲，“中山”舰于3时50分倾覆，沉入江底。中山舰的壮烈殉国，奏响的是一曲不屈的悲歌。

1995年11月，国家文物局正式批

图8-31 1997年1月打捞出水的中山舰

复，“中山”舰由湖北省组织打捞。1996年11月，在孙中山诞辰130周年之际，“中山”舰打捞工程正式启动，经过70天奋战，在1997年1月，“中山”舰终于整体打捞出水。“中山”舰现展现在武昌金口。

（三）木帆船是厂矿企业撤离上海的主力①

上海工厂西迁的任务主要由木帆船承担。招商局、三北、大达、大通等轮船公司的船只以运输军用物资和机关、银行物资为主，只有一小部分在镇江接应上海民营厂的西迁物资。

内迁上海民营厂，共动用木船499艘，这些木船都是各个厂家自己寻找雇得。木船大小不一，有的能装200余吨，有的10吨也装不下；有的厂家物资，一条船就能装完，有的却不得不经过较长时间才能物色到足够的船只分批装运完毕。

在迁运过程中，船工们经历了多重磨难，他们不仅日夜与风波搏斗，还要受敌机轰炸和海损的影响，经济生活也极度困顿。江苏船民贺福顺、杜尚荣在“八·一三”后，各驾木驳一艘，运送京沪撤离物资来武汉。贺福顺的船载重90吨，杜尚荣的船载重70吨。1938年9月，武汉形势逼人，两木驳被华成电气厂承租运送电机往宜昌。由于电气厂未租到拖轮，华成命船户雇人自行驾驶航行。10月12日晨，木驳驶至城陵矶，当时有大批船舶同行，敌机来袭，各船纷纷躲避。贺福顺船被炸沉，物资全部损失。杜尚荣船受重创，舱面机件全部落水损失。两船各有一人被炸死，20

余人共挤到一条船上。

贺福顺、杜尚荣结伴继续上行，驶至石首境内的调关封锁线，由于没有通行证件，无法通过，贺福顺只得再返宜昌签办正式公文。

从调关上驶，贺杜满以为可以安全到宜昌了，不料在沙市前遇到一帮匪徒，船上物资被劫去不少；行至沙市上游60公里处，又遇上一批兵痞鸣枪示威，以检查为名诈取财物，贺福顺的侄子还被他们用枪打伤，子弹从后股进腰部出，流血不止。经过一段时间医治，船才继续西行。

直到第二年5月16日，驳船才驶抵宜昌，船上货物已所剩无几。两船20余人，到宜昌后人地生疏，借贷无门，已处于三餐不保的境地。

（四）卢作孚的民生公司与宜昌大撤退

1. 卢作孚和民生公司

民生公司是“民生实业股份有限公司”的简称，1925年在四川省合川县成立。公司领导人卢作孚通过四处借债，多方奔走，筹集到8000元股资，亲自到上海造了一艘长不过22米、宽只有4米多、重70吨的小船，取名“民生”。历经千辛万苦，卢作孚将船开回重庆，于1926年8月开辟合川县城至重庆市的嘉陵江航线。10年后，民生公司发展成中国最大的民营航运企业，其

图8-32 卢作孚肖像

实力仅次于国营招商局，创造了中国近代史上民营企业快速发展的奇迹。

卢作孚，一个只有小学学历的人曾经做过算术老师、国文教员、《川报》记者、主笔、社长和总编，还曾经创办了成都通俗教育馆和西部科学院。一个麻布贩子的儿子创立了领中国私营企业潮流之先的民生公司，统一四川航运交通，在抗战时期竭尽全力完成了“中国历史上的敦刻尔克撤退”。

国家大事，卢作孚从不马虎，细小事务，他也不拒绝。8万吨钢铁器材，要从宜昌转运进四川；孔祥熙的奶牛、晏阳初的钢琴，也都不能掉以轻心；一批批伤兵和孤儿，在客轮上都安排有一席之地。

卢作孚是一个生活作风朴素，律己甚严的人。1944年美国《亚洲和美国》杂志曾谈到卢作孚的家居环境："在他新船的头等舱里，他不惜从获菲尔德进口玻璃器皿，但是在他自己的餐桌上却只放着几只普通的碗和竹筷子。甚至这些船上的三等舱中也有瓷浴盆、电器设备和带垫子的沙发椅，但成为强烈对照的是，他那被称为家的六间改修过的农民小屋中，围着破旧桌子的却是一些跛脚的旧式木椅"。

现代人这么评价卢作孚：卢作孚的影响绝不仅仅是因为他一手创建了声誉卓著的民生航运公司，也不仅仅因为他在四川乡村建设和通俗教育上的成就，而是在那样一个混乱并且充满阻力的时代，他以个体的卑微和一个时代不断抗争、妥协、融合。

2. 卢作孚和宜昌大撤退

从1937年7月到1938年10月的一年零三个月时间里，我国华北、华中、华南共13个省340多座城市沦陷日寇手中。国民政府宣布迁都重庆，于是，华北、华中、华南等地的机关、学校、工矿企业纷纷向四川搬迁。

当时，"宜昌沿江两岸已堆积了差不多十万吨机器，布满了上百英亩的地面，等待转运。而仅有的一点适于行驶三峡上游湍急水流的航运能力，却由于恐慌引起的谈判而陷于停顿！各个轮船公司挤满了吵闹的人群，到处是交涉、请客、请客、交涉，而运输的阻塞却丝毫没有减轻"。这种严峻的状况诚如卢作孚所描述的那样："大半年间，以扬子江中下游及海运轮船的全力，将所有一切人员和器材，集中到了宜昌。扬子江上游运输能力究嫌太小，汉口陷落后，还有三万以上待运的人员，九万吨以上待运的器材，在宜昌拥塞着。全中国的兵工工业、航空工业、重工业、轻工业的生命，完全交付在这里了"。

此时的宜昌形势万分危急。宜昌往上，航道狭窄弯曲，滩多浪急，暗礁林立，1500吨以上的轮船不能直达重庆，且夜晚不能航行，因此，所有上行的轮船，到了宜昌必须等候换载川江的大马力小船。其次，当时距离川江每年的枯水期只有40天了，枯水期一到，水位下降，运载大型机器设备的船根本无法开航。三是当时运输船舶奇缺，特别是能够穿行三峡的，除卢作孚的民生公司22艘轮船外，只有2艘中国轮船和几艘外国轮船。而外国轮船因中立关系，只运商品，不运一切有关抗战的东西。依当年的运力计算，这么多人员、这么多物资，要全部运抵重庆，至少需要一年的时间，但是，卢作孚面临的任务是必须在40天内将这些人和物全部运出宜昌。

为了国家和民族的利益，卢作孚受命于危难之际。

当卢作孚火速赶到宜昌时，恰是人

心极度慌乱之时。在这关键时刻，他亲赴码头视察，对那些争先恐后、相互责骂的人说："请大家回去，明天早晨我将在12码头和大家见面，宣布撤退安排！"卢作孚连夜召集各轮船公司负责人和船员开会，制定出在40天内运完撤退人员和物资的详细计划和具体措施。将长江上游宜昌至重庆的航线分为3段，每段根据不同的水位、地形来调整运力和船型，这种航行虽然麻烦，运输成本增高，但却保证了枯水期间长江上游的正常运输。

这样，每天清晨都会有五六艘装满人员、物资的轮船离开宜昌，每天下午又有同样数量的空船开回宜昌。大家天天看到有轮船开进开出，转运效率大大提高，人心逐渐平稳，撤退秩序正常了。

在宜昌大撤退中，招商、三北与民生公司分段承运了人员和物资的转运，其中民生公司发挥了主要作用，并为此做出了巨大的牺牲。

①（资料来源于黄振亚《长江大撤退》）

第九章　新中国跻身世界造船强国之路

一、新中国造船业的艰苦创业（1949~1966年）

自洋务运动起到新中国成立的1949年，中国近代的造船业走过了一条坎坷曲折的路。在那风风雨雨的80多年里，全国总共建造了钢质船舶50多万吨。在外国帝国主义的侵略和本国封建官僚买办势力的压迫下，中国近代造船业的发展，既缺少近代科学技术作先导，又缺少近代工业作基础，更无稳定的社会环境，因而无法达到先进的水平。

要发展新中国的造船业，步履是艰辛的。

（一）一批长江、内河和沿海客货轮船的改建和新建

新中国成立之初，百废待兴，加上工业基础薄弱，造船业是从修旧利废、改建旧船开始的。例如在20世纪50年代初就曾将20世纪初建造的“江新”、“江华”等长江中下游客货船加以改造。为发展内河航运，曾建造了一大批内河拖船驳船和机帆船。为配合航道疏浚和水利建设，也建造一些挖泥、抛石等工程船舶。

50年代初，为缓解京沪铁路运输的紧张状况，曾建造了南京至浦口的火车渡船“上海”号和“金陵”号。这些渡船长约110米，可载20余节车厢。

1954年设计建造了以柴油机为动力的申渝线川江客货船“民众”号，载客936人，载货500吨。该船首次采用我国自己设计的电动液压舵机。该船的设计师是我国著名造船专家张文治教授。1962年10月在上海召开了中国造船工程学会第一次会员代表大会，张文治当选为理事长。接着又建造了“江蓉”、“江陵”（见图9-1）等5艘川江客货船，首次采用了U形首部横剖面并

图9-1 川江客货船“江陵”号

配以弧形折角线，造型美观，速度也有所改善。在黑龙江水系还建造了蒸汽机明轮客船“北京”号和“上海”号。

这个时期在海洋船舶的设计建造方面也有进展。大连造船厂引进前苏联的技术，成批建造了海洋拖船。

1955年，建成自行设计的沿海小港客货船“民主10”号，动力装置是附有空气预热器的水管锅炉和四缸三胀式蒸汽机。1956年该船即在大连到天津港（客运站在市内解放桥）之间航行。由于要在海河上调头，船长限制在80米。该船是以著名造船专家辛一心教授为主任的上海船舶产品设计处二室设计的。该室是今中国船舶与海洋工程研究设计院（简称708所）的前身，曾经为我国设计过型号众多的民用船舶。1958年建成航行于上海~青岛间的蒸汽机客货船“民主14”号。到1960年，更建成柴油机沿海客货船“民主18”号（见图9-2），功率4000马力，航速14节，载客800余人。舱室布置和内部装潢都有所提高。

（二）沿海和远洋货船的设计与建造

在沿海货船的设计建造方面有：上海船厂建造的3000吨蒸汽机货船“和平49”号；大连船厂和江南船厂建造的蒸汽机货船“和平25”号、“和平28”号（见图9-3，图9-4），载货量都是5000吨。

当年大连造的“和平25”号与上海造的“和平28”号，同时出海试航。两船在海上会师时场面十分热烈，成为国内的重要新闻，对全国人民都是一种鼓舞。

5000吨级沿海蒸汽机货船“和平25”号，1960年获原苏联船级社入级证书，曾作为中国远洋运输公司的第1

图9-2 柴油机沿海客货船“民主18”号

艘货船，改名为“和平”号，曾远航东南亚和非洲。

大连造船厂于20世纪50年代末建造了万吨级远洋货船“跃进”号（见图9-5）。该船的设计、钢材和主机蒸汽轮机以及主要机电设备均引进自苏联。大连造船厂的工人和技术人员，为了建造“跃进”号，付出了很大的努力，从船舶下水到舾装完毕，直到试航交船也用了很长时间。在1963年5月，“跃进”号从青岛港出发赴日本门司港。使全国人民感到震惊和痛心的是“跃进”号竟在处女航中因触礁而沉没，让造船工人落下了沉痛的眼泪。

图9-3 大连造船厂1958年建成的沿海货船“和平25”号

图9-4 江南造船厂1958年建成的沿海货船“和平28”号

图9-5 大连造船厂建造的“跃进”号

（三）远洋货船“东风”号的研制成功

在20世纪50年代末，我国组织各方面专家进行万吨级远洋货船的研制工作，1965年由江南造船厂建成了万吨级远洋货船——“东风”号。为了研制和建造我国自己设计的万吨级货船，许多老一辈造船专家都付出了心血。上海交通大学资深造船教授杨仁傑率先发表了《近代世界各国万吨以上货轮的综合性分析研究》①，现中科院院士上海交大杨槱教授发表了《远洋货轮船员居室布置设计》②，上海708研究所总工程师袁随善发表了《海船耐波性》③，上海同济大学吴景祥教授发表了《船舶设计中的建筑问题》④等研究成果。

柴油机远洋货船“东风”号（见图9-6），载货10 000吨，采用我国自行研制的7ESD75/160型直流扫气低速重型船用柴油机，功率8800马力。船体采用国产低合金高强度钢。除柴油发电机组为库存进口货之外，所有机电设备都是我国自行研制的。中国工程院院士、著名造船专家许学彦，是当时的主要设计师。该船1960年4月下水，只因机电设备的研制拖延了组装工程，至1965年才交船。“东风”号的研制和成功体现了我国造船工程技术人员艰苦创业精神。

图9-6 由江南造船厂建造的万吨级柴油机远洋货船“东风”号

①杨仁傑.近代世界各国万吨以上货轮的综合性分析研究：[中国造船]第35期.1957.

②杨槱.远洋货轮船员居室布置设计：[中国造船]第38期.1958.

③袁随善.海船耐波性.[中国造船]第46期.1960.

④吴景祥.船舶设计的建筑问题.[中国造船工程学会1962年年会论文集（第2分册）]北京：国防工业出版社，1964年第1版.

二、“十年动乱”期间中国造船业曲折前进（1966～1978年）

（一）中国拥有世界上最大的客船队

这个时期因国内客运的需要，设计建造了以柴油机动力装置为主的客运船舶。

1971年，在长江航务局的青山船厂建成申渝线中型客货船“东方红38”号（见图9-7）。这是在“江蓉”型客货船的基础上，船长增加5米，从而使载客人数增加到970人。与“江蓉”一样，主机仍是进口的。鉴于该船的适用性和经济性较好，1973年国家召开八型民用船舶定型会议，“东方红

38”号作为定型船舶由中华造船厂、武昌造船厂批量建造13艘。

图9-7 武汉长航青山船厂设计建造的申渝线客货轮“东方红38”号

20世纪70年代初由上海船厂设计并建成长江中下游大型客货船“东方红11号”（见图9-8）。这是当年长江上尺度最大的客货船，作为定型船舶共建成近20艘。对改善长江中下游客运状况作出重要贡献。

图9-8 上海船厂设计建造的长江中下游“东方红11”号大型客货船

我国自行设计的大型沿海客货船“长征”号，1971年在沪东造船厂建成，并成功地营运在上海~大连航线。该船总长138米，载客960人，载货2000吨，排水量7 500吨（见图9-9）。主机采用沪东产9ESDZ43/82型柴油机两台，功率2×4500马力，航速18节（见图9-9）。该“长”字型客货船到70年代末共建成9艘，船名各为：山、河、锦、绣、自、力、更、生。然后又建造了“长柏”、“长松”、“长柳”及“万年红”、“珍珠梅”（见图9-10）等，到1984年累计共14艘。这后5艘在布置和造型上有所变化，游步甲板取消了舷边的走廊，客舱延伸阔大到舷边；取消了连接三层甲板的斜撑，在遮阳甲板用若干直撑与游步甲板的实面相连，在外观上看上层建筑的实面增加了也突出了。凡冠以“长”字的12艘由上海海运局营运管理，余下2艘归于广州海运局营运管理。

到了60年代，不仅上海的船厂可建造沿海客货船，在南方的文冲船厂也建成“红卫6”号，总长78米，载客定额为553人，航行于广州~三亚航线。在北方的天津新港船厂也相继建成“工农兵2”号，航行于大连~天津航线。

天津新港船厂1974年建成“天

图9-9 7 500吨沿海客货船“长征”号

图9-10 “长征”型沿海客货船的改型船“珍珠梅”号

图9-11 天津新港船厂建造的“天”字型客货船“天河”号

山”型客货船，1976年又完成姊妹船“天华”号，主机是原东德生产的8NVD48A型柴油机。该两船航行于大连~烟台航线。由于航行时间不超过8小时，经常是白天装卸货物夜间航行，船上的公共设施相对较为简朴，总吨位虽不大，但载客量相当高，其经济效益较好。该厂后来还推出“天池”型客货船，先后共建成“天湖”、“天潭”、“天江”、“天淮”、“天河”（见图9-11）等6艘，主机选用上海船厂制造的苏尔寿6RD44型柴油机，该机型油耗率低，而且可燃烧重柴油。天津新港船厂在建造天字型一系列沿海客货轮之后，在80年代初更建造了沿海客货轮“喜鹊”号、“百灵”号（见图9-12）。该船是由上海船舶设计院设计的，由图可见，外型的主线条大量采用直线，较天字型客货船更有时尚和现代化的色彩。

广州船厂在这一时期建造了客货船“马兰”号和“山茶”号，航行于广州~三亚、香港，载客600人，载货260吨，航速16.3节。1976年，广州船厂还设计建造了琼沙线客货船，载客214

图9-12 由上海船舶设计院设计，由新港船厂建造的沿海客货轮“百灵”号

图9-13广州船厂建造的客船“山茶”号

人，载货200吨，淡水150吨，航速16节。该船装有U型减摇水舱，减摇效果良好。广州是我国著名的“花城”，以广州港为母港的客船，多采用各种花名为船名。图9-13所示为广州船厂建造的“山茶”号客船。

上海求新造船厂1977年建成客货船“繁新”号，长106.7米，宽16.08米，吃水3.67米，安装沪东造船厂生产的6ESDZ43/82 B型柴油机2台，总功率2×3000马力，航速17.8节，载客919人。此新字型船在以后又相继建成7艘，即繁、荣、昌、盛、茂、鸿、展、望（见图9-14）等共8艘，航行于上海至宁波、温州、福州等短程航线。

这一时期的广州文冲船厂建成“红卫7”号穗琼线客货船，1975年又建成改型的“红卫9”、“红卫10”号，载客由324人增另到553人，载货由200吨增加到400吨，主机选用原东德生产的8NVD48A-2U型1320马力柴油机两台。

日本船舶评论家山田迪生指出：“中国拥有世界上最大的客船队”，“主要由国内造船厂建造的客船组成”①。

①［日］山田迪生．中国客船隊の现况——知られざゐ世界最大级客船隊の横颜”，世界の艦船，1986年No. 369.

图9-14 上海求新造船厂建造的“新”字型沿海客货轮“展新”号

（二）八型民用船的定型与批量生产

为了扩大造船产量以适应运输业务之急需，第六机械工业部和交通部在1973年开始筹划，对成熟的船型进行定型并批量生产。为此，两部组织一批造船技术人员对现在生产的船舶进行调研。前述"东方红38"型"东方红11"型长江客船和"长征"型客货船即是其中的3型。在小型货船方面，还有沪东船厂建造的3 000吨油船和3 000吨货船共2型。

在远洋货船建造方面，在总结"东风"号设计经验的基础上，1967年江南船厂建成"朝阳"号远洋货船，并生产多艘，交付中国远洋运输公司。鉴于"阳"字型货船系中部机舱型，不利于装卸作业，且船体刚度不足，乃改为近尾部机舱的"风"字型货船，吃水增加到9.5米，载重量增加到14 800吨，由江南、上海两厂建造多艘。上海船厂曾加装球鼻首，主机用自行设计的6ESDZ62/160型低速柴油机，功率为9000马力。图9-15为"风雷"号远洋货船。

大连造船厂早在20世纪50年代就曾建造我国第一艘4500吨油船"建设9"号。在60年代曾自行设计并批量建造了15 000吨油船14艘。1973年经改型设计，将载货量提高到24 000吨，改善了经济性，经国家定型后到1978年共建成16艘，在北油南运中发挥了重大作用。图9-16为24 000吨油船

图9-16 24000吨油轮"大庆29"号

图9-15 远洋货船"风雷"号

"大庆29号"。

1974年，由上海船舶设计院、江南造船厂共同设计建造了载重量16 000吨的矿煤船"长春"号，设计吃水8.8米，超载时可载货19 000吨。经定型后共建成20多艘，在完成北煤南运的任务中贡献卓著。

（三）货运船舶的形形色色

1973年，大连造船厂建成大舱口远洋货船"大理"号（见图9-17）。该船载重量12 000吨，吃水8米，安装前南斯拉夫产苏尔寿6RND76/155型低速柴油机。该船最大货舱口为24×8平方米，采用双斜柱桅并设置120吨重型吊货杆。球鼻首、尾机、尾上层建筑等实用兼造型美观。这是为支援建设坦赞铁路而设计的，同型船共建成4艘，大舱口适用于装卸机车和钢轨。1973年，中华造船厂还建成运煤船"安源"号。同年，沪东造船厂设计建成当时尺度最大的散装货船"郑州"号，载重量25 000吨，总长184.72米，安装该厂生产的6SDZ75/160型柴油机。同型船生产多艘。

由于这个时期社会动乱的干扰，致使有些新造船舶的性能达不到设计要求。有的船舶要反复修整调试，因而延误交船时间；有的船舶本是按远洋航行要求设计建造的，但不得不交由地方运输公司使用。例如，1976年建成的当时我国自行设计建造的最大船舶、载重

图9-17 为支援坦赞铁路建设而设计建造的大舱口货船"大理"号

量50 000吨的油船“西湖”号，就曾出现机座刚性不足和振动较严重等质量问题，后来只得降格使用。

三、改革开放时期中国造船业跻身国际市场（1979～1999年）

改革开放政策的实行，促进了我国造船技术的进步和多种新型船舶产品的开发。

1987年，长江船舶设计院将多年对双尾船型的研究成果用于“江汉57”号客货船中，实船试航证明，与原型船相比，在相同的功率下航速由27公里/时提高到31公里/时，若维持27公里/时的航速不变，则可节省功率25%以上。“江申115”和“江汉132”等长江客货船都采用了双尾船型，此种船体型线的采用已成为我国第三代长江客货船船型的重要特征。

1981年以来，重庆东风船厂和武昌船厂相继开发了“神女”、“三峡”、“巴山”、“峨眉”、“扬子江”等多型豪华级长江旅游船，对开发长江旅游资源起到了积极作用。“巴山”、“峨眉”号旅游船，也是采用快速性优越的双尾船型，其中“峨眉”号船长79米，设计标准客舱69间，载客138人。

进入90年代，长江豪华旅游船建造方兴未艾，相继有多艘旅游船投入营运，它们是“西陵”、“隆中”、“长江之星”、“扬子江乐园”、“神州”、“长江明珠”、“长江公主”等。长江船舶设计院设计、青山船厂建成的“蓝鲸”号（见图9-18）也是其中之一。该船除有完善的餐饮、娱乐设施之外，还设有具有5种同声传译设施的国际会议厅和国际通信设施。

图9-18 豪华长江旅游船“蓝鲸”号

从20世纪80年代起，长江大宗散货的运输已为现代化的分节顶推船队所替代。长江船舶设计院在总结2640马力推船营运实效的基础上，设计了新型推船。用中速柴油机加装减速齿轮箱以提高推进效率；采用襟翼舵并加装倒车舵以改善船队的操纵性；主机采用遥控自动操作。此型新推船已批量建造近百艘。新型分节驳船也由1000吨级发展到5000吨级，品种也不断增多。长江中下游大型分节顶推船队载货量可达13000吨（见图9-19）。

图9-19 长江中下游大型分节顶推船队

改革开放时期，我国船舶工业的一项突出成就，就是船舶产品进入国际市场。第一艘出口船舶是中国船舶与海洋工程设计研究院设计的27000吨远洋散货船“长城”号（见图9-20）。该船1982年1月在大连船厂建成。经往返日、美之间多次航行和环球航行，未发现任何故障，深受国际航运界好评。以后，江南、大连两厂共同承接了同型船12艘的订货（见图9-21），都出口到国际市场。

图9-20 27000吨远洋散货船“长城”号

承接我国香港订货，由中国船舶与海洋工程设计研究院设计，中华造船厂于1981年建成多用途货船“海建”号。该船行驶于日本到南、北美洲航线，往返太平洋多次，使用成功，装卸效率高，不定期船可按定

图9-21 江南造船厂为我国香港建造的同型的27 000吨散货船“世沪”号

图9-22 上海船厂建造的12 300载重吨集装箱多用途货船（1983）

期船使用。在多用途货船的出口方面，有上海船厂1983年交船的4艘12 300载重吨、可载724个标准集装箱的多用途货船（见图9-22），这是我国首批向西欧出口该类船舶，曾荣获1983年国家金质奖。该厂在此型的基础上加以改进，采用本厂生产的苏尔寿6RTA48型超长冲程柴油机，减轻船体自重，提高载量，推出一种节能型新船，从而又获得古巴远洋公司3艘船的建造合同。

江南造船厂为我国香港建造两艘64 000吨可通过巴拿马运河的散货船，其首制船“祥瑞”号于1987年10月驶抵香港，当即受到航运界的称赞。经过4个月的航行考验，特别是在冬季横跨大西洋、太平洋时，曾遭受到11级暴风的袭击，而船体和机械均未发现明显损坏，航速和相应的油耗也十分近于设计值。船东特致贺电，对船舶性能感到特别满意。由于该船具上乘的质量，使江南造船厂又获得原联邦德国、美国和我国香港的航运公司再建造6艘的合同。美国订造的1艘在1989年8月20日下水，命名为“中国光荣”号（见图9-23），一年后顺利交船。

图9-23 江南造船厂建造的巴拿马型64 000吨散货船“中国光荣”号

图9-24 8500立方米冷藏/集装箱船“蓝天”号

上述64 000吨散货船总长225米，型宽32.2米，型深18米，设计吃水12.5米，船员35人，主机为沪东造船厂制造的HD-B&W5L70MCE型柴油机，最大功率12 200马力，每分钟95转。船舶按法国船级社规范设计。采取了3项新的技术措施：加球首、球尾并优化型线以降低船的阻力；用大直径低转速螺旋桨以提高推进效率；采用新型超长冲程柴油机，油耗率降到120.6/克马力时，从而使每日耗油量从41.4吨下降到31.78吨。对后续的6艘船，江南船厂精益求精地加以改进，例如从减少设备和人员考虑可降低初投资100万美元；应用成本——效益分析法并使结构优化，每艘船可节省钢材1183.3吨，仅此一项又可节约投资67万美元。通过各有效的技术措施，使此型出口船继续在经济及技术上保持一流水平。该型散货船依船东的要求，分别入法国（BV）、美国（ABS）和中国（CCS）船级。因为该船的高质量，曾荣获国家金质奖。

上海船厂为德国建造的8500立方米冷藏/集装箱船“蓝天”号（见图9-24），质量上乘，受到船东的好评。同型船舶向德国、塞浦路斯出口8艘，1992年获国家科技进步奖。

大连造船厂于1986年建成11.5 万吨油船，用于从挪威北海油田向欧洲各港输送原油。为能适应北海恶劣海况下无码头停靠时仍能在首部进行安全装载的严苛条件，该船装备有：① 微机控制的动力定位系统；② 先进的首系泊及首装载设备；③ 符合挪威船级社“EO”级要求的无人机舱；④由微机控制、彩色屏幕显示的货油及压载液位中央控制台。此外还设有主机轴带液压泵站以驱动各压载泵和各货油深舱泵、自抛式救生艇、贝克型襟翼舵等。由于该船的优越性能，卸油和扫舱时间不超过14小时，每年可往返100个航次，因而称为穿梭式油轮（见图9-25）。首制船建成之后，1988年12月20日又建成同型船1艘，经改进后自动化程度更高。主机是大连造船厂生产的新型超长冲程低速柴油机，可燃用劣质燃油，油耗只有115.6克/马力时。这是当时我国所造的最大的船舶。

图9-25 大连造船厂1986年建造的11.5万吨穿梭油轮

6.9万吨成品/化学品油船（见图9-26），1987年在大连造船厂建成交船。这是根据挪威方面提出的初步设计，由大连造船厂负责生产设计并建造的。该船是当时国际上新型的以装载成品油为主还可装运苛性钠、木馏油等化学产品的油船，它能满足国际海事组织近年新颁布的许多新规则。自动化程度很高，全船只有12~14名船员。14个油舱及两个污油舱均采用特种涂装工艺处理，具有惰性气体保护设施。主机也是大连造船厂自己生产的大型低速柴油机，总功率12 644马力，75转/分。在这艘船取得成功之后，大连造船厂又在1988年末和1989年初，与国外两家公司签约，设计制造4艘3.8万吨级和1艘8万吨级有具有当代世界先进水平的高级成品油船。到这一批高级成品油交船时为止，世界上只有少数造船大国能够承担此项重任。

我国出口的现代化的7000吨级的滚装船，受到船东和比利时人士的好评。这是大连造船厂1988年4月建成交船的。首制船“雪莓”号交船后航行于比利时与英国各港之间，运输轿车、拖

图9-26 6.9万吨成品/化学品油船（1987年）

车和工程车辆，两天往返一次。由于该船船体及设备性能好，自动化程度高，建造质量好，在交船两个月之后，又获得第二艘同型船的合同。第二艘“蔷薇”号也于1989年交船。

继7 000吨级滚装船在大连交船之后，江南造船厂为原联邦德国承造的载车4000辆的大型汽车滚装船（见图9-27）也于1988年底建成交船。我国在20世纪80年代初，曾为原联邦德国建造多艘集装箱船，由于船型新、质量好、造价低廉、营运效益高，在德国的航运界有良好的声誉。这次当大型汽车滚装船招标公告向全世界公布后，江南造船厂以技术指标先进、价格合理等优越条件战胜了国际间各强有力的竞争对手而一举中标。这艘24 000吨级的汽车滚装船，从其总的尺度、性能和船的各项特点来看，已达到当时世界同型船舶的先进技术水平。如所有的主、辅机的高度自动化和遥控化，船舶停靠码头和倒放、收闭尾部跳板及中部跳板的电

图9-27 载车4000辆的滚装船“沃尔夫斯堡”号

动液压自动化，船的操纵、导航设备的新颖先进，等等。30名船员的居住舱室、生活设施完备，舒适方便。这型船舶堪称为“世界未来型”船舶。

沪东造船厂为原联邦德国劳埃德轮船公司建造的4万吨级全格栅大型冷风集装箱船，1988年3月开工，1989年4月命名为“柏林快航”号（见图9-28），6月26日顺利下水。该船采用不对称尾型，它的导航系统可实行从启运港到目的港全程自动导航，全船只需16名船员。可载2700个标准集装箱。其中544个冷藏箱可自动调温。这是一艘被国际航运界誉为“未来型”的大型集装箱船。

为适应海上石油开发，我国的几个船厂都进行了各式钻井船的设计建造。大连造船厂在20世纪70年代末曾为渤海油田建成4艘自升式钻井平台。4根升船桩各长78米，直径3米，举升力8000吨，排水量6570吨。工作水深40米，钻深可达6000米。该厂还为美国贝克公司建造两艘“大足Ⅲ”型自升式钻井平台（见图9-29）。

图9-28 沪东造船厂建造的4万吨级冷风冷藏集装箱船“柏林快航”号

图9-29 大连造船厂建造的大足Ⅲ型自升式钻井平台

黄埔船厂为新加坡华昌集团建造了自升式钻井平台“华海一”号，于1983年11月交船，获业主好评。

由中国船舶与海洋工程设计研究院设计、上海船厂建成的“勘探3”号大型半潜式钻井平台（见图9-30），于1986年9月通过国家鉴定。平台可在水深35～100米的海域作业，钻井深度可达6 200米，能抗9级大风和5米高的大浪。投产后已创下打井深度为5 000米的记录。

世界上首座极浅海步行坐底式钻井平台“胜利2”号，于1988年10月投入使用。这是适用于滩涂和极浅海作业的有两栖性能的钻井平台，是由上海交通大学设计、青岛北海船厂建造成功的。有水是一艘“船”，无水是一辆“车”。这是中国的一项发明。1991

年获中国专利金奖，1995年获国家发明奖。

经过多年的研制并经实船测试，远洋航天测量船“远望”1和2号于1979年12月交付使用。这是总长190米、2万吨级并汇集我国自然科学技术多方面成就的具有代表性的船舶。我国每在发射洲际火箭试验任务时，或在水下发射运载火箭，在陆地发射通讯卫星时，该综合测量船都将开赴南太平洋执行测量和制导任务。该型测量船目前只有美国、俄国和法国生产过，我国是第4个能设计制造该类船舶的国家。

同年10月还建成远洋科学考察船“向阳红10”号（见图14-3）。该船总长156.2米，排水量1.3万吨，是当时世界上同类船型中最大的一艘。同期还建成体型相同的远洋打捞救生船。这三型船都是具有18 000海里的续航能力，航速在20节以上。1980年5月，3艘船在南太平洋完成了我国洲际火箭的试验任务，之后又分别完成过在水下发射运载火箭和发射通讯卫星的试验任务。“向阳红10”号等两船还在1984年11月首航南大洋进行科学考察，参与建立中国南极长城站的工作。这些科学考察船的设计建造是我国造船工程技术人员直接为我国科学现代化服务的最好例证。

图9-30 上海船厂建成的半潜式钻井平台“勘探3”号

四、新世纪向世界造船大国和造船强国的行列挺进

始于1949年的中国现代造船工业，经过50多年艰苦卓绝的努力和奋斗，已经建立具有自主科研、设计、配套和总装能力的工业体系。就地区而论，已形成了环渤海湾地区、长江三角洲地区、珠江三角洲地区等造船基地。在造船科学与技术的人才培育方面，以造船高等院校为重点，与在职教育相结合，已经形成多层次的教育系统。在船舶科研与开发方面，以数十家科研院所和数万名科技人员为核心，已经形成了

国内船舶科研与开发的综合技术群体。中国船级社（CCS）作为国际船级社协会（IACS）的核心和重要成员，曾两度出任国际船级社协会主席。在国内和世界各大港口城市设有分社或办事处，在提供船舶检验和发证公共服务、为实现海事界的可持续发展、为实现航运界的“发展、绿色、安全、永恒”方面，是发展船舶工业不可替代的重要力量。

当今，中国已成为世界重要的造船国家。在实行改革开放政策以来的30年里，已经实现了三大跨越。第一步，在1982年实现了中国建造的船舶进入国际市场。第二步，1994年船舶产量排名世界第三位。第三步，2005年船舶产量突破1000万载重吨。这三大跨越都具有里程碑的意义。

2006年全年造船量达到1452万载重吨，同比增长20%[①]。现在，我国一年的造船完工量，即达到1949年以前的80年间累计造船总产量的29倍多。我国又重新跻身于世界造船大国的行列，并正在努力地向世界造船强国挺进。我国2006年三大造船指标比较表见表9-1。

当前，我国船舶出口的国家和地区达到132个。在承接的船舶品种中，油船、散货船和集装箱船三大主力船型占主要地位。同时也开发建造了一大批具有国际先进水平的超大型油船（VLCC）、大型散货船、液化石油气船（LPG）、液化天然气船（LNG）、新一代大型集装箱船、滚装船、自卸船、浮式生产储油船、自升式钻井平台等船舶及海洋石油工业装备。依靠船舶工业的综合能力，还开发生产了大型钢结构、大型成套设备、跨江跨海钢质桥梁等非船舶产品。中国的船舶工业已经成为机电产品出口的支柱性产业。

中国船舶工业是海军装备重要的工业基础。中国海军装备主要依靠自力更生并由国内提供。新一代的导弹驱逐舰、导弹护卫舰、潜水艇和各种军辅船的服役，大大增强了中国海上战斗力。

进入新世纪以来，受世界经济和

2006年三大造船指标比较表　　表9-1

造船 指标	中国（万载重吨）	世界（万载重吨）	2006年（中国份额%）	2005年（中国份额%）
造船完工量	1452	7400	19	17
新船订单量	4251	14160	30	23
手持订单量	6872	30426	24	18

贸易良好发展的影响，世界商船队的规模以高于世界经济增长率的速度持续扩大，由2000年的7.4亿吨扩大到2006年的9.6亿吨，国际船舶市场持续看好，国际新造船订单在2006年达到1.4亿吨的新高点，是2001年的3倍。新船价格也持续走高，2006年的价格比2000年普遍超过50%，部分品种甚至超过了一倍。从手持订单来看，韩国、日本、中国三国船厂几年来占据了世界船舶市场90%左右的份额。“预计到2010年的几年间，世界新船订单量大体在每年7000多万吨，新船完工量大体在每年8000万吨的水平，受国际造船能力持续增长的影响，船舶市场逐步转为供大于求，新船价格会下降，船舶市场总体态势是由持续兴旺转为平稳下降，国际船舶市场竞争将会进一步加剧”[②]。

中国船舶工业是国家的战略产业，是国家支持发展16个重点装备制造业之一，得到了国家领导人的重视，不但多次对船舶工业发展做指示，而且还亲临现场视察工作。国家主席胡锦涛指出，“我们不仅要努力成为世界造船大国，还应树雄心，立壮志，使我国成为世界造船强国”[③]。

为了实现中国船舶工业的战略目标，造船人还要付出艰苦的努力。必须加快提升自主创新能力，广泛采用现代造船模式，加强船舶配套能力，缩小与先进造船国家的差距。

①中国船舶行业协会：“2006年全国船舶工业经济运行报告”，《中船重工》2007年3月16日，2007年第8期B（总第112期）第4版.

②黄平涛：“传承中华文明发展中国造船”，《2007郑和航海经济文化国际论坛》，2007.7.10于青岛.

③同②.

排水量 船体入水部分所排开水的重量，通常以吨计。船浮在水面时的排水量就等于船的重量。商船的船体、机器和一切设备的重量（不包括船员、旅客、货物、燃料、淡水、消耗性供应品等）称为“空船排水量”。船在最大允许吃水时的排水量称为“满载排水量”。

第十章　船舶动力与世纪同步

一、从人力、风帆行船演变至核动力推进

19世纪初出现了由机械动力驱动的船舶。起初它作为风帆的辅助动力出现在海上，随着科技的进步，机械动力的不断完善，继而替代了风帆。当今机械动力成了船舶远航的主要动力，自动化与超自动化更使船舶如虎添翼。

（一）船舶蒸汽机的历史功绩

19世纪初，由美国发明家、工程师罗伯特•富尔顿在木壳船“克莱蒙特”号上安装了一台功率为14.72千瓦（20马力）的卧式单缸摇臂式往复凝汽式蒸汽机，驱动舷侧两个直径为3.5米的大轮盘，通常称之为明轮，在哈德逊河上由纽约驶往奥尔巴尼历时32小时。这就是世界上第一艘由蒸汽动力驱动的机动船。船舶从人力驱动、风帆驱动转为由机械动力驱动是船舶航行史上划时代的突破。19世纪30年代船舶航行史上另一重大突破，就是由卧式蒸汽机驱动明轮转为由立式蒸汽机驱动螺旋桨（“阿基米德”号蒸汽机船），从此开始，机械动力船不仅能独自远渡重洋，而且大大提高了船舶航行的安全性与速度。20世纪初，多级膨胀作功的船舶蒸汽机的单机功率达到了顶峰，例如德国的“凯撒•威廉二世”号邮船上和“西西利亚公主”号邮船上，各装备了两台总功率为2×14 720千瓦（2×20 000马力）的蒸汽机。它们是机舱内的庞然大物，一台立式蒸汽机低压汽缸的直径达到2 850毫米，机体长为22米，高为12米。在第二次世界大战期间，船舶蒸汽机的建造量达到了创纪录的水平。为了反法西斯战争的胜利，运送大量军用装备和物资，补充战争中运输船舶的损失，在短短的四五年时间内共建造了2 600多艘万吨级货船“自由”轮。它们的推进动力就是蒸汽机，但这时产生蒸汽的锅炉都已采用燃油的水管锅炉了。应用燃油水管锅炉后不仅使蒸汽的初温初压和产汽量得到提高，增大蒸汽机的功率，提高船速或增加载重量，而且还提高蒸汽锅炉自身的安全性和经济性。但是，由于蒸汽机的固有缺陷（经济性差和功率受到限制），尽管人们对它做出了各种改进，如利用它的乏汽制造出了船舶蒸汽机与乏汽轮机联合动力装置，随着新动力的出现，蒸汽机逃脱不掉被淘汰的命运。

（二）船舶新型动力装置——蒸汽轮机与柴油机的崛起

1. 蒸汽轮机

伴随着蒸汽机的发明与应用，如何提高它的经济性，或者发明更好的发动机来替代它的问题就摆在面前了。法国工程师、物理学家萨迪•卡诺从理论上创建了热动力装置理想的工作循环——卡诺循环，证明任何热动力装置工作循环的热效率都不可能超过它。英国工程师、物理学家威廉•约翰•麦夸恩•兰金研究了蒸汽作为一种工质在蒸汽机动力装置内的工作过程后，于1859年建立了描述该装置的理想工作循环——兰金循环，其热效率远比卡诺循环低，发明如何接近卡诺循环的热动力装置就成了热动力科技人员与工程技术人员的奋斗目标。实践启发人们，既然能用燃料在锅炉中使水变成蒸汽后用它在发动机内作功（这种类型的发动机人们后来称它为外燃机），那么能不能将燃料在发动机内燃烧利用燃气直接在机器内作功呢？（这种类型的发动机人们后来称它为内燃机）先人们就是按理论与实践的思路探索着。按前者的思路，1883年瑞典工程师、发明家卡尔•古斯塔夫•帕特里克•拉瓦尔发明了第一台单级冲动式蒸汽轮机，并于1889年制成了功率为3.68千瓦（5马力）、25 000转每分的冲动式蒸汽轮机用来带动发电机。英国工程师查尔斯•阿尔杰农•帕森斯1884年建造了一台多级反动式蒸汽轮机，17 000转每分时，发出的功率为7.36千瓦（10马力）也用来发电。

2. 内燃机（汽油机与柴油机）的发明

德国工程师尼古劳斯•奥古斯特•奥托于1876年制成了一台四冲程内燃机（汽油机），而他的同胞热机工程师鲁道夫•狄塞尔于1894年发明了二冲程内燃机（柴油机），1896年另一样机试运转，以上所述都是19世纪末的事。很快人们思考着如何把它们用到船舶上作为船舶的推进动力。1894～1896年，帕森斯在快艇“透平尼亚”号上安装了三轴式蒸汽轮机动力装置，成为第一艘蒸汽轮机船，它的总功率为1 546千瓦（2 100马力）试航船速达34.5节。随后，1910年“沃尔卡努斯”号柴油机船诞生，从此就打破了蒸汽机在船舶应用上一统天下的局面。尽管蒸汽轮机动力装置的工作循环与蒸汽机的相同，都是兰金循环，但是它们之间有两个显著的不同点：第一，蒸汽机是往复式热力发动机，它的进汽是不连续的，而它的膨胀程度受到低压汽缸直径的限制。如上述发出14 720千瓦（20 000马力）功率的一台蒸汽机，其低压汽缸的直径达到2850毫米，而蒸汽轮机是回转式热力发动机，蒸汽可以连续不断地通过它进行膨胀作功，因此它发出的功率可以很大（但在船舶上还有很多因素限制）。例如，曾有一艘邮船“诺曼底”号蒸汽轮机的单机功率曾达到117 760千瓦（160 000马力）。第二，蒸汽轮机较之蒸汽机可以使用很高初始温度、初始压力的蒸汽，并且可以使它膨胀至很低的乏汽压力，因此它的热效率高，它对蒸汽机提出的挑战与竞争是十分明显的。但是在20世纪初，限于金属材料的品质、制造技术和加工工艺等水平困扰着它的发展，主要矛盾是高转速才有高效率的蒸汽轮机与低转速才有高效率的螺旋桨之间的匹配问题。直至20世纪20年代前后，制造出了减速齿轮箱，彻底解决了二者匹配的矛盾。

3. 船舶低速柴油机的崛起

再回过头来叙述柴油机船在20世纪初开始的崛起。尽管柴油机动力装置的工作循环——狄塞尔循环不及卡诺循环，但较之兰金循环优越得多，因此柴油机在船舶上的应用越来越广泛，至50年代几乎全部替代了老式的蒸汽机。由于船舶低速柴油机单机功率在不断提高，80年代以后达到约36 800千瓦（50 000马力）左右。据英国《柴油机船》1997年6月刊公布，在20世纪末，世界上最大的低速柴油机（Sulzer 11 RTA96C）功率为65 880千瓦（88 310制动马力），几乎可以满足各类民用船舶的要求，包括航速高的集装箱船的要求。柴油机的机种有高速柴油机、中速柴油机与低速柴油机。目前远洋民用船舶上中速柴油机船虽占有一定份额，但低速柴油机船占绝对优势，蒸汽轮机船似乎已停止了建造。当前，某些超长行程的大型低速柴油机可使螺旋桨运转在最高效率状态（约70转/分甚至还低），使船舶航行经济性得到进一步改善。耗油率在155～160克/千瓦·时。

（三）船舶动力装置的多元化时代

1. 船舶燃气轮机

20世纪50年代开始，在船舶内燃发动机动力装置领域又出现了新的分支——船舶燃气轮机装置。但是，与高中速柴油机比较，尽管有单机功率大、体积小、质量轻、加速性能好、能随时起动并很快发出最大功率，以及利用可调螺距螺旋桨解决了船舶的倒航问题等优势，但是船舶燃气轮机动力装置在高温、高压下工作，一是对燃油质量要求高，二是使用寿命短，三是耗油率高，因此只局限于用在军用舰艇上，如在高速气垫船上用来驱动空气螺旋桨作为推进动力。在民用船舶上应用较少。

2. 核动力装置

第二次世界大战结束后，除了继续发展核武器外，科学家们就开始研究受控核反应利用核能的问题。由于核燃料较常规燃料能量巨大，只需少量储备就能满足长期的需要，因此特别适用于长期不返基地、长期勿需补给的远航舰艇。1954年1月美国第一艘核潜艇“鹦鹉螺”号问世，1959年美国的“萨凡那”号客货船上采用了功率为147 20千瓦（20000马力）的核动力装置，1960年前苏联建造的“列宁”号破冰船上采用了功率为32 384千瓦（44 000马力）的核动力装置。但是在民用船舶上使用实践表明，很难解决船员、旅客、货物、航道、港口和城市环境的核污染问题，后来不得不进行改装，仍用常规动力装置。

3. 联合动力装置

随着石油消费的猛增和石油资源的渐趋贫乏，特别是1973年中东战争造成石油价格猛涨后，造船界、航运界把如何合理利用能源、节省航运费用提到了日程。能否扬各类船舶动力装置之长，避其所短，提高其综合经济性，这是现实的需要，亦是历史的必然。从60年代到70年代，各国科研人员、工程技术人员做出了不懈努力，一种新型的船舶动力装置——船舶联合动力装置诞生了。该装置使各种工况下（低速、全速）的经济性都得到改善，或者还有可能降低装置的总质量与总体积。这种联合动力装置通常以不同的发动机在热力学上有无联系分成两大类：一类是热力学上有联系的经济型船舶联合动力装置，大多适用于民用船舶，以燃气轮机、蒸汽轮机联合动力装置为代表。尽管已有这种机型付诸实践，但是由于多种原因包括石油价格回落而未获推广。另一类是热力学上无联系的加速型船舶联合动力装置，大多适用于军用舰艇上，以燃气轮机为基本动力装置的加速型船舶联合动力装置为代表。它们获得广泛应用，主要是兼顾了远航时和战斗时动力装置的经济性。

（四）船舶动力装置自动化与全船自动化

在20世纪50年代前期，船舶动力装置的自动化进展缓慢，只满足于个别设备的自动调节与控制。随着调节元件的可靠性增加，液压、气动和电子技术在船舶上的普及，再加上50年代后期由于船员不足、工资高等原因，各航运发达国家加紧开发以机舱自动化为主的船舶自动化。1959年日本首先设计了一艘万吨级货船“金华山丸”，在机舱集中控制室内只有一人值班管理，就可通过仪表集中监视几乎全部热力参数，遥控柴油主机，并可使驾驶室值班人员直接对主机遥控操纵。1961年该货船正式营运，船员只有36人。从1964年起在世界范围内大量出现无人（值班管理的）机舱或一人（集中控制室值班管理）机舱的船舶。1966年挪威船级社首先制定了无人值班机舱规范，并对符合要求的船舶增添“EO”符号。1968年英国劳埃德船级社使用“UMS”符号。1969年日本海事协会用“MO”作为无人机舱的符号。发展无人机舱船舶的同时，在船舶自动化系统中使用了电子计算机。例如，1966年法国建造的载重68 000吨油船“多拉贝拉”号上，设置了由计算机控制的自动化系统，它们已超出了机舱自动化范围，在机舱、导航、舣装、报务等方面实现全面自动化。1990年载重138 000吨的大型油船“星光丸”在计算机自动化方面具有典型性。机舱自动化、船舶自动化的发展将进一步减少船员，传统的驾驶员与轮机员将代之以“船舶操纵员”来操纵船舶。

综上所述，20世纪船舶动力的发展是，从世纪初的蒸汽机逐渐过渡至30年代至50年代的蒸汽机、蒸汽轮机、柴油机并存而转向柴油机；50年代至70年代，船舶动力步入多元化时代；80年代至90年代，大型低速船舶柴油机成为大型民用船舶动力装置的绝对主力；以高速、中速柴油机、燃气轮机和以蒸汽轮机为推进发动机的核动力装置成为军用舰艇的动力。轮机自动化、船舶自动化以及计算机的使用，采用智能系统，大量船内作业转到陆上进行。未来船舶将由船舶操纵员在“驾驶室”座位上操纵全船，控制台上集中了全部操纵与显示装置，保证船舶经济、安全营运。全船人员只有10～15个左右。

二、世界船用柴油机需求量近况

狄赛尔发明柴油机已经有100多年，柴油机业的发展扩大了动力领域，促进了科技文明和社会文明。船用柴油机是柴油机的重型支脉。正是几代人百折不挠，誓为国家动力工业发展做贡献，中国柴油机事业得以不断的成长和壮大，实现了两个转变：①从产品内销向外销转变；②从依靠自己的管理和技术向引进、应用外国的管理和技术转变。船舶动力的发展可以概括为八个字：面向世界、吸收创新。

根据世界未来船舶建造量预测值，芬兰瓦锡兰公司对船用低速柴油机需求进行预测，在2004~2008年，全球低速船用柴油机平均年需求量为1820万马力。其中集装箱船的低速柴油机需求量几乎占一半，单机功率在3万马力上下以及更大功率的大型、超大型机需求量占总需求量一半以上，详情可参见表10-1。

该预测结果与2002年世界船用低速柴油机655台、1481万马力产量相比较，今后几年，全球船用低速柴油机需求量上升20%~30%；单机功率在5万马

2004～2008世界低速船用柴油机平均年需求预测　　表10-1

船舶类型		单机功率	需求量
集装箱船	4000TEU以上	5~9万马力	480万马力
	3000~4000TEU	5万马力上下	230万马力
	2000~3000TEU	3万马力上下	140万马力
	2000TEU以下	2万马力上下	50万马力
	小计	—	900万马力
VLCC型（超大型）油船		3万马力	120万马力
苏伊士型、好望角型散货船		1.5~2万马力	130万马力
阿芙拉型、马拿马型、大灵便型油船、散货船		1~1.5万马力	290万马力
灵便型散货船、成品油船		1万马力以下	230万马力
LPG和化学品船		1~2万马力	60万马力
其他船舶		—	90万马力
合计		—	1820万马力

力的超大型柴油机平均年需求量超过700万马力，几乎占总需求量40%；单机功率2万马力以下的中小型机需求量很大，达到800万马力，台数占总需求量70%以上。

三、船用柴油机发展的趋向——大功率、低排放

（一）大功率船用柴油机是发展趋向

随着船舶大型化发展，世界主要柴油机生产商正在研制功率更大的低速柴油机。2005年3月，韩国现代重工公司制造出MAN-B&W12K98ME船用主机，功率达到101 576马力（74 760千瓦），是世界上首台突破10万马力的船用主机。中国中船集团公司柴油机新基地项目的规划及启动，把大功率智能化低速船用柴油作为主要研究对象。MAN-B&W智能型柴油机系列图谱如图10-1所示。左列的数字代表柴油机的转数/分，ME代表智能型机，ME前面的数字代表缸径（厘米），垂直的竖线代表汽缸数。例如K90ME型柴油机，10缸时功率可达到50 000KW。

过去，中国船厂建造的大型集装

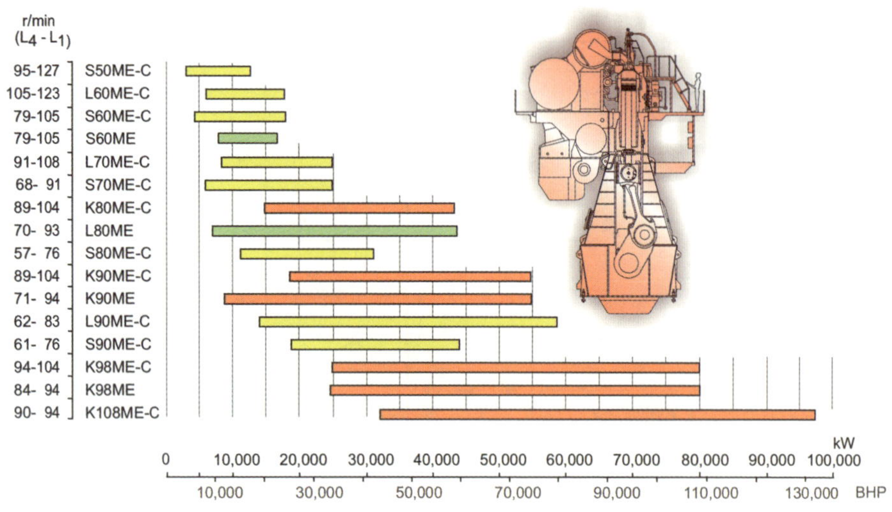

图10-1 MAN-B&WME型（智能型）船用大型柴油机系列图谱

图10-2 大连船用柴油机厂生产的5万马力的8K90MC-C超重型柴油机

图10-3 超大型船用柴油机一根曲轴重达300吨以上

箱船主机完全依赖进口。目前，中国船舶重工集团公司大连船用柴油机厂已成功建造以满足大型集装箱船需求的船用8K90MC-C超重型柴油机主机（见图10-2，图10-3）。这是中国首次建造成功单机功率近5万马力的超大型船用主机，此前，单机功率在5万马力以上的主机几乎为日、韩两国所垄断。

（二）为保护海洋环境对船舶废气排放的限制将越来越严格

当前国际和地区海洋环境保护法规对船舶废气排放限定标准将越来越严格。例如，挪威和瑞典已出台并执行有关停泊在港口码头的船舶废气排放含硫量限制在0.2%的规定。2004年6月欧盟组织（EC）把船舶废气排放含硫量的限制规定区域扩大到北海、波罗的海和英吉利海峡的海域与港口。国际船舶防污染公约（MARPOL）补充VI议定书中有全球船舶废气排放含硫限制在不超过4.5%的法规，已于2005年5月19日生效。2005年初美国政府海洋环境保护部门在迈阿密召开船用重油会议，其专题就是如何在美国沿海港口实施进一步把船舶废气排放低含硫量限制在1.5%以下，最晚将在2006年底出台新规定。2003~2004年，日本造船业加强了基础经营管理，推进信息化，采取保护措施，减少氮氧化物（NO_x）的排放量，制定了逐步将沿海船舶和渔船的柴油发动机更换为NO_x低排放量发动机的政策。

严格限制船舶废气含硫氧化物（SO_x）和氮氧化物（NO_x）的排放，是当代船用柴油机制造技术发展主要趋向。

四、船用柴油机发展的另一趋向——智能化技术

目前，世界上船用柴油机公司对智能化技术进行广泛的研究开发，不断推出新机型，代表性的有：

①MAN-B&W的智能化柴油机系列。②苏尔寿——瓦锡兰公司的RT-Flex柴油机系列。

它们的关键技术主要包括三大部分：

第一，柴油机电子控制技术：通过检测柴油机的各种状态信号，根据内在的系统对柴油机燃油喷射系统、电子调速系统、增压系统、排气阀系统进行电子控制。

第二，电子管理技术：对柴油机性能进行更高层次控制，主要完成柴油机监测、控制和故障诊断等功能，柴油机电子管理系统可以对柴油机的监控更完整、功能更强大。

第三，多机通信管理技术：通过现场总线对多个柴油机组进行控制，提供与其他系统的接口以将柴油机控制纳入整船的综合管理系统。

2003年宜昌柴油机厂生产了我国第一台5缸苏尔寿一瓦锡兰系列的智能型（5RT-Flex58T-B）船用柴油机。大连船用柴油厂也生产过7缸苏尔寿一瓦锡兰系列智能性（7RT-Flex58-T-B）船

图10-4 大连船用柴油机厂交工的智能型柴油机（7RT-Flex58T-B）功率为20755马力

图10-5 沪东重机公司生产的7RT-Flex60C型智能型船用柴油机

用柴油机（见图10-4），最大输出功率为15 260千瓦（20 755马力）。上海沪东重机股份有限公司于2006年生产了7缸苏尔寿—瓦锡兰系列的智能型（7RT-Flex60C）船用低速柴油机（见图10-5），最大输出功率在22 000马力以上。

电控共轨船用主机是世界柴油机制造业的一次历史性革命，它将现代先进的电子技术、计算机技术同传统机械动力技术完美结合（见图10-6），正在慢慢取代传统机型。业内专家预测，未来2~3年，智能化柴油机将成为船用低速大功率柴油机主流机型，代表当代船用主机的发展方向。

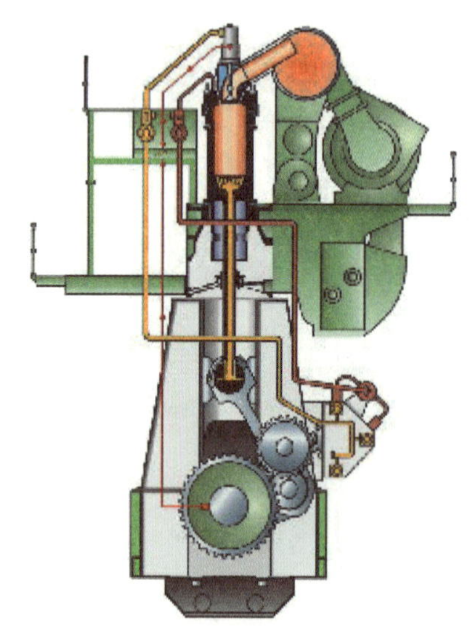

图10-6 传统型柴油机向智能型柴油机的转变（取消了凸轮轴系统，增加了电控系统）

五、国产大型低速船用柴油机走俏国际市场

我国现有三家规模和技术实力较好的低速、大功率船用柴油机生产厂：大连船用柴油机厂、沪东重机股份有限公司、宜昌船舶柴油机厂。

（一）大连船用柴油机厂与国际趋势同步发展

大连船用柴油机厂原属大连造船厂，1958年曾自行设计和生产我国第一台船用低速柴油机（6ESD60/106，1500转/分，3000马力）装在建设九号油轮上。

在改革开放大潮中，1984年大连船用柴油机厂开始独立经营，成为生产船用大型低速柴油机的专业厂。大连船用柴油机厂刚一起步就面对着市场经济。由于对计划经济向市场经济过渡阶段理论的理解尚处于朦胧阶段，当时的大连船用柴油机厂人只是在为着吃饭而绞尽脑汁，默默地去发掘市场、占领市场。

抢占市场靠的是强大的技术进步和科学管理做后盾。从1978年起，大连船用柴油机厂即引进了国外专利技术，生产多种型号的船用低速柴油机。其中大连—SULZER-RL56、大连—B&W5L80MCE、大连—B&W5S60MCE三种机型曾荣获国家质量金奖。他们以我为主，博采众家之长，通过专利技术的引进，将厚积几十年的技术融汇贯通，展示出旺盛的生命力和勇于进取、不断创新的企业魅力，从此产量连年持续上升。大连船用柴油机厂乘势把触角伸向了海外，造出的主机单机出口，为德国造船厂和巴西造船厂提供了大型船用主机，向日本、韩国、波兰等国家批量出口柴油机零部件，利用机械加工的优势与国外厂家建立了比较稳固的柴油机大型部件供货关系。

从1981年大连船用柴油机厂第一台引进机建成到2004年该厂建厂20周年这段时间内，他们共计开发出了14代产品34种机型，生产了230台共350万马力主机，为230艘约1100多万总吨的巨轮配套了主机。这些船的船东都是国际航运界著名的船东，大连船用柴油机厂的造机水平始终与世界造机水平同步。

大连船用柴油机厂邹志明厂长在接受采访时曾说到："当我们还是大连造船厂的一个分厂时，从1958年到1978年，20年共生产柴油机13.7万马力。1978年引进世界先进技术后，完成第一个100万马力用了15年时间，完成第二个100万马力用了5年时间，第三个100万马力仅用了4年，预计第四个100万马力只需要2年。到2010年，企业的年造机能力将达到150万马力到300万马力。在为我国建设成世界第一造船大国和振兴东北老工业基地进程中，大连船用柴用机厂将发挥重要的作用"①。

从在市场经济中的蹒跚学步，到经历阵痛，直至终于有了驾驭市场的能力，大连船用柴油机人在困难面前从不低头，无论前进中有多大障碍，工作中出现多么大的问题，他们都能在困难中创造出奇迹。他们常常提醒自己不忘昔日伤心的一幕幕：

创业之初，大连船用柴油机厂积攒重金引进德国重型数控龙门铣床，可是由于在检查维修中操作失误，滑枕附坠落，看家之宝遭到重创。1994年春寒时节，传来令人心寒的消息，一家外国航运公司突然取消8台机的订货意向。为什么会出现这么大的经营波折？原因很明显，1991年机架焊接质量事故的负面影响在继续。1999年，座落在新总装车间试车台上7RTA62U6号机，由于主机失控、飞车、引起爆炸、机毁人亡。一场低级错误酿成突发灾难。

痛定思痛，大连船用柴油机厂职工深刻地反省自己，在不到4年的时间里，利用船舶停靠国内港口的短暂时间，组成一个个突击队，修复了16条船的主机，消除了机架裂纹的隐患。大连船用柴油机厂职工顽强拼搏的精神感动了诸多船东，又赢得了国际航运界的尊重和赞许，失去的质量信誉重新被找了回来。

与船用柴油机的国际发展趋势相一致，两年前，大连船用柴油机厂即开始生产智能型船用柴油机。7缸苏尔寿——瓦锡兰系列的智能型（7RT-Flex58T-B）船用柴油机于2005年8月在该厂交工，最大输出功率15260千瓦（20755马力）。该机采用世界最先进的wecs9520电控系统控制燃油喷射、排气阀启闭、主机起动和换向，取代了传统的液压和气动控制。由于采用了计算器控制，该机型去掉了凸轮轴系统，操作更加简单方便，并有效减少了主机自重，具有可靠、灵活和兼容性强的特点。投入使用后，将在降低油耗、低噪音、减少有害废气排放、延长大修期与超低转速运行等方面收到了良好的成效。

同样，与船用柴油机的国际发展趋势相一致，大连船用柴油机厂正在突破大功率柴油机为日、韩两国所垄断的局面，于2007年6月完成了8K90MC-C型超重型柴油机，单机功率近5万马力。8K90MC-C机是B&W系列、缸径90厘米的超大型机。长15.6米，高12.4米，缸径900毫米，自重达1250吨，仅机内的一根曲轴就重211吨。主机操纵灵活、可靠，可实现24小时无人值守，技术指标、经济指标均代表了目前世界船用主机的先进水平，成为国际上船东优先选择和订购的最先进、可靠、经济的船舶动力源[②]。

与K90MC-C型柴油机（功率为49680马力），同时完工的，还有一台7S80MC型柴油机（功率为34650马力）。后者将装备在中国海运集团的30万吨超大型油轮（VLCC）上，这是中国造机业首次为中国籍的VLCC（超大型油轮）装备主机。

在建设世界造船大国的热潮中，大连船用柴油机厂抢机遇，快发展，几年内就建成了现代化结构车间、综合加工车间和总装车间，已经具备了建造世界最大船用主机的能力。

①《中国海洋报》2004年月9日经济版.
②信息来源：《大公报》2007年7月4日.

图10-7 大连船用柴油机厂正在调试6S70MCE型柴油机

（二）沪东重机股份有限公司将进入世界船用柴油机企业第一方阵

沪东重机股份有限公司是由原沪东造船厂柴油机分厂和上海船厂柴油机分厂合并组成，位于上海浦东新区，现隶属于沪东中华造船集团。是有近50年柴油机生产历史的船用柴油机大型制造企业，也是国内生产规模最大和技术开发能力最强的的船用大功率柴油机生产和研发基地。目前，沪东中华造船集团生产的船用大功率柴油机在国内市场占有率达60%以上。

沪东中华造船集团具有自主创新的传统，其前身大中华造船机器厂的创办人杨俊生即是一位善于自己动手制造设备的行家。当年在建造水利氩厂(现名南京氮肥厂)的计划中，留美化工专家侯德榜认为制造气柜有相当的难度，建议向美国订购，但杨俊生却保证自己可以造好气柜。他仔细研究了钟罩升降的机械原理和气柜防漏气的措施，拿出了严谨的设计方案，经上下努力，气柜终于造成，试验一举成功。

ESDZ75/160型低速船用柴油机及ESD43/82ZC型低速船用柴油机，是沪东造船厂早期自行研制的两种机型。到了20世纪70年代，沪东造船厂批量建造“长征”型7500吨海洋客货船，就装备了9缸ESD43/82ZC型船用柴油机（见图10-8）。

引进吸收外国的先进技术，结合自身的专业知识进行再创新，且看沪东重机股份有限公司实现跨越式发展的历程。

1978年，自沪东重机股份有限公司引进瑞士公司专利技术以来，到

图10-8 沪东造船厂在20世纪自行研制的船用柴油机

2005年已生产沪东重机——瓦锡兰低速柴油机116台，共110万马力。

1980年，自沪东重机股份有限公司引进丹麦MAN-B&W低速柴油机专利技术以来，到2005年底已生产B&W型柴油机553台/688万马力，到2005年已累计单机出口20台。

1987年，沪东造船厂引进法国热机协会技术专利，首制成功PC2-6型中速柴油机。该机具有启动性能好、油耗低，使用寿命长、运转安全可靠、维修方便等优点，既可用作船舶主机，也可与发电机配套用作辅机。

如今，沪东重机股份有限公司的主导产品有MAN-B&W系列、瓦锡兰系列船用低速柴油机和引进法国专利技术的PA、PC系列中速船用柴油机。截止到2005年底该公司共制造各类柴油机1364台/1049万马力，其中有为国产30万吨油轮配套的7S80MC柴油机。这些柴油机不仅占领了国内船用大功率柴油机较大份额，而且随船或直接整机出口到德、英、挪威、瑞士等20多个国家，为中国和世界的航运事业的发展以及中国人民海军的装备建设作出了突出贡献。

沪东重机三步走的发展战略，即2005年实现船用柴油机年生产100万马力，2010年达到380万马力生产能力，2015年达到480万马力生产能力，年销售收入达到65亿元，进入世界船用大功率柴油机企业的第一方阵。

（三）我国首台智能型船用低速柴油机在宜昌船舶柴油机厂交工

宜昌船舶柴油机厂是专业生产二冲程低速大功率船用柴油机的国有企业，位于湖北省宜昌市，与葛洲坝水电工程毗邻。该柴油机厂主要生产从瑞士瓦锡兰公司和丹麦MAN-B&W公司引进的具有当代世界先进水平、单机功率从2180马力（1600千瓦）至15600马力（11520千瓦）的系列二冲程低速大功率柴油机，用作大型远洋、江海联运船舶主机或陆用发电机组的动力机。

宜昌船舶柴油机厂已累计生产瑞士苏尔寿——瓦锡兰系列和丹麦B&W系列的各型低速柴油机110台/81万马力，分别装在2.1万吨运煤船、3.5万吨油船、3.5万吨肥大型浅吃水散货船等大型船舶上作用主机。该厂生产的船用低速柴油机还作为出口船的主机随船出口到孟加拉、日本、美国、德国、缅甸、印尼等国家。

2007年3月，宜昌船舶柴油机械厂生产的我国首台6RT-Flex50-B型智能型二冲程船用低速柴油机顺利通过台架试验，成功交验。这标志着该厂在船用低速大功率柴油机制造技术和生产能力上迈上新台阶。

6RT-Flex50-B柴油机是智能型二冲程低速大功率柴油主机，该机将整机出

图10-9 智能型主机在宜昌船舶柴油机厂交工

口并装用于阿根廷RISANIAGO造船公司为委内瑞拉石油公司建造的5万吨原油船。图10-9为该柴油机在台架上的图片。目前宜昌船舶柴油机厂手持首批此型柴油机订单10台。

前述智能型柴油机具有全电子控制，无凸轮轴系统，从而可以减轻整机重量，减少噪音，燃烧更加完全，还可减少有害废气排放。与现代的RTA50型柴油机机舱结构和运行模式完全兼容，具有宽广的燃料使用范围，可以使用从船用柴油到劣质燃料油等不同质量的燃油。

该型柴油机适用于多种船型，包括新一代灵便型和巴拿马型散货船、大型油船、集装箱和中型冷藏船，具有广阔的市场前景。

六、我国船用柴油机的发展任重道远

20世纪70年代末和80年代初，大连船用柴油机厂和上海沪东船厂、上海船厂、宜昌船舶柴油机械厂及韩国的现代重工、韩国重工等企业几乎同时引进了瑞士SULZER，丹麦B&W两个大功率低速柴油机专利技术。

这几个国内外大功率低速柴油机

同时起步的企业，由于20多年来各自不同的发展模式与经历，至今已产生了很大的差距。目前，我国各个企业大功率低速柴油机的生产总量，在世界市场所占的比例约10%左右，而韩国现代集团一家的年产量就占世界总量的20%左右。

日本、韩国等造机强国，从引进专利技术之始，就贯彻了大投入、大产出的发展模式。例如，现代重工造机在引进专利技术的同时，在韩国政府的资金支持政策帮助下，厂房、设备一步到位，一次性购置10台关键性设备——数控龙门铣床，甚至工程技术人员的培训也是一二百人同时派出国，一次性培训到位。厂房建成投产后，即达到年产三四十台机的制造能力，2004年已达到年产100台柴油机，400万马力的能力，涵盖了SULZER、B&W全系列机型。同时，现代重工造机为了快速跟踪世界最新技术，以每年几百万美金的费用租用卫星通信专线快速获取技术信息。而大连船用柴油机厂主要靠自身造血滚动发展，直到1986年才凑足部分资金，买了第一台数控龙门铣床。

就国内的大连船用柴油机厂和沪东重机相比较，在“七五”、“八五”期间，由于大连船用柴油机厂从大连造船厂独立出来，脱离了计划经济的束缚，对企业逐步进行了技术改造和设备更新，在国内主机市场上始终占据着老大的地位。但到了“九五”以后，沪东经过资产重组、股份上市经营，筹集了大量资金，对工厂实施了大规模的技术改造和技术创新投入，使其造机能力一下子提升到年产50台机，70多万马力。

由此可见，国内外造机企业在发展模式上的差距，造成了国内外造机企业管理理念上的差距，进而进一步扩大了制造能力的差距。我国政府现已经把争取做世界第一造船大国作为一项重要的产业决策，这就要求中国的造船业及其配套设备产品有一个跨越式发展。

第十一章　航海者的眼睛
——船舶导航技术的发展

一、早期的航海导航技术

陆地上行车走路，靠人的眼睛寻找物标，定出方向，并时时进行修正。早期的船舶是沿岸航行，也是靠观察陆地上的物标如山峦、古塔、大树以及沿岸的岛屿等确定航向并航行到目的地。这种航行技术和方法统称为地文航行技术或地文航法。

若船舶在浩瀚无边的大海上航行，苍茫一片，除了偶尔可见的零星岛屿外，只有海和天。这样又如何定出方向，沿着正确的航线到达目的地呢？北宋宣和元年（1119年）朱彧所著《萍舟可谈》记有“舟师识地理，夜则观星，昼则观日，阴晦观指南针”。北宋宣和五年（1123年）徐兢所撰的《宣和奉使高丽图经》中则记有“是夜，洋中不可住，惟视星斗前迈，若晦冥，则用指南浮针，以揆南北”。这里的“观星”、“观日”和“视星斗前迈”等航行技术和方法当属于天文航行技术或天文航法的范畴。

北宋著作里说到的“指南针”或“指南浮针”，是在阴晦天气或夜间为航行船舶指引航向的仪器。“指南针”是中国古代闻名于世的四大发明之一，也是世界上应用最早而且最为普遍的航海仪器。这是中国对世界航海技术的一项重大贡献。

北宋科学家沈括（1031~1095年）所撰《梦溪笔谈》，成于元丰八年（1085年），刊刻于乾道二年（1116年）。书中记有：“方家以磁石磨针锋，则能指南，然常微偏东，不全南也”。书中还记有装置磁针的4种方法：水浮、指爪、碗唇、缕悬。1936年，科技史家王振鐸以图解的方式将4种装置方法给以形象而准确的诠释，并为《中国科学技术史稿》所采用。缕悬法即取新纩独茧缕以少许蜡缀于针腰，于无风处悬之，则针常指南（见图11-1）。此法虽被沈括赞为“最善”，但后世广为应用的则是水浮法。

北宋首创的指南针航海，使船舶航行方向和安全得到一定的保障，现在航海用的磁罗经其工作原理就是指南针原理。

到明朝永乐年间，郑和下西洋，已把物标导航、罗经指向、天文定位、计程计速等航海技术结合起来综合应用，

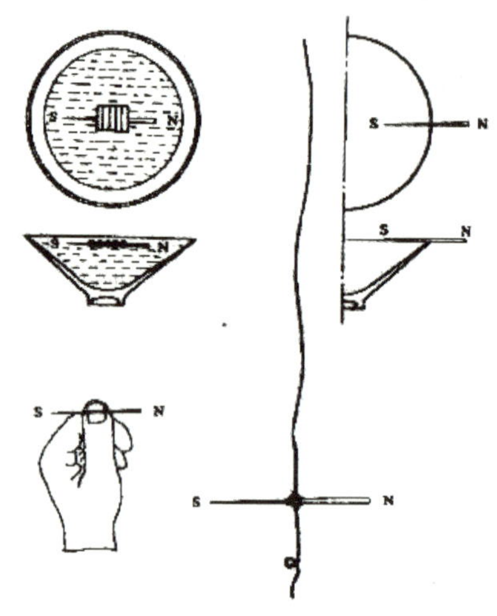

图11-1 指南针装置方法示意图

确保船队安全横渡重洋，把船舶导航技术推向了更高的水平。在郑和船队随行人员巩珍所写《西洋番国记》的自序中就有过概括的论述：“往还三年，经济大海，绵邈弥茫，水天连接。四望迥然，绝无迁惹事生非翳之隐蔽。惟日月升坠，以辨东西，星斗高低，度量远近。斵木为盘，书刻干支之字，浮针于水，指向行舟。经月累旬，昼夜不止。海中之山屿形状不一，但见于前，或在左右，视为准则，转向而往。要在更数起止，计算无差，必达其所”。足见在古代我国的航海导航技术已达到相当高的水平，充分体现了古代劳动人民的智慧。

二、船舶的指向仪器——磁罗经与陀螺罗经

最早用于船舶航海的指向仪器是磁罗经。它的工作原理是磁针在大地磁场的作用下，会稳定地停在磁北极的方向，该仪器的结构非常简单。然而，地球上并不是每一点的磁场都一样，有的地方有规律，有的地方属异常磁区就没有规律。既然磁罗经用的是磁原理，它在钢铁制造的船舶上使用，除了受地磁的作用，必然还会受到船舶自身磁场的影响。如果船上装了铁矿砂之类的货物，磁罗经的指向精度还会有所降低，更何况磁罗经本身还具有方向性自差。这些造成磁罗经的指向精度不是很高，但这并不妨碍其在航海导航中的作用。可以说，磁罗经从其发明至今变化并不大，目前的海船上还配备有磁罗经。大家可能要问，现在海船上已有很多现代化的导航助航设备，为什么还要装磁罗经？道理很简单，它无需借助外接电源和设备就能指向，是船舶其它导航助航设备的可靠补充。

另一种目前普遍使用的罗经就是陀螺罗经，俗称电罗经。它利用陀螺仪的基本特性及地球自转的原理提供真北指向。1852年，法国物理学家列昂•傅科在提出利用陀螺仪证明地球自转实验的同时，还提出了利用陀螺仪作为指向仪器的设想，但限于当时的工业技术水平

未能成为现实。约60年后，即20世纪20年代初，陀螺仪才在航海技术领域得到了实际应用。陀螺罗经不同于磁罗经，它不依赖地球磁场定向，也不受船磁影响，因而具有较高的指向准确性和稳定性，它在正常工作时只有固定的误差，不会因航行地点的改变而变化，可以说船用陀螺罗经已成为船舶的一种重要导航仪器。

下面我们看一下工程技术上由一个高速旋转对称的转子和支撑转子的内、外环组成的悬挂装置所构成的陀螺仪，如图11-2所示。这种陀螺有绕XX' 轴、YY' 轴和ZZ' 轴旋转的三个自由度，若它的重心位于三轴交点，且不受任何外力矩的作用，就被称为自由陀螺仪。实验表明自由陀螺仪有一个很重要的特性，即在无外力矩作用的情况下，其主轴保持在指向空间的初始方向上不变（见图11-3），即使受到瞬时打击，其主轴也只相对于初始方向发生微小偏差。那么将这样的陀螺仪放置在地球某一点，并使其主轴水平指向子午线方向，是否就能作为船舶指向仪器呢？事情并不是这么简单。人们发现，在地球上受地球自身因素影响，自由陀螺仪轴北端在方位上有“东偏”或“西偏”现象，而在高度上存在“东升西降”现象。解决的办法有两个，一是将陀螺仪重心下移，再就是采用液体连通器。这样处理过的陀螺仪都具有自动找北的能力，便可用于航海的导航指向。

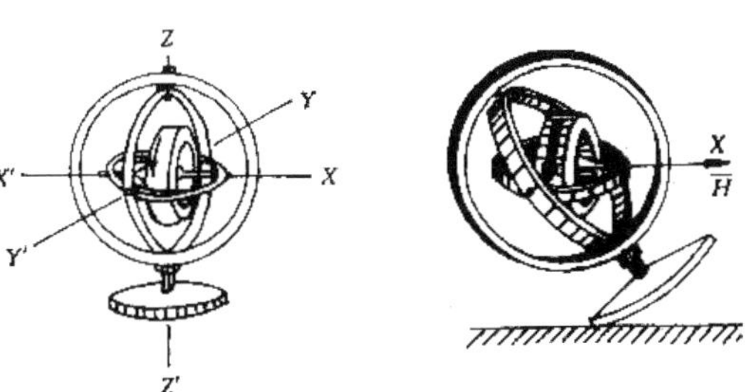

图11-2　陀螺仪　　图11-3　陀螺仪主轴的定轴性现象

陀螺罗经的发明是20世纪的事。1908年，德国人安修斯发明了第一台安修斯陀螺罗经，紧接着斯巴利型陀螺罗经与布朗型陀螺罗经也先后于1911年和1916年问世，它们都是以发明家的名字命名的，这些便是早期的陀螺罗经。3种陀螺罗经用的是相同的原理，但又有各自的特点。如在灵敏部分的转子个数上、给陀螺仪施加的控制力矩和阻尼力矩方式上等都有所不同。陀螺罗经的发展离不开电子工业的发展，像安修斯罗经，早期只作操舵罗经使用，随着晶体管的面世，晶体管放大器也用到了陀螺罗经上，并可增设船舶旋转速率显示器。电子线路集成度的提高，使得陀螺罗经不断向小型化方向发展，同时电源也从旋转式变流机改为静止式逆变器。进入80年代90年代初，数字技术应用到了陀螺罗经上，新型的数字陀螺罗经精度更高、体积更小、性能更加稳定可靠。陀螺罗经已成为现代航海确保安全的一种可靠手段。

三、船舶的千里眼

（一）雷达

船舶航行仅仅有正确的方向就够了吗？显然不是。大海上有过往的其它船只，有岛屿、冰山、礁石，特别是在夜间，在雨、雪、雾等能见度低的时候，要准确、及时地发现海上的目标，保证航行安全，就需要另一种导航仪器，在第二次世界大战期间雷达应运而生。雷达是英语Radio Detection And Ranging，即“无线电探测和测距”的英文单词首字母缩略词RADAR的音译。从其英文名字可见，雷达是用电磁波来探测目标的，它利用的是电磁波的二次辐射、转发或固有辐射技术，并将探测到的目标非常直观地显示到雷达显示屏上，不受环境能见度的限制，且作用距离远、显示直观、使用方便。在第二次世界大战期间，伴随着军事上的需要而得到了迅速的发展和广泛应用。图11-4为船用雷达的一个基本组成框图。二战之后，雷达在理论和工程技术上得到了不断的提高，不仅能显示目标，测定其距离和方位，还可用于船舶在海上的避碰，这也成为船用雷达的主要作用。早期的雷达进行避碰时用的是人工标绘避碰法，即通过注视雷达荧光屏上的回波，人工作图计算得到本船

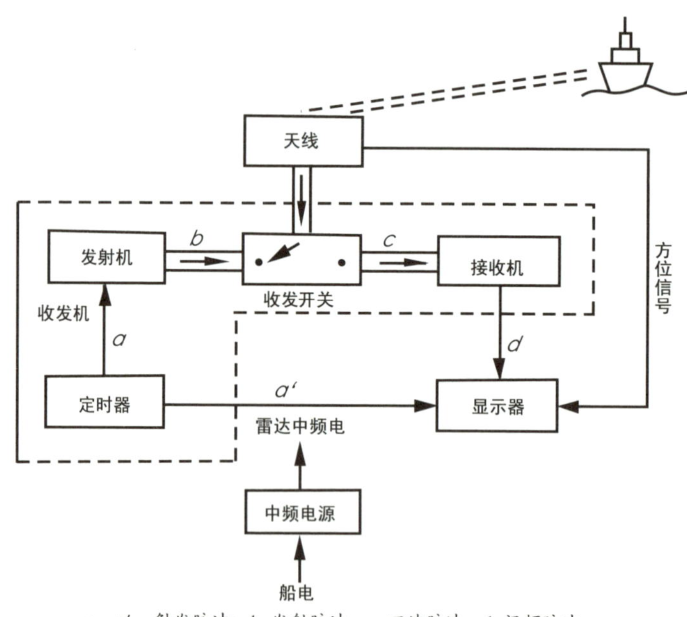

a、a′-触发脉冲；b-发射脉冲；c-回波脉冲；d-视频脉冲

图11－4 船用雷达基本组成框图

与相遇船的最近相遇距离及到达该距离的时间，实现避碰。但这种方法费时、不直观、不准确。尤其在多船相遇，避碰行动频繁时，基本失去了实用意义，直到电子计算机技术的引入。进入20世纪60年代末70年代初，雷达技术与之相结合，使目标船的发获、跟踪、计算、危险报警均可自动进行。自动标绘更是代替了人工标绘的全过程，使雷达发展进入了新的阶段，成为真正意义上的避碰雷达。虽名为避碰，但也不是装了它就万事大吉，为避免误会，我国将避碰雷达统一命名为“自动雷达标绘仪”，即Automatic Radar Plotting Aids（ARPA）。到20世纪80年代中期，出现了采用电视光栅扫描的彩色ARPA，其性能更为优越。国际海事组织（IMO）在80年代初对航海避碰雷达的配备作了强制性要求，其重要性可见一斑。

（二）关于雷达新技术

过去的几十年，在船用雷达的天线技术方面，没有发生本质的变化。在可以预见到未来，相控阵天线系统有可能引入到船用雷达中。现在的雷达需要发射大功率、高电压的短脉冲，而相控阵雷达发射一种幅度、频率和相位严格控制的“编码”雷达信号，利用相干技术对目标回波进行处理。

与现有船用雷达相比，相控阵雷达更为紧凑，电压低，发射功率小（瓦级而不是千瓦级）。它可以同时发射3个或更多雷达波束，波束持续时间较长，而且波束可以停止在特定的方位角，这将有利于在杂波中检测出微弱的目标回波。

相控阵雷达的主要优点是使用固定的天线，没有机械旋转部件，因而没有磨损问题，重量轻，维护方便。新的IMO雷达标准MSC192(79)中，对于2008年7月1日之后的新造船，不再规定雷达天线的最小旋转速率，也许就是为了给使用这种新的雷达天线技术留有余地。

将相控阵雷达应用于船舶的最大问题是：现有的船用雷达技术（例如目标捕获与跟踪技术、ARPA技术等）将不再适用，这就需要开发适用于相控阵雷达的相应技术。此外，因为相控阵雷达发射功率较小，对于检测24海里之外的目标会有问题。而且，原有的由大功率短雷达脉冲激发的搜救应答器和信标对相控阵雷达将不再工作。在新的IMO规则中，只要求X-波段雷达触发和检测搜救应答器和信标，因而S-波段可以用于相控阵雷达。也许在不久的将来可以用AIS代替搜救应答器和信标，或二者共存，或开发出适合于相控阵雷达的搜救应答器和信标。

四、高超的航海定位技术

船舶从甲地到乙地，当然要选择最经济最安全的航线，那首先要随时知道自己所处的地理位置，也就是要测定船位。传统的磁罗经、六分仪测天的航海技术测定船位都由于种种原因不尽人意。用什么更好的办法呢？早期的航海者使用的是无线电定位技术，可以说没有现代的无线电导航就没有现代航海。

对无线电有些了解的人都知道，电磁波传播有几个基本特性：其一，电磁波在均匀媒介质中传播时，其传播速度等于光速，也就是常数。其二，电磁波在同一均匀媒介质中是直线传播的。其三，电磁波在任何两种媒介质的边界面上必然引起二次反射。这三个电磁波的基本传播特性就成为无线电测定船舶在海上位置的基本原理。无线电导航的发展当然是基于无线电的应用而不断扩大和深入的，它根据无线电波传播的条件不同，在远、中、近及全球范围内，通过不同的无线电测向定位设备实现对船舶的导航和定位。

早在19世纪20年代就有船舶开始装备无线电测向仪用于导航。前面我们讲过，20世纪30年代发明了雷达，随后在40年代又发明了罗兰系统和台卡系统，在60年代甚远程甚低频的奥米加系统又面世，测向定位精度在不断提高。虽然电磁波的传播不受气候的影响，但不论是以上哪一种航海导航定位设备，都无法在性能可靠、作用距离远、精度高、抗干扰性强、使用简便、维修方便、价格便宜等方面做到面面俱到，因此人们迫切期待新型的船舶导航定位系统的出现。1957年第一颗人造卫星发射上天，为实现卫星导航提供了可能。卫星导航的原理也很简单，在地面设立一个卫星跟踪站，其地理坐标是已知的，用此地面站测量卫星信号的多普勒频移可测定卫星位置，同样测量卫星信号的多普勒频移也可测定观测点的位置。

1958年，美国海军出于对“北极星”核潜艇迫切需要一种精确的全球导航系统的考虑，开始研制“海军导航卫星系统”（Navy Navigation Satellite System，简称NNSS），1964年研制成功。它由导航卫星网、地面设施和卫星导航仪三部分组成，习惯叫“子午仪导航系统”。1967年该系统对民用开放。相比于无线电导航，该系统具有全球、全天候、自动化程度高、定位精度高等优点，航行时的定位误差一般为0.2~0.5海里。它的主要缺点是无法连续定位，因为只有5颗卫星在天上工作，通常需要1~2小时才能利用卫星测定一次准确船位，而其余时间只有靠航向和航速信息来推断船位，不正常时使用推算船位的时间长达十几小时。

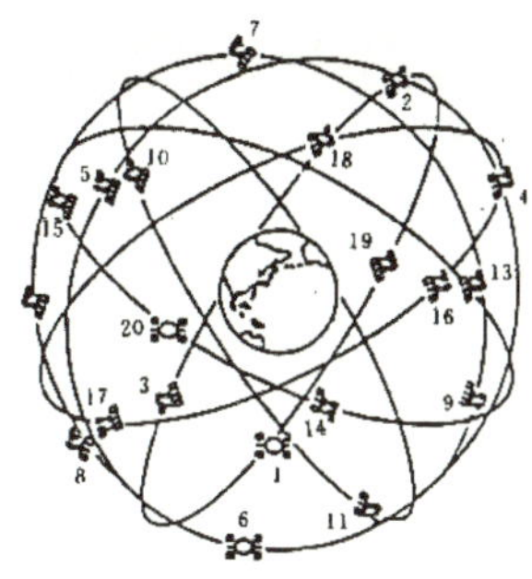

图11-5 全球定位系统有24颗卫星

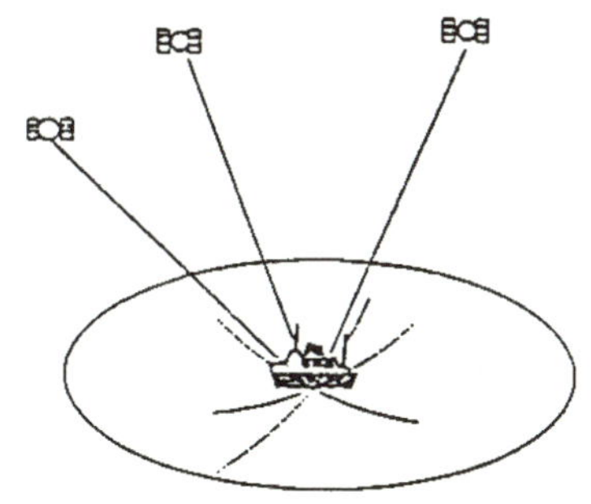

图11-6 靠同时观测到3颗卫星就能确定船位

军事和民间都对船舶导航定位精度提出了更高的要求，于是美国从1973年开始了更新的卫星导航系统的研究，即全球定位系统（Global Positioning System，简称GPS）。它由24颗卫星组成卫星导航网（见图11-5），于是在地球上任何时间、任何地点都能同时观测到至少4颗卫星。其实同时观测到3颗卫星便可确定船位（见图11-6），以观测到的卫星所在点为中心，测量出的观测点距卫星的距离为半径，作3个球面，交点即是观测点的位置（船位）。

GPS可实现连续高精度定位，定位精度在10米之内。随着GPS系统的成熟，20世纪80年代末90年代初，商船上开始大量安装GPS设备，这也宣告了子午仪导航系统使命的完成，该系统被关闭。目前利用差分技术的GPS设备，即DGPS设备可使定位精度达到1米。GPS设备除可显示位置信息，还可显示航向、航速等。如此先进的设备，航行安全就更有保障了。

上面我们提到了很多航海的导航助航设备，但它们都是各自为政，相互独立，船舶驾驶室内分布着大大小小、种类繁多的设备。德国人从飞机驾驶舱的

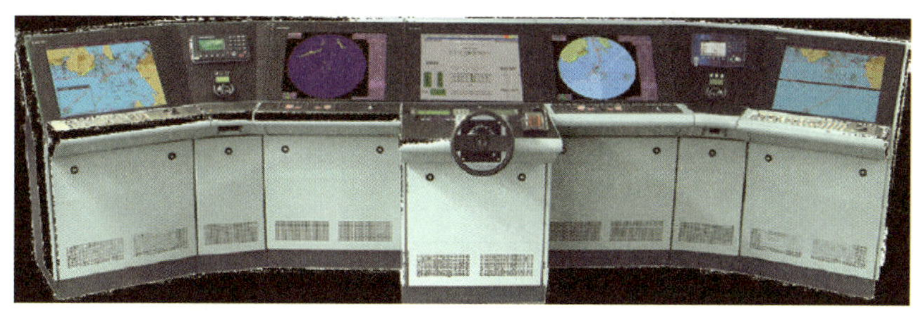

图11-7 一种船舶综合导航系统

集中布局得到启发，为什么不能将船舶驾驶室内的导航助航设备也集中显示，既把它们的功能综合起来，使船舶航行更安全、更经济，又可大大减轻驾驶人员的工作强度，坐在一个地方操纵键盘就能把所有导航助航设备显示的信息尽收眼底呢？于是在20世纪90年代，综合导航系统出现，更先进的还有一人驾驶室布置，目前新建造的一些大型船舶都安装了这种综合导航系统。图11-7是日本TOKIMEC公司的一套船舶综合导航系统。

人类经过近一个世纪的不懈努力，船舶的导航技术有了巨大的发展。当代郑和们再也不用像他们的先辈们那样担惊受怕了，有保障的航行安全使船舶运输事业飞速发展，为各国各地区的贸易交往提供了可靠的手段，架起了跨越大洋的彩虹桥。

五、船舶自动识别系统（AIS）

船舶自动识别系统(AIS)是一种新型的助航设备，能够实现船舶间和船岸间船舶信息和航行状态的自动交换、监测和识别，将极大地提高船舶航行的安全。AIS是一种无线数据系统，它包括基站和移动站，工作于一个或多个无线频道。

AIS的目的是为安全导航提供帮助，它以更新速率提供船舶的位置信息、船舶的固定信息和航行相关信息、以及与航行安全相关的信息。AIS自动工作过程中人为介入很少。

1990年，美国ROSS公司首先提出AIS的概念，研发出基于DSC技术的第一代AIS，并应用于阿拉斯加的威廉王子湾的船舶交通管理（VTS）系统。

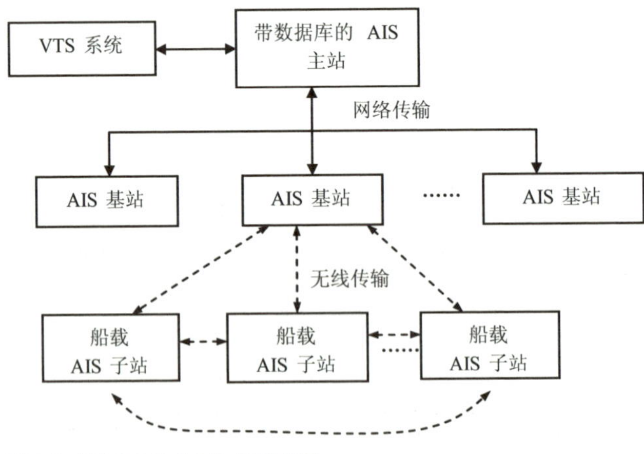

图11-8 船舶自动识别系统(AIS)框图

1995年，瑞典GP&C公司研发成功SOTDMA技术，并取得国际认证的专利。1995年11月开始，IMO、IALA、ITU-R、IEC非常重视SOTDMA技术在AIS中的应用，制定了基于此技术的AIS的多项统一的相关标准，并纳入SOLAS（国际海上人命安全）公约。

AIS工作方式可以是船对船、船对岸、岸对船。AIS应达到以下运行要求：

①达到船对船模式的避碰。

②作为沿海各国获取有关船只及其所载货物的信息的途径。

③作为船舶交通服务的工具，即船对岸（交通管理）。

AIS可以独立使用，也可以构成“船舶交通管理（VTS）”系统的一个子系统，从而使VTS系统的覆盖范围扩充到AIS的覆盖范围，如图11-8所示。

图11-8中，船载AIS子站用于船舶与船舶之间以及船舶与岸上AIS基站之间进行自动数据交换。AIS基站用于收集覆盖范围内所有装备了AIS子站的船舶的信息，并通过网络系统把这些信息转送给带数据库的AIS主站，以及广播与安全相关的信息。带数据库的AIS主站用于收集所有的AIS信息并将其存储在数据库中，从中提炼出各种应用信息传输给VTS系统。图11-9为船—船AIS操作示意图。

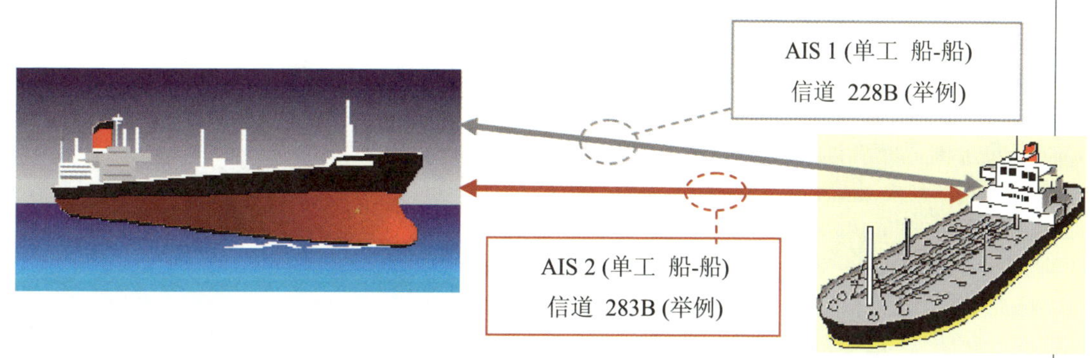

图11-9 船-船 AIS 操作示意图。

舰船家族篇

第十二章　专业化与现代化的船舶大家族

一、船舶文明在20世纪的发展

船舶，作为水上浮动的交通工具，一向是遵循阿基米德定律的，几千年来都是以木材造船，在20世纪则进入了钢船时代。大轮船的烟囱由多而少，由高而低，这体现了船舶推进装置的巨大进步。在20世纪的下半叶，船舶现代化新家族的出现，大大提高了运输效率，使其在运输竞争中长盛不衰。船舶的高速化，使阿基米德定律已在某些场合无用武之地。

（一）钢船时代和钢铁裁缝电气化

英国于1822年建成最早的铁壳船，但建成于1807年的第一艘明轮船“克莱蒙特”号却是木壳船。

到了19世纪中期，远洋待运的货物有了惊人的增长，蒸汽机技术和造船技术也都有了很大的进步，建造新船投入运行绝对有利可图。1860年英国人I.K.布鲁内尔建造了“大东方”号铁船，“大东方”号铁船船体结构的创造性设计为现代钢船设计开辟了道路。布鲁内尔首次将梁的力学理论应用于造船，还首创了纵骨架结构和格栅式双层底结构。

由于钢材具有优越的机械性能和良好的工艺性，在造船业中的应用发展迅速。1866年德国劳埃德船级社率先准许采用钢材造船。1877年世界上最老的英国劳埃德船级社开始登录钢质商船。1879年，新西兰联合汽船公司建成了1 777总吨的钢质船舶“罗托马哈那”号。

到了1885年，钢船的份额达到36.0%，到了20世纪初即1900年，钢船的份额已高达97.4%。可以说到20世纪已是钢船时代。

建造钢船之初沿用了造木船的技术，即用铆钉连接钢板。为保证强度和水密性，有时须采用双排或3排铆钉，铆钉间距有时只有钉径的4倍，还须施以专门的捻缝技术，工序复杂。进入20世纪，电弧焊接技术逐渐发展。1918年，英国南部的官办造船厂开始建造全焊接船舶。1920年，英国建造了船长为45.72米的焊接船舶“旗帜”号，日本长崎造船所建造了421总吨的焊接船“诹访丸”。焊接技术被说成是钢铁裁缝的电气化。

第二次世界大战期间，美国采用焊接技术得以在极短时间内建成2610

艘“自由”型运输船，这是使用燃油锅炉和蒸汽机的万吨级杂货船。这些“自由”轮在战时和战后，或因在波浪中被折断，或因破裂而沉没，损失竟达100多艘。究其原因，既有建造质量问题，也有焊接技术问题。“自由”轮焊接实践的经验和教训，推动了造船焊接技术。焊接较铆接具有更好的连接强度、严格的水密性以及施工迅速方便等优点，在第二次世界大战后的造船业中得到发展和普及。20世纪的下半叶，铆接在造船业中已基本上由焊接所取代。

（二）轮船的烟囱由多而少、由高而低

锅炉、蒸汽机带动船舶两舷的大轮盘，这大轮盘即明轮，这一整套机械设备俗称轮机，这种机动船舶也被称作轮船。早期的轮船是以单汽缸摇臂式蒸汽机驱动明轮推船前进的。1839年，第1艘装有螺旋桨推进器的蒸汽机船“阿基米德”号问世，其沉在水中的螺旋桨被称作暗轮。19世纪80年代出现了三胀式蒸汽机，此时明轮已为螺旋桨所取代。19世纪末，苏格兰式火管锅炉也逐渐被高压水管锅炉所取代，蒸汽压力提高到1.33兆帕。20 世纪初，航行于大西洋的大型远洋客船，高大的烟囱有5只之多。多而高大的烟囱是功率大、航速快的象征。

1896年，英国人C.帕森斯将他发明的反动式汽轮机成功地应用于船上，瑞典人C.迪拉瓦尔发明了冲动式汽轮机。进入20世纪以后，船用汽轮机不断改进，因为有重量轻，功率大，旋转均匀和无往复运动部件等优越性，在大型、高速船舶上获得广泛的应用。

1894年，德国人R.狄塞尔发明压燃式内燃机，即柴油机，20世纪初开始应用于船上。柴油机以其活塞的平均速度或曲轴的回转速度为指标，分为高速、中速和低速3种。高速柴油机的重量轻、体积小、多用在小型船舶上。低速柴油机虽无体积和重量的优势，但它具有最低的耗油率且可以燃烧劣质低价的重柴油或燃料油，成本费用低，多用在海洋大型船舶上。船用大型低速柴油机单机最大功率曾达到35000千瓦，几乎可适用于各种各样的大型海洋船舶。柴油机不仅淘汰了蒸汽机，在与汽轮机的竞争中也占尽优势。

由于柴油机船已不再装设庞大的锅炉，因而，烟囱变少了和小了，甚至有的柴油机船只在两舷或尾部设较为隐蔽的排气管而完全舍弃了烟囱。轮船的烟囱由多而少、由高而低，体现了船舶动力装置的巨大进步。

（三）阿基米德定律被“扬弃”

船舶在几千年的发展历程中，其浮力都严格等于船舶所排开同体积水的重力。在20世纪下半叶，随着各种交通

工具的高速化，人们不断探索超出常规的各种新船型，船舶的重力已不再完全靠浮力来支持。

1. 水翼艇

滑行艇在水面上高速滑行时，流体将对艇体产生举力，这时艇的吃水减少，浮力也减少。艇体的重力由举力和浮力共同支撑。将滑行艇加装水翼后，随着航速的提高，水翼产生的举力能将艇体抬起，当艇底被抬到水面以上则使水阻力显著降低，因此可使航速进一步提高。水翼艇航速通常可达50节以上。

2. 气垫船

其重力是利用船体与水面之间的空气垫的静力来支持。由于船体已离开水面，所以受到的阻力就非常之小，从而可提高航速，其航速可达80节。全垫升式气垫船可在水上、冰上和沼泽地带航行，而且有一定的超越障碍能力。

3. 冲压式气垫船

是利用空气动力的表面效应而得到支持力，即利用动态的气垫。冲压式气垫船与其说是船，不如说更像“飞机”。

以上水翼艇及气垫船等因为具有高速度，常被称为高性能船。还有一种高性能船型是20世纪70年代才发展起来的，即小水线面双体船。由两个鱼雷状水下浮体提供浮力，船体有如水上平台，中间以流线形支柱连接船体和浮体。由于支柱的水线面很小，所以很少受到波浪的影响，能大大改善耐波性和适航性。

不论过去、现在和可以预见的未来，船舶都是人类乐于使用的经济、安全、便捷的交通工具。

船舶的使用早已超越了交通的范畴，在渔业、旅游业、水上工程、海洋研究和开发以及海军建设等诸多领域也发挥着重要作用。随着船舶专业化、高速化和自动化的实现，船舶将全面而周到地为人类文明和进步服务。

二、专业化与现代化的船舶大家族

在人类文明发展的历史长河中，船舶始终伴随着人类，并且为人类的文明和进步服务。早期的运输船承揽一切货种，包括散装的煤炭、谷物和桶装的酒类、油类，甚至还客货兼运。随着科技进步，船舶逐渐实行专业化，出现了全新的船型。

今天的科学技术已经发展到可以上天，可以入海。可是，船舶仍然是人类的最得力、最有效的工具。过去，洲际航行，轮船是最主要的甚至是唯一的交通工具。今天，远程的交通早已为飞机所取代，但是国际贸易的85%以上的份额仍然依赖船舶。发展钢铁业的矿石运输，能源的煤碳运输、石油运输和液化石油气（LPG）、液化天然气（LNG）运输，还有粮食与谷物运输，更有大量杂货运输主要依靠各式船舶。

人类所居住的地球，海洋面积占有70%。为了研究海洋和开发海洋，也要靠科学研究船舶和海洋开发船舶。当前应用最广泛的有各式钻井平台和浮式生产储油船以及各式工作船。为发展海洋渔业又有各式渔业船舶。为了在海洋、江河和湖泊中进行工程建设，又少不了工程船舶和工作船舶。为了保证人类在海洋上进行各种活动的安全，当然也少不了海上救助船舶。

人类文明的发展是无止境的，舟船文化的发展也是无止境的。今后当然还会有新型、新用途的船舶出现，为人类的文明和进步服务。

（一）客船——旅游船——游艇

1. 20世纪初迎来了巨型客船时代

有一条巨轮失败于超前，它是1858年下水，因船体结构的创造性设计为现代钢船设计开辟了道路的“大东方”号客轮。因为当时高效蒸汽机还没有发明，汽船煤耗太大，费用不经济。还有一个根本原因就是，当时客源不踊跃，导致它生不逢时。“大东方”号本是为开辟欧洲到澳大利亚的航线而设计的，也是当时世界上最大的汽船。它的装修甚是豪华，耗资巨大，可是在横渡大西洋的处女航时，竟只有36位乘客。“大东方”号虽是世界上首屈一指的巨轮，但最后只以2.5万美元拍卖，被改装成在大西洋敷设海底电缆的敷设船。在1866年完成第一条横跨大西洋的电缆后不久，就停航达20年，其中曾移泊英国利物浦供人参观，到1888年竟被拆做废料处理。

如果“大东方”号客船晚诞生50年，它的遭遇将是水火两重天。从19世纪末开始，欧美社会对海上客轮的需求越来越大，各国的船商都行动起来，竞相建造大型豪华客船，以图在实际营运中获利。船舶吨位不断加大，航速一个比一个快，争夺“蓝绶带”奖的竞争很是激烈。

“蓝绶带”奖缘自19世纪50年代丘纳德公司的“哥伦比亚”号船长查理斯•朱塞斯的建议，他建议凡横渡大西洋最快的船，获奖后可以在桅杆上悬挂蓝色绶带旗，船员可获得一笔奖金。这一建议很快被船东推崇，并成为同行业的行规。“蓝绶带”就是航运公司的品牌，它能给船东带来更多的客源和利润。

20世纪初，美国开始采用金本位制，美元的购买力显著提高。美国摩根财团的触角伸向航运界，各国的轮船公司几乎都被控制在国际商业海运公司（IMM）之下。摩根想垄断英美横跨大西洋客运业务，他1901年收购了白星公司。到了1907年，连英国老牌的卡纳德（Cunard）轮船公司也濒临被收购的危机。

由于船舶固定资产占有额甚大，而船舶所投入的水上运输业又是微利型和占用大量资金的服务性行业，船东难以靠货运盈利积累资金来扩充或更新船队。英国政府为避免其第一大邮船公司落入外国人手中，1905年紧急向卡纳德公司提供了260万英镑、为期20年的低息贷款。卡纳德用这笔钱建造了两艘著名的大型客船“路西塔尼亚”（Lusitania）号和“毛里塔尼亚”（Mauretania）号姊妹船。

“路西塔尼亚”姊妹船投入营运以来，西行的船客数创最高纪录（见图12-1）。月平均有36万之众的旅客在纽约登陆。该姊妹船31550总吨。由于装备了蒸汽轮机，横渡大西洋所需日期缩短到5日以内。该两船先后夺得最高船速的大西洋“蓝绶带”的荣誉。

摩根控制的英国白星轮船公司虽然在船速上难以胜过上述两船，但它以船舶的大型化和舒适性招徕顾客，于是推出总长为259.83米的4万总吨的奥林匹克号三型客船：“奥林匹克”（Olympic）号、“泰坦尼克”（Titanic）号、“布利坦尼克 ”(Britanic)号。可是，这三艘客船时运不济，其中第二号船“泰坦尼克”号（见图12-2），于1912年的处女航中，因与北美沿岸的冰山相撞而遭致沉没，1503人死于非命。第3号船“布利坦尼克”，尚未参加商业航行即在第一次世界大战中触雷沉没。

英国的卡纳德轮船公司、白星轮船公司和德国的劳埃德轮船公司的客船曾长期占领角逐的舞台。德国的汉堡、美利坚轮船公司，也于1913年开始，拟建造“安培拉托尔”(Imperator)号为首的3艘5

图12-1 “路西塔尼亚”号客船出航的热烈场面（1908年）

图12-2 大西洋客船“泰坦尼克”号（1912年）

1929年起，德国和意大利的轮船公司又开始了大型快速客船的建造计划，从而产生了一批著名的客船：德国的“布莱梅”（Bremen）号、“欧洲”(Europe)号；意大利的“雷克斯”(Rex)号。这样，大西洋“蓝绶带”的荣誉在被英国占有20多年之后，又被德国所夺得。不久，又被意大利所突破。与英国、德国相对抗，受政府资助的法国轮船公司于1935年建成著名客船“诺曼地”（Nomandie）（见图12-3）号，总吨位接近8万，该船采用117680千瓦的汽轮机电力推进，船速超过30节，从而使法国首次获得大西洋“蓝绶带”的殊荣。

万总吨级的客船进入世界客运竞争。意大利客船业也奋起直追。然而，第一次世界大战的爆发，使得建造大型客轮的步伐受阻。

1914年8月，英国卡纳德公司的“路西塔尼亚”号客船被移交给皇家海军，在利物浦港装备上12门6英寸口径的舰炮，被注册为英国海军舰队的成员。1915年5月7日下午两点十分过后，负重30396吨的“路西塔尼亚”号毫无预警地被一枚鱼雷击中，只用了20分钟左右就沉没了。发射鱼雷的德国潜艇U20绕着下沉的船只转了几圈，然后就逃离现场。保持“蓝绶带”奖达20年之久的“毛里塔尼亚”号，在第一次世界大战中被征作运输船和医疗船。

图12-3 法国邮船“诺曼地”号（1935年）

1934年，英国的卡纳德公司与白星公司合并，两年后推出著名客船“玛丽皇后”（见图12-4）号，与法国的“诺曼地”号展开激烈的竞争，在船速上互有突破。1938年，英国又推出“伊丽莎白皇后”（见图12-5）号，使世界上超过8万总吨的客船达到3艘，即“诺曼地”号、“玛丽皇后”号、“伊丽莎白皇后”号。

图12-4 “玛丽皇后”号邮船（1936年）

以北大西洋为舞台的英法巨型客船的热烈竞争，因第二次世界大战的爆发而匆匆谢幕了。在第二次世界大战中，这几艘大型客船非常活跃，在1940年兵员运输船的改造相继完成，“伊丽莎白皇后”号也不例外，英国首相邱吉尔曾赞誉皇后姊妹号的活跃将使大战提早结束一年。

战后，美国于1952年建成“联邦”（United states）号，总吨位为53330，她不仅是美国所建造的最大客船，也是当时世界上横渡大西洋平均航速超过35节的大型客船。但是商业航空的发展，妨碍了大型客船的前景。自1959年喷气客机用于洲际航空，给大型客船以致命打击。其结果是迫使皇后姊妹号提前于1967、1968年退役。如今，“玛丽皇后”号像个旅游博物馆和酒店静卧在美国加州的长滩，“伊丽莎白皇后”号则被香港的船王董浩云以300万美元购下，计划用作海上大学。十分可惜的是，在1972年该船刚刚装修完，因火灾而沉入海底，据报导，董浩云之长子董建华当时正在船上主持董事会议。该船上镌刻有“Queen Elizabeth”船名的巨大的船钟被打捞起来，现在收藏在位于上海交通大学的董浩云航运博物馆。该航运博物馆于2003年春隆重开幕，董氏的子女悉数到会，开馆典礼由上海市和交大的领导人剪彩。

图12-5 “伊丽莎白皇后”号邮船(1938年)

2. 定期客船的衰败与第一代旅游船的兴起

在大型客船无法与喷气客机竞争的特定条件下，一种选择是用定期班轮兼作旅游船。英国卡纳德公司于1969年推出了“女王伊丽莎白二世”（Queen Elizabetn 2）号，其设计意图是，夏季可用作大西洋定期客船，冬季则用作旅游船。作为旅游船，“女王伊丽莎白二世”号还曾访问过我国的青岛和大连。

随着以大型喷气客机编织的航空网不断完善，上述兼用客船的意图终归难以实现。具有世事更迭意味的是，英国大型客船“女王伊丽莎白二世”号投入营运的1969年，也正是波音747型客机作首次飞行的一年。从上个世纪60年代到70年代，载客定额高达200～500的波音747、麦•道DC-10及洛克希德L-1011等超大型喷气客机十分活跃，而经营定期客船兼游船的轮船公司则被弄得一筹莫展。

值得注意的倒是一些不知名的挪威等新兴起的轮船公司，相继推出若干艘全新的旅游客船，在加勒比海从事海上旅游事业。这些专业的旅游客船有：斯塔瓦德（Star Ward）型2艘，1968年；挪威之声(Song of Norway)型3艘，1970年；海洋探险(Sea Venture)型2艘，1971年；皇家之星(Royal Viking Star)型3艘，1972年。这些全新的旅游船可算做第一代旅游客船，其主要特征是：

①客船宾馆化，客船只设一个等级，提高舒适性。几乎每室皆住2人，卫生及空调设备俱全。

②广设大型公共活动场所，具有流动娱乐场的特点。

③以2万总吨左右的船型为主，不再采用高速大型客船的设计思想，航速20节左右。

④机舱多设在中后部，以便在中央部位设置宽敞的公共活动场所，加强娱乐功能。

⑤旅客定额为600～800人，船员300人左右。

⑥利用宽敞的公共设施安排丰富多彩有娱乐活动，船上设各种娱乐活动的节目主持人。

3. 第二代旅游船及其发展趋势

到20世纪80年代以后，新兴的旅游客船迅速趋于大型化。从2万总吨增加到4万总吨，到90年代则增加到7万总吨，载客定额也增加到1200～1800人左右。但是航速并无多大变化。这可称作是第二代旅游客船。

第二代旅游客船有新的特点。以英国1984年投入营运的“皇家公主”（Royal Princess）号具有代表性。该船44384总吨，经减速齿轮箱直接带动推进器，航速22节，载客1200人。为了提高舒适性，全船600间客舱都是外向的，其中152间更有专用的海景阳台。且所有公共娱乐场所均设在下层甲板或内向无阳光的地带。

到了90年代，美国CCL公司经营的，由芬兰赫尔辛基造船厂建造的“幻想”（Fantacy）型旅游船3艘：“幻想”（Fantacy）、“狂喜”（Ecstacy）、“激动”（Sensation）。这3艘船相继在90年代初交船并投入营运。该型船70367总吨，总长260.8米，载客2600人。到1991年春，超过70000总吨的旅游船就有8艘之多。

为什么旅游船又趋于大型化？原因是旅游的市场不断扩大。据统计：“1970年代，全球旅游船游客数量大约每年50万人，80年代初发展到每年300万人，90年代初已增至463万人；随着豪华旅游船规模的扩大，到2000年骤升为1029万人，增长了2.2倍。仅这10年间，游客数量的年均增长速度达到8.3%。可以预测，未来乘坐豪华旅游船度假将成为更多人的选择”①。

①程天柱、万宇：“豪华旅游船——四海漫游的五星饭店”，《舰船知识》2007年第7期，第64页.

4. 进入21世纪旅游船迅猛发展

1）“玛丽女王二世”号豪华旅游船

该船于2003年12月22日在法国大西洋船厂建成。2004年1月8日，英国女王伊丽莎白二世在南安普敦港为其正式命名。1月12日由安普敦港开始处女航，经过14天到达美国佛罗里达州的劳德代尔堡。

“玛丽女王二世”号(见图12-6)由全球最大的游轮经营集团美国嘉年华公司旗下的英国卡纳德轮船公司订购，挂英国旗。这艘当时最大、最豪华、最为昂贵的客船，船长345米，船宽41米，吃水10米，15.14万总吨，造价达7.8亿美元。动力装置采用2台燃气轮机和4台柴油机，总功率117000马力，航速接近30节，而且振动小、噪声低、适

图12-6 “玛丽女王二世”号豪华旅游船（2003年）

航性好。

该船设有1370套豪华客房，可容纳2620名旅客，船员1250人。近70%的客房都有单独的海景阳台。其中有3套总统套房，内设私人电梯和健身、洗浴设施。船上还有14个风格各异的酒吧，10个就餐区，5个泳池，8个按摩池。最大的餐厅可供1250人同时就餐。有欧洲各国和亚洲中、印等国饮食并可随时调换。可容纳千人的多功能厅可兼作影剧院和天文馆，有大舞厅和夜总会、有赌厅、健身房、篮球场、网球场、模拟高尔夫球场和儿童活动中心。有图书馆以及20家名牌时尚用品商店。14层的游客活动空间，从船头到船尾，设4组电梯并配有步行楼梯。

“玛丽女王二世”号的辉煌在于它的庄重与典雅。公共活动场所都有一些反映不同文化和历史背景的大型壁画。人员所到之处，10步之内必有艺术作品：浮雕、壁画、油画、水彩画，宛如一所陈列艺术品的殿堂。钢琴与小提琴演奏、爵士乐演奏和流行音乐演奏各得其所。

2）日本的造船厂也加入建造豪华旅游船的行列

豪华的客船与旅游船的建造，过去一向为欧洲的一些著名的造船厂所垄断。例如：法国的大西洋船厂、芬兰的赫尔辛基船厂、英国的克赖德船厂、意大利的蒙法尔科内船厂、德国的玛依雅船厂和瑞典的克科姆斯船厂等等。日本的三菱重工长崎船厂，在1990年曾建造过近5万总吨的“晶谐”（Crystal Harmony）号，在2004年5月又建成10万总吨的“蓝宝石公主”号（见图12-7）。该旅游船船长290米，宽37.5米，吃水8.5米，采用柴油机—燃气轮机联合动力装置，航速22节。载客定额3643人，船员1122名。

图12-7 日本建造的“蓝宝石公主”号豪华旅游船（2004年）

“蓝宝石公主”号的船东是世界游船巨头美国嘉年华公司。该船于2005年4月的东南亚~中国之旅，首次到访我国的上海、天津和大连，到天津的游客可选择到北京游览。“蓝宝石公主”号还向中国游客推销该船畅销的“北欧线”和“地中海线”船票。优惠价格分别低于原价800美元和1100美元，2006年10月该船曾再次来访。

5. 大型豪华旅游船“海洋三姊妹”

1）大型豪华旅游船“海洋三姊妹”

图12-8 世界最大的旅游船“海洋解放”号（2007年）

世界最大的豪华旅游船“海上自由”（Freedom of the Seas）号，于2006年4月正式交付给美国皇家加勒比公司。该船总吨位为15.8万总吨，4轴推进。

2007年4月22日，“海上自由”号的姊妹船“海洋解放”（Liberate of the Seas）号（见图12-8）建成并驶抵英国南安普敦港。两姊妹船均由芬兰的阿克尔船厂建造。“海洋解放”号16万总吨又突破了“海上自由”号。该船可容纳4375名游客和1360名船员，载客量和总吨数均超过了“玛丽女王二世”号。该船每航行1周的船票价格因舱室不同而有相当大的差别。按每人每周的人民币（元）计算有：

最便宜客房：2.5万元，

海景房3.8万元（20平方米客厅，7平方米大阳台），

皇室套房6.7万元（随时享受专职仆人的服务），

总统套房7万元（4个卧房、80平方米客厅、户外漩涡浴池、私人酒吧，最多可容纳11人）。

除了已经推出的“海上自由”号和“海上解放”号以外，皇家加勒比公司定于2008年4月再推出“海洋独立”号，这就是“海洋三姊妹”。还有，在2008年将建成并投入使用“创世纪”号。这艘新船将达到惊人的22万总吨，其载客量达5400人。届时，“海洋三姊妹”将不得不把世界最大旅游船的桂冠拱手相让。

2）就像一座小型城市

人们乘坐游船旅游，常会带上泳装，但是否还要带上溜冰鞋和高尔夫球杆呢？在此要提醒您：乘坐世界最大的游船“海上解放”号，后两者也是要备的。“海洋解放”号上面的各种设施不似人们印象中的游船，倒更像一座小型城市。“海上解放”号不但设计有一个真冰场，还有一个9洞的小型高尔夫球场、13米高的攀岩墙、水上乐园以及一个标准大小的拳击台。此外，它还拥有世界上最大的海上体育馆。

3）剧院、公园应有尽有

如果害怕海面太大，海水太深，游客可以在游船的水上公园里尽情戏水。游船尾部有一个冲浪游泳池，为制造出海浪效果，水泵每分钟能将154吨海水打向冲浪者，制造出时速35公里的波浪。游客也可以在船上的日光浴场享受日光，更可享受漩涡水池的惬意水波。游船建有6层楼高的购物中心，那里商

图12-9 船上有百米长的购物街

店林立（见图12-9）。游船剧院可容纳1300人。每晚还举行马戏表演。游客也可在甲板上的雕塑公园里散步闲聊。这里的环境非常适合举办婚礼。

4）船上可享全球美食

除了游乐设施，游船上的美食也足以令人称道。船上有10间饭店，包括一个牛排餐厅、一个意大利上世纪50年代风格的餐厅、一个“亚洲美食会”。游船上还有一个三层楼高的餐厅、里面可供应来自全球的美酒佳肴，可同时供1500人就餐。如果乘客觉得在这些地方就餐太浪费时间，还可以到游轮的“强尼•洛克斯”美式汉堡餐厅吃快餐。

美国人喜欢坐游船度假，而英国人也热衷于此，每年有超过100万英国人乘坐豪华游船，比去滑雪度假的人还多。在全球范围，乘坐游船度假的游客在过去10年增加了1倍。2006年，英国就有120万人参加了游船旅游，游船公司预计2007年的游客数量还将增加30万人。

与以往的游船相比，“海上自由”号设计有更多的儿童游玩设施，以吸引更多的年轻家庭。在海上游轮度假需要耗费较多金钱，以往的乘客多为领取养老金的退休人士，他们一般早已功成名就，拥有更多经济积累。游船业界则希望逐步改变现状，他们认为，参加游船旅游的游客平均年龄呈下降态势。虽然此前不断有游船曝光食物中毒和传染病毒事件，但花上1500英磅（约2.25万元人民币）就能在海上畅玩7天7夜，对许多年轻人来说仍具有很大的诱惑力。

6. 私人游艇

私人游艇的发展已经有不短的历史了。在国外，汽车早已普及，但是要拥有私人游艇还只能是少部分人士占先。游艇除装修的豪华之外，船舶性能的设计也具有相当的技术含量。游艇也是要由专门的造船厂设计和制造。

作为制造大国的中国，近年也有的厂家承接外国的订货，制造游艇。豪华游艇“亚洲女士”号就是烟台莱佛士设计和制造的。若干年之后，中国或可成为游艇的出口大国。

（二）渡船

渡船是为乘客或车辆渡江、渡河或渡过海峡而建造的船舶。过去，上海的黄浦江上无桥梁，下无隧道，人们渡江只有乘渡船，也称之为渡轮或轮渡。江城武汉，据当时铁道部部长滕代远在《关于修建武汉长江大桥的报告》中陈述，中央铁道部曾于1951年在武汉建立轮渡工程，以维持南北的运输，每昼夜单向运输300多辆，均为货车，客车不通。根据调查，在长江大桥建成之前，武汉三镇间每日依靠轮渡及木划子摆渡，来往人员及市民竟达115000人次，每年失事死亡人数平均300人以上，时间及经济上之损失，更属惊人。现在长江大桥已有多座，过江隧道正在建设中，轮渡的客运业务锐减。今后的任务恐怕主要是游览长江与汉江。

1. 客渡及车客渡

目前海峡客渡还很时兴。例如大连～烟台航线，航程89海里，过去乘客船需7～8小时。现在中国海运公司经营的“海燕”号等双体快船，设470个座位，横渡渤海海峡只用3个多小时。有的客渡兼载运汽车，也称之为车客渡，也有的称为客滚船。图12-10为大连～烟台航线的车客渡船。

2. 汽车轮渡

近来，在各大江大河之上桥梁数目急骤增加，但是汽车轮渡仍然很是普及，图12-11为上海～崇明线车客渡船。

车客渡是既载人也载车。通常在载车甲板上载汽车，首尾设汽车跳板供汽车上下，乘客通常在上层建筑中乘坐休息。

图12－10 大连～烟台航线车客渡船

图12－11 上海～崇明线车客渡船

3. 火车轮渡

过去，京沪铁路和京广铁路在渡过长江时，都必须将火车驶上火车渡船，渡船驶抵对岸后，列车再驶下火车渡船。上个世纪的50年代，在武汉建设了长江大桥。在70年代，又在南京建设了南京长江大桥。现在的京广、京沪铁路的列车可以全速通过大桥，而无需火车轮渡了。但是，许多乘客还不知道，火车轮渡的职工还在日夜待命，如果有战争或其它意外事件发生，即使大桥不能通火车，备用的火车轮渡在数分钟之内即可使列车用火车轮渡渡江。

1）粤海铁一号

中国历史上第一辆跨海火车，于2003年1月7日，从湛江西站出发开往海安轮渡码头，然后搭乘“粤海铁1”号（见图12-12）抵达海南省的海口站。

图12－12 “粤海铁一号”火车轮渡

2）中铁渤海一号

烟台～大连铁路的第一艘万吨级火车轮渡（见图12-13），现在已经取得货运试验的成功。该火车轮渡甲板有5列火车铁轨。单航次可载运50节80吨重的货车车箱，50辆20吨载重汽车和25辆小轿车，还可乘480名旅客。轮渡设上下两层载车甲板，上层为汽车甲板，下层为火车甲板。火车上下船采用尾进尾出方式，汽车在右舷采用侧进侧出方式，旅客通过全封闭的人行栈桥在

图12－13 “中铁渤海一号”火车轮渡

船中部上下船，火车、汽车和旅客安全隔离、各行其道。

从大连市的旅顺口区羊头洼港至烟台港，距离86.28海里，约159.8公里，预计海上行驶时间为6小时。以往从大连到烟台如果乘火车，只能以远上10倍的距离绕行山海关。烟大铁路开通以后，火车“坐”上轮船，由海上直抵烟台，旅客可再搭上山东半岛的铁路网继续旅行。

（三）杂货船——多用途货船

1. 杂货船

杂货船又称统货船、包装货船，是专运包装、桶装和成箱、成捆等杂货的船。航运初期的货船因为没有实行专业化，所有的货船也都是杂货船。第二次世界大战期间，为适应战时后勤保障的要求，各海运国家都成批建造标准型干货船。其中以美国建造的载重量为10800吨的“自由轮”最为著名，先后建造了2000多艘。

杂货船的优越性是适应性广，揽货容易。它的缺点是装卸效率较低，停港时间相对较长。从而杂货船的载重量总是徘徊在一万吨左右，很少超过二万吨。像十大名船为首的万吨级干货船“东风”号，就是典型的杂货船。

为防止上层货物压坏下层货物，杂货船常设置多层甲板。船上设有起货设备，可自行完成装卸作业。这样可使杂货船在无装卸设备的小型港也能揽货。

2. 多用途货船

随着集装箱运输的发展，杂货船的甲板上也要装上集装箱，或者也想在货舱内装集装箱，在更新过程中派生出多用途货船。多用途货船一般为双甲板、尾机型的大舱口船。设计时注重经营的经济性，货物装卸方便，而航速编低。上甲板上堆装2～4层集装箱，或在上甲板上堆装其它货物。上甲板下货舱口两侧设有边舱以代替传统的深舱作为压载水舱。

多用途货船在我国大大小小的船厂都建造过。山东威海船厂（山东新船重工有限责任公司）自1996年起建造出门船，产品远销德、荷、加、日等国。图12－14所示的多用途集装箱货船总长161.0米，型宽25.0米，型深13.9米，吃水9.6米，最大载重量18000吨，主机功率13560千瓦，服务航速19.0节，续航力13000海里。

多用途货船的重要特征是：配有起重量为40吨（或更大）的灵活高效的回转式起重机，以便能装卸大型集装箱或其它大件货物。图12-14为沪东中华造船集团建造的1.6万吨多用途集装箱船。该型船适应性强、营运经济性好，故制造批量也大，适合于小型航运公司到世界各中小港口揽货，逐步形成一系列定型的多用途货船。

图12－14 沪东中华造船集团生产的16 000吨多用途集装箱货船

（四）集装箱船

在件杂货运输中，由于件杂货种类繁多，包装不一，装卸作业又受到雨天的影响，造成停港时间长的弊端。在20世纪的60年代，几条主要航线的普通定期货船，其停泊和装卸作业时间曾占了航次的40%～50%。这就大大影响到这类船的经济性。

提高杂货船的运输效率和运输能力主要途径是提高装卸效率，缩短停港时间。件杂货运输装卸合理化的关键是货物的成组化，以适应装卸的机械化，而“集装箱”是比较理想的成组工具。把货物装入集装箱，以集装箱作为运输单元进行运输。

1. 集装箱船的由来及其一般特点

1956年，美国的泛大西洋轮船公司（即后来的海陆运输公司）将“盖特威城”号油船改装，在甲板上试装集装箱航行于纽约与休斯敦之间。由于装卸效率大为提高，停靠码头的装卸时间由7天缩短到15小时，获得良好的经济效益。

1961年，美国航运业正式建造全集装箱船。海陆运输公司第一艘集装箱船“伊丽莎白港”号于1962年在巴拿马东、西两岸航线上正式投入营运。该船能装载35英尺的集装箱475个，每航次营运时间为18天，在港口只用24小时就能完成装卸任务，成为波多黎哥以东海区装卸效率最高的船舶。此后美国各大航运公司就陆续开辟了北美大西洋沿岸～欧洲、北美太平洋～远东、美国西海岸～夏威夷等集装箱航线。从1966年起，西欧一些国家如英国、联邦德国、法国、挪威、荷兰等国都积极发展集装箱运输，建造了各种类型的集装箱船。

全集装箱船的货舱内设有格栅结构以便于堆装集装箱。集装箱的装和卸都是沿垂直方向运行，用岸壁装卸桥装卸时，每小时通常能装卸30个标准箱或更多。由于装卸效率高，要求集装箱船在技术上具有如下一些特点：

①载货量通常宜大。

②主机功率大、航速高。

③船体瘦削以减少航行时的阻力。

④装卸时横倾角宜极小，不致使集装箱体与垂直的格栅卡住。

⑤对稳性要求高。因为甲板上堆装很多集装箱从而提高了重心，船舶要有足够稳性。

⑥货舱开口大，货舱尺寸规格化。货船口尺寸大引起了船体强度问题。

2. 我国建造的集装箱船

1）4万吨级冷风冷藏集装箱船“柏林快航”号

1990年，沪东造船厂为德国劳埃德轮船公司建成“柏林快航”号集装箱船。该船可载2700个标准集装箱，其中544个冷风冷藏集装箱可自动调温。该船船体采用不对称尾型，其综合导航系统可实现从启运港到目的港全程自动导航，全船只需16名船员。主机采用瑞士苏尔寿专利制造的21330千瓦低速柴油机，航速21节。这是被国际航运界誉为“未来型”的大型集装箱船。

2）中远川崎5446标箱集装箱船

2001年9月，南通中远川崎船舶工程有限公司为我国中远集团建成5446标箱的集装箱船，船名“COSCO ANTWERP”（见图12-15）。第2艘同型船舶“COSCO FELIXSTOWE”也在2002年4月交船。这是我国当时建造的最大的集装箱船。

图12－15 南通中远川崎船舶工程有限公司建造的5446标箱集装箱船

3）“新大连”型5668箱集装箱船

这艘名为“新大连”号的大型集装箱船，于2003年2月25日在大连窑湾码头开始了处女航。该船长279.6米，宽40.3米，型深24.1米，设计吃水12.0米，结构吃水14.0米，主机选用MAN-B&W12K90MC-C型低速柴油机，功率54720千瓦（74520马力），航速可达26节。能装5668个标准集装箱（见图12-16）这是大连船舶重工集团有限公

图12－16 大连船舶重工建造的“新大连”号能装5668个标准箱

司为中国海运集团建造的。在“新大连”号交船的同一天，又有姊妹船“新天津”号下水。紧接着还有另一艘姊妹船铺墩。与大连船舶重工集团同时接获4艘5668箱集装箱船订单的沪东中华造船（集团）公司，也有“新青岛”号等相率交船。

4）沪东中华“新亚洲”型8528标箱集装箱船

国产集装箱船的记录很快就被打破，沪东中华造船集团接着就为中国海运集团建造了8528标箱集装箱船，名为“新浦东”号（见图12-17）。

5）中远川崎10000标箱集装箱船

中远川崎建造的10000标箱的集装箱船（见图12－18），是迄今为止国内建造的集装箱船中载箱数量最大、航速最快、技术性能最先进的大型集装箱船。也是国内航运界应对全球集装箱运输业迅猛发展、激烈竞争的急需船型，技术含量高、经济价值大，设计和建造技术代表了当代世界造船业的先进水平。

3. 集装箱船大型化升级加速

在100多年的时间里，杂货船载重保持在1万～2万吨。1956年第一艘油船

图12－17 沪东中华造船（集团）公司建造“新浦东”号

图12-18　中远川崎为中远集团建造的10000标箱的集装箱船

改装成集装箱船获得成功后，集装箱船迅速大型化。第一代船型载200～1 000箱，载重1万吨；第二代载1 500箱，载重3万吨；第三代载2 500～3 000箱，载重约4万吨。美国在20世纪80年代中期曾向韩国订购12艘新型集装箱船，其首制船“美国纽约”号载重42 000吨，可载4 456箱。

据《中船重工》2007年第16期报道：2006年8月底，丹麦的欧登赛造船厂建造完工11000标准箱级超大型集装箱船后，大型海运公司纷纷争相下定单造10000和11000级超大型集装箱船。进入2007年5月后，超大型集装箱船又连连升级，新下订单的级别已超过12000标准箱。5月上旬，（韩国）三星重工自欧洲海运公司承接8艘12600标准箱级集装箱船订单，每艘造价1.6亿美元。但这个记录保持了半个多月就被韩进重工所打破。5月下旬韩进重工从德国海运公司承接12800标准箱级集装箱船订单8艘，每艘造价为1.59亿美元。日前，（韩国）现代重工和三星重工相继表示，它们的14000标准箱级集装箱船设计工作已完成。

4. 我国港口集装箱吞吐量已破亿

中国现有沿海港口150余个(含长江南京及以下港口)，已初步建成“布局合理、层次合理、功能齐全”的港口格局，形成环渤海、长江三角洲、东南沿海、珠江三角洲和西南沿海5个规模化、集约化、现代化的港口群体。随着中国经济持续快速发展，中国港口货物吞吐量和集装箱吞吐量已连续5年居世界第一，中国已有12个港口的吞吐量超过亿吨。2007年底，由交通部和天津市政府联合举办的庆祝中国大陆港口集装箱年吞吐量突破一亿标准箱的起吊仪式将在天津举行。中国大陆港口集装箱年吞吐量突破一亿标准箱是中国港口和航运业发展历程中一个重要里程碑。这标志着中国大陆集装箱运输跨入了新的历史阶段。逾亿箱的长度相当于绕地球15圈以上，是世界集装箱化工业和运输发展史上一项壮举”。

世界发展集装箱运输始于1962年，至今也不过45年，而香港由杂货港转变为集装箱港也只有34年时间。

我国内地发展集装箱运输并形成有效的运输系统不超过30年，但发展迅猛。目前在全球10大集装箱港排名中，中国已占其中5个港口，而且还有增加的趋势。中国港口集装箱吞吐量已连续5年排名世界第一。

集装箱吞吐量的增长，需要扩大集装箱运输船队和建造大型集箱船。可以说集装箱吞吐量的增长，为中国船舶工业开拓了广阔的天地。中国船舶工业也能够为发展中国和世界的海运业作出应有的贡献。

（五）散货船

散货船是指专门运输散装货物的船，包括矿砂船、运煤船、散粮船、散装水泥船等。散货船通常为单甲板、尾机型，船体肥大，航速较低。在特定港口间进行专线运输的散货船，一般会利用港口的大型装卸设备，所以在船上就不设起货设备。例如在宁波北仑港的矿石码头，设有大型抓斗，每斗可抓30吨，卸船效率极高。再如广西的防城港，有封闭的气动机械以装卸散装水泥，在上海港有专门的气动卸粮机械，用以从散货船上卸散装谷物。

散货船通常是单向运输，回程时是空载。为保证空载时的航行性能，通常要设专用压载水舱。散货船的压载水舱常设在货舱口两侧，通常称为斜顶边水舱。

1. 散货船的发展及其分级

散货船在上个世纪初作为新船型出现。由于钢结构在造船业逐渐普及，使得在散货船的船舱内取消支柱及其它障碍成为可能，这就有利于使用大型抓斗机进行卸货。由于美国北部大湖区有大量的短途矿砂贸易的需要，从而出现了以美国大湖矿砂船为代表的散货船队。第二次世界大战期间，散货船的发展受到压抑。战后有一大批“自由轮”充斥货运市场，也防碍了散货船的发展。不过矿砂船一是市场需求，二是结构上也有些特殊，还是有所发展。

当前，散货船是国际航运市场需求量最大的船型之一。散货船通常分有如下几个级别。

1）总载重量在10万吨级以上者，称为好望角型船。大连造船厂在上个世纪90年代为香港宝联有限公司建造的载重量为15万吨的散货船“宝业”号即属此型。该船总长270米，宽44米，型深24米，结构吃水17.5米，续航力20000海里，航速14节，船员只有36人。大连造船厂为比利时船东建造的15万吨散货船“萨玛琳达”号也属此型。

中国船舶舶工业集团公司所属上海外高桥造船有限公司，在1999年10月开始兴建于浦东新区长江口南港河段南岸，是全新的现代化的船舶总装厂。17.7万载重吨好望角型散货船是他们的主打产品之一。

2）总载重量为6～7万吨级的通常称为巴拿马型。这是巴拿马运河能通过的最大船型。船长小于245米，船宽不大于32.2米，最大容许吃水为12.04米。江南造船厂为美国拉斯科航运公司建造的7万吨散货船即属此型。

3）总载重量在3.5万吨以上，不超过5.5万吨者，称为轻便型，或称为灵便型散货船。由于吃水较浅，加上船上设有起重设备，许多港口都可以停靠。

南通中远川崎船舶工程有限公司为满足市场需求而开发的5.5万吨级大灵便型散货船即属此型。该船长189.9米，型宽32.26米，型深17.80米，航速14.5节，入日本NK船级。图12-19是为ORIENT LINE公司建造的第20艘5.5万吨级散货船。

4）小于3万吨级的散货船称小型散货船。入选中国十大名船的2.7万吨散货船首制船“长城”号，也可以算作是小型散货船。天津新港船厂建造的1.42万吨散货船当是最小的散货船了。当然，小型散货船通常都设有起重设备。

2. 运煤船

运煤船实际上只是散货船的一种。如果经常营运的港口有强力的装卸设备，则船上可不设起重设备。装了起重设备则能适应更多的港口。图12-20是中华造船厂1973年建造的1.5万吨运煤船“安源”号。

3. 运木船

运木船尺度不能太小，载重量一般不应小于10000吨。由于木材装卸效率不高，载重量过大也是不适宜的。运木

图12－19 南通中远川崎船舶工程公司开发的5.5万吨级大灵便型散货船（采自《舰船知识》）

图12－20 中华造船厂建于1973年的1.5万吨运煤船“安源”号

船应采用大舱口，甲板上也装相当数量的木材，所以要在甲板的两舷设立护桩，以保证木材不致于滚落下来。运木船的目的港常不固定，所以船上也多设置起重设备（图12-21）。

图12－21 广船国际建造的2.63万吨运木船

4. 矿砂船

随着国际钢铁业对铁矿石需求量的增长，航运界在矿砂船特别是大型矿砂船下的订单越来越多，而且船价也一路上扬。早在几年前，中船渤海重工就开发了388000载重吨矿砂船。该船不仅是迄今为止中国承造最大吨位的船舶，也是世界上最大的散货船。总长360.5米，型宽65米，型深30.5米，设计吃水22.0米，考虑带15%的海上储备后航速可达14.8节。据《中船重工》2007年5月15日报导，4月30日渤海重工已与新加坡百国盛环球私人有限公司签署了388000载重吨矿砂船的合同。该船系国内自主研发，具有自主知识产权的大型矿砂船（图12-22）。

该世界最大的矿砂船，入级挪威船级社DNV船级，满足2011年和2011以前即生效的SOLAS及MAPOL公约要

图12－22 上海宝钢马迹山港为巴拿马籍30万吨矿砂船卸矿砂

求。可以适应国内诸多的港口，包括唐山曹妃甸港、大连港、上海宝钢马迹山港。该船设计考虑轻压载吃水，重压载吃水两种工况，将给船东空载航行时有较大的选择性，以节省航行费用。该船续航力25000海里，可以满足从巴西到中国航线的要求。

5. 自卸式散货船

散装货如谷物、煤炭、矿砂、水泥等货物批量较大，对于载重量较大的船，其经济效益较高，这是散货船吨位持续增大的根本原因。如果散货船的装卸效率能提高，则停泊时间可以缩短，十分有利于经济性。为此，设法提高卸船效率是个关键技术，特别是对于卸船效率较低的港口。所以自卸式散货船就应运而生。图12－23为江南造船集团建造的自卸式散货船。该船船长225米，型宽32.2米，型深19.5米，设计吃水14.2米。其自卸设备包括设在舱底部的2台横向传送装置、2台纵向传送装置和1台倾斜提升传送装置。卸煤速度可达4000吨/小时。卸铁矿石可达6000吨/小时。该船能缩短卸货时间、降低港口基建投资，对提高航运效益有很大作用。

图12－23 江南造船集团为加拿大建造的70800吨自卸式散货船（采自《舰船知识》）

（六）油船与液体化学品船

1. 油船的发展与演变

最早的运油船与普通杂货船并没有很大差别，因为运石油就像运酒一样，都是桶装后再用船转运的。1886年，世界上建成第一艘专用油船，载重量为3000吨级。早期的油船载重量都比较小，第一次与第二次世界大战期间，油船的载重量一般都保持在1～2万吨的级别。第二次世界大战以后，世界经济以大量消耗廉价的石油为基础，实现了高速增长，促使油船向大型化发展。其特征是：吨位大型化、船型经济化、航速一般化、操作自动化。到1955年，油船载重量竟达到10～20万吨。

1967～1975年间，因阿拉伯—以色列战争，埃及关闭了苏伊士运河，苏伊士运河停航达8年之久。中东的石油要绕道非洲好望角才能运抵欧洲，油运航距增加了1万海里，这就促使了油船的巨型化。1977年日本造出55.5万吨的巨型油船。苏伊士运河重新开放，立即终止了运油船大型化的趋势。

油品运输有危险性。当舱内超压或在卸油过程中舱内残留的石油气与氧气混合，偶遇明火都会产生爆炸。为使舱内外压力平衡，以及避免可燃气体的产生，油船都会设置油舱透气系统和防火防爆系统。所有大油船的船壳也常漆成红黑色，甲板漆成银灰色、湖绿或淡蓝色来反射太阳光的热量，以减少所装载的原油或成品油吸热。

早期的运油船构造简单，通常是机舱设于船尾，货油舱区域通常不设双底，设两道纵壁和多道横壁，构成很多个油舱。返程时是空载，就利用空油舱装压载水，以保证空船的适航性。这样方便倒是方便了，但是容易造成石油泄漏导致对海水的污染。

最著名的一次海洋石油运输污染事故发生在1967年3月，一艘利比亚籍商船“托利峡谷”号，自波斯湾开往英国的途中，由于船长疏忽大意，在英国东南海岸领海的七礁石处搁浅。“托利峡谷”号载有11万多吨原油，船舶被海水打成三截后原油泄漏，对英法沿岸海域造成严重污染，致使数十万只海鸟，成千上万头海洋哺乳动物死亡。“托利峡谷”号污染事故引起了国际社会对海洋石油运输过程中发生的石油污染事故的高度警觉，同年国际海事组织的前身——政府间海事协商组织主持签订了《对公海上发生油污事故进行干涉的国际公约》，随后，国际社会又公布了十多项预防和控制油污事故的公约和协定书。这些规定对油船的压载水舱和隔离空舱（舷舱和双层底）的设置都提出了具体要求。实施防污公约的结果，当然会导致油船尺度的增加和船价的提高。

随着产油国家和地区逐步发展炼油产业，成品油的运量逐渐增大，成品油船在油船队中更独树一帜。成品油和化学品均属易燃易爆品且具有强腐蚀性，因而对油舱的涂料和油船的消防都提出了进一步的技术要求。

2. 我国建造油船的实绩

我国早在1958年曾设计建造过4500吨油船“建设9”号，所使用的主机也是大连造船厂自行研制的6ESD60/160型低速柴油机。从20世纪60年代起，已先后建成一批1.5万吨、2.4万吨、5.0万吨的油船。改革开放以后，大连造船厂在20世纪的80年代，先后为挪威设计建造了6.9万吨化学品/成品油船和11.5万吨及11.8万吨穿梭油船。所谓穿梭油船，是指该船能适应北海恶劣海况，且无码头停靠时仍能进行安全首部装载的严格要求，卸油和扫舱时间不超过14小时，每年可往返挪威北海与欧洲港口间100个航次。

成品油和液体化学品的腐蚀性极强，在货油舱采用了世界上只有少数国家掌握的特涂技术。该成品油船的设计建造成功，增强了中国造船业在国际市场上的竞争能力。

大连船舶重工已先后为希腊、丹麦、挪威和中国的航运企建造了11.0万吨成品油船35艘（见图12-24），首制船于1998年交船。大连船舶重工于1999年8月，与伊朗国家油轮公司签订建造5艘超大型油船（VLCC）的合同，首制船“德尔瓦”号于2002年8月交船，最后一艘船也于2004年6月完工交船。大连船舶重工还与我国航运企业签订了5艘VLCC船的合同，首制船“新宁洋”号于2004年12月30日完工交船。

图12－24 大连船舶重工建造的11.0万吨成品油船

南通中远川崎为中远集团建造的两艘VLCC船的首制船在2002年12月交船，仅较大连的“德尔瓦”号晚4个月。第2艘也在2003年4月交船。迄今，南通中远川崎公司已先后为国内外船东建成VLCC船10艘。十分难能而可贵的是，在南通中远川崎建造一艘VLCC船仅用80万工时，其工效在国内遥遥领先。图12-25为南通中远川崎为中远集团建造的30万吨级超大型油船。

上海外高桥造船有限公司也建造过31.6万吨VLCC原油船。

我国造船企业对于30万吨级的VLCC船，一个订单就是5艘或9艘，对于成品油船，每个型号的批量生产就是11艘、14艘甚至35艘。由之可见我国造船企业在的生产能力和国际信誉。

目前，我国除了大连船舶重工、南通的中远川崎和上海外高桥已建造过VLCC之外，还有其它工厂也具有建造VLCC的能力。中船工业集团的沪东中华船厂的大型船坞也在建设中。青岛北海船厂整体搬迁到海西湾，建造了国内最大的50万吨级船坞，生产能力的提高也是指日可待。上海江南造船集团公司即将整体搬迁到地处长江口的长兴岛，被誉为“中国第一厂”的江南造船厂的发展空间和发展前景无可限量。

据悉，中国船舶工业集团公司属下的上海外高桥造船有限公司和沪东中华

图12－25 南通中远川崎建造的30万吨VLCC原油船“远大湖”号

造船（集团）有限公司都将参与长兴岛造船工业园区的发展和建设。这可以说是为把中国建设成为造船大国和造船强国浓墨重彩的一笔。

（七）液化石油气（LPG）和液化天然气（LNG）船

1．石油气与天然气

1）石油气

石油气是从石油加工或石油、天然气开采过程中得来的，其主要成分是丙烷、丙烯、丁烷和丁烯等碳氢化合物。石油气比空气重，其比重为空气的1.5～2倍。

石油气有特殊的臭味，在空气中浓度较高时，对人的中枢神经有麻醉作用。如果燃烧不完全会产生一氧化碳等有毒气体。

石油气与空气混合后易燃、易爆，所以在石油气运输中一定要防止泄漏。

石油气中的大部分气体通过加压可以液化，或者在加压的同时降低温度也可以液化。所以石油气可以用设有压力式货舱或半冷半压式货舱的船来运输。

2）天然气

天然气是古生物遗骸长期沉积地下，经慢慢转化及变质裂解而产生的气态碳氢化合物，主要成分是甲烷，比空气轻，比重为0.65，具有无色、无味、无毒的特性。

天然气中的大部分气体必须深度低温才能液化。

在常温下利用加压的办法可以将天然气变成压缩天然气。利用高压容器运输这些压缩天然气，虽然也是一种途径，但经济效益不高。

常压下，到零下162度时天然气就可以液化了。而液化了的天然气就可以像所有液体货物一样用船舶装运。

2. 液化石油气（LPG）船

世界天然气储量约占碳氢化合物资源的1/3，天然气和石油气的消费量已占世界能源消耗的1/6。20世纪40年代以来，随着液化技术不断完善，才形成液化天然气（LNG）和液化石油气（LPG）运输船。LPG船分为压力式、冷冻式和半压半冷式3种。LPG船不能运送LNG，所以大型化进程不快。LPG船有三种模式：一种是全压式液体储罐作为LPG船的核心设备；一种是半冷半压式LPG船；一种是全冷式LPG船。

1958年美国最先改建成“甲烷先锋”号LNG船，60年代初英法等国也在陆续建造，到70年代出现了大型LNG船。在一个大气压时，天然气液化的临界温度为－164°，在如此低温下碳钢均呈脆性。为此液货船只能用镍合金钢或铝合金制造。LNG船一般都设有气体再液化装置，也可运送LPG。

早在20世纪的90年代，我国对两种型式的LPG船都有过设计建造的实践。由708所设计并由上海江南造船厂建造的我国第一艘3000立方米全压式LPG船“华粤”号，填补了国内空白。江南造船厂还为德国船东建造了两艘4200立方米半冷半压式LPG船。

2007年4月11日上午，承载量3600立方米全压式LPG船“宏安”号（见图12-26）在湖北黄冈江北源汉造船有限公司举行交船仪式。“宏安”号液化石油气船由长江船舶设计院设计，全长99.80米，型宽14.6米，型深7.2米，液化气承载量3600立方米，总造价9000万元，是目前国内最大的全压式LPG船。其核心设备两台压力液体储罐，由武汉一治钢结构公司制造。船舶竣工后交付广州宏光海运有限公司投入营运，目前在南海近海水域运输液化石油气。

江南造船（集团）公司制造的22000立方米半冷半压式LPG船，取得了该型船长足的技术进步。攻克了超低温（－104℃）、高强度、高镍合金钢材料建造液罐的焊接技术。该船能同时装三种不同密度的液化气和部分化学品，最低设计工作温度－104℃，最大压力4.7巴。他们开发了一个能满足各种吃水状态的船型，解决了满足货种及装载工况繁多情况下的船舶完整稳性问题。

图12－26 3600立方米全压式液化石油汽（LPG）船“宏安”号

在建造液化石油气船的技术方面，我国尚与国际先进水平有很大差距。早在1996年，日本川崎重工坂出船厂就曾建成8.4万立方米全冷式液化石油气/液氨运输船。该船总长230米，载重量54135吨。主机最大功率18300马力，航速17.5节。装卸效率为600立方米/小时。

3. 液化天然气（LNG）船

与液化石油气（LPG）比较起来，要想使天然气（LNG）进行液化，必须深度低温，即在常压下使温度降低到－162℃时天然气才能够液化。因此，LNG船是世界公认的高技术、高附加值、高可靠性要求的“三高”产品①。

世界上自20世纪50年代开始探索LNG船的方案和系统。所有这些LNG船方案可分为两类：一类是在船上装上4～5个大型球罐，每个罐内可装2.0～3.0万立方米的LNG。当然，这种球罐是要耐超低温的，通常是用高强度铝合金制成。另一类LNG船是使用薄膜式液货舱。因为液货舱是超低温的，所以要有足够厚且充分热绝缘的隔热层。隔热材料有的是用珍珠岩粉末，要用一米见方、厚度为0.3～0.4米的木箱来装。这隔热层内外要设有起“屏障”作用的金属薄层。因为有这种薄层，其厚度仅为0.7～1.2毫米，所以才叫做薄膜液舱式。

目前世界上具有LNG船舶建造能力的厂家不到15家，而且其中仅有法国和挪威的造船企业拥有自行研发的LNG存储舱制造技术。日本、韩国、西班牙、意大利、中国等国在建造LNG船时均要购买法国、挪威两国技术。截止到2004年10月底，全球LNG船订单总计98艘，韩国船厂获得68艘，占LNG船订单的69.4%，日本船厂以24艘位居第2，占24.6%，其余6艘为欧洲和中国获得，中国仅获得2艘。

中船集团公司组织沪东中华造船（集团）公司，对LNG的建造技术进行攻关，先后投入研究经费上亿元，逐步掌握了LNG船的建造关键技术。虽说我们购买了法国的技术专利，但是法方已多年未进行过生产，法方驻厂人员对诸多细节也不很清楚，必须我们进行攻关。例如原要求装隔热材料的木箱要用特定木材和专门的加工机械，其加工精度近于对金属加工的精度。而我们研发的加工机械和加工方法达到或超过了既定的精度标准。耐超低温金属薄膜的焊接技术也十分了得，我们通过培训已有足够的技工掌握这一技术。沪东中华造船集团建造的第一艘LNG船，属薄膜型，不日即可交船。图12-28为LNG船的液货舱。

即使用耐低温的液货舱运输液化天然气，在海上航行中也难免会自然挥发。LNG船通常是利用这挥发了的天然气供作主机的燃料，如果还有多余的部分要回收再液化注回液货舱。由于LNG船的技术含量如此之高，迄今为止也只有少数国家的少数船厂能够制造。图12-27是中国沪东中华集团建造的液化天然气（LNG）船，图12-29是日本建造的液化天然气（LNG）船。

图12－27 由沪东中华集团承造的147210立方米薄膜液舱式LNG船

图12－28 液化天然气（LNG）船的液货舱

图12－29 日本三菱重工建造的137100立方米薄膜液舱式LNG船

①程天柱. LNG船——中国正在攻坚的船型:《舰船知识》2007年第1期. 第64页.

（八）滚装船

所有的货运船舶都存在货物装卸问题。或者利用港口的装卸设备，或者在船上设有装卸机械和设备。无论利用港口的装卸设备，或使用船舶自有的装卸设备，传统的方法都是沿垂直方向，或起吊或放下，这种传统的装卸方法叫“吊装”。

滚装船，在货物装卸方面有了突破，它是利用带轮子的装载工具，水平地通过设在船上的通道设备滚进滚出来完成货物的装卸。此型船舶也称为“滚进滚出”船或称为“滚上滚下”船。

1. 滚装船的产生与发展

1957年，美国建成世界上第一艘专门用于滚装运输的船舶“慧星”（Comet）号。该船既设有滚装设备，也保留了传统的吊装设备，航行于澳大利亚的墨尔本～塔斯马尼亚航线和美国的纽约～杰克森维尔航线。其满载时的最大载重量为10545吨，装载车辆的甲板面积为5600平米，能装载300辆车。主机为8826千瓦的蒸汽轮机，服务航速为18节。“慧星”号在营运中显示了滚装船的优越性和生命力。装卸货物速度快，装载各种军用车辆时每小时可达1500～2000吨，装载各类货物的适应性强，很适于装运导弹等大型货件及特殊设备。“慧星”号还曾为美军侵越战争出过力。

20世纪60年代以后，世界上集装箱运输的迅速发展促进了集装箱滚装船的发展。基于“慧星”号滚装船的经验，1967年以后，美国，瑞典、法国、西德、芬兰、挪威、英国都陆续建造滚装船。这个时期滚装船的载重量约为2万吨左右，航速在20～24节之间，船尾设有与船体中心线相一致的直跳板，后来称此为第一代滚装船。

1971年，瑞典建成“帕拉拉”号滚装船，载重量为2万吨级，可装载1200标准集装箱。该船的突出特点是在尾部设有长36米，宽为7米的尾斜跳板，成功地解决了船与码头的联系问题。能适应较大的潮差，使滚装船可驶向装卸设备较为落后的第二、三世界的大多数港口，一度形成了70年代初期的世界航运业的滚装船热。该船被认为是第二代滚装船。

滚装船的优点是：码头投资省，装卸速度可高于普通货船10倍，适于运大件货，便于实现门到门运输。当然，其单位造价也高，约为普通货船的3倍。

滚装船因有上述优点，特别适用于短途航线，在北欧发展较快，应用较多。世界海运发达国家也多有使用。中国长江航运集团的深圳公司，于1992年购进滚装船“长吉”轮，经营海上商品汽车滚装运输业务。目前除拥有多艘近洋滚装船之外，还将长江诸多大型客班船改装成长江滚装船，装运商品汽车。现在该公司已经成为国内最大的滚装运输公司。图12-30为“长鲲”轮正在卸汽车。图12-31为“长忠”轮。

图12－30 中国长航集团深圳公司的“长鲲”轮正在卸汽车

图12-31 中国长航集团滚装船公司的“长忠”轮正在装卸汽车

2. 我国建造的滚装船

早在20世纪的80年代，我国的大连造船厂就曾为比利时王国建造7000吨级的滚装船4艘，首制船“雪莓”号于1988年4月交船出口。该船设卫星导航系统，无人机舱和燃气防爆装置，具有80年代国际先进水平。

20世纪90年代，江南造船厂先后为德国建造载车4000辆的大型滚装船“Wolfsburg”和“Hannover”号。图12-32为载车40000辆大型滚装船“汉诺威”号。该两船既有尾跳板，也设有舷侧跳板。

图12－32 载车4000辆滚装船“汉诺威”号

中国长江航运集团的南京金陵船厂，于2002年11月与欧洲的空中客车公司签约，承接为装运空中客车A380型大型双层客机的机身、机翼等部件而设计、建造大型滚装船。空客A380飞机机身长达73米，翼展79.8米，分上下两层，满载可乘555人。航运市场已有多家公司宣布确认要认购近百架该型飞机。空客公司计划使用该新型滚装船作为一种安全高效的运输方式，将A380飞机的部件从英国布劳顿、德国汉堡、西班牙波多里尔和法国圣南泽尔的工厂，运送到法国图卢兹的总装厂。该船已按期于2004年3月交船出口（见图12-33）。

图12－33 南京金陵船厂为空中客车公司建造的长为154米的滚装船

（九）拖带与顶推运输船队

1. 拖驳运输船队

以拖船拖带若干驳船构成运输船队，具有运量大、投资少、成本低、效益好等优越性。拖船是船队的动力部分，拖船与所拖带的载货驳船，这两个部分可以灵活连接与解脱。当船队到达目的港或驳船在港口进行装卸作业时，拖船可用于拖带其它驳船或从事其它作业。

拖船拖带驳船有多种方式。一种方式是将驳船与拖船系结，构成一组船队。这种方式一般称之为绑拖，这是过去长期使用的传统方法。还有则是从1950年开始采用的“一列式拖带运输”，即根据航道及上水或下水航行的条件，用一艘拖船拖带一系列驳船构成船队，拖驳船队的基本队形有：单排一列式，筒状一列式，天平一列式，双排一列式和多排一列式，参见图12-34。

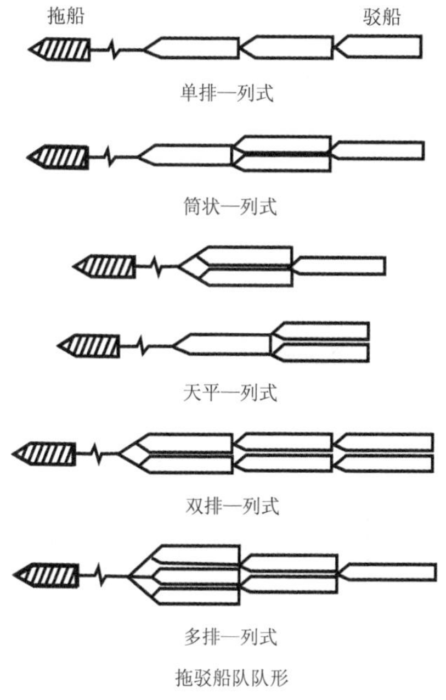

图12－34 拖驳船队的各种队形

在中国的运河、内河支流或长江上游流速较小的航段，用100～200马力的小型拖船就可以拖带多艘载重量数十吨至百余吨的驳船。一列式拖驳运输，后面的驳船利用前面驳船产生的“伴流”，可以减少船队的阻力。另外，拖驳船队对驳船的强度要求相对较低，甚至也可以将木帆船、木驳船拖在后面。

2. 顶推运输船队

顶推船队由推船和若干艘分节驳船（通常称为驳节）构成。整个船队不仅组合成一体，而且形成一定的船队整体型线。分节驳船上通常无舵（无操纵设备），无上层建筑，无人（无居住舱室和相应的生活设施），无箱形护舷材（可减小驳节间的间隙，从而减小船队的平面尺度和船队的阻力）。推船是整个船队的动力源、操纵台、生活区。

分节驳顶推船队的营运特点是，推船利用率高，推船很少单放航行。推船在航运期内的利用率常可达到80%～90%。为了充分利用推船，推船与驳船的艘数匹配有一定的比例，通常为1:25至1:35，这样以保证在运输过程中，宁使驳船等推船，而不让推船等候驳船。图12-35是长江中的大型分节驳顶推船队

船型趋于标准化是船队运输的重要特征。长江干线的分节驳船分为1000、2000、3000吨级。其它各水系各水网也都有各自的标准化船型。对于长江中游，如果选用2000吨级的分节驳船，可组成3行4列共12艘分节驳船队，总载重量可达到24000吨。

3. 顶推船队的推船

如前所述，顶推船队的推船是整个船队的动力源、操纵台和生活区，其在

图12－35 长江中下游的大型分节驳顶推船队

船队中的地位是十分重要的。推船在船队中应有较好的视野，通常大型推船要设4层上层建筑，最上层设为驾驶室。设4层上层建筑就有足够的居住舱室，满足船队生活区的要求。

推船作为船队的动力源和操纵台，首先应有足够的主机功率，大型推船一般都设有双机双桨。在川江，过去有时设三机三桨。现在已建有三峡大坝，川江的流速趋缓，对上游推船的要求也可以不像过去那样严格。

中国长江航运集团的金陵船厂，在20世纪90年代曾为油轮船队建造过2320千瓦推轮（见图12-36）。该轮长45.1米，宽12.4米，深4.2米，吃水2.94米。可顶推由4艘5000吨半分节驳组成2+2原油顶推船队，船队航速为13.2公里/时。

推船的推进能力要以全船队的需要核定。推船的操纵控制能力，也要以全船队为着眼点。所以常使用双机双桨，这也是从改善船队的操纵性为出发点的。

顶推船队在航行中有时需急骤停船，甚至有时需要倒车。要满足这一要求是相当困难的。因为倒车时船队的舵效极差。为满足顶推船队的操纵性，设计上通常采用导管螺旋桨（航速低时推力较大），尾舵之外，还在每个导管桨之前设两个倒车舵（一艘推船设6只舵）。这样的设计安排，可以使顶推船队无论在正车和倒车时，都能有良好的舵效，能有良好的操纵性。

图12－36 金陵船厂建造的 2320千瓦油运推轮

（十）渔业船舶

1. 渔船船型的分类及编号规则

渔船是从事渔业工作船舶的总称。由于渔法、渔具和渔捞对象的不同，其型式和特点相当复杂。根据渔船的任务，大致可分为下列4类。

①直接从事渔捞生产的船舶。根据

渔法、渔具更可分为拖网类、围网类、钓渔具类、流刺网类、多种作业类船舶。此外还有捕鲸、捕虾的特种船舶。

②专门从事渔获物冷藏加工的船舶。

③专门从事收鲜、运输的船舶。

④专门从事渔政、救助和渔业调查、实习的船舶。

根据国家船舶标准化委员会1978年公布的标准（GB3039－78）规定：国营企业渔船的船型编号采用4位数制，详见表12-1。

国营渔船船型的编号　　表12-1

顺号	不同作业方式或功能的渔船代号		序 号 分 段	
1	81××	拖网类	01～49普通型	50～99尾滑道型
2	82××	围网类	01～49网船	50～99灯船
3	83××	钓渔具类	01～49延绳钓	50～99其它钓
4	84××	流刺网类		
5	85××	多种作业类		
6	86××	冷冻加工、收鲜运输	01～49冷冻加工	50～99收鲜运输
7	87××	渔政、救助船		
8	88××	渔业调查、实习船		
9	89××	备用		
10	80××	备用		

国营渔船船型的分类号由3部分组成：第一部分为船舶分类号，渔船的专用代号为“8”；第二部分为不同作业方式或功能的渔船代号；第三部分为同类渔船产品的序号，详见表12-1。凡属试制或定型的渔船，则在编号后加注汉语拼音字母“S”或“D”，余则不加。

示例：已定型的、普通拖网类，产品序号为01的渔船编号为8101D。

各省、市自治区的集体渔业机动渔船船型编号由3部分组成：第一部分为省（市、区），用汉语拼音代号；第二部分为船舶分类号，渔船专用代号为“8”；第三部分为渔船产品序号，详见表12-2。

集体渔业船型编号　　表12－2

省、市名称	辽 宁	河 北	天 津	山 东	江 苏
船型代号	LN8××	HB8××	TJ8××	SD8××	JS8××
省市名称	上 海	浙 江	福 建	广 东	广西区
船型代号	SH8××	ZJ8××	FJ8××	GD8××	GX8××

2. 拖网渔船

底曳拖网渔船是捕捞底层鱼的船型，单船作业的称单拖，双船作业的称双拖。在东海、黄海主要鱼类产品是黄鱼、带鱼等，以双拖效果为好。作业时由一船的尾部放网，当网入水后，另一艘渔船即驶近前来投一引索，把拖网一翼的拖网索拉去，两船各将拖网索放出适当长度，并系在尾部的拖钩上，相距约400m的距离，平行向前拖航。

单拖网渔船又可分为在舷侧操作的舷拖网渔船和在船尾操作的尾拖网渔船两种形式。不过舷拖渔船因在舷侧起网不利于安全，已较少使用。尾拖渔网船的作业甲板和鱼舱设在中后，上层建筑在中前。拖网渔船的鱼舱一般均设隔热层，对渔获物大多加冰保鲜。作业甲板上通常配备有绞网机、动力滑车、起网吊杆等捕捞设备。

在拖网渔船，应用较多的是一种尾滑道拖网渔船。其尾甲板设有供起放网用的斜坡滑道延伸到水面附近。为扩大甲板作业面积，上层建筑尽量向前布置，甲板室后设有拖网绞机。拖网绞机与滑道前端之间设人字桅或门形桅，供起吊渔网卸鱼之用。图12－37即为尾滑道式拖网渔船。此型渔船由于在尾部作业，操作安全，起放网方便，且鱼货质量较好，常用于远洋作业。

图12－37　8157型300总吨尾滑道渔船

远洋渔业的双甲板冷冻拖网渔船，它具有舱容利用率高，冷冻能力强，拖网拉力大等特点，还能进行变水层拖网捕捞。

拖网渔船，其上层建筑置于船的中后部，起网吊杆设于中前，这显然是一种舷侧起网的拖网渔船。

3. 围网渔船

目前世界海洋渔业的中、上层鱼类产量占总产量的2/3。而光诱围网渔船是开发中、上层鱼类的有效船型。光诱围网渔业，是由灯船、围网船和运输船组成一个围网作业组。灯船的主要作用是在鱼场探测鱼群，并用灯光诱集鱼群，作业中，在网圈内控制鱼群、拖带网头、调整网形。围网船的主要作用是进行放网，指挥作业，负责补给灯船的一切消耗物资。围网船起母船的作用。

围网船在围捕鱼群和起网操作时，要求回转灵活，因此必须采用较短的船型、较小的吃水，干舷也要低。渔捞人员在起网时又多集中在船舷，为此，对船的稳性有较高的要求。

4. 流网渔船

流网渔业是使渔网站在海中等待鱼类刺网的被动性捕鱼法，其鱼获质量高，多为捕捞中、上层鱼群用。用若干长方形网片连结成一种长带形网具，总长度自数百米到数千米，网高从几米到20米，有时拖及海底，系有浮沉子使网片直立呈墙状，拦截洄游鱼群。流网渔船的上层建筑宜小，避免在风浪中有过大的摆动，波及流网，影响鱼类刺网。在船的布置方面，要求操作甲板远离尾部的螺旋推进器，避免网具缠住螺旋桨。

5. 延绳钓渔船

热带和南半球的鱼获量无论从数量和质量上，都优于北半球，尤其以热带金枪鱼最为人们关注。这些地区对上层鱼类主要采取流、围、钓等渔法，尤其是延绳钓渔法。此种钓渔法是放出干绳，干绳上又连接上众多的带有鱼饵的支绳，等待鱼类咬钩。延绳钓渔法的鱼获质量高。图12-38为我国建造的延绳钓渔船。

延绳钓渔船在放钓、巡钓、起钓作业中，须经常回转，操纵性要非常好。主机要有良好的低速运转性能。放线完毕后，船体漂流的速度不宜大，所以船的受风面积要求尽可能小些。在布置上，放线在船尾，起线在船首。为了延长出海捕鱼时间最好能设冷藏装置，以保证鱼获物质量。

过去，在国内外造船业和渔捞业的认知中，都认为延绳钓渔法不仅鱼获质

图12－38 浙江温岭市建造的金枪鱼延绳钓鱼船

量高，而且又不损伤鱼类资源。然而事情是复杂的，在最近得知，美国加利福尼亚州海龟复育计划主持人欧维兹说，延绳钓的主要目标是鲔鱼与旗鱼，但每年却有大约440万只海龟、海鸟、鲨鱼、海洋哺乳动物丧生于钓绳下。欧维兹指出，延绳钓对迴游的棱皮龟造成的影响最惨重。1980至今，太平洋水域棱皮龟的数目已经锐减95%。科学家警告，除非人类改变渔捞技术，否则在未来5～30年间，棱皮龟可能就会绝种。

图12－39所示者为大连渔轮厂研发的远洋大型鱿鱼钓船。大连渔轮厂现属于大连船舶重工集团有限公司，该厂是我国资深渔轮厂，曾开发过多种渔船和船机。

由于近海和固定渔场的鱼类资源通常有季节性，采用单一作业的船型，势必出现捕捞淡季，所以渔船有向多种兼作方式发展的趋势，即发展所谓混合式渔船。

6. 渔政船和渔业运输船

渔政船是政府渔业领导机关对渔业进行指挥、监督工作的有执法性质的船舶。所谓指导是指发布鱼区、鱼群信息、鱼区气象预报等。所谓监督是指纠正违法捕捞和使用不当渔具过度捕捞等项。渔政船体型较大，抗风能力较强，航速较一般渔船为快，续航力也不短。遇到风暴灾害时有时还能对遇难渔船进行施救。

上海渔轮厂在1990年代设计建造的8653型490总吨的冷海水鱼获物运输船。该船像运输船那样，鱼舱设于船的中前部，在首楼处和桥楼处各设一龙门式起货吊杆，以便于在捕捞现场从渔船上转吊鱼货和在鱼码头向岸上卸鱼货。

（十一）海洋科学研究船舶

海洋约占地球表面的70%。人类对海洋的研究虽然也有相当长的时间，但对海洋的认识仍远远不够。为了了解海

图12－39 8356型73米远洋鱿鱼钓船

洋、认识海洋，必须建造各种科学研究船舶远赴各大洋去勘察取样并进行各学科门类的研究。

1. 我国自行设计建造的海洋科学研究船舶

为了研究海洋，早在1950年代，我国就曾将一艘拖船改装成海洋调查船，船名为“金星”，由中国科学院海洋科学研究所使用。已经取得相当丰富的科学资料，特别是对设计建造新型的调查船提供了经验。

1）海洋综合调查船“实践”号

为了对海洋水文物理、海洋气象、海洋化学、海洋地质地貌、地震勘探、海洋生物、海洋鱼类、海洋地质矿藏等各学科进行调查研究，我国早在1960年代即着手研究设计海洋综合调查船。

“实践”号海洋调查船，是由708研究所设计的。该船满载排水量3167吨，航速16节，续航力7500海里。该船设计成功之处在于有较好的耐波性和适航性。尾舵是带有螺旋桨推进器的主动舵。不仅有良好的操纵性，而且在停机状态下，利用主动舵的推进器也可以使船舶微速航行。此时正好可以对深海的某些研究项目进行拖曳取样。

2）科学考察船“海洋一”号和“海洋二”号

由708研究所设计的科学考察船“海洋一”号和“海洋二”号，均由沪东造船厂建成于1970年代初期。图12-40所示“海洋二”号是比“实践”号体型更大，调查项目更为广泛的科学调查船。例如，为要进行海洋气象的调查和取样，在船的最顶层甲板上设海洋气象研究室，该室为放氢气球升空取样，就要求在该室设开闭式舱室的顶棚以便释放氢气球。再如，为在海洋的上、中、下层取样，在甲板的舷侧要设各式绞车及各种取样设备。应当说，整个调查船就是一个大型的多学科的科学实验室。

图12－40 科学考察船“海洋二”号

3）远洋综合科学考察船“向阳红10”号

远洋综合科学考察船“向阳红10”号，主要承担海洋水文、气象、水声、物理化学、地球物理、海洋地质地貌和海洋生物等学科调查研究。由中国船舶与海洋工程设计研究院（708所）设计，江南造船厂建造。1979年11月交付国家海洋局使用。由于该船设计建造的成功和在海洋科学研究中的成就，已被评为中国十大名船之三。关于该船的主要要素、性质和成就，在此不再赘述。

2. 我国引进的科学考察船

1）极地科考船“雪龙”号

中国极地科学考察船“雪龙”号（见图12-41），排水量11400吨，有强力的破冰能力。是我国于1994年从乌克兰引进的第三代极地破冰考察船。

图12－41 中国极地科学考察船“雪龙”号

2006年，“雪龙”号满载着执行我国第22次南极科考任务的144名队员，经过131天，跨越着南北半球，往返22700多海里的艰苦行程，于3月28日凌晨1时45分重新回到了上海民生港码头。在过去的131天中，“雪龙”号的科考队员们建立了三大功勋：①完成了我国第一张1：50万的南极地图绘制工作；②搜集到5354块陨石，使我国成为世界上第三大拥有南极陨石的国家；③46座南极无名岛峰将被冠以中国名字。图12-42为“雪龙”号的欢送仪式。

“雪龙”号虽然已经回到上海，但是还有30名越冬科考队员仍坚持在南极的长城站、中山站，开始了漫长的南极极夜生活，他们将在随后近一年时间里开展气象、生态、高空物理等项目的科学观测、研究及后勤保障工作。

图12－42 在上海举行“雪龙”号第22次科考任务的欢送仪式

据悉：在“雪龙”号于2006年3月回沪之后，国家将投入上亿元，对其进行大修和改造。改造的项目包括实现驾驶系统自动化。在科学实验室方面，目前的200平方米的实验室包括海洋物理、海洋化学、大气化学、生物、气象和洁净实验室以及数据处理中心等。其中许多实验仪器比较老化将被淘汰。“雪龙”号将在原有基础上，扩大实验项目和实验室面积，要建立大型的实时数据处理中心。科学家们可以在整个航程中，24小时不间断地对相关数据进行监测和自动采集，并且实时上传。对于像冰芯等对保存温度要求较高的样品，科学家们不必等候回国，就可以利用船上的设备及时初步分析处理，利用船上的网络实现数据共享。未来的科考船“雪龙”号，其学科范围将扩大，科学功能会进一步提高。

2）远洋综合科学考察船“大洋一”号[①]

“大洋一”号长104.5米、宽16米、排水量5600吨，是现代化的综合性海洋科学考察船，具备无限制海区航行能力和多学科综合研究工作条件，可以承担海底地形、重力和磁力、地质和构造、综合海洋环境、海洋工程以及深海技术装备等方面的调查和试验工作（见图12-43）。

“大洋一”号曾是前苏联的一艘海洋地质和地球物理考察船，1994年为了中国大洋矿产资源调查的需要，中国大洋矿产资源研究开发协会（简称大洋协会）从俄罗斯远东海洋地质调查局购买此船并经初步改装后，命名为“大洋一”号。

图12－43 远洋综合科学考察船“大洋一”号

2001年，为了更好地完成中国大洋资源调查任务，“大洋一”号在上海进行了历时一年的“精心打造”。2002年12月，“大洋一”号全面完成船舶和调查设备的现代化改装工程，共投入资金上亿元。改装后的“大洋一”号成为一艘具有国际先进水平，面向海内外开放的海洋调查与深海设备试验相结合的现代化综合性远洋科学考察船。

走进“大洋一”号，犹如进入了一座迷宫。磁力实验室、地震实验室、地质实验室、化学和生物实验室、水文实验室、生物基因实验室……为实现科考与研究的结合，船上共设有10个实验室。

在“大洋一”号上，中国自主研发的设备被广泛应用，在大洋科学考察工作中发挥了重要的作用。中国首次环球大洋科考工作中，这些设备被实践证明稳定可靠，效果良好。“大洋一”号的一批仪器设备达到世界先进水平：深海可视采样系统号称“千里眼”，可以实时将6000米深水下的海底地形、地貌图像传到科学考察船上，并可根据需要随时抓取海底表面上的矿物样品或保真采集海底水样。

“测深侧扫声纳”犹如“顺风耳”，可以监听海洋中所有异常的声音，并可利用声波回声定位得到海底地形、地貌的电子地图。

“深海异常环境探测系统”不仅可以探测收集海底温度、盐度、酸度以及浊度等信息，还可以“嗅”到海底溶解在海水中的气体。

“深海浅层岩芯取样钻机”可在深海海底比较坚硬的岩石上钻取岩芯，可以在坡度30度以下的深海海底工作。

“大洋一”号科学考察船是目前中国国际海底资源勘探和大洋科学考察的主要海上作业平台。从1995年处女航至今，已先后执行了19个航次的远洋调查和多个航次的大陆架勘查任务。特别是在2005年4月至2006年1月间，“大洋一”号圆满完成中国首次环球大洋科学考察任务，实现了中国几代海洋人梦寐以求的“进军三大洋”的夙愿，使中国大洋工作实现了由单一太平洋区域考察向三大洋的扩展，由单一的多金属结核资源调查向多种资源综合调查转变的历史性突破。

在第19航次考察中，“大洋一”号在水深2800米的西南印度洋中脊成功发现了新的海底热液活动区，实现了中国人在该领域“零”的突破，使中国跃入世界上发现洋中脊海底热液活动区的少数先进国家行列。

中国大洋协会办公室主任张利民介绍说，中国大洋科考第19航次历时200多天，分6个航段，航程约3万海里，主要考察区域涉及西南印度洋、西南太平洋和西太平洋的部分海域，海上工作以2005年大洋环球航次的成果为基础，以海底热液系统的资源探查及相关的科学与环境调查为主要任务。

“本航次的科学家队伍有两个显著特点：一是参与单位多，科考人员多。二是船、队员的结构年轻化，专业水平

图12－44 “大洋一”号于2007年8月11日首次访问香港

高”。张利民介绍说，本航次共有海内外15个单位130多人参与海上考察任务，其中以国家海洋局第二海洋研究所和广州海洋地质调查局的科技人员最多。首席科学家按不同航段分别由来自不同单位的科学家担任。其中，4位首席科学家陶春辉博士、韩喜球博士、周怀阳博士和马维林博士，年龄均在40岁左右，“大洋一”号科考船船长甄松刚也只有39岁。

“大洋一”号于2007年8月11日首次访问香港。访港期间，向香港市民开放，并接受记者采访。于是向公众揭开了它神秘的面纱（见图12-44）。

①探访中国大洋科考第一船：记者，李薇薇、孙浩。2007年

（十二）海上石油开发船舶

覆盖着地球表面积70%的海洋蕴藏着丰富的石油资源，从海底油田开采的石油约占生产总量的1/3以上。海上石油的钻探与开采已经成为重要的科学技术领域。

1. 海上石油钻井装置的类型

国际造船学界已将建造高水平的石油钻井装置作为衡量一个国家造船实力的标准。因为作为“海上岛屿”，石油钻井装置要像船舶那样经受狂风巨浪的考验，但是却不能像船舶那样进港避风。近30年来，国内外的造船工程学系，几乎无例外地都改称为船舶与海洋工程学系，这就表明造船学界对以海上石油钻井装置采油装置为主的海洋工程学的关注。

进入21世纪，随着国际油价的飞涨，海洋工程市场变得炙手可热，海上钻井设备成了抢手货。

海上钻井大约始于1930年，由于成本高昂，因而发展较为缓慢。1938年在墨西哥湾第一次使用固定式钻井平台。固定式平台只适用于浅水而且不能移动。在移动式平台中，首先发展支承在海底的坐底式平台，后来才发展自升式平台。但是这两种接地式平台的工作水深仍受到限制，进而又开发出浮于水面进行钻井工作的钻井船和半潜式钻井平台。

在潮间带或滩涂地带，由于水浅或无水，坐底式平台无法进入作业地点，于是人们又开发了步行式钻井平台。图12-45为各式钻井装置和设备的类型及其适用的工作水深。

2. 坐底式钻井平台

该式平台始用于1949年，上体为钻井平台或称为平台本体，下体为提供浮力的沉垫。在上体与下体之间由若干立柱相连接。依靠沉垫提供的浮力，坐底式平台可漂浮于水面并拖入作业地点。当需要钻井作业而要坐底时，可在下体中注入压载水使之沉底，而上体的平台则露出水面一定高度。当钻井作业

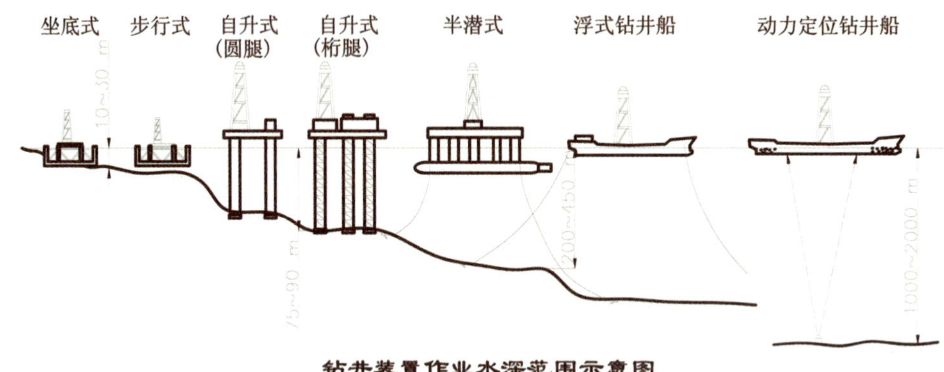

图12－45 石油钻井装置类型及其作业水深范围

结束要移位时，则可排出压载水使下体上浮。

坐底式平台的作业深度约为10～30米。过深则势必增加立柱高度，使结构加重，造价剧增，移位时也深感不便。由于其作业深度不能调节，1970年以来即趋于淘汰。

3. 自升式钻井平台

自升式钻井平台产生于1950年，在驳船式的船体边、角上装3～4根柱腿，每根柱腿可利用液压或齿轮齿条装置各自相对于船体上下升降。移位时将全部桩腿升起，拖至新的井位后，将桩腿降下插入海底，然后将船体、平台升到一定高度，进行作业。作业结束时，将船体（平台）降到水面，再把桩腿升起，又可拖航转移它地。自升式平台属接地式平台，移泊方便，作业稳定，效率高，成本低，因而发展较快，目前有半数钻井装置采用这种形式。工作水深已由60米增到100米，甚至有的达到150米。

图12-46所示为大连船舶重工为中海油集团建造的400英尺自升式钻井平台“海洋石油941”号。该平台于2006年5月竣工，同年6月26日拖航离开大连，在近3个月的时间里，相继跨过渤海、黄海、东海、台湾海峡，最后到达北部湾涠洲油田作业区。“海洋石油941”号于9月11日开钻，到2007年初，已成功打出10口高产油气井，其中有两口已完工生产，钻井总深度达1.7万米。

“海洋石油941”号是我国首座作业水深达到122米，钻井深度达到9144米、作业范围内可一次性定位50口井的钻井平台，其钻井作业完全实现了自动化、智能化，让钻井工人彻底告别了

图12－46 400英尺自升式钻井平台

手扶刹把等繁重操作。

“海洋石油941”号同时满足中国船级社（CCS）和美国船级社（ABS）的规范要求。ABS中国地区总经理何荣基对“海洋石油941”号的评价是：大连船舶重工虽然是首次建造如此高技术含量的钻井平台，但整个建造施工及设备安装调试均达到当今世界一流水平。

图12－47 步行（坐底）式钻井平台“胜利2”号

烟台莱佛士船业有限公司完成了升级改造的自升式钻井平台，该平台桁架型桩腿长205.3米（673.4英尺），工作水深150米，钻井深度9144米（30000英尺），定员120人。该平台取得挪威船级社（DNV）船级，船东是Maersk A/S。

4. 步行式钻井平台

海湾的潮间带和滩涂地带，海水时深时浅，“涨潮一片海，退潮一片泥”，即使是坐底式钻井平台，也难在此间移动。山东渤海湾的胜利油田与上海交通大学通过联合研究与设计，开发了步行（坐底）式钻井平台“胜利2”号，并于1988年由青岛北海船厂建成后当年投入胜利油田开钻。

“胜利2”号（见图12-47），解决了世界上难以进入的海陆过渡的滩海区域进行钻探的技术难题。

“胜利2”号，有水是一艘“船”，无水是一辆“车”。其特点是该平台的结构分成外体与内体，两者沉垫的水平面积相当。内体与外体可以借助液压设备相互升降。外体与内体之间在纵向有7米的空当。当外体（或内体）升起之后，还可向前移动7米。然后外体（或内体）降下，升起内体（或外体），内体（或外体）又可以向前移动7米。如此这般，这“胜利2”号独具“步行爬滩”技能，满足了潮间带石油勘探开发的需要。自1988年投入使用以后，性能完全达到设计要求。该项发明获1991年中国专利金奖、1992年度十大科技成就奖及1995年国家二等发明奖。主持此项研究与设计工作的上海交通大学船舶与海洋工程系马志良教授荣获上海市1991年度劳动模范称号。主持此项研究工作的胜利油田钻井工艺研究院顾必怿总工程师荣获石油工业部1995年劳动模范称号，同年当选为中国工程院院士。

5. 半潜式钻井平台

由于接地式钻井平台受到工作水深的限制，当工作水深超过100米时（前述“海洋石油941”平台工作水深可达122米，前述马士基平台的工作水深已提高到150米），就转而使用浮式平台了。平台的下体可以是船形或圆形浮体，由若干根立柱与水面以上的平台连接。工作时浮体潜沉于水下一定深度。

图12－48 半潜式钻井平台“勘探3”号

此种平台的最大特点是船体水线面积很小，相当于小水线面船。被托出水面以上的平台基本上不受波浪的侵袭，沉潜于水中的浮体受波浪的扰动力也较小（波浪的运动主要产生于大气与海水这两种介质相邻的区域）。水线面积小从而使平台在波浪中能有较小的运动响应，这对漂浮式钻井平台具有十分重要的意义。近年来，半潜式钻井平台发展迅速，作业水深达500米，最大排水量在3万吨以上。

图12-48所示“勘探3”号，是由708所设计，由上海船厂于1984年建成的我国第一艘半潜式钻井平台。长91米，宽74米，工作状态吃水20米，排水量2.2万吨，可在水深35～200米的海域作业。钻井深度可达6200米，能抗12级风和8米高的巨浪。交付使用后，曾有在东海海域创钻深3000米的记录。

6. 浮式钻井船

浮式钻井船是漂浮于水上进行钻井的船。钻井作业时，对船体运动的限制很严格。例如要求升沉不得多于1.0～1.5米，水平位移不得大于水深的5%～6%，否则要停钻。为此或采用多锚定位或采用中心锚泊定位。1970年发展起来的动力定位方式，船的运动幅度相对较小，较能适应作业要求。

图12-49所示双体钻井船为沪东造船厂以两艘3000吨货船加连接跨桥，于1974年改建而成，命名为“勘探1”号。由于作业海域水深浪大，夏秋又有台风，因此每年有效作业时间不到6个月。

动力定位是指作业状态的船借助于计算机综合系统采集的实时数据（瞬时船位、船的运动、风浪流等参数），

图12－49 双体钻井船“勘探1”号

经运算后发出指令，控制多个全回转推力器，以克服风浪流作用造成的船位偏离，并将偏离量控制在作业容许的范围内。在恶劣海况和强风的作用下，有效的动力定位系统可使船舶保持原位，其偏差在±0.2～0.5米以内。这会满足钻井船的要求。

随着计算机技术的发展，许多半潜式钻井平台也采用了此种动力定位系统，那将使钻井作业的条件大为改善。

7. 采油平台

采油平台是实际生产用的平台，其基本要求与钻探平台相仿，但由于要长期定点作业，对作业海况下的运动幅度以及稳性、强度的要求更为严格。采油平台的基本类型有固定式、接地式（坐底式和自升式）、浮动式（船式、半潜式）、可拆移式（牵索塔式、张力腿式）等多种。浮动式和可拆移式能适应深水作业。

大连船厂与新港船厂合作设计和制造了我国首座现代化海洋采油平台（见图12-50）。该采油平台由一座生产及钻井平台和一座公用设施及生活平台组成，装有126台原油处理设备和1000多个自动化监控测试仪表，下通23个井眼，能把采出的天然油液处理成合格的商品原油。1986年9月在渤海理北油田竣工，11月正式投产出油，日产原油4000桶、天然气40000m^3。全部生产过程通过中央控制系统实施自动控制、自动监测、自动分析和自动纪录。这座现代化的具有80年代国际先进水平的采油平台的建成，标志着我国已经能独立提供开发海洋石油所需的成套设备，被认为是我国船舶工业所取得的一项突破性成就。

8. 浮式生产储油船

浮式生产储油船，可长期在海上油田单点系泊，接受海上采油平台的原油进行脱气、脱水等处理后注入货油舱储存。将分离出来的油气作为船上能源利用，所分离出来的水经处理后排放归海。

如前所述，我国自行设计建造的浮式生产储油轮“渤海友谊”号，已于2006年被评为中国十大名船之六。该船及其姊妹船“渤海常青”号，都是沪东造船厂的产品。江南造船厂还建造了75500吨浮式生产储油轮“渤海明珠”号。

代表当今世界海洋工程装备建造领域先进水平的30万吨海上浮式生产储油轮——“海洋石油117”号（见图12-51），2007年4月30日在上海外高桥造船公司举行命名仪式。“海洋石油117”号是我国第一艘完全自主设计并建造的30万吨级海上浮式生产储油船，也是中船集团公司2007年计划交付的4艘高科技重点船型中的第一艘。“海洋石油117”号造价2.4亿美元。船体为双底双壳结构，船长323米、型宽63米，相当于3个标准足球场的面积。型深32.5米，从船底到烟囱的距离有71米，相当于24层楼的高度。该船日加工19万桶合格原油，储油量200万桶，配有140人工作居住的

图12－50 我国设计制造的首座现代化的海洋采油平台

图12－51　30万吨浮式生产储油轮“海洋石油117”号

上层建筑，还设有直升机平台。设计寿命为25年，可抵御100年一遇的海况，已取得挪威船级社（DNV）的船级。

“海洋石油117”号由中国海洋石油总公司、中国船舶工业集团公司与美国康菲石油公司签订合约建造，经过两年多时间精心开发、设计和打造，现已建造完工。这艘巨船在装载有关设备后，将用于由中海油和康菲石油中国公司共同开发的中国最大的海上油田——蓬莱19-3油田。

提到中国具有自主知识产权的浮式生产储油船，人们当会记得我国海洋石油工程专家、中国工程院院士曾恒一的贡献。曾恒一院士作为国家863计划领域专家，指导并参与了“浅水大型浮式生产装置关键技术研究”的课题，取得了原创性成果。他首次提出了“大型浮体浅水效应”概念，为优化设计开拓了新思路并得到了成功地应用。曾恒一几十年来一直从事海上油气田开发工程的前期研究、设计及建造工作。1989年获建设部授予的中国工程设计大师称号，1997年当选为中国工程院院士。

图12－52所示为烟台莱佛士船业有限公司建造的圆形浮式生产储油设备（SSP—300FPSO）。圆形设计很有新意，目的是为了化解来自各个方向的阻力。SSP—300FPSO的船东是SEVAN MARINE，取得挪威船级社（DNV）船级。

图12－52　圆形浮式生产储油设备

9. 海上起重铺管船

铺管船是在海底铺设管路的海洋工程船舶。船上的专业设备包括：管道张紧器、浮托输送架及高效焊接作业线。考虑到海上安装的要求，有时也强调起吊能力，以便于提高铺管任务之外的海上安装能力。图12-53海上起重铺管船。

中国海洋石油总公司的大型起重铺管船“蓝疆”号，是该公司委托美国弗

图12－53 烟台建造的3800吨起重铺管船“蓝疆”号

瑞迪格曼豪特公司和烟台莱佛士船业有限公司联合设计、建造的一艘新式大型海洋工程船，总造价超过1亿美元。该船最大起重能力3800吨，工作水深8～150米，定员280人，2000年11月24日交船。是亚洲目前最大的起重铺管船，所具有的先进性在亚洲及世界的海洋工程船舶中处于领先地位。

（十三）工程船舶

船舶过去的主要功用当然是客货运输。但是，到了今日，随着船舶文化的长足发展，船舶不仅用于国防、渔业、科研和石油开发，在各种工程建设中船舶也是少不了的。

现代工程船舶的任务很是广泛。诸如：航道保证、港口作业、水利建设、海上施工、救助打捞等等。工程船舶的种类繁多，设备复杂，专业性强。新技术、新设备应用广泛。

现将起重、打桩、挖泥、布缆以及浮船坞等各类工程船分述如下。海上救助打捞船舶虽然也可以归于工程船舶一类，但由于它的特殊性并由政府的海事部门组织领导，所以留在后面专门讲述。

1. 起重船

起重船可用于起吊桥梁、钻井平台等水上建筑构件，在修造船中用于搬运和安装大型机械，在港口码头用于起卸特大件货物。在海事救捞中也经常使用大型起重船。

起重船的主钩起吊能力从几十吨到500吨以上，中国当前最大的起重能力已达到4000吨。主钩绞车功率从几十千瓦大到200千瓦以上。当前绞车功率最大的已达到6000千瓦。

起重船多为非自航的。中大型起重船也有用起重用的电站功率作为电力推进来自航的。通常船上还有定位和移船用绞车。

当主钩伸出舷外起吊重大件时，船舶要产生横倾。显然，出现较大的横倾角对作业是不利的。所以起重船的稳性要保证在起重作业时横倾角不致于过大。

为了避免起吊作业时出现横倾，曾有一种扒杆式起重船。因为起重扒杆是纵向布置的，即使起吊重物时有很大的纵倾力矩，只须船舶出现极微小的纵倾即可与起重的纵倾力矩相平衡。当然，此种扒杆式起重船在应用时不如全旋转式起重船那样方便灵活。

图12－54 900吨全回转式海洋救助打捞起重船

图12－54是广州海上救捞局使用的900吨海洋救助打捞起重船，这是由上海港口机械制造厂建造的，1992年4月交付使用。如图所示，在上层建筑一端还设有一直升机起降平台。

据悉，为了整体打捞在广东阳江川山群岛海域发现的宋代古船“南海一”号，也为了发展海上救助打捞事业，建造了“华天龙”号4000吨级大型起重船。

4000吨级起重船，是交通部广州救助打捞局出资在上海振华港口机械公司建造的。“华天龙”号可在8～300米水深、7级风、零下20～45℃环境温度条件下作业。该船设计起重能力4000吨，全回转时起重能力2000吨。“华天龙”号是目前亚洲最大的起重工程船，也是到目前为止由我国自行设计和建造的最大的起重工程船。该船的核心技术参数均经国际权威公司验证认可，其关键设备和材料均选用具有世界先进水平的产品。

2. 打桩船

在港口及桥梁工程以及其它临水工程中，打桩船是必不可少的。

打桩船，与起重船相类似，多使用箱形船体，且多为非自航船舶。打桩船最重要的设备就是设有高大的桩架。桩架通常设在首部，打桩时桩架作为桩的导轨，重锤也沿桩架升落。

图12-55所示“三航桩15”号打桩船，为高性能非自航超大型打桩船。是由上海船舶设计院设计、青岛北海船舶重工造船分厂为第三航务工程局建造的。在杭州湾跨海大桥的建设中发挥了重要作用。“三航桩15”号船主要由桩架、桩锤、储油罐、船体、动力舱和指挥楼构成。该船长63.6米，宽27米，型深5.2米，打桩架高93米。船上全部绞机和桩架系统动力均为液压。

图12－55 “三航桩15”号打桩船

由于桩架高大，因此打桩船要有足够的稳性。东南沿海某省的打桩船，在台风袭击时曾有翻沉的记录。既然是桩的尺度确定了桩架的高度，为确保稳性，船的主要尺度也就要受桩架高度和桩的尺度影响。桩架可回转式打桩船，既可以在首端打桩作业，又可以在前部的左右两舷进行打桩作业。为了保证打桩的质量和精确度，打桩船要设许多平衡水舱，打桩时要根据需要调节船的纵倾和横倾。

打桩船都设有重型吊钩，这是为拔桩用的。打桩船似乎也可兼作起重船用，但由于吊钩伸出的距离太小，被吊的构件会与桩架相碰撞，这实际上限制了她在兼有起重方面的能力和作用。

打桩时伴有噪音，不利于环保。目前在陆地已相当广泛地应用所谓“压桩机”，打桩时产生的噪音就小多了。压桩机为了把桩压入地层，上面要加相当重量的压块。大型打桩船的排水量很大，具有相当大的质量。利用发达的液压设备，可否将打桩船改为“压桩船”呢?

3. 挖泥船

挖泥船是应用广泛的一种工程船舶，制造量也大。它主要用于疏浚航

道和开挖港、渠，由于运输船舶的大型化，航道要加深，所以近年来挖泥船发展很快。根据挖泥方法，挖泥船分为吸扬式、单斗式和链斗式。

1）吸扬式挖泥船

吸扬式挖泥船利用离心泵通过吸泥管自水底吸取泥浆，通过排泥管将泥浆输送到排泥地点。挖泥船也有三种形式。

①耙吸式挖泥船　这是自航式挖泥船，它利用泥耙耙泥，由泥泵吸入并注入泥舱，再运到排泥区域卸泥。泥耙设在两舷，也有的设在船尾的槽口中间。仅能纵挖，适用于风浪和水深较大的海港航道进行疏浚。自航速度一般在10～12节，挖泥航速一般在1～3节。一般挖泥深度在20米左右。

国内迄今最大的自航耙吸式挖泥船"新海虎"号于2007年5月在广州文冲船厂有限责任公司完工交船。"新海虎"（见图12-56）号的成功建造改写了我国只能建造10000立方米以下挖泥船的历史。

由于我国疏浚船制造业起步比较晚，投入不足等原因，国内疏浚船制造技术一直得不到快速提高。长期以来，我国疏浚装备特别是大型耙吸式挖泥船主要依靠进口。"新海虎"号具有国内独立自主知识产权，它的船用设备国产化程度按价格计算已经超过了70%，从

图12－56　舱容为13500立方米的耙吸式挖泥船"新海虎"号

而改变了大型疏浚装备主要依靠进口的局面。

“新海虎”号的自动化程度较高。该船有一套自动化疏浚控制系统，可以准确掌握水下施工作业，如水流、土质状况等工作条件。而且通过工业拟态网连接到全船局域计算机终端，可清晰显示挖泥船水下作业及全船设备的运行情况，有利于对全船疏浚工作进行控制和监视。“新海虎”号可适用于无限海区并在国际水道进行疏浚作业。用船单位是上海中港疏浚服份有限公司。

图12－58 挖泥船上带有锋利钢齿的绞刀头

另一艘设计舱容量为16888立方米的挖泥船已在文冲船厂建造中。

②绞吸式挖泥船 绞吸式挖泥船在吸口处装有旋转的绞刀头，先将水底的泥土绞碎，然后通过泥泵吸取泥浆，再将泥浆排送到指定地点。这类挖泥船应用较广，主要工作机械是绞刀头、泥泵、横移绞车、尾钢桩及其绞车、首尾锚及其绞车和绞刀架绞车等。

图12－57所示是南通港闸船厂建造的绞吸式挖泥船。图12－58为带有锋利钢齿的绞刀头。

③静吸式挖泥船 它与绞吸式不同之处在于没有绞刀设备，所以只适用于吸取沙及黏性土壤，使用范围较小。因为不用绞刀头，由吸泥头直接吸取泥浆，所以也称直吸式。静吸式挖泥船多用首尾锚及4个边锚定位和移位，可以纵挖，也可横挖。

图12－57 南通港闸船厂建造的绞吸式挖泥船“天狮”号

2）单斗式挖泥船

单斗式挖泥船可分为抓斗式和铲斗式两种。

①抓斗式挖泥船 是利用

固着于钢缆上的抓斗，在其重力作用下放入水底抓取泥土。抓斗的吊臂装在可旋转的平台上，随台旋转，台上设有绞车，以控制抓斗的开、闭、升、降及平台的旋转。

小型抓斗式挖泥船多为非自航式，所挖泥土直接装入泥驳中，然后由拖船拖到卸泥区放卸。大型的多为自载自航式，船体中部设有活底泥舱，可自行运到卸泥区卸泥。

抓斗式挖泥船有许多优点：

（1）最适于在狭小的水域作业，对于经常性而土方量较小的疏浚工程尤为适宜。

（2）可配备各种抓斗以适应多种土质。

（3）调节抓斗的缆索长度即可满足各种挖深的需要。

（4）机构设备简单，陆用机件也可在船上应用。

（5）建造成本低廉。

（6）在农村小河，只要有足够长的吊臂，可直接将河底的污泥抓到岸上用于集肥。

这种船型的缺点是：

（1）是非连续性生产，生产率低。

（2）经济性差，疏浚单位土方的开支较大。

（3）疏浚后的水底平整性较差。

（4）在急流河道，由于水流冲击产生飘斗，影响生产效率。

②铲斗式挖泥船　此型挖泥船主要适用于挖重黏土、淤泥、砂质黏土、石质土壤和硬石质土壤，也适用于清理围堰、木质沉船及排除障碍物等，但不适用于挖取细砂和稀泥，因为易发生泄漏。

3）链斗式挖泥船

这是挖泥船中最老的型式。它有如同绞吸式挖泥船通常具有的驳船型船体，而且首部中线处开有槽口。由斗桥带动的链斗就在此槽口中，可由船首吊架进行起落以调节挖深。带有泥斗的斗链在斗桥上循环转动而进行挖泥，当泥斗转到下滚筒位置时开始挖泥，泥斗越过上滚筒将泥倒出。作业是连续性的，这是与单斗式挖泥船最显著的区别。

排泥方式有3种：一是在斗塔上将泥倒出，经溜泥槽卸到左舷或右舷的泥驳中；二是由顶部卸入小型泥舱中，经过冲水，由泥泵经过沉石箱吸入，再经过排泥管排至排泥区；三是将泥倒出后，由长输泥带或传动皮带将泥排到远处。

链斗式挖泥船可以在各种土壤上工作，应用范围最广。多为非自航式。也有用主发电机的电力进行自航的。挖泥的效率，大型者可达1000 立方米/小时以上，小型者只有10 立方米/小时。

4. 布缆船

布缆船是敷设海底电缆的专用船，也可兼作电缆维修船。

布缆船的机舱一般位于尾部，中部为大型电缆舱。要设有大型压载水舱，以便于电缆敷设后用作压载。首部前端突出处设有几个大直径导缆滑轮，其侧有吊架和操作指挥台，在首甲板处设有鼓轮敷缆机，供修电缆时捞缆用。甲板设有导缆槽、大滑轮及吊架；在中部甲板上设有履带式布缆机供布缆用。此船上还设有潜水和加压舱设备、电缆测试室及各种仪器仪表室。布缆船的操纵性要求较高。为此常采用双机双桨及可调螺旋桨，首部有侧推装置。采用卫星导航设备用作船的定位。

5. 采金船

采金船是一种砂金开采设备，它是一种集采矿作业、选矿作业为一体的水上联合工厂。包括船体、上部建筑、挖掘系统、选矿及供水系统、受矿及尾矿排弃系统、甲板机械、供电等几个基本系统。

从选矿工艺上分，采金船分成固定溜槽、胶带溜槽、圆形淘汰机3种类型。从挖掘能力上分，视斗容分25升、50升、100升、150升、200升……等型号。

哈尔滨黄金设计研究院为陕西安康金矿设计过斗容150升采金船，采金船的矿砂链斗与挖泥船的链斗颇为相似。该型采金船在全国已建造43艘，具有开采砂金后利于复垦土地的优点。哈尔滨黄金设计研究院还为黑龙江等4省13矿设计的一型100升采金船，全国共建造了104艘。由该院设计、湖南省601矿自行建造的100升采矿船，既可采金，又可采金刚石。

6. 浮船坞

浮船坞，是修船工程中的一项重要设备。修船工程中有关拆换底部外板、清除污底、船底涂漆以及修理螺旋桨和舵设备等水下工程，常需进坞施工。浮船坞造价较干船坞低得多，而且可移泊，沉浮方便，很适于用作修船。

浮船坞的坞体由坞墙和坞底组成。坞墙和坞底都是由纵横构件及面板构成的浮箱，沿纵向和横向分隔成若干个水密舱。通过对坞底和坞墙下半部的水舱进行排、灌，可以调节坞的浮、沉。浮船坞两端通常是开启的，用于船舶浮进浮出。图12-59为广州中远船坞工程有限公司15万吨级浮船坞“远洋2”号。该坞总长269米，坞墙内宽52.25米，举力3.0万吨。

华润大东自筹资金改造的第二座大型船舶修理专用浮船坞“大东”号是亚洲乃至世界最大的浮船坞。在2007年9月4日，迎来了来自新加坡的22.6万吨巨轮“易北河矿石”号。

“大东”号浮船坞，坞长338.8米，外坞墙间宽60米，内坞墙间宽52米，升举能力为4.5万吨，可满足20万吨级各类船舶的坞修需求，今后所有进出上海港的船舶都可以进入该坞维修。

图12-59 广州中远船坞工程有限公司的15万吨级浮船坞

大连中远船坞工程有限公司，早在2005年10月22日，就启用了“大连”号浮船坞。该坞总长350米，坞墙间内宽66米，举力6.0万吨。已有多艘30万吨级VLCC曾进坞修船。这恐怕是当今中国、亚洲乃至全世界最大的浮船坞了。

中海工业（江苏）有限公司承接的30万吨“中海峨眉山浮船坞”近日在江都造船基地开工建设，这是迄今为止世界上最大的钢质浮船坞。

该项目由中国船舶总公司上海船舶设计研究院总设计，浮船坞总长410米，宽82米，举力达8.5万吨，项目总投资5.8亿元，耗用钢材3.8万吨，建造周期为15个月。该浮船坞投入使用后，可承接30万吨级以下的海洋运输船舶进入浮船坞维修保养。

（十四）重大件货物运输船与半潜船

如前所述，早期的货船都是杂货船，能够装载和运输各式各样的货物，甚至石油也可以用桶装起来由杂货船运输。随着科学技术的进步，船舶文化发展神速，各式各样的专业化船舶应运而生。这里说的是重大件货物运输船与半潜船。

1. 重大件货物运输船

1）800吨大件货物浅吃水运输船

三峡水电站所需世界上最大的国产水轮机叶轮，每件净重450吨。从位于四川乐山附近的重型机械厂，经岷江浅水急流航道162公里，过宜宾港、重庆港直趋三峡，航道全长1000多公里。

能不能成功地设计建造重大件货物运输船，就成为四川该重型机械厂是否能夺标的关键问题。四川省与武汉理工大学合作，由陈宾康教授设计的800吨重大件货物浅吃水运输船解决了这一问题。图12-60为800吨大件货物浅吃水运输船。

图12－60 800吨重大件货物浅吃水运输船

按理说净重450吨的大件货还不能说太大。问题是要通过浅水急流航道，船舶航行中必须保证安全，万万不可以搁浅。如果搁浅则无法施救，因为在浅水急流中既无起重设备，又无大型船舶可以求助。经实际运输的考验，该重大件船十分成功，为三峡建设作出了贡献。该船取双尾肥大船型。为保证吃水不超过航道的限制，要严格控制船舶首尾的吃水。

2）450吨重大件货物超浅吃水运输船

在800吨大件货物浅吃水运输船设计、建造成功的基础上，又设计建造了超浅吃水的450吨大件货运输船，以适应更严酷的航道条件。该船的吃水限制在1.25米。为适应浅水急流航道的流速，此船设计成三尾三桨肥大型船型。主机选用康明斯NT855-M350型柴油机，单机功率237千瓦。此船不仅可载运净重450吨的水轮机的叶轮，也可载相当的大件货进长江支流和大运河。

2. 半潜船

使用前述重大件货物运输船时，要具备足够吨级的起重设备。否则就不可能将重件“吊”装到船上。比如，像各式钻井平台，其总重量可达1.0万吨或更重，这种重物怎样装船和运输呢?

1）半潜船

半潜船就是解决此问题的较好的途径。

图12-61所示半潜船，在要“装”重件之前，将该船加大量压载水，船舶的甲板可潜入水中一定深度，将所要运载的大件货物，例如各式钻井平台，拖到半潜船上，经过测量和定位后，待半潜船逐渐上浮，这重物自然就落位到半潜船上了。

2）半潜式游艇运输船

图12-62所示为半潜式游艇运输船。是烟台莱佛士船业有限公司开发和建造的。

试想，要想把诸多游艇“吊”到运输船上，也是一件不容易的事情。如

图12-61 中国远洋运输公司的半潜船"泰安口"号

果要在船上是设重吊，既占很多地位，也是欠经济的事情。利用岸上的起重设备吊游艇上运输船也有诸多不便。一种解决办法是利用起重船将各个游艇"吊装"到运输船上。不过到目的港之后，还要起重船将各个游艇"吊卸"到海里。这恐怕也是不经济的事情。游艇价格很高。稍有不慎即有可能损及游艇艇体。无论是"吊装"和"吊卸"，都要十分细心，其装卸效率之低是可以想象的。

现在开发的半潜式游艇运输船，只要使运输船下潜到一定深度，各个游艇可以自己浮到半潜式船的一定位置，经定位后，待半潜船起浮，各游艇就定位到半潜船上了。

此种半潜船，如果和"吊装船"（普通货船）、"滚装船"比较起来，是否可以称为"浮装船"呢?

①照片中船舶驾驶室背后是码头上的起重设备，与船无关

（十五）工作船舶

工作船舶通常是指为船舶航行、为

图12-62 半潜式游艇运输船①

工程船舶作业进行服务工作或其它专业工作的船舶。诸如引水船、消防船、港作拖船、破冰船、供应船、航标船等等。

1. 引水船

外国船舶进入主权国家的领海水道和港口时，要由主权国家海事或港务监督部门派出引水员登上外船，负责指挥、引领该船安全到港。外轮出港时也要由引水员指挥、引领该船安全到达公海水道。完成任务后引水员才离开该船。这种制度也叫强制引水制度。其目的在于保障港口和船舶的安全，维护国家主权和国防机密。对于有些复杂的水道，本国船舶为了保证安全，也有请求引水员（或称为引航员、领航员）进行引航的。但这与强制引水不同。

送引水员登临在港外的被引船舶和接引水员离开出港船舶的船，称为引水船，也叫引航船。通常，边防检查人员和检疫人员也随引水员上进出港船舶执行任务。引水船上设有供引水员生活和办公用的设施，同时备有交通艇供引水员登临和离开被引船舶时使用。有些港口，除派引水员引航之外，对一些特大型船舶还同时派1～2艘港作拖船，以便在靠码头或离码头时使用。当然，这些都是要照章收费的。

我国大型港口之一的上海港位于黄浦江畔，引水的航程较长。通常在吴淞口外、长江口附近停泊一艘大型引水船，作为引水员生活、工作和休息的基地。引水员乘引水船的交通艇登上进港的外船，执行引水任务；外船出港时，执行完引水出港任务的引水员，在此地离开外船返回引水船休息待命。

停泊待命的引水船，白天悬挂国际信号旗中“半白半红”的代表“H”的字母旗；夜间则在桅杆上装设环照四周的灯光信号，表示“我船有引水员”，以引起诸进港船舶的注意。

2. 消防船

当港内船舶或码头临水的建筑物发生火警时，需要由消防船进行施救。运油船码头或锚地对消防船的需要就更加迫切。例如作为运油船装卸作业的安全措施就要求，停在码头上的每一艘装有石油制品的船舶应和港口消防单位建立电话或选择的通信联系。在进行石油制品装卸作业的码头或锚地上，应有一艘消防船值班，一旦油船发生火警可立即施救。

图12-63所示是消防船“港消1”号。这是由上海船舶研究设计院设计，

图12-63 上海港消防船“港消1”号

由东海船厂建造的。早期设计方案其主机功率是970千瓦，经修改后为1320千瓦，经批量建造，用于我国各大港口。该船采用调距螺旋桨并有首侧推装置。该消防船上备有压力为1250kPa、排量为8000升/分的消防泵两台，分别由240千瓦的泵机驱动。设固定式空气泡沫一水两用消防炮8座，其工作压力为980kPa，每门水炮排量为800升/分，空气泡沫排量为12000升/分，低倍泡沫储量为26吨。该船还有起升高度为21米的双曲臂式液压升降台一座。可以说“港消1”号是我国功率较大，灭火能力较强的消防船，同型船全国共有10多艘。但是与国外更先进的消防船相比仍有很大差距。诸如航速偏低，消防泵和消防炮的排量也偏小等等。例如法国建造的一艘现代消防船，共设8门消防炮，其中2门离水面高22米；另外还储备有2.5吨干粉。

3. 港作拖船

拖船的特点是船体小、功率大、结构坚固、有较强的护舷和防撞功能。船舶在尺度上长与宽之比（HB）比一般运输船要小得多。主要目的在于要求拖船有较为灵敏的操纵性及回转性。

港作拖船要常协助大船靠离码头、进出船闸、船坞等。在海洋工程中有能协助抛锚、拖带以及运送油、水及钻探设备到海上平台的三用拖船。其尾部甲板常要留出宽敞的作业面积。

为了使拖船有最好的回转性能，可装设Z形可回转推进器。这样的拖船有极好的操纵性能，甚至可原地回转。图12-64所示港作拖船就是此种型式的拖船。该船是由708所设计、烟台船厂

图12-64 装有Z形推进器的可原地回转的拖船

图12-65 抛锚、拖带、供应三用工作拖船

建造。

图12-65为适用于海上钻井平台和海洋工程的三用工作拖船。该船由武

昌造船厂设计建造，获挪威船级社（DNV）和中国船级社（CCS）的船级。

破冰拖船，既有一般拖船的功能，又有一定的破冰能力，以适应北方港口冬季时有结冰的航道。

4. 破冰船

图12-66 破冰船

破冰船用于在冰封水域开辟航道和救助被冰封的船舶。破冰方法常是将破冰船冲上冰层，再将尾压载舱的水调拨到首压载舱，用以将冰层压碎。由于破冰船常与冰块撞击，船体结构要特别加强。首柱应适当前倾，水线以下部分倾斜角度更应加大，以便能利用冲力爬上冰层。船中横剖面常设计成盆状，利用左右舷压载水舱压载水的相互调拨使船体左右摆动，便于压碎破冰船两侧的冰层而加宽航道，也可避免破冰船被封冻在航道中。通常横向和纵向调拨水舱的总容量约为船舶排水量的15%，为调拨如此巨大的压载水量，破冰船需设排量很大的水泵。在大型破冰船上还设有直升飞机平台，以便用直升飞机进行观测和联络。图12-66 为一艘破冰船。

我国北方虽有青岛、大连、秦皇岛、葫芦岛等天然不冻良港，但在渤海沿岸，入冬则结冰，黄河结冰期也较长，为此须有一定数量的破冰船以利冬季的航行。中华造船厂早在50年代为黄河航道局建造小型破冰船。求新造船厂曾建造过排水量3200吨级的大型破冰船，主机功率2×1912千瓦，破冰厚度的设计指标是2米。

前苏联在1959年建成大型核动力破冰船“列宁”号，排水量16000吨，主机功率36362千瓦，航速18节。这种破冰船，除靠自身压力破冰外，还利用原子能加热的水冲击冰层。由于这是世界上第一艘参加航行的核动力水面船舶，曾被标榜为“和平利用原子能”的重大成就。然而各国所发表的情报和评论表明，这艘船无疑也是一艘核动力潜水舰队的母舰和支持供应船。

5. 航标船

航标船，用于在航道上的暗礁、险

滩、浅滩、岩石及转弯地点布设和维修航标，也可兼作起重、航道测量或海洋水文地质调查之用。

在航标船的甲板上设起吊航标用的起重机一台，船上设航标舱以贮放航标。船上甲板室内设有航标修理室和航标仪器仪表仓库。除布设航标之外，航标船还定期巡视水上各处灯塔、灯船、灯标，进行维护修理及供应电石燃料和调换电池等补给工作。

图12-67为金陵船厂在1990年为天津港监局建造的大型航标船，可载直径为2.4米航标10只，沉石10套及航标锚链96吨。

图12-67 天津港监局的航标船

6. 清扫船及收垃圾船

清扫船是清扫港口水面杂物、保护港口水面卫生的船。在自航船上设置收集水面上漂浮杂物的装置和垃圾贮放舱。按收集方式可分为导入法、捕集法和捞取法。船有单体和双体之分。

为了保护海洋和港口的环境，港口内专设有收垃圾船。凡是生活垃圾或船舶在港内由船员自行修理项目的建筑垃圾统由专门的收垃圾船收集后统一处理。

7. 港监巡逻船（艇）

港监巡逻船是港务监督机构用于维护水上交通安全以及防止船舶污染的政府公务船舶。内河港监船夜间执行公务时显示红光旋转灯一盏。

据媒体报导：一艘外国油轮在青岛黄岛油港卸油时，由于该轮年久失修，致使所载乳化原油从油轮底部通海口处出现渗漏。通过调查发现该油船两次泄漏乳化原油50公斤。青岛港监局依照《中华人民共和国海洋环境保护法》对该船作出罚款和暂扣油船的行政处罚。另悉，附近海域的一些渔民也以该油船泄漏原油造成养殖区内鱼类死亡为由通过青岛市海洋水产局向该船提出索赔要求，在问题未解决之前该船仍被滞留青岛港。

8. 供应船

供应船主要指专门向到港船舶供应燃料用煤的供煤船，供应液体燃料、润料的供油船和供应饮用水和淡水的供水船。船上设有计量仪表，以便按量收费。此类船舶多为自航船，使用方便。

（十六）海洋救助打捞船舶

海洋救助打捞船舶是对遇难船舶进行施救和打捞沉船用的工程船。为了能迅速赶到现场，要求自航时有较高的航速。但也可以用具有救捞设备的打捞方驳和海洋救助拖船组成救捞船队。工作时用锚定位。主要工作机械有起重机，大小绞车和大型空气压缩机，而且具有潜水、电焊、切割、修补、排水、起浮等打捞设备，根据任务，出海时还要拖带若干打捞浮筒。

1. 打捞起重船

图12-53表现的就是设备较齐全的现代化的打捞起重船。该类船虽无自航能力，但可以与救助拖船组成救捞船队进行作业。图12-68是“华天龙”号吊臂使用3860吨的吊力，吊起装有“南海一号”沉箱的照片。

打捞起重船用于打捞的方式主要有如下几种：

①浮筒式，将水密浮筒灌水后沉入海底，与沉船联接起来，然后用压缩空气排出浮筒中的海水，利用浮筒的浮力将沉船浮起。

②起吊式，用几根钢索横过船底，绑住船体，利用浮吊将沉船吊起。由于沉船可能陷在海底泥沙中，这就需要用高压水、气管冲出一条通道，以便潜水员进行穿缆作业。

③充塑式，在沉船的浸水舱内加入发泡塑料，待发泡塑料发泡后，将舱内水排出，沉船即可浮起。

几种打捞方式都各有优缺点。打捞船根据打捞方式的不同配备相应的打捞设备。通常，打捞起重船都配有潜水设备，也有配专用潜水工作船的。

图12－68 “华天龙”号吊起“南海一号”的沉箱

2. 救助船

救助船应具有良好的稳定性和耐波性，能保证在恶劣的气候和海况下出航抢险。航速要高，须具有大功率的拖曳能力和可靠的拖带设备。为了扑灭失事船舶的火灾，该型船舶还应具有较强的消防能力，通常设有泡沫灭火装置和液态氨舱。

《长江日报》2007年11月26日报道：据新华社海口11月25日电，受今年第25号台风“海贝思”的影响，菲律宾、越南多艘渔船在中国南沙海域被台风打沉，中国琼海渔民在台风中已成功地救起了36名菲、越遇险渔民。台风肆虐依旧，中国、菲律宾、越南的300多名渔民被困中国南沙，面临断水断粮的危险，等待救援。交通部南海救助局“南海救112”紧急赶赴南沙海域。25日12时，救助船离被困渔民所在海域有10海里的距离，但是南沙海域台风风力很大，救援工作受阻。又

图12－69 大型救助船“南海救111”号

讯：海南海事局通航处处长谢春富说，22日14时45分，“南海救112”船满载淡水和粮食开足马力从广州珠江口开赴南沙群岛。又讯：“我们几乎是迎着台风前进的，大部分船员都不同程度晕船”。“南海救112”轮船长彭建波说，“‘海贝思’迎面而来，海面上有5米多的巨浪，我们随时都会遇险。我们将竭尽全力救助被困的中、菲、越渔民”。

从上述报道中得知，越是在恶劣的海况下，越是需要救助船出海营救。我国交通部近年分别在东海救助局（上海）、南海救助局（广州）北海救助局（烟台）设置全新的大型救助船“东海救111”、“东海救112”、“南海救111”、“南海救112”和“北海救111”、“北海救112”。图10-69为“南海救112”的姊妹船“南海救111”。

上述大型救助船续航力12000海里，海上自持力30天。船上设有减摇鳍和可控式减摇水舱，以便在大风浪中也能保持较小的摇摆角度。船上设两艘航速达35节的全封闭救助艇。全船还设3台侧推装置，可自如地原地横移或转向。当然，消防、救助和拖带的装置也相当齐备。这6艘新型大功率救助船是由广州黄埔造船有限公司建造的。

3. 近海快速救助船

一种新型近海快速救助船，由英辉南方造船有限公司建成，该船取“穿浪型双体船”船型，采用2套德国V16型高速柴油机和喷水推进装置推进，航速32节，为我国救助船之最。该船可原地回转、平移，适合于近海5级海况

图12-70 “东海救201”正视照片

图12-71 “东海救201”侧视照片

下快速救助，最多可同时营救200人上船。虽然吨位不大，但有很好的适航性和抗风能力，具有耐波性好、速度快、稳性和操纵性强等特点，在风浪中可穿越大波浪。目前，我国救捞系统共装备3艘此种快速救助船，分别为“北海救201”、“东海救201”（见图12-70，图12-71）和“南海救201”。

4. 高速救助艇

我国最近从英国皇家救生艇协会引进二手艇，专用于人命救助。该艇具有自动扶正功能，如发生意外侧翻等情况，该艇能够自动恢复到正浮状态，被称为“海上不倒翁”。它具有一定的抗风能力，干舷高度较低，适于救援落水者。若落水者无力自行爬上船的两舷时，在其两舷处设有外扑式的能起吊250公斤的“A”字架人力吊。该型救助艇具有船小灵活、速度快捷、操纵方便等特点，适用于近海50海里水域范围内实施人命救助。目前已有8艘该型艇在我国的救助打捞系统服役，其编号为“华英392”到“华英399”。图

图12-72 高速救助艇

12-72为高速救助艇。

5. 潜水工作船及深潜器

潜水工作船是潜水员进行水下作业的工作和生活基地。不仅在打捞工程中，而且在通常的水下工程建设、海洋资源开发、海底调查等许多工程中，都要进行大量的水下作业。潜水工作船则是专门为潜水作业服务的工程船。

潜水工作船要具有一定的航速，良好的稳定性和耐波性，要有海上定位设备，采用多锚系泊或动力定位系统。要配备潜水员用具以及供气、配气设备（为潜水员输送空气、氧气、氦氮氧气等），设防治深潜病的加压舱，配备水下焊接、气割用的装具等。新型的大型潜水工作船上还备有深潜器。

深潜器是能完成某些特定任务的潜水工具，潜深为几百米到几千米，水下续航时间仅为几小时，一般不超过12小时。深潜器具有球形或半球封头柱体的耐压壳，常用高强度优质合金钢制成，其动力源一般为银锌或铅酸蓄电池，或者燃料电池，或通过“脐带”由母船供给动力，一般装设几个推进器，航速2～4kn。深潜器通常装有观察窗、深海探照灯、电视摄像机、深海摄像机、机械手及其它专用设备。可用来进行深海打捞、救助、监视和维修海底电缆以及对海水中的生物、物理、化学、海洋地质地貌等学科进行调查和取样。

（十七）高性能船舶

常规的排水型船舶，在民用船舶中占绝大多数，经过多年的研究和营运实践，其性能已经有很大的提高。由于种种原因，常规船型的某些性能受到局限，难以满足使用上的进一步要求。如航速的提高，往往要使主机功率提高到难以接受的程度。又如耐波性，常规船上虽然采用各种减摇装置，但仍难以达到在海上平稳作业的实际需要。因此，人们在不断探索超出常规的各种新船型，使其具有所要求的高性能，如滑行艇、水翼艇、气垫船、小水线面船、穿浪型双体船等等。这些船型虽然已经研究了几十年，有许多已达到实用要求，但仍不如常规船型那样成熟。

1. 滑行艇

滑行艇有与排水船不同的特点，即当船体高速行驶时，船体的重量主要是靠滑行时产生的举力来支持，也就是说，静水浮力几乎完全被水动力所代替。由于浸湿面积随航速的增加而减少，船的阻力也减小了，因此为提高航速创造了条件。

滑行艇，由于可以降低阻力和提高航速，所以被广泛用作运动艇、交通艇、巡逻艇等。当然军用的鱼雷快艇、导弹快艇等也在广泛使用滑行艇。

滑行艇的缺点是耐波性较差，不适于在大风浪中航行。滑行时波浪对艇体也有较大的冲击，对结构也有破坏作用，因此滑行艇的发展受到一定限制。

2. 水翼艇

水翼艇是由滑行艇的演变和发展而产生的新船型，其艇体与滑行艇相近，艇体加装水翼。航行开始时有如普通排水船，只是多了前后两个水翼，因而阻力比普通船型大。随着航速的增加，水翼产生的举力也增大，将艇体逐渐抬起，当航速再提高时，两只水翼所产生的举力就足以将艇体完全抬出水面，这时艇体所受到的水阻力只是水翼、水翼支柱和推进器之附体的阻力，航速比滑行艇又有很大提高，而且可以避免波浪对艇体的冲击。合理地设计水翼艇的翼型，使其具有较大的举力和较小的阻力，则可以提高艇的航速和载重量。水翼的种类很多，如图12-73所示的三种为常用水翼。

浅浸水翼易受波浪的影响，不适于汹涛海况下使用。割划水翼因艇体的升沉而使水翼面积有所增减，升力的变化较为缓和。深浸水翼受波浪的影响较小，近海或跨洋水翼艇多有采用，更有采用可控深浸水翼者。水翼艇的航速可达50kn，耐波性也较好，适于作湖泊、江海和海峡的快速客船和渡船以及巡逻艇等。

“水翼一号”水翼艇，由中国船舶工业总公司702研究所设计，由芜湖造船厂建于1960年1月，同年6月经国家鉴定验收并交付长江航运管理局使用。

喷水推进、可控水翼高速客船“南星”号（见图12-74），是由中国船舶工业总公司701研究所设计，由求新造船厂和新南公司为香港远东水翼船有限公司建造1995年10月，该船为铝合金船体，可载客290人，翼航吃水1.5米，航速可达45节。其首制船“北星”号建成于1994年9月。现在两船均航行于香港～澳门之间。

水翼艇的缺点是：艇体之下尚有水翼，不适用于浅航道。水翼往往大于船宽，靠码头时有些不便。为减轻主机重量往往采用高速内燃机，使用寿命短，对燃油要求较高。

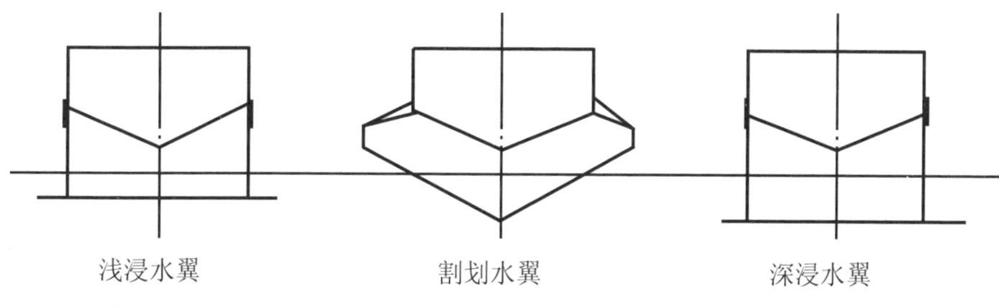

图12-73 3种常用水翼示意图

图12-74 航行于香港——澳门之间的“南星”号水翼船

3. 气垫船

气垫船浮在水上既不是利用浮力，也不是利用水动力（举力），而是利用船底与水面之间的空气静力支持，即利用气垫来支持。由于船体已离开水面，所以受到的水阻力就非常之小，从而可以提高航速。气垫船的航速可达80节。

形成气垫的方法很多，图12-75是用离心式风扇产生气垫的原理图。空气通过气垫船下部四周的环状喷嘴喷出，形成气幕。气幕将气垫船下面的空气围住形成气垫，气垫的压力比外界压力高，可将气垫船垫起。

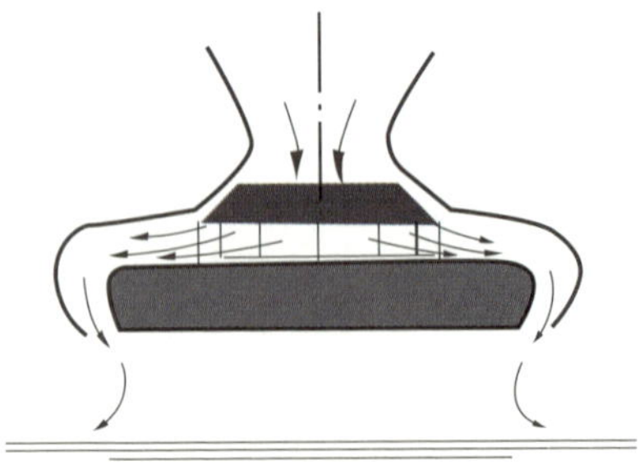

图12-75 利用离心风扇产生气垫的示意图

1）全垫升式气垫船

全垫升（亦称全浮）式气垫船，由于周边用柔性围裙，不仅可以在水面上、冰面上、沼泽地带航行，而且还有一定的越障碍物的能力。当然，船体已脱离了水面，不可能再采用水力螺旋桨，通常是使用空气螺旋桨。图12-76所示气垫船装有3只带有导流管的空气螺旋桨。在一般船只和履带车辆都不能通行的地带，全垫升式气垫船仍可畅通无阻，这是该型气垫船的最大优点。图12-76为某国有两栖能力的气垫登陆艇。

图12-76 有两栖能力的气垫登陆艇

2）侧壁式气垫船

侧壁式气垫船“鸿翔”号（见图12-77）是由708所设计，由中华造船厂为崇明轮船公司建造的。钢船体配铝合金上层建筑，1988年投入上海吴淞～崇明航线，载客257人。该型船当时在我国和亚太地区是最大的。该气垫

图12-77 侧壁式气垫船“鸿翔”号

船由708所副总工程师恽良主持设计并通过国家鉴定。恽良是我国气垫船研究、设计的开拓者和创始人，他的专著《气垫船的原理与设计》（中文版及英文版）90年代先在中国然后在英国、美国、加拿大出版发行。

3）冲压式气垫船

前述两种气垫船都是利用表面静压效应得到空气对船体的支持力，而冲压式气垫船却是利用空气动力的表面效应而得到支持力的。这是由于船在高速运动状态下，迫使气流进入船翼与水面之间，空气被强烈地阻滞，使翼面下的空气压力增高，形成了动态的气垫，从而使艇体支承在水面以上一定距离的空气中，所以也叫冲翼艇（见图12-78）。冲压式气垫船，与其说是船，不如说更像“飞机”。

气垫船是60年代才开始步入航运业的，现在，我国自己设计制造的各式气垫船在诸多领域已有应用，其在航运、海洋工程和国防事业中发挥的重要作用，并正在不断总结经验。

4. 小水线面双体船

图12-78 冲翼艇“天鹅”号

这是在70年代才发展起来的船型。船由3部分组成：第一部分是两个相互平行的鱼雷状下水浮体，提供船的浮力；第二部分是具有流线型截面的支柱；第三部分是由支柱支撑的水上平台。由于船的浮体沉没在水下，水线面极小，所以很少受水面波浪的影响，既改善了耐波性，又增加了速度。利用这些优越的性能，适于作舒适的海上客船，作具有良好稳定性能的工程船。

半潜式钻井平台也是利用小水线面可降低对波浪的运动响应这一特性而设计的。

5. 穿浪型双体船

穿浪双体船（见图12-70，图12-71）是吸收常规双体船高速低耗、小水线面船优良耐波性的优点设计的一种新的复合船型，它由左右两个瘦长的主船体、中央船体和上层建筑组成。两个瘦长主船体的首部非常尖，因而其首部的贮备浮力很少，加上特殊的船体线型，使船在波浪中航行时能平滑地切入波浪作穿浪运动，使船体的横摇、垂荡和纵摇都大大小于常规船型。在中央船体还有一个中央船首，静水或小风浪时离开水面，在恶劣海况，特别是有较大随浪的情况下，它能提供足够的贮备浮力，避免出现埋首现象。中央船体距水面较高，即干舷较高，有效地减少了甲板上浪的次数，甲板面宽敞，便于总体布置。

由于穿浪型船的上述特点，因而其阻力较小、运动响应少，具有较好的快速性、优良的耐波性和在波浪中失速小等优点。实船验证，穿浪船还具有良好的操纵性，在全速航行时，回转直径只有2～4倍船长，惯性距离只有1.5～2倍船长，总体性能优于其它高性能船型。自控水翼艇虽然具有较好的快速性和耐波性，但其性能是靠深浸水翼实现的，调节水翼攻角的自动控制机构较复杂，而且价格昂贵，可靠性、费效比及操纵性方面逊于穿浪船。小水线面船由于湿面积大，当航速高于30节时阻力明显增加，不适宜向高速方向发展。气垫船在静水和小风浪情况下具有较好的快速性，全垫升船还具有两栖性，但其在大风浪中升沉和摇动较大，造成失控较大。单体深V型滑行艇快速性较好，但耐波性较差，使用受到了很大的限制。

穿浪型双体船良好的总体性能逐渐得到认识，在近十几年来得到了广泛应用。澳大利亚在穿浪型船的研制和应用方面走在各国的前列，率先应用于高速车客渡船。从1985年至今，已建造船长为25米、37米、45米、74米、101米等系列型号的30多艘穿浪船，营运于欧洲、美洲、亚洲和大洋洲等海域。批量建造的海猫级，船长74米，宽26米，正常排水量850吨，采用4台4900马力柴油机和喷水推进，可载旅客450人，装载卧车84辆，最高航速达43～45节。其首制艇“克雷斯托夫•哥仑布”号进行了横渡大西洋的航行试验，经受了大风浪的考验，并创造了79小时横渡大西洋最短时间记录。

近年我国在穿浪型双体船的研制方面也有相当进展。由英辉南方造船有限公司建造的近海快速救助船“东海救201”号即采用“穿浪型双体船”。我国海军近年才服役的双体穿浪型导弹快艇也是采用此种船型。在大型穿浪型双体船的设计建造方面，我们还须继续研究开发。

吨位 按有关吨位规范丈量核定的船舶容积。吨位表示某一船只大小或营运能力的数值。经丈量所得的吨位数值要登记在该船的《船舶吨位证书》内，所以也称为“船舶登记吨位”。

第十三章 军旅里的“海洋勇士”

军用舰艇多出现在反映二战题材的影视剧里，如美国大片《珍珠港》等。最近美法两国合拍的电影《U——571》，投资拍摄者花费6200万美元，按一定比例，真实地复原了两艘二战时期的潜艇，联军潜艇官兵与德军巡洋舰之间的较量，悬念丛生，是一部让观众比较形象地了解军用舰艇知识的新影片。比照世界大战的历史影片和现世的真实资料，再回头研究我国人民海军的船舰，差距与优势会了然于胸——我国船舶工业为人民海军做出了巨大的贡献！

一、鱼雷快艇与导弹快艇

新中国海军建立于1949年3月。限于当时的经济、技术条件，确定了海军的三大优先发展项目，即空、潜、快。空：即发展陆基的海军航空兵；潜：即发展潜艇；快：即发展快艇。开始时快艇以鱼雷艇和炮艇为主。图13-1，图13-2为炮艇和鱼雷快艇。

但当反舰导弹以及导弹艇兴起之后，中国海军立即开始大力发展导弹快艇。

导弹快艇是一种以反舰导弹为主要进攻武器的小型舰艇，是伴随着反舰导弹而诞生的。其排水量一般不大于500吨，具有体积小、航速快、攻击威力大、使用费用低等特点。从她的诞生起，导弹快艇就在海战中发挥了巨大的作用。

1967年10月21日，埃及海军动用

图13-1 海军建设初期的炮艇（采自《中国船舶工业》）

苏制“科马尔”级导弹艇，发射4枚苏制“冥河”反舰导弹，一举击沉以色列最大的战舰“埃及特”号驱逐舰，震惊世界。从此海战进入导弹时代。随后，1971年在印、巴战争中，印度海军出动2艘苏制“黄蜂”级导弹艇与1艘“别佳”级护卫舰组成的特混编队，以“黄蜂”级为突击力量，用苏制“冥河”反舰导弹攻击了巴基斯坦海军。一艘满载排水量为3361吨的巴基斯坦大型驱逐舰“开伯尔”号被导弹击沉，另一艘驱逐舰的舰桥被导弹摧毁。印度导弹艇还用“冥河”袭击了卡拉奇港的岸上目标，摧毁了码头的贮油罐，火灾造成了极大损失。印度海军正是由于使用了苏制“黄蜂”级导弹艇，才成功的彻底封锁卡拉奇港，取得了至关重要的制海权，从而彻底地切断了巴基斯坦东西部的联系。所有这些都证明导弹艇的重要价值。

1959年，中国与前苏联达成协议，由前苏联向中国转让“黄蜂”级导弹艇和配套的“冥河”反舰导弹的全部资料。中国方面随即开始仿制和

图13-3 沪东造船厂建造的导弹快艇

图13-2 海军建设初期芜湖造船厂生产的鱼雷快艇（采自《中国船舶工业》）

改进设计。首艇由上海沪东造船厂制造，1963年下水，1965年12月底到海军中服役。1970年该型艇实现全面国产化，西江造船厂也于1971年建成首艇。1975年国产的导弹艇定型并批量生产98艘以上，成为中国海军的重要打击力量。图13-3，图13-4，图13-5，图13-6为中国的导弹快艇。

图13-4 西江造船厂批量生产导弹快艇

图13-5 中国海军的导弹快艇部队（采自《中国船舶工业》）

图13-6 近年才服役的中国海军双体穿浪型导弹快艇（采自《舰船知识》）

二、猎潜艇

以反潜武器为主要装备的小型水面舰艇。

猎潜艇最早出现在第一次世界大战。初期的猎潜艇，排水量一般不超过100吨，航速约10节（海里/小时）。没有声纳搜索等设备，只能用光学仪器、深水炸弹和舰炮，搜索与打击浮出水面的或处于潜望状态的潜艇。

20世纪50年代以后，猎潜艇进入现代化阶段。以自导鱼雷为主要反潜武器；装备有性能优良的舰壳声纳、拖曳声纳和指挥控制自动化系统；采用轻型大功率柴油机——燃气轮机联合动力装置或全燃动力装置，最大航速40～60节；船体多采用铝合金材料，在船型上运用水翼技术，其机动性、适航性、搜潜和攻潜能力大为提高。如美国、加拿大等国建造的水翼猎潜艇，排水量230～400吨，船体为铝合金材料，采用燃气轮机或柴油机、燃气轮机联合动力装置，最大航速45～60节，装备有反潜鱼雷、舰壳声纳或拖曳声纳以及舰炮等。

1953年6月4日，中苏两国签订了《关于向中国海军交货和关于在建造军舰方面给予中国以技术援助的协定》（简称“六·四协定”），苏联曾将已建成的4艘6604型猎潜艇转让给我海军，并提供了该大型猎潜艇的技术文件。

上海求新造船厂于1955年1月首艇开工，2月上船台，同年4月下水，1956年3月签字交船。到1957年12月，全部8艘艇都签字交船。因为南海舰队护航、护渔的需要，又追加6艘订货。由于当时的台湾海峡尚被封锁，这6艘艇由大连造船厂组建的驻广州404工程处，以在广州出差的方式建造。404工程处即后来的黄埔造船厂。1955年7月开工建造首艇，同年9月下水，1956年9月交船，到1956年10月，这6艘艇全部签字交船[①]。

我国海军共装备了6604型猎潜艇（见图13-7）19艘：北海舰队4艘，东海舰队8艘，南海舰队6艘。

6604型猎潜艇长49.5米，宽6.2米，正常排水量320吨，采用3台中速柴油机。功率3300马力，3轴推进，最大航速约18节，续航能力3000海里/12节。主辅机布置在两个机舱，任一舱破损进水时仍能航行。

艇上的武备主要包括：1座单发85毫米炮，2座单管37毫米炮，2挺12.7毫米机枪。反潜武备为2座火箭式深水炸弹发射装置，2座大型深弹发射炮，2座大型深弹投掷架。该艇还装备有布雷导轨，雷达和声纳俱全。

该艇乘员60人，其中士兵56人，军官4人。在1964年和1974年的两次海战中，由于发扬了海军的战斗精神，敢

图13-7 6604型猎潜艇（采自《船舶知识》）

于在逆境中坚持战斗，取得了战斗的胜利。现这批艇早已全部退役，海军战士和造船人的光荣则是永存的。

从反潜的角度看，6604艇在转让的当时已经有些落后了，航速只有18节。后来苏方虽曾建议转让另一型号的猎潜艇，也因技术并不先进而未达成协议。

我国于1965年建成并装备海军“037”型猎潜艇，排水量392吨，最大航速30.5节，采用柴油机动力装置，装备有5管火箭深水炸弹发射装置4座、大型深水炸弹发射炮4座、大型深水炸弹投掷架2座，双联装57毫米舰炮、25毫米舰炮各2座，还有声纳、雷达和火控系统等。当然，这一批艇目前已经退役了。

猎潜艇的发展趋势是：提高适航性和航速，更多地建造全浸式、自控双水

图13-8 我国海军现役的猎潜艇（采自《中国船舶工业》）

翼猎潜艇并采用喷水推进器，如果进一步还可应用气垫技术；普遍装备高性能的小型拖曳型声纳、舰艇指挥控制自动化系统、电子对抗系统；进一步改进反潜自导鱼雷的性能，以增强搜潜和攻潜能力。有的国家海军正在研制能搭载小型反潜直升机的猎潜艇，排水量有增大趋势。

①刘华. 中国海军6604型猎潜艇：[舰船知识]2006年第3期. 第12～14页.

图13-9 中国海军基地扫雷舰（采自《中国船舶工业》）

三、扫雷舰与布雷舰

（一）扫雷舰

扫雷舰艇（见图13-9，图13-10）是使用扫雷具搜索和排除水雷的舰艇。主要装备接触扫雷具、磁性扫雷具、音响扫雷具等探雷扫雷设备和中小口径舰炮，本身有较好的防雷性能。用于开辟雷区航道，为舰艇编队导航扫雷，在登陆作战中战前扫雷，以及巡逻、护航、警戒、布雷和反潜等。

舰队扫雷舰也称大型扫雷舰，排水量600～1000吨，航速14～20节。可扫除布设在50～100米水深的水雷，主要用于舰船编队和运输船队在航行中导航扫雷。

基地扫雷舰，又称中型扫雷舰或近海扫雷舰，排水量在500吨左右，航速10～20节，用于扫除30～50米水深的水雷。

图13-10 中国海军802号扫雷艇（采自《舰船知识》）

小型扫雷艇或称港湾扫雷舰，排水量在400吨以下，吃水浅，机动灵活，用于扫除浅水区、狭窄航道布设在30米以内水深的水雷。

扫雷舰艇自20世纪初问世以来，在战争中得到广泛使用。20世纪70 年代以后一些国家相继研制出了玻璃钢船体结构的扫雷舰艇和扫雷具融为一体的遥控扫雷艇、气垫扫雷艇等，大大提高了排扫高灵敏度水雷的安全性。

（二）布雷舰

布雷舰是用在基地、港口附近、航道、近岸海区及江河湖泊布设水雷障碍的军舰。布雷舰装载水雷较多，布雷定位精度较高，但隐避性较差，防御能力较弱，适合在己方兵力掩护下进行防御布雷。所以，一些国家新造布雷舰主要用于近海和沿岸布设防御水雷，一般是一舰多用，在设计时即考虑以布雷为主。布雷舰战时布雷，平时兼作扫雷母舰、训练舰、潜艇母舰、快艇母舰、指挥舰和供应舰等。多用途布雷舰设有直升机平台，用于载运布雷直升机。

一般说来，布雷舰（见图13-11）分为远海布雷和近海布雷。远海布雷舰排水量为4000吨～6000吨，装载水雷600～800枚，航速20节左右，续航力8000海里以上。近海布奋舰排水量在500～3000吨，装载水雷100～500枚，航速10～18节。布雷艇的排水量均在500吨以下，装载水雷数十枚，航速10～20节。

专用布雷舰上设有起重机、升降机，水雷舱内设布雷架、固定装置、温湿度调节装置和防火防爆器材。甲板上

图13-11 布雷舰（采自《舰船知识》）

设布雷轨和布雷操纵台。通常舰上还装有舰炮以防空和自卫。

在海湾战争中，美国3艘大型航空母舰"独立"号、"肯尼迪"号和"萨拉托加"号率领45艘各种战列舰、驱逐舰游弋在波斯湾，35000名海军和海军航空兵执行海上封锁任务。英国皇家海军的4艘军舰和3艘扫雷艇也迅速开进波斯湾，协助美军执行海上扫雷任务。在强大海军压境的情况下，伊拉克为防止多国部队从海上登陆，采用布雷舰、潜艇、飞机等在近岸海区布设水雷。从一定意义上讲，海湾战争也是一场布雷与扫雷的水雷战。

四、登陆舰艇

登陆舰艇是运送陆军及其武器装备、物资车辆在敌岸滩头登陆的一种舰艇，通常认为在500吨以下的称登陆艇，500吨以上的为登陆舰。

（一）登陆舰艇的发展历程

专用的登陆舰艇出现之前，登陆作战是靠使用舰上的舢板和征用民船进行的。古希腊、罗马的舰队就曾多次运送重甲步兵在地中海沿岸登陆作战。公元前15世纪，埃及法老也曾多次率战船在叙利亚登陆。在中世纪，十字军首先使用了设有"大门"的平底运输船，船一冲上滩头，"大门"洞开，骑士们跃马扬戈直冲海岸。所有这些运送将士的船只，都可以称得上是古老的"登陆舰"，是现代登陆舰的雏型。

在20世纪初，海军的发展迅速，人们开始研制专门运输和遣送登陆人员及装备上岸执行战斗任务的登陆舰船。1916年，俄国黑海舰队使用一种名为"埃尔皮迪福尔"（希腊文意为"希望使者"）的船只登陆。这是一艘平底货船，吃水不大，排水量1000～1300吨，很适合登陆、冲滩，被船史学家们认为是现代登陆舰的前身。

然而，直到第一次世界大战开始，大多数国家仍然没有专门用的登陆舰，给登陆作战带来了困难，甚至失败。战后的各国海军重视发展登陆舰艇。1938年以后，出现了步兵登陆艇、车辆登陆艇、坦克登陆艇和火力支援艇等登陆舰艇。

在整个第二次世界大战期间，登陆舰艇不仅种类增多，数量更是大的惊人。从1939年到1945年期间，仅美国就建造了各类专门登陆舰艇46580艘。战争中两栖战舰艇的使用数量也多得惊人，盟国军队在法国北部的诺曼底登陆战役中，共动用了4126艘登陆舰船，仅第一天就将13200多名登陆士兵、800多辆坦克和战车、7000多吨弹药及物资等送上登陆地。

（二）登陆舰艇的种类

1. 人员登陆舰艇

人员登陆舰艇是所有登陆舰艇中历史最悠久的一种，是用来运送登陆部队和技术兵器上陆的。其大小不等，小的只有几十吨，称为人员登陆艇，大的几百吨，称为人员登陆舰。然而多数人员登陆舰艇的排水量在250～750吨左右，航速12～15节，每次可装一个步兵连或一个步兵营。舰上装备有高射炮和大口径机关枪。首部开有供人员上下的大门，有些人员登陆舰还可停放少量坦克。

2. 坦克登陆舰

坦克登陆舰（见图13-12）是以运送坦克为主的登陆舰，其排水量大，装载量也大，是第二次世界大战中和战后较为注重发展的一种登陆舰艇。该舰最明显的特征就是拥有巨大的、用来停放坦克和其它战斗装备的坦克舱。大型登陆舰的排水量在2000～10000吨，续航力为3000海里以上，能装载10～20辆坦克以及数千名登陆兵。中型登陆舰的满载排水量600～1000吨，续航力1000海里以上，能装载几辆坦克和200名左右的兵员登陆。坦克登陆舰航速为12～20节，装备数门舰炮，易于在近海和浅水区航行。随着海军技术的发展，登陆舰航速也有提高，有的还装备了防空导弹，设置了直升机平台。有的登陆舰还装载多艘气垫登陆艇。

3. 气垫登陆舰

气垫登陆舰是用来协助大型登陆舰船把物资和人员从大型登陆舰无法靠岸的系泊点卸运到岸上的登陆工具。早先的上陆工具是登陆艇和履带式水陆两用输送车。其缺点是速度慢，易于受敌攻

图13-12 中国海军的中型坦克登陆舰（采自《舰船知识》）

击。气垫登陆艇航速高，有越障能力，具有两栖性。它可以越过障碍直接将人员、武器、物资运送上岸，中间不需要换乘，而且也不会引爆。大多数气垫登陆艇重达100多吨，可载几十吨货物和数百名全副武装的兵员上陆，航速达80节。

4. 坞式登陆舰

坞式登陆舰（见图13-13）又称为船坞式登陆运输舰，是美国在第二次世界大战中为在欧洲开辟第二战场和在太平洋岛屿实施登岛作战而研制成功的。坞式登陆舰内有一个或两个巨大的坞室，在尾（或首）部有一活动水闸，水闸打开，尾（或首）部分沉入海水中，装载的登陆艇或两栖车辆可从坞室驶出。现代坞式登陆舰的满载排水量一般在万吨左右，航速16～20节，可载10～22艘各式登陆艇或20～80辆两栖车辆。有的还设直升机平台，载运直升机数架，可实施立体的机降登陆作战。

图13-13 气垫登陆艇可进出于坞式登陆舰

（三）二战时期一批美制LST登陆舰在海峡两岸的故事

美国在二战时期的1942年到1945年建造的LST（Landing Ship Tank）坦克登陆舰，总数高达1052艘。超过了全世界各国迄今为止该级坦克登陆舰建造数量的总和。战后美国大量提供给其它国家海军和商船公司，成为世界上装备的国家最多、使用最广的登陆舰。

除了LST级坦克登陆舰之外，二战时期美制登陆舰还有机械化登陆舰（LSM）、大型步兵登陆舰（LSIT）和通用登陆舰（LCU）等共4种型号。战后美国海军第七舰队占据青岛作为基地，1946年，美国在青岛向国民党海军就移交了LST级登陆舰10艘。

当时国民党的口号是“中美联合”。分别命名4种型号的登陆舰为“中”、“美”、“联”、“合”4字。第一批的10艘LST级舰分别命名为“中海”、“中权”、“中鼎”、“中兴”、“中训”、“中联”、“中建”、“中业”、“中基”、“中程”等。

1946～1948年间，国民党海军和部分轮船公司从美国海军那里共获得了约30多艘LST级登陆舰。随着解放战争的节节胜利，这批军舰大部分装备了人民解放军海军。美国后来又为台湾补充了16艘LST级登陆舰。据估计，海峡两岸的美制LST级登陆舰总数可能超过50艘。

1. 解放军与美制登陆舰有着不解之缘

抗日战争结束后，原在香港附近坚持抗日的共产党领导的东江纵队，就曾乘美国LST级大型坦克登陆舰，从广东撤到山东解放区。解放军拥有的第一艘现代化舰艇，就是1947年7月缴获的一艘搁浅的美制国民党海军“合”字号登陆艇（LCU）。1949年解放军横渡长江部队，得到了国民党海军起义部队的帮助，乘美制登陆舰和现代化的轮船安全快速地渡过长江，在一天一夜之内渡过38万多解放军，效率比帆船高出百倍。解放军在解放大陆的过程中，从原国民党海军得到了大批的种类几乎齐全的美制登陆舰艇，甚至1949年5月1日解放军海军的授旗和命名典礼，就是在一艘LST“中”字号登陆舰上举行的，这艘舰就是后来的“井冈山”号登陆舰。

2.“中”字号登陆舰的功过是非

国民党海军的LST“中”字号登陆舰参加了反共内战，在其发动的一些登陆战，例如1953年的东山岛登陆战中，该级舰充当了主力。在国民党军败退时，“中”字号舰又将残兵败将撤出解放军的包围圈，使其逃脱了覆灭的命运，并成为后来防守台湾沿海各岛屿的主力。上海战役中，国民党方面就用舰船撤走了5万余兵力，而当时“解甲归田”的各轮船公司的该级舰也被国民党军队征用来运兵。

金门登陆战之前，美国刚在菲律宾苏比克湾移交给国民党海军的“中荣”号登陆舰，到金门岛执行运输任务。当时舰上官兵私带台湾砂糖到金门交换花生油，因数量太大，“中荣”号只好违背要它离开金门的军令，留下来完成交易。结果正好遇上解放军登陆战，“中荣”号意外地成为国民党守军最有威力的海上力量。舰上多门40～20毫米的速射炮有巨大的杀伤力，该舰还有76毫米的主炮，不亚于国民党海军的主力战舰，火力极强。这也是导致解放军金门登陆失利的重要原因之一。

“中”字号登陆舰在中国历史上最为辉煌的一页，是“中建”、“中业”号作为二战后国民政府接收西沙、南沙群岛的主力舰的光荣。今天的“中建”、“中业”等岛礁，就是以该二舰的舰名命名的。

1949年4月13日，招商局的“中102”号LST登陆舰被国民党军征用，运载当时国民党最精锐的伞兵部队从上海撤逃到福建。舰上有国民党伞兵3团、伞兵司令部、伞兵1团、2团各一部共2500余人，因不满国民党的腐败和卖国政策，在伞兵3团刘农峻团长的率领下起义投诚，成为解放军空军空降部队最初的技术骨干。

3．“中”字号登陆舰在海峡两岸的故事

台湾海军的两艘“中”字舰，1966年曾受雇于美军，担任越战运输任务。1975年4月，有4艘“中”字舰曾秘密赴南越撤侨，混乱中有一架南越UH-IH直升机紧急降落在“中邦”号的甲板上，使台湾海军喜出望外，意外收获的这架直升机值不少美金。依国际惯例，该机就属于台湾了。可是后来美国无理向台湾索要该直升机，台湾军方只好心酸地交出到手的直升机，但是偷偷的拆下了直升机上的六管火神机炮作为仿制的样品。

台湾的“中”字号登陆舰何以能在台湾海峡航行50多年？原来在1966～1971年间，台湾实施“五年新中计划”，照原样重造船壳，换下老旧的船壳。1990年又实施“中新计划”，更新主机、机电设备、改善生活设施并增加空调系统。所以，后来的“中”字号舰几乎是重新制造的军舰。不过，重新制造早已过时的旧式军舰，是一种很不经济的做法，但当时台湾缺乏设计能力，也就别无选择了。

到2000年，台湾的“中”字坦克登陆舰仍有10艘在役，未来将陆续报废。目前主要担任两栖作战的运输及抢滩任务，并作为海军陆战队练习换乘及其它项目的训练船。其余“中”字舰已经报废，或在军港生锈、或沉海作为鱼礁，或进拆船厂碎尸万段，或作为靶船被炸得千疮百孔。

据海外报道，这些美制登陆舰在人民解放军缴获时状况仍然较好，所以多数一直在使用。其中“山”字号舰（即原LST舰）在海军服役的共有14艘。在20世纪60～70年代，解放军海军曾将两艘“山”字号登陆舰转让给越南海军。在80～90年代以后，中国海军仍有“山”字号登陆舰13艘在服役，（5艘在北海舰队，6艘在东海舰队，2艘在南海舰队），作运输之用，算是硕果仅存且数量较多的美制两栖舰艇。这一批老式舰艇为什么能使用如此之长的时间？这当然是精心维修和保养的结果。此种美制“山”字舰，备有76毫米单管炮2门，37毫米国产双管火炮4门，37毫米单管火炮2门。在1996年台湾海峡演习时，有个别舰装上了122毫米多管火箭炮，用作登陆火力支援船。目前，这种二战时期建造，舰龄已60多年的老舰，在海峡两岸都将全面淘汰。其中东海舰队登陆舰支队的926号“大别山”舰（见图13-14），已进入青岛海军博物馆向公众展出。据海外报道，

图13-14 二战时期美制坦克登陆舰"大别山"舰

解放军海军预备役仍保留若干艘该型登陆舰。

（四）中国船舶工业为人民海军研制的登陆舰艇

我国船舶工业早在1955年就为人民海军研究设计066型小型登陆艇，同年由上海求新造船厂建成。这是由今中国船舶及海洋工程设计研究院的前身——上海第二产品设计室设计的。以后又有几种型号小型登陆艇研制成功。

图13-15 072型大型登陆舰

1. 072型大型登陆舰

1979年，第一艘072型大型坦克登陆舰（见图13-15）在上海中华造船厂建成，1980年入海军服役。外国称该型舰为玉康级。该型登陆舰具有良好的快速性、操纵性和耐波性。总共建造了7艘：舰号从927（1980）～933（1995）。该舰具有全贯通式运载舱，首部带有17米折叠式双节吊桥，承载力为50吨，可供坦克或战车迅速由首吊桥登陆。该型尾部设跳板式尾门，承载力20吨。可运载560吨物资，200名全副武装士兵，10辆战车，2艘人员车辆登陆艇。

该型登陆舰的设计建造是成功的，特别是如此丰满的船体，在极浅吃水的情况下获得20节的航速，实为难能而可贵。唯一遗憾的是没有舰载直升机，所以才有改进型的大型登陆舰。

2. 072Ⅱ型大型登陆舰

该改进型舰与072型有着大体相同的上层建筑，但是它又具有全新设计的直升机起降甲板，而且船体更长，排水量更大，更可载2架直升机用于登陆作战。072Ⅱ型舰目前共生产了11艘。国外称该型舰为玉亭级。

072Ⅱ型登陆舰（见图13-16）是我国海军第一种能够搭载722型气垫登陆艇和中型直升机的登陆舰。它的装备使我国两栖作战从单一的平面登陆发展到立体登陆模式。可运载5000吨

13-16 072Ⅱ型大型登陆舰（采自《舰船知识》）

物资，250名武装士兵，10辆战车，4艘人员登陆艇，可搭载气垫登陆艇，中型直升机1架。其中939、940、909、910舰舰首改装1座双联100毫米全自动舰炮，上甲板改装2座双联37毫米全自动舰炮。

3. 073Ⅲ型中型登陆舰

我国早在20世纪的60年代即着手设计、研制中型登陆舰。由于工业基础薄弱，可供选择的主机型号太少，虽几经努力，但不甚成功。直到90年代初，才由上海中华造船厂建成073Ⅲ型中型登陆舰（见图13-17），舷号：990。可运载250吨物资，500名全副武装士兵或战车5辆。

4. 中国海军071型船坞登陆舰在建造中

已经下水的船坞登陆舰，外表光整简洁且常有小角度倾斜，具有一定的隐身性能。其排水量在2万吨左右，远远超出外界的猜测。有的评论认为：“布局紧凑，特色鲜明”。甲板以下为登陆舱，分前后两段：前段为战车储存舱，外壁设有跳门，车辆可通过门直接登陆；后段为大型船坞登陆舱，主要用来停放大小型气垫登陆艇或车辆人员登陆艇。舰尾通过压载进水，所停泊的气垫登陆艇可直接驶出驶进并可完全关闭。

在建的船坞登陆舰（见图13-18）的武器精干，火力强大。评论认为：该舰远超过日本“大禹”级船坞登陆舰，是目前亚洲吨位最大的登陆舰。

图13-17 中国海军的中型登陆舰

图13-18 在建的船坞登陆舰（采自《舰船知识》）

五、护卫舰

护卫舰是一种古老的舰种。在第一次世界大战时，德国潜艇肆行海上，对协约国舰艇威胁极大。为了保护海上交通线的安全，协约国一方开始大量建造护卫舰，新型护卫舰在吨位、火力、续航能力方面均有提高。当时的大型护卫舰排水量已达1000吨，航速16节，且具有远洋作战能力。

第二次世界大战期间，德国潜艇故伎重演，采用“狼群”战术打击同盟国的舰船，造成的损失很大。并且飞机也日益成为舰队和运输船队的严重威胁，这就使护卫舰的需求量更大，其担负的任务也更加多样化。作为对应策略，同盟国开始大量建造护卫舰。整个战争期间共建造了多达2000艘的护卫舰。排水量达1500多吨，航速提高到18～20节，护航中的防空、反潜能力都有较大的提高。护卫舰在第二次世界大战的反潜，防空、护航作战中发挥了重要作用，并多次参加机动编队海战和两栖登陆作战，这期间的护卫舰装备76～127毫米舰炮2～3门，高射机关炮8～10门，并装备了鱼雷，水雷，以及雷达和声纳等。

第二次世界大战后，护卫舰除为大型舰艇护航外，主要用于近海警戒或护渔护航，舰上装备也逐渐现代化。70年代后，导弹和直升机开始装备上舰，出现了导弹护卫舰等新的概念。同时，为了满足第三世界国家200海里的经济区护渔护航及巡逻警戒的需求，还发展了一种小型护卫舰，排水量在1000吨左右，武器以导弹为主。此外，还有一种吨位更小，通常只有几十至几百吨的护卫艇，用于沿海或江河巡逻警戒。

现代护卫舰已经是一种能够在远洋机动作战的中型舰艇，满载排水量一般为2000～4000吨，航速30～35节，续航力4000～7500海里。已成为吨位在600吨以上各类舰种中数量最多的一种舰艇。

（一）我国早期的护卫舰“成都”舰

早在20世纪50年代，我国船舶工业为海军建成“成都”级护卫舰4艘。满载排水量1389吨，最高航速28节，主机采用2台汽轮机，20000马力。武备有：100毫米单管舰炮3座（前2后1），37毫米双管舰炮2座，432毫米6管深水炸弹发射装置4座，250毫米反潜火箭发射器2座，三联装533毫米鱼雷发射器2具。70年代初进行改装，拆除鱼雷发射装置，加装一座双联“上游—1”型反舰导弹。“成都”级是中国海军最早安装导弹的护卫舰，目前已全部退役。

（二）中国海军的“江湖”级导弹护卫舰

图13-20 “江湖Ⅰ”型导弹护卫舰（采自《舰船知识》）

江湖级导弹护卫舰是我国第一种自行研制的导弹护卫舰。首舰于1975年底服役（见图13-19）。至今已发展了三种改型，并建造多艘。

1. “江湖Ⅰ”型

该型护卫舰总长103.2米，宽10.8米，型深6.3米，满载排水量2000吨，最高航速26节。续航力4000海里/18节，主机为12E390V型中速柴油机两台，单机功率8000马力（见图13-20）。

图13-19 江湖级导弹护卫舰（舰号：509）

该舰的武备有：五管火箭式深弹发射装置2座，射程1200米；首尾各设1座单管100毫米舰炮，射程16公里；4座37毫米双管舰炮，主要用于防空。还设有2座双联回转式导弹发射装置，共4枚“SY-1”舰对舰导弹，是该舰的主要的攻击武器。舰尾设4个深水弹发射炮和2个深弹投放架。此外，舰尾设有雷轨，可携带数十枚水雷。

2. “江湖Ⅱ”型护卫舰

该型是对Ⅰ型的改进。主要是采用法国PC型中速柴油机，功率加大，航速增到28节，此外，100毫米双管主炮替代单管主炮，射程增加到22.5公里。

3. “江湖Ⅲ”型护卫舰

该型1986年底开始服役。2台柴油机总功率超过20000马力，航速可达30

节。各种自动化装置和系统广泛使用，舰员减少了1/3。舰中部设8具反舰导弹。反潜系统由低频声纳和布置在舰首的2座反潜火箭深弹发射器组成。以前使用的深弹发射炮与投放架不再配备。在国际市场的竞争中击败欧洲的同类护卫舰，获得泰国4艘“江湖Ⅲ”型导弹护卫舰订单湖。

（三）中国海军“江卫”级导弹护卫舰

据《詹氏舰艇年鉴》载，该级舰的主尺度是：全长115米，宽14米，吃水4米，标准排水量2250吨，采用2台式4台柴油机组成的全柴动力装置，总功率14400马力，最大航速25节。在16节巡航速度下续航力为5000海里。该型舰在防空和反潜武备方面均有加强。

图13-21是从导弹护卫舰565舰的航空拍摄的照片，可以看出：舰首有一座双联主炮；在主炮前有两座多管深弹火箭发射器；舰桥前部有一座8联装对空导弹发射装置；临近舰桥左右各有一座双联舰炮；该舰中部烟囱前后各有一座4联装对舰导弹装置；舰尾部甲板设直升机起降平台和机库；机库上方左右各设一座双联舰炮。

图13-21 中国海军江卫Ⅱ级导弹护卫舰（舷号：565）

据中新社记者报道：2007年5月14日，中国海军“襄樊”号导弹护卫舰（见图13-22），经过70多个小时的连续航行，于15时30分如期抵达新加坡樟宜军港，参加第二届西太平洋海军论坛多边海上演习，以及“2007亚洲国

图13-22 中国海军“襄樊”号导弹护卫舰（采自《舰船知识》）

际海事防务展”。

此次参加联合军演的有美、法、澳、新、韩等国的舰艇。“襄樊”舰将参加其中“穿越雷区”、“对来自小艇威胁的防御”、“海上搜救”、“对海射击”等4个科目。

图13-23 中国海军新型导弹护卫舰（舷号：525）

“襄樊”舰组织官兵参观“2007亚洲国际海事防务展”，并对中国驻新加坡大使馆人员、中资企业和留学生代表以及“防务展”与会人员开放，欢迎他们参观“襄樊”舰。

（四）中国海军新型导弹护卫舰

一种新型的导弹护卫舰，引起了国内外媒体的注意。如图13-23照片所示，该舰舰体光滑整洁，整个舰体有很大的外张度，上层建筑低矮，尺寸较小，且所有外壁尽量避免采用垂直面，而是带有明显的内倾，各转角处也作成圆弧状。所有这一切都在很大程度上减少了其自身的雷达反射面积，可以说该舰的隐身性能设计是很成功的。

该舰采用的是全柴油机动力装置，航速虽不高，但可提高续航力，这对该

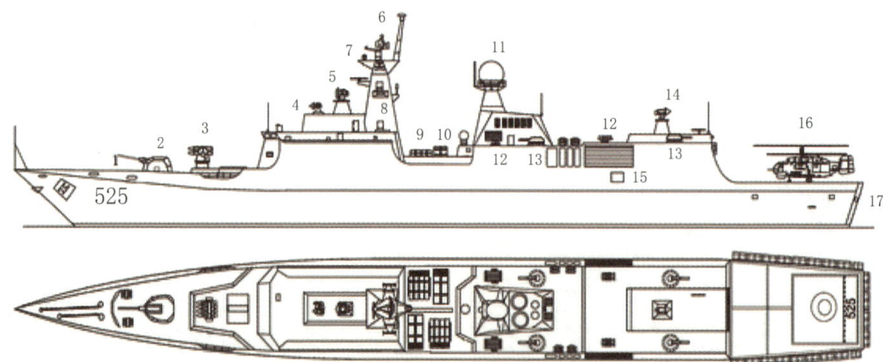

1.6.管反潜火箭发射器　2.单100毫米舰炮　3.HH-7舰空导弹　4.舰空导弹火控雷达　5.舰舰导弹火控雷达　6.对海、对空雷达　7.光电探测器　8.电子战设备　9.反潜导弹　10.舰舰导弹　11.远程对空警戒雷达　12.干扰火箭发射器　13.AK-630M近防炮　14.AK-630M近防炮火控雷达　15.反潜鱼雷发射口　16.反潜直升机　17.拖曳式阵列声呐投放口

图13-23a （线图）

型护卫舰是很重要的。

反潜系统包括反潜导弹、反潜火箭发射器、反潜鱼雷、反潜直升机及相关探潜设备。可以认为这是以反潜为主要功能护卫舰。

六、驱逐舰

（一）驱逐舰的起源

驱逐舰是一种多用途的军舰，在19世纪90年代起至今的海军中是重要的舰种之一。

19世纪70年代，出现了一种专门发射鱼雷的可以摧毁大型军舰的鱼雷艇（这不是后来的鱼雷快艇，舰型相对较大，航速不快，故而称为雷击舰可能更为恰当）。针对这种颇具威力的小型舰艇，英国于1893年建成了"哈沃克"号——一种被称为"鱼雷艇驱逐舰"的军舰，设计航速26节，装有1座76毫米的火包和3座47毫米火炮，能在海上有效地捕捉和击沉鱼雷艇。它还携带3枚450毫米鱼雷，用于攻击敌舰。

随着更多的驱逐舰进入各国海军服役，驱逐舰开始安装较重型的火包和更大口径的鱼雷发射管，并采用蒸汽轮机作为动力。英国江河级驱逐舰已发展成伴随主力舰队的护航舰艇，英国部族级驱逐舰（1905）开始以燃油作为燃料。编队使用的驱逐舰已经成为海军舰队的主要突击力量。在打击敌方的鱼雷舰艇的同时还要对敌舰实施鱼雷攻击。其特征可以概括为；标准排水量1000～1300吨，航速30～37节，多采用燃油锅炉—蒸汽轮机动力装置，装备88～102毫米舰炮以及450～533毫米鱼雷发射装置2～3座。事实上，从本质而言，驱逐舰就是一种大型的鱼雷艇，通过第二次世界大战的战火，驱逐舰取代了鱼雷艇而成为一种海上鱼雷攻击的主力，从存在的意义上"驱逐"了鱼雷艇。

（二）驱逐舰的发展与演变

第一次世界大战中，驱逐舰携带鱼雷和水雷，频繁进行舰队警戒、布雷以及保护补给线行动，并装备扫雷工具作为扫雷舰艇使用，甚至直接支援两栖登陆作战。随着战争的发展，驱逐舰已经具备了多用途性，并加强武备向大型化发展。

20世纪20年代，各国海军的驱逐舰尺度不断增加，标准排水量为1500吨以上，装备120毫米～130毫米口径火炮、533毫米～610毫米口径鱼雷发射管。驱逐舰的武器搭配和战法日益完善。

第二次世界大战中没有任何一种海军战斗舰艇用途比驱逐舰更加广泛。战争期间的严重损耗又一次被大批建造。同时在战争期间，驱逐舰成为名副其实的“海上多面手”。

第二次世界大战中，由于航空母舰和潜舰替代了战列舰的主力地位，飞机已经成为重要的海上突击力量，驱逐舰装备了大量小口径高炮担当舰队的防空警戒并起到雷达哨舰的作用。针对潜艇的威胁，驱逐舰又成了以反潜为主要任务的护航驱逐舰。

第二次世界大战以后，驱逐舰以具备诸多功能而备受各国海军关注，也发生巨大变化。以鱼雷来对付敌方水面舰艇的作战方式已经不再是驱逐舰的主要任务，反潜作战成了主要任务。鱼雷武器主要用做反潜作战，防空专用的火炮逐渐成为驱逐舰的标准装备，而且其排水量不断加大。

20世纪60年代以来，随着飞机与潜艇性能的提升，以及导弹的逐渐被应用，对空导弹、反潜导弹逐步被安装到驱逐舰上，舰载火炮不断减少并且更加轻巧。

20世纪70年代，作战信息控制以及指挥自动化系统，灵活配置的导弹垂直发射装置，用来防御反舰导弹的小口径速射炮，开始出现在驱逐舰上，驱逐舰越发的复杂而昂贵了。

现代驱逐舰装备有防空、反潜、对海等多种武器，既能在海军舰艇编队担任进攻性突击任务，又能担任作战编队的防空、反潜护卫任务，还可在登陆、抗登陆作战中担任支援兵力，以及担任巡逻、警戒、海上封锁和海上救援任务。舰体空间逐步增大，舰员生活条件逐步改善。现代驱逐舰的舰员们也不再象前辈们那样，在简陋而狭窄、颠簸剧烈的舱室中去经历艰苦的磨难。而是要以自己丰富的知识与技能，利用自动化技术去操控他们的战舰。

驱逐舰从过去一个力量单薄的小型舰艇，已经成为一种多用途的中型军舰。除了名称留下一点痕迹之外，驱逐舰已经失去了它原来短小灵活的特点。

图13-24 中国海军第一艘驱逐舰“鞍山”舰（采自《舰船知识》）

（三）中国海军早期的驱逐舰

1. 中国海军第一艘驱逐舰“鞍山”号

“鞍山”号驱逐舰1953年由苏联出售给中国，1954年10月13交付。曾是中国海军早期的“鞍山”、“抚顺”、“长春”、“太原”这四大金刚之首。1992年退役，服役期长达56年，现陈列于青岛海军博物馆。当年舷号为201，1974年改舷号为101。

“鞍山”舰（见图13-24）是原苏联在第二次世界大战前仿意大利式驱逐舰设计的，以鱼雷为主要武器。由原苏联在1936年开工铺龙骨，1940年下水，1941年9月4日建成，命名为“果敢（РешитеⅡьны）”号，入役太平洋舰队，二次大战时曾任太平洋舰队旗舰。

1969年5月进行现代化改装，将鱼雷改换为导弹，成为导弹驱逐舰。

1980年5月19日，在4艘猎潜舰的护卫下，“鞍山”舰在青岛举行已故国家主席刘少奇骨灰的撒放仪式。在中国服役38年，“鞍山”舰航行10万多海里，是在世界范围内服役期限最长的驱逐舰之一。

2. 第一代导弹驱逐舰“济南”号

“济南”号驱逐舰建于大连造船厂，1968年12月24日开工，1970年7月30日下水，1971年12月31日服役，舷号：105，是我国自行研制的第一代导弹驱逐舰（051型）的首舰。2006年3月23日，被评选为中国十大名舰之一，可参见图14-2。

（四）中国第二代导弹驱逐舰——112号舰

世界进入20世纪80年代之后，导弹驱逐舰是否进入先进行列，有3个主要标志：一要有防空导弹；二要有舰载反潜直升机；三要有燃气轮机作为舰的动力。我国第二代导弹驱逐舰就是以此为新的起点建造的。代号为052，首制舰舷号112号（见图13-25）。服役后已经远航太平洋、印度洋，访问过许多国家，证明这型导弹驱逐舰性能优良，比第一代驱逐舰，战斗力提高了数倍，被人们誉为“中华第一舰”。2006年3月23日，被评为中国十大名船之一，

图13-25 第二代导弹驱逐舰——112号舰

可参见图14-9、图14-10。

第二代导弹驱逐舰总设计师是中国工程院院士潘镜芙，中等身材，戴着金边眼镜，见人乐呵呵的一脸笑容，开阔的眉宇，精明的眼睛，让人能感觉到他是欢喜创新，不落旧套的敢于向困难挑战的人。

60年代后期，我国第一代导弹驱逐舰开始设计，潘镜芙是设计负责人之一。在此之前，国内的军舰上，所有武备都是单独装舰，互不联系，综合作战能力差，快速反应能力差。潘镜芙决心将全舰的所有武器有机结合，形成系统。他大胆探索，率先在国内解决舰载武器按系统装备舰艇的技术问题，为武器按系统进行研制作出了开创性的贡献，为指挥自动化、快速化向更高层次发展打下基础。

80年代，潘镜芙开始担任051改进型的总设计师兼作战系统总设计师。他研究了国外许多舰艇的作战系统，吸收了国内最新电子科学成果，首次将舰上各种武器和电子战装备组成有机联系的作战系统，使舰的总体、系统、设备有机协调，做到早期预警、即时判断、集中指挥、分散控制、软硬武器综合使用，大幅提高了作战自动化程度和快速反应能力。他被外国同行称为“中国第一个全武器系统专家”。

80年代中期，潘镜芙担任了我国第二代导弹驱逐舰的总设计师，他认真总结第一代设计中的经验，按系统工程观点进行择优设计。大胆采用国内最新科研成果，建立了陆上试验场，所有新设备在陆上试验合格后才能上舰。他重视武器系统的对接调试，每次都亲自主持，解决了大量的技术问题。

052型导弹驱逐舰电子设备众多，各种天线林立，如何使全舰的电子设备不互相干扰，达到协调相容，这是潘镜芙最为关注的问题。人们或许不会忘记英国和阿根廷海战的那个场面：英国海军驱逐舰“谢菲尔德”号是防空型的驱逐舰，装有先进的“海麻雀图集”、“海标枪”对空导弹，还有密集阵弹炮结合装置，可是它却偏偏被阿根廷空军的“飞鱼”号导弹击沉了。什么原因呢？就是电磁相容性没有解决好。卫星通信时，雷达就不能开机，一开机就干扰通信。那天“谢菲尔德”号正是担任编队向英国伦敦进行卫星通信的中转，舰长命令雷达关机。阿根廷的飞机抓住了“电子眼”关闭的有利时机，发射了两枚“飞鱼”导弹，结果把“谢菲尔德”号击沉了。

中国的052型新一代导弹驱逐舰，也要装通信卫星，这在我国水面舰艇上是第一次，因此潘镜芙格外重视，全力以赴攻破这个互相干扰的难题。他组织攻关小组，亲自参加，分析抗干扰效果不佳的各种可能原因，把它排成队，然后逐一解决。最后终于在数百条的可疑

图13-26 112号导弹驱逐舰舰桥和主桅上各种天线

原因中，发现了新的干扰源。经过充分研究，作出了解决问题的最佳方案。终于使新舰的卫星通信和雷达可以同时开机，攻克了相互干扰这一难题。

在研制第一代导弹驱逐舰时，没有明确的总设计师和系统设计师，各种设备都是按照自己需要来考虑。因而出现“争地盘”、“争位置”的情况是完全可以理解的。就以桅杆上的天线来说，各种雷达、通信、航海装备都争着要占领最高位置，提高各自装备的性能。可是舰上桅杆高度和能承受的重量有限，不可能各系统都占最好位置。在第二代导弹驱逐舰的研制过程中，舰有总设计师，10多个系统各有总设计师，这就有可能不是争个体性能的最佳，而是争取全舰综合系统的最优和最佳。图13-26是“112”号导弹驱逐舰舰桥和主桅上的各种天线。

1988年国防科工委授予潘镜芙“突出贡献荣誉奖”，1995年当选为中国工程院院士。潘镜芙同志是船舶工程界为我国海军建设作出突出贡献的代表人物。

（五）中国海军第4艘俄制现代级驱逐舰139号服役

图13-27 为中国海军139舰全景。

中国日报网站消息：2006年新春伊始，就有喜讯传来，又一艘“现代”级驱逐舰加入中国人民海军。据称，这艘军舰是中国在2002年1月向俄罗斯订购的两艘“现代”级驱逐舰中的一艘，是由俄罗斯北方造船厂建造的。在编入中国人民海军后，该型驱逐舰的舷号

图13-27 中国海军139舰全景（采自《舰船知识》2007年第1期插页）

定为138，也是中国拥有的第三艘“现代”级驱逐舰。对于前两艘“现代”级136、137舰，读者或不陌生，这里着重介绍的是138舰与136、137舰的不同之处，以及对138舰整体作战性能的一些介绍。

从入役中国海军的138舰图片来分析，138舰的整个作战武器系统分布情况与我国海军目前装备的136、137舰相比较，138舰传统的非制导性武器的比重被削弱，例如它取消了“现代级传统的略显过时的舰艉AK130双联火炮，从而相应加长了舰体中部的平台布局。在舰载直升机起降平台的左右两侧以2座“卡什坦”弹炮合一近防系统替代了136、137舰上的AK630近防炮。其它武器系统，如舰体两侧巨大的四联装超音速反舰导弹发射装置和位于前后两端的单臂式防空导弹发射系统位置不变。不过，人们切不可因为138舰与136、137舰外观的变化不大即认为其作战能力也相近。事实上，与136、137舰相比，138舰的对海、对空打击武器已全面升级，其反舰和防空能力均有大幅提升。

据《中国日报》网站消息：138舰安装了改进型反舰导弹，射程翻了一番，由136舰的120公里增加到240公里。136舰的反舰导弹是针对美“宙斯盾”系统的作战特性而设计的，最大飞行速度可以达到音速的2.3倍，能在“宙斯盾”系统完成探测、跟踪、发射和导弹制导程式之前突入目标防御区。在接近目标时，该导弹上的主动雷达自动开机，锁定目标并作冲刺飞行。对于现代高技术战争而言，打击距离的猛增即意味着自身作战的极大主动和有利，从而使138舰的重拳更加难以防御和令人生畏。

此外，该舰的防空能力更趋完善，探测能力已经接近西方先进水平。但是反潜能力提升得不是很明显，电子对抗能力有所提升，隐身能力变化不大。

进入2007年，《舰船知识》杂志在封面上刊登出俄制现代级驱逐舰的第4艘舰，舷号139。可见杂志的编辑和主编们对该现代级新型驱逐舰的兴趣与重视程度。

（六）防空型导弹驱逐舰170/171号

052C型防空导弹驱逐舰170/171号（见图13-28）于2003年下水，是中国海军新一代防空型导弹驱逐舰，目前共建2艘，分别是170号和171号，主要作战使命是负责作战编队的防空、反潜作战以及配合其它舰艇进行反舰攻击。在外形上，舰体很明显是由先前的167号驱逐舰发展而来，只不过是设计的更加紧凑、平面化罢了。和中国以往的舰艇设计总喜欢参照苏俄的相比，170号驱逐舰在设计上可谓是独具一格，带有

图13-28 中国海军171舰（采自《舰船知识》）

十分浓厚的德国风味。舰体修长而丰满，首部为大角度飞剪舰首，不带任何外飘，水线以上无折角线，上层建筑物采用了一体化的设计，尾部设有小契形尾。和80年代设计的舰艇相比，170号虽然在适航性和稳定性上有所欠缺，但这种新颖的设计方式可以大大提高170号的快速性、抗浪性，且在一定程度上也减少了舰艇在高速航行时产生的兴波阻力。其机动灵活，快速性好，可以说还是适应未来作战需求的。

171舰防空导弹，弹重1300公斤，采用垂直冷发射。6联装，前6组、后2组共有48枚。最小作战距离6公里，最大作战距离120公里。导弹的飞行速度为4.2马赫，即音速的4.2倍。

七、潜 艇

潜艇是一种能潜入水下活动和作战的舰艇，也称潜水艇，是海军的主要舰种之一。早在1800年，拿破仑•波拿巴就曾赐给后来建造出世界上第一艘明轮船的工程师富尔顿一笔建造潜艇的经费。富尔顿花了5个月的时间完成，取名为"鹦鹉螺"号。"鹦鹉螺"号形状像一支雪茄，以铁作框架，用铜作壳板。潜艇动力装置为人力转动的螺旋桨，但还有一个可放倒收起的小风帆，使潜艇在水面航行时可借助风力前进。只要将海水注入压载水柜，潜艇就会下潜，下潜过程中使用一个水平舵使潜艇稳稳地保持在所希望的深度上。为了便于观察，富尔顿还在艇体的中央建造了一个突起的指挥塔。为了解决艇员的水下呼吸问题，艇上带有压缩空气，可供 4 个人和 2 支照明蜡烛在水下使用 3 个小时。“鹦鹉螺”号航速每小时 2 海里，能潜至水下 8～9 米，主要武器是水雷，攻击方式与“海龟”号完全一样。“鹦鹉螺”号在一次试验中，曾将其所攻击的一艘停泊在布勒斯特的旧帆缆军舰炸得粉碎。于是，富尔顿奉命出发去攻击封锁法国海岸的英国军舰。但是，英国军舰不让“鹦鹉螺”号靠近，虽然它追逐了好几艘军舰，但由于航速太慢，没有一艘被其炸沉。“鹦鹉螺”号没能取得像样的战果，拿破仑对它失去了兴趣。

1802年，富尔顿又来到英国伦敦，将他的潜艇献给了英国。在英国首相威廉•皮特的支持下，富尔顿继续进行试验，并在英国法尔默附近的海上，一举击沉了双桅战船“多罗西”号。虽然富尔顿的潜艇试验取得了成功，但是英国海军大臣圣文森特在皮特逝世后，却极力反对建造潜艇，并说“皮特是有史以来最愚蠢的人，竟然鼓励这样一种作战方式，而这种作战方式是掌握了制海权的国家所不需要的。如果这种作战方式成功，我们的制海权就会立刻被剥夺掉”。就这样，富尔顿的潜艇又被英国拒绝了。

但是几十年后，潜艇的作用却越来

图13-29 各国武官参观我潜艇（采自《中国船舶工业》）

越受到重视。潜艇在现代战斗中的主要作用是：对陆上战略目标实施核袭击，摧毁敌方军事、政治、经济中心；消灭运输舰船、破坏敌方海上交通线；攻击大中型水面舰艇和潜艇；执行布雷、侦察、救援和遣送特种人员登陆等。

按作战使命分为攻击潜艇与战略导弹潜艇；按动力分为常规动力潜艇（柴油机-蓄电池动力潜艇）与核潜艇（核动力潜艇）；按排水量分，常规动力潜艇有大型潜艇（2000吨以上）、中型潜艇（600～2000吨）、小型潜艇（100～600吨）和袖珍潜艇（100吨以下），核动力潜艇一般在3000吨以上；按艇体结构分为双壳潜艇、个半壳潜艇和单壳潜艇。

潜艇之所以能够发展到今天，是因为它具有以下特点：能利用水层掩护进行隐蔽活动和对敌方实施突然袭击；有较大的自给力、续航力和作战半径可远离基地，在较长时间和较大海洋区域以至深入敌方海区独立作战，有较强的突击威力；能在水下发射导弹、鱼雷和布设水雷，攻击海上和陆上目标。

但其自卫能力差，缺少有效的对空防御武器；水下通信联络较困难，不易实现双向、及时、远距离的通信；探测设备作用距离较近，观察范围受限，掌握敌方情况比较困难；常规动力潜艇水下航速较低，充电时须处于通气管航行状态，易于暴露。

（一）潜艇的发展过程

20世纪初，潜艇装备逐步完善，性能逐渐提高，出现具备一定实战能力的潜艇。这些潜艇采用双层壳体，具有良好的适航性，排水量为数百吨，使用柴油机—电动机双推进系统，水面航速约10～15节，水下航速6～8节，续航力有明显提高。武器主要有火炮、水雷和鱼雷。第一次世界大战前，各主要海军国家共拥有潜艇260余艘，成为海军重要作战兵力之一。

第一次世界大战一开始，潜艇就被用于战斗。1914年9月22日，德国U-9号潜艇在一个多小时内接连击沉3艘英国巡洋舰，充分显示了潜艇的作战威力。在战争期间，各国潜艇共击沉192艘战斗舰艇。使用潜艇攻击海洋交通线上的运输商船，取得了更为显著的战果，各国潜艇共击沉商船约5000余艘，达1400万吨。其中被德国潜艇击沉的商船约1300余万吨。同时，反潜战开始受到重视，战争期间潜艇被击沉265艘，其中德国就损失200余艘。

第一次世界大战后，各主要海军国家更加重视建造和发展潜艇。潜艇的数量不断增加，种类增多，到第二次世界大战前夕，共有潜艇600余艘。第二次世界大战期间，潜艇战术技术性能有很大改进。排水量增加到2000余吨，下潜深度100～200米，水下最大航速

7～10节，水面航速16～20节，续航力达1万余海里，自给力1～2个月。装有6～10个鱼雷发射管，可携带20余枚鱼雷，并安装1～2门火炮。战争后期，潜艇装备雷达、雷达侦察仪和自导鱼雷，德国潜艇还安装用于柴油机水下工作的通气管。潜艇战斗活动几乎遍及各大洋，担负攻击运输舰船、水面战斗舰艇以及侦察、运输、反潜、布雷和运送侦察、爆破人员登陆等任务。共击沉运输船5000多艘（2000多万吨），大、中型水面舰艇300余艘。战争中反潜兵力和兵器也得到很大的加强和发展，被击沉的潜艇达到1100多艘。

第二次世界大战后，世界各国海军十分重视新型潜艇的研制。核动力和战略导弹的运用，使潜艇发展进入一个新阶段。1955年，美国建成的世界上第一艘核动力潜艇“鹦鹉螺”号正式服役，水下航速增大1倍多，而且能长时间在水下航行，1958年，首次成功地在冰层下穿越北极。1959年前后，原苏联建成核动力潜艇。1960年，美国又建成了“北极星”战略导弹潜艇“乔治•华盛顿”号，并在水下成功地发射“北极星”弹道导弹，射程达2000余公里。弹道导弹核潜艇的出现，使潜艇的作用发生了根本性变化，已成为活动于水下的战略核打击力量。此后，英国、法国和中国也相继建成核动力战略导弹潜艇和核动力攻击潜艇。20世纪80年代，核动力潜艇排水量已增大到2.6万余吨，装备有弹道导弹、巡航导弹、鱼雷等武器，水下航速20～42节，下潜深度300～900米，续航力、隐蔽性、机动性和突击威力大为提高。

1982年，英国和阿根廷在马尔维纳斯（福克兰）群岛海战中，英国海军核动力攻击潜艇“征服者”号，于5月21日用鱼雷击沉阿根廷海军巡洋舰“贝尔格拉诺将军”号，是核动力潜艇击沉水面战斗舰艇的首次战例。至80年代末，世界上近40个国家和地区，共拥有各种类型潜艇900余艘。

（二）潜艇的发展趋势

随着科学技术的发展和反潜作战能力的不断提高，潜艇的战术技术性能将进一步提高。其发展趋势是：发展艇体“隐身”、“降噪”技术，提高隐蔽性；研制高强度耐压材料，增大潜艇下潜深度；发展核动力潜艇大功率核反应堆，提高水下航速，延长堆芯使用寿命，提高在航时间；常规动力潜艇主要增大电池容量，研制性能良好的氢氧燃料电池、钠硫电池和超导电机，以提高水下机动性；装备高效能的综合声纳、拖曳声纳和水声对抗设备，增大水下深测距离和提高水声对抗能力；提高导弹的射程、命中精度、打击威力，增加分导多弹头等抗反导能力；提高鱼雷的航速、航程和航深，并使其实现智能化；

进一步提高驾驶、探测、武器和动力等系统以及其它设备的操纵自动化水平。

（三）中国海军早期的潜艇

1951年4月，解放军海军成立了275人的潜艇学习队，到原苏联太平洋舰队驻旅顺老虎尾的潜艇分队学习。1954年6月，中国海军第一支潜艇部队——海军独立潜水艇大队成立，下属两艘老式小型潜艇——"新中国1"号和"新中国2"号。这两艘潜艇属小家伙级（M级），1934年开始建造，排水量大约200吨（见图13-30）。

1954年7月，中国海军又接受了2艘斯大林级（C级）潜艇，排水量860吨，命名为"国防11"号和"国防12"号，并开始执行远航巡逻警戒任务（见图13-31）。

从中国海军早期潜艇的照片可以看到，当时潜艇甲板又平又宽，艇上配有大口径舰炮，完全和水面舰艇无异。早期的这种小潜艇实际上是一种会潜水的水面舰艇，M级小型潜艇的火炮看起来只有37毫米上下的口径，打军舰时近乎搔痒，打飞机时射速太低，命中率近乎为零，除用于鸣放礼炮外实在多余。

1959年7月，中国海军的3艘潜艇进行中国海军潜艇的第一次22天的远航。今天看来，这也许微不足道，但在人员技术和潜艇装备均严重不足的当时，这也算开创了新纪元。

图13-30 M级潜艇的指挥塔及小口径甲板炮

图13-31 C级潜艇的大口径甲板炮

（四）引进苏联技术建造的潜艇

1953年，中苏签订了“六·四”协定，苏联有偿提供成套器材、技术图纸和常规鱼雷潜艇的建造权。1954年，中国船舶工业为制造W级潜艇，进行了人才、设备和技术准备，由江南和武昌造船厂承担该型潜艇的制造任务。1955年4月，首制艇在江南造船厂开工，1956年3月下水，1957年10月由海军验收入役。截止于1963年，两家船厂共生产了数十艘该级潜艇。这使中国船舶工业形成了潜艇规模生产的能力，锻炼了技术队伍，为进一步独立发展奠定了技术基础。

1959年2月4日，中苏又签订了“二·四”协定，苏联有偿转让两型潜艇的建造权。由大连造船厂建造一艘常规动力弹道导弹潜艇，1966年建成，早期舷号是1101，改装后舷号是200，主要作训练用，见图13-32。

由江南和武昌两造船厂建造的常规鱼雷攻击潜艇（033型）的首舰，分别在1971、1972年下水，于1974年开始服役，以后共建造十多艘。图为该型潜艇在出航（图13-33）。这一批潜艇大多数已转为预备役或退役，如果还有继续服役的也数量很少了。

图13-32 引进原苏联技术的常规动力导弹潜艇

图13-33a 引进苏联技术的常规动力鱼雷攻击潜艇

图13-33b 鱼雷尾部的双斥转螺旋桨

图13-33c 鱼雷库（采自《舰船知识》）

（五）我国自行研制第一代常规动力鱼雷攻击潜艇

我国在完成仿制的033型潜艇之后，一直很重视改进提高，把成熟的技术及时应用于实艇。例如：加装飞航式反舰导弹、多种型号声纳设备的改进、螺旋桨降噪、水声对抗设备改装、通信无线系统改装以及流水孔改装和其它减振降噪改装等等。

1967年，开始自行研制中国第一代常规动力鱼雷攻击潜艇。中心任务是提高水下航速。此种035型潜艇首制艇于1969年10日开工，1974年交付海军使用。接着在保持035型潜艇总体性能基本不变的前提下，在武器系统、水声设备、通信设备、导航设备、水声对抗、噪声控制、改善生活设施和工作条件方面，进行多方面改进，使艇的战斗力、生存能力以及机动性、隐蔽性、可靠性、安全性等均有一定程度的提高。改进型艇于1988年9月开工，1990年交艇，1993年定型，至今已建造了一小批交付海军使用。

（六）中国海军的核动力潜艇

中国的核动力潜艇研制是在20世纪60年代开始的，经历了极为坎坷的发展历程。中国首先发展是核动力鱼雷攻击潜艇。1965年第一颗原子弹成功爆炸后，核潜艇的研制工作全面展开。60年代末开工，70年代初下水，1974年即交付海军。接着是研制深水发射反潜鱼雷。1988年091型（外方称为“汉”级）的鱼雷攻击核潜艇，全面通过了大深度潜水，水下全速航行，深水鱼雷发射的试验。

在鱼雷攻击型核潜艇的基础上，继续研制战略导弹核潜艇，即092型（外国媒体称之为“夏”级）导弹核潜艇。当时的关键技术是潜地导弹的发射问题和水下导航定位的技术。到1988年则完全掌握潜——地导弹的水下发射技术。我国对核潜艇的研制前后花了20多年的时间（图13-34）。

图13-34a 中国海军的核潜艇（采自《中国船舶工业》）

'台独'吗"？作者在该文中写到："最近有一篇文章证实了笔者所见，1996年台海危机期间，美国的两艘航母对中国进行了威胁，并把舰队开到了离中国领海200海里的地方。那么，后来它为什么又突然撤走了呢？公开的传说是当中国的核舰艇从美国人的卫星监视下消失了不久后，美国人的航母才撤的。"

接着，该作者继续写到："其实这只是其中的一个原因，另一个最重要的原因是美国人知道了另一个他们最不喜欢的消息"。

"美国的航母为什么急忙撤到那么远的地方呢？因为他们害怕中国的导弹！什么导弹？就是大家一直谈论的弹道导弹。大家都知道东风-21导弹，后来东风-21发展到了丙型，就是'打航母型'。用弹道导弹打航母要解决三大技术关键：一是监控，二是弹道导弹在入大气层前和入大气层后的制导，三是

中国海军在建军之初，即确定优先发展"飞、快，潜"。2006年全国评优的十大名船中，有4艘军舰。其中有第一代弹道导弹核潜艇和新型常规动力潜艇。这说明我国研制的潜艇还是有相当水平的，而且已经得到西方军界和媒体的关注。

2007年，香港《镜报》月刊8月2号发表文章，题目是"美国航母救得了

图13-34b 潜艇的垂直发射导弹仓

图13-34c 装弹（采自《中国船舶工业》）

图13-34d 水下发射（采自《中国船舶工业》）

弹道导弹进入目标区后的导引。美国人得到的情报是：中国已经解决了三大关键的全部问题”。

众所周知，中国十分重视对潜艇和核潜艇及相关技术的研究。中国的第一代弹道导弹核潜艇已经应用多年。又在继续研制新型导弹核潜艇，这当然不是什么秘密。西方军事观察家认为，新舰的导弹发射筒可能由夏级潜艇的12个增加到16个。这样如果每枚导弹携带6个弹头，这16枚导弹就可发射96个弹头，相当于8艘夏级潜艇的威力；如果每枚导弹仅带3个弹头，则可发射48个弹头，也相当于4艘夏级潜艇的威力。西方军事观察家同时还认为，一旦这种新型导弹核潜艇研制成功，最后建造规模将会达到4到6艘左右，以保证在水下经常有2到3艘核潜艇在进行战略巡航。从中国现有的科技和生产能力看，全部第二代导弹核潜艇，应可在2005年到2010年之间建成。显然，一旦这种新型核潜艇部署完毕，中国的战略核威慑能力将会得到极大的提高。

八、补给舰

补给舰是在海上为水面战斗舰艇进行补给的辅助舰艇。进行海上补给的范围包括液货补给、干货补给及人员传递。

进行海上补给的形式可采用横向补

图13-35 航拍的中国海军某补给舰（采自《舰船知识）

图13-36 中国远洋补给舰885号

图13-37 横向补给和纵向补给（采自《舰船知识》）

给、纵向补给、垂直补给。垂直补给一般是由直升机进行。一艘大型补给舰可同时为几艘受补舰进行补给。补给舰的航速不能太低，以适应随主要战斗舰艇出航或在航行中进行补给。图13-35，图13-36，图13-37为中国的补给舰。

九、航空母舰

航空母舰的出现堪称人类战争史上的奇观，它使传统的海战从平面走向立体，从而诞生了真正意义上的现代海战。强大的航母编队集防空、反舰、反潜以及对岸攻击的作战能力为一体，是当今海战场上最强大的力量。航空母舰是足以与核武器比肩的战略性武器，是可以为国家利益做出特殊贡献的“海上霸王”。

（一）世界上有10个国家拥有航空母舰

据《环球时报》2001年6月1日第13版报道，截至目前为止，世界上有10个国家拥有航母和准航母。

美国有航母13艘，其中9艘为尼米兹级核动力航空母舰，最新一艘是“里根”号，其它为常规动力航空母舰。图13-38为美国的航空母舰。

俄罗斯现有1艘“库兹尼佐夫海军上将”号航空母舰（见图13-39），隶属于俄罗斯海军北方舰队。

英国拥有3艘“常胜”级常规动力航空母舰。

法国有两艘，“戴高乐”号核动力航空母舰和“克莱蒙梭”常规动力航母。

意大利有“加里波第”号轻型航

图13-38b 美核动力航空母舰“艾森豪威尔”号

图13-38a 美国“小鹰”号核动力航空母舰（采自《舰船知识》）

图13-39 俄罗斯“库兹尼佐夫海军上将”号航空母舰

母1艘。目前正在建造1艘新型航空母舰。

日本有准航母：2艘“大隅”级两栖登陆指挥舰，还准备再建4艘准航母。

巴西有2艘，1艘“巨人”常规动力航母，还购买了法国的1艘“福煦”号常规动力航空母舰。

印度有3艘常规动力航母，“维克兰特”号、“维拉特”号和原苏联建造的“戈尔什尼科夫海军元帅”号。

泰国有1艘“加克里•纳吕贝特”号常规动力航母。

西班牙也有1艘“亚斯图里阿斯王子”号常规动力航母。

根据以上的统计资料看，在联合国5个常任理事国中唯有中国还没有航空母舰。在其它有航母的国家中，印度是个大国，日本是个强国，泰国和西班牙既不是大国，也算不上是个强国。我国这样的海洋大国和人口大国，至今还没有航母，笔者以为虽然是有其客观原因的，但却也是不正常的。

（二）刘华清对航空母舰的见解[①]

“可以说，正是航空母舰的出现，把海战的模式从平面推向了立体，实现了真正的超视距战斗。自它问世以来的80多年间，几经波折，最终发展成今天这种舰机结合、攻守兼备、机动灵活、坚固难损和高技术密集的攻防体系。今天，它不仅是一个强有力的战术武器单元，是海上作战体系的核心，也是一个能抛核弹的战略威慑力量。在世人眼里，它被视为综合国力的象征。它的存在与发展，也是各国军事战略家关注的焦点之一”。

“关于航母问题，当时，我们对海上机动编队只考虑到驱逐舰、护卫舰和潜艇，但进一步研讨后发现，这个编队如果没有空中掩护，无法到岸基飞机作战半径以外作战。后来在研究台海斗争时，我们又发现，使用岸基飞机非常浪费，因为留空时间短，所需飞机和机场就要多。我们还分析，不发展航母，海军还是需要发展驱逐舰和护卫舰，靠它们组成海上机动编队。如果发展了航母，这些舰艇既是护卫舰母编队的舰只，也是在海上机动作战的舰只。在现代条件下进行海战，没有航空的掩护，无论如何是不行的。如果发展了航母，并不需要增加飞机的总数量，只是飞机的性能有所不同，飞机的价格高一些，但也不会高很多。因此，发展航母编队，是一个如何调整装备经费使用方向的问题，不需要大量增加装备费。更重要的是，有了航母，海上作战机动编队的作战效能会大大提高。至于技术上能不能自力制造航空母舰和舰载机，经与航空、船舶等有关部门领导、专家研究，他们认为，条件基本具备。当然，有些特殊装置需要认真对待，也是可以解决的"。

①引自刘华清.忆中国"航母"，《舰船知识》2005年第1期.第10页.

（三）关于"瓦良格"号航母

1998年3月中旬，澳门"长乐旅游与娱乐公司"（Agencia Turisticae Diversoes Chong Lot Limitada）以2000万美元购入俄罗斯军方"瓦良格"航空母舰。最新曝光的"瓦良格"航母令人惊讶地出现在大连造船厂船坞上。

20世纪80年代，前苏联在积累了60年代建造"莫斯科"级直升机母舰和70年代建造"基辅"级轻型航空母舰的经验后，正式启动了开发新一代航母的发展计划，以扩大其海上防御范围。新研制的航母代号为"1143"级，后来用原苏联格鲁吉亚共和国首府之名命名为"第比利斯"级。原苏联原计划建造3艘"第比利斯"级航母，首舰为"第比利斯"号，二号舰为"里加"号，三号舰为"乌里扬诺夫斯克"号。

与前两代仅能搭载直升机或垂直短距起降轻型飞机的"准航母"不同，"第比利斯"级航母具有搭载常规起降固定翼作战飞机的能力。其设计搭载机为12架苏-27K重型舰载战斗机、12架米格-29K轻型舰载战斗机、12架苏-25K舰载攻击机或雅克-38垂直起降战斗机以及18架卡-27K舰载反潜直升机。按照西方国家海军标准当属重型航母。

1983年2月22日，首舰"第比利斯"号在乌克兰尼古拉耶夫造船厂开始建造。随后几年内，二号舰"里加"号和三号舰"乌里扬诺夫斯克"号也相继在此开工。20世纪80年代末，原苏联的经济形势急剧恶化，除"第比利斯"号接近完工外，"里加"号和"乌里扬诺夫斯克"号的建造工程都被迫中止。

1991年底苏联解体后，俄罗斯政府只支付了完工的"第比利斯"号的建造费用，将其改名为"库兹涅佐夫"号并装备给俄罗斯海军。已经完工70%的"里加"号被改名为"瓦里格"号，等待俄罗斯政府支付进一步建造费用，只完成船体的“乌里扬诺夫斯克”号则被拆毁后当作废铁出售。

图13-40 并未完工的“瓦良格”号航母

由于俄罗斯政府无力负担继续建造“瓦良格”号的高昂费用，乌克兰政府只得拆除“瓦良格”上有价值的部件，将其送入国际废船交易市场。1998年，“瓦良格”号的被搁置7年后终于迎来了澳门买家。这笔交易立刻为各国媒体争相报道。成交后，“瓦良格”号于同年11月起航开往澳门（见图13-40）。当途经土耳其博斯普鲁斯海峡时，土耳其政府以“瓦良格”号会对海峡航运造成威胁为理由，拒绝其通过。

实际上，土耳其政府是迫于美国政府在背后的不断施压才拒绝“瓦良格”号通过博斯普鲁斯海峡的。为此，中国政府多次出面交涉，承诺中方将会完全负担“瓦良格”号通过博斯普鲁斯海峡的安全保险及可能造成损失的赔偿责任，并将从中国大陆派遣牵引船协助拖行“瓦良格”，以保证整个航行的安全。2001年9月，土耳其政府终于同意让“瓦良格”号通过海峡。2002年3月，抵达大连。

一艘未完工的“瓦良格”航空母舰停泊在大连造船重工（见图13-41），

图13-41 停泊在大连造船重工的“瓦良格”（采自互联网）

引起各方面的猜测。有的说中国要以此“瓦良格”号为起点，建造中国的航母。有的说只是用来作为飞机起降的试验平台。有的认为中国不应建造航母，理由是：①经济条件不够；②周边环境并非非常恶劣；③中国当前面对的最迫切的问题是台湾，而解决台湾问题航母并非迫切需要；④一个航母编队不能构成完整的战力，而3个航母编队对现在的中国来说是不可能实现的。也有人认为作为一个海洋大国建造航母是必要的，是迟早的问题。当然国际上的，特别是西方的舆论，又在叫嚣“中国威胁论”。

笔者以为，我国作为一个大国，不建造以航母为核心的海上战斗力量是不正常的。我国是否建造航母？建造什么样的航母？什么时候建造航母？这都是中国自己的事情，外国人不必说三道四。另方面，我们走自己的路，也不必介意外国人是否说三道四。

第十四章　中国的十大名船

作为中国纪念郑和下西洋六百周年的压轴工作，中国首次开展的十大名船评选活动，2006年3月23日下午，在北京人民大会堂揭晓，4艘军舰和6艘民用船舶荣膺“中国十大名船”称号。

本次评选由中国国防科学技术工业委员会、交通部等单位共同主办，十大名船设计者、建造者分别获奖。

国防科工委有关领导同志发表谈话说：新中国成立以来，中国船舶工业从小到大，从弱到强，不但为海军设计和建造了新型武器装备，而且率先成为中国出口的支柱产业。中国迄今已连续十余年成为世界第三造船大国，在国际船舶市场上的作用举足轻重。

这十大名船的入选均缘于他们由中国人民自己设计建造，堪称新中国船舶工业不同历史时期的典型代表。他们的建造经验可以概括为：坚持自主创新的理念，倡导“无畏、热爱、奉献”的心态，鼓励“勤思、巧干、创新”的技术追求，全面建设“团结协作”的管理文化。

一、我国自行研制的万吨级远洋货船“东风”号

“东风”号为载运一般货物的远洋干货船（见图14-1），该船载货量10 000吨，排水量17 180吨。1960年4月在江南造船厂下水，由于机电设备的研制拖延了舣装工程，到1965年才试航成功，航速达17.3海里/小时，能在海上连续航行40昼夜，远航至欧美和非洲等地。“东风”号上设有878立方米的冷藏舱及1145立方米的液货舱，能载运少量的冷藏货及液货。在第二、三舱设有60吨重型吊杆1根，可以吊装重物。在第一货舱设有防爆措施，可以装运一般易燃易爆物品。

20世纪50年代末，我国即组织各方面专家进行万吨级远洋货船的研究、设计和试制工作，并将其列为国家科学技术发展十年规划的重点项目之一。

“东风”号采用我国自行研制的7ESD75/160型直流扫气低速重型船用柴油机，功率为6 472千瓦（8 800马力）。采用国产低合金钢为船体材料。除柴油发电机组为江南造船厂的库存进口货以外，所有机电设备和各种配套机

图14-1 万吨级远洋货船“东风”号

件是我国自行研制的。江南造船厂职工遇事从不畏难，总能想出很多好主意，在他们手里，一个个废旧设备、零件都变成了宝贝，新人新事层出不穷，技术难关就这样一个个被攻克。据统计：江南造船厂围绕万吨船生产技术关键，实现了300多项重大技术革新，改进设计和工艺180余件，大大提高了造船速度和质量。

“东风”号在技术上和配套设备的生产上的重大进步，是全国大协作的产物——船用高强度低碳合金钢材，是冶金部钢铁研究所与鞍山钢铁公司共同研究成功，由鞍钢生产的。船用电罗经是上海航海仪器厂试制的中国第一套电罗经。其它船用辅机、仪表仪器等配套设备的协作单位涉及全国18个部、16个省市所属的291个工厂和院校，这些协作单位为“东风”号提供了2600多项器材和设备，其中包括40余项新试制的船用产品。

“东风”号的研制体现了我国造船工程技术人员的艰苦创业精神。曾记得当年，“东风”号在航运途中，每到一个港口，当地的侨胞纷纷来船上与祖国的亲人相见；有一次，一位双目失明的老侨胞由亲属陪同远道赶来，专为“看看”第一艘中国造万吨级远洋货船，他从船头一直摸到船尾，激动不已。

二、我国第一代导弹驱逐舰首舰“济南”舰

我国于1949年4月23日，开始建立中国人民解放军海军。5年后，从苏联购买“鞍山”舰等4艘驱逐舰，组建起

第一支驱逐舰部队。到60年代，开始自行研究和设计第一代导弹驱逐舰。1970年7月30日，第一代导弹驱逐舰的首舰“济南”舰在大连造船厂下水（见图14-2）。1971年12月31日服役，舰号105。“济南”舰的建成实现了从仿制到自行研究的跨越。

首舰最重要的使命就是试验，为后续战舰的改进积累经验。当时大部分舰员文化水平较低，没有教员，他们就利用科研人员和工人师傅到舰上安装和调试的机会学习，舰员们半年就学完了正常3年学习的内容，背熟了总长度50多公里的管路、900多个阀门。

试验任务常常极具风险，“济南”舰服役之初，为了验证一个数据，他们时常在十级以上的大风浪中反复测试，在暗礁险滩中日夜忙碌。有一次，“济南”舰在某海区进行高速测试，当时有两种方案可供选择：一是向左转，那里海域宽阔，安全可靠，但数据准确性差；二是向右转，危险性大，但离测速标近，数据准确。舰长下达了向右转的口令。记录组的同志于千钧一发之际记下了一个个珍贵的数据。由于高速震动，舵机失灵，战舰疾速朝岸边一个小岛冲去，这时舰长果断下令紧急倒车，舰终于停下来了，离小岛仅有二链左右！

“济南”舰先后完成了2200多项试验任务，获得100多万个试验数据，被誉为海军装备现代化的开路先锋，也是当年唯一荣立一等功的驱逐舰。“济南”舰还多次执行太平洋远航、南沙战斗巡逻、军事演习等重大战备训练任务，接待过朝鲜、柬埔寨等10余个国家高级军事代表团和的访问，陪访过法国、加拿大等多国来访舰艇。

1987年，“济南” 舰拆除了后甲板的主炮和防空炮，加装了直升飞机平台和机库，可搭载2架直九反潜直升机。

2007年11月13日，“济南”舰走

图14-2 第一代导弹驱逐舰首舰“济南”舰

完36载光辉历程，在历任舰长、政委和最后一批舰艇官兵深情的目光中光荣退役，归属青岛海军博物馆展出。

三、远洋综合科学考察船“向阳红10”号

当选理由：是中国自行设计建造的第一艘载有直升机的多功能大型远洋综合调查船，能在全球所有海区航行，为中国太空和海洋科学发展立下了汗马功劳。

“向阳红10”号（见图14-3），主要承担大洋的海洋水文、气象、水声、物理化学、地球物理、地质地貌、海洋生物等调查研究，为发展海洋科学和开发海洋资源服务。该船由中国船舶与海洋工程设计研究院设计、由江南造船厂建造，1979年11月交付国家海洋局使用。

1980年4月，“向阳红10”号参加了我国首次向太平洋海域发射运载火箭试验；1984年4月我国首次发射同步试验通讯卫星，它承担了卫星定点区域，气象预报及通讯连络任务，都取得了成功。

从1984年11月至2007年12月，中国共进行了23次南极考察。中国首次南极考察队乘坐的便是“向阳红10号”远洋综合科学考察船和海军“J121“号打捞救生船。1984年11月科考队从上海港启航不久就遇到19号台风，由于船队果断决定改变航线，才避免了台风的袭击。在往返南极的万里航程中，要经过台风发生区，咆哮的西风带，气象万变的德雷克海峡，危险的冰山、浮冰区，航船几乎无不遇到这种或那种险情。远赴南极的科研队员、海军官兵和船员不畏艰险，勇敢拼搏，在“向阳红10号”上诞生和承载下来了“爱国、拼搏、求实、创新”的南极精神。

“向阳红10”号船体为球鼻船首，巡洋舰尾，双桨双舵，并在舵上装备螺旋桨，可在主机停机情况下实现微速航行。船中舭部有防摇鳍，船的操纵性、适航性极好。在12级风中可坚持航行，在任何两舱进水情况下，不致下

图14-3 远洋综合科学考察船“向阳红10”号

沉。以2台9000马力的柴油机做动力，巡航速度每小时20海里。

为进行各项科学研究任务和通讯联络，船上设直升机停机坪和机库，机库顶部设指挥塔和导航台。前甲板设有起重能力为28吨的起重机。

1999年7月，“向阳红10”号成功改装为“远望4”号科学测量船。先后参加了中国神舟5号、神舟6号的远洋测控任务。通过它的测控通信支持，胡锦涛总书记和神6航天员实现天地通话。

四、进入国际市场的27000吨散货首制船“长城”号

1980年初，大连造船厂厂长孙文学到北京开会，时任六机部部长柴树藩对孙厂长说：“香港船东有两条27000吨的船，部里征求过几家船厂的意见，都认为暂时有困难，不能承担。你们厂敢不敢接？……”当时的大连造船厂正处于“军转民”的艰难时期，面对这样的机遇，孙厂长果断地接下了这一任务，并将这一将要新造的船命名为“长城”号。全厂齐动员，迅速掀起了学习新标准、新技术，“造好‘长城’号，为国为厂争光”的热潮。

“长城”号由包玉星掌管的香港联成轮船公司订货，由中国船舶与海洋工程设计研究院设计，大连造船厂于1982年1月建成，是27000吨远洋散货船首制船（见图14-4）。这是我国第一艘大型出口运输船，也是我国船舶工业史上，第一次按照国际规范和标准设计和建造的万吨级以上的船舶，开创了中国船舶工业的新纪元。面对全新的任务，大连造船厂对照新规范提出了380多条问题，逐一制定措施进行攻关。举办了外语学习班、电气焊技术考核学习班……全厂职工用辛勤劳动的汗水浇灌成了“长城”号。如今对这段难忘的历史，还有一点我们不能忘记的是：当我们国家船舶工业走向世界之初，香港船东包玉刚、包玉星、李嘉诚等对祖国造船事业的鼎力支持！

图14-4 27 000吨散货船“长城”号

“长城”号总长：197.45米，型宽：23.0米，可以到达和停靠国际上散货码头、煤码头和散粮码头的90%以上，经济性和实用性非常好，深得国际航运界好评。该船于1982年获国家质量金奖。1987年获国家科技进步一等奖。交船后，订单纷至沓来，同型船舶由大连、江南两厂共造了12艘出口到国际市场。

五、我国第一代弹道导弹核潜艇

1954年1月，在美国的柯罗顿市，一个有过100多艘潜艇在此下水历史的港口城市，人类建造的第一艘用核动力驱驶的潜艇——核潜艇“鹦鹉螺”号下水了。“鹦鹉螺”号的外形和色泽像一支巨大的雪茄烟，里面的核动力装置占了约一半长。它的速度比普通潜艇快一倍多，若以每小时30海里计算，可以连续不上浮航行50多天。这个数字意味着它在10天之内可以从海底穿越任何一个大洋，并且连续穿越5次，而不需要“加油”，不需要上浮“透一口气”。美国的核潜艇可在世界各大洋深海游弋，这自然也包括台湾海峡在内……面对核导弹的威胁，面对海洋新威胁，作为新中国主管国防科技的聂荣臻元帅果断决定，我们也要研制核动力潜艇！

1958年6月27日，聂荣臻起草了一份中国研制核潜艇的秘密报告，毛泽东十分坚定地表示：“核潜艇，一万年也要搞出来”。

当时，世界上只有美国、苏联两国拥有核潜艇，为了不至于使新中国成为一个军事强国，它们都对中国进行了核技术封锁。中国走上了独立研制核武器的道路。国务院和中央军委指示以中科院原子能研究所为主，开始潜艇核动力装置的开发研究工作。那时，核科学人才奇缺，除了少数几个人懂得核科学之外，大多数人对核的了解还是比较肤浅的。我们的科学工作者，凭着一颗报效祖国的赤诚之心开始了核潜艇的研制工作。在20世纪60年代初国民经济困难的情况下，我国仍然保留有一个由50多人组成的核动力研究室，重点放在一些关键技术的攻关研究上，保持研制工作不断线。

核潜艇总体方案论证一开始，设计上就面临着“常规艇型加核动力”与“水滴线型加核动力”两种不同的选择。

黄旭华总工程师等人坚决主张搞“核动力水滴线型”方案，认为我们不能因为50年代的“冒进”而裹足不前。“核动力水滴线型”方案是经过几年调查研究和在一定的实验基础上提出的。它的特点是：圆形截面，流线性好，水下操作性好，阻力小，机动灵

图14-5 中国第一代弹道导弹核潜艇

活，生命力强，可以大大提高航速，是目前世界上先进国家都在研制的目标。

导弹核潜艇是在1965年我国第一颗原子弹爆炸试验成功之后才开始研制的。“文革”中，工厂、科研单位陷入混乱。为确保导弹核潜艇研制工作顺利进行，1967年8月，聂荣臻元帅签发了中央军委发出了新中国成立以来的第一个“特别公函”，要求任何人不准以任何理由冲击生产研究现场，不准以任何借口停工、停产，必须保质、保量完成任务。

据《詹氏海军年鉴》和互联网透露，中国第一代弹道导弹核艇于上个世纪60年代末期，在船厂动工，1971年4月开始系泊试验，7月开始用核能发电，8月15日海上试验，1974年8月7日交付海军使用。我国首先研制成功的是核动鱼雷攻击潜艇，弹道导弹核潜艇是在鱼雷攻击核潜艇试验成功的基础上进行的。我们称为092型，外方称为“夏”级导弹潜艇。从发布潜艇照片看，其水下排水量当有6000～8000吨。1988年，中国发射水下运载火箭成功，我国弹道导弹核潜艇在世界上首次亮相（见图14-5）。

导弹核潜艇以其隐蔽性好、机动性强、生存力大成为战略威慑力量的中坚，使陆基战略导弹和战略轰炸机“望洋兴叹”。对于不首先使用核武器的我国来说，一旦遭受核突击，大部分陆基战略导弹和战略轰炸机可能瘫痪，导弹核潜艇则比较安全可靠，是最有效的核报复力量。因此，核大国都把导弹核潜艇视为发展重点的战略兵力。

我国第一代弹道导弹核潜艇采用水滴形型线，十字形尾附体，首水平舵置于指挥台围壳前部。艇体采用双壳体结构。耐压船体内设有鱼雷舱、指挥舱、反应堆舱、辅机舱、主机舱及尾舱等。突出首端上甲板是水声系统导流罩。

六、中国自行设计建造的浮式生产储油船“渤海友谊”号

52000吨浮式生产储油轮“渤海友谊”号（见图14-6），由中国船舶与海洋工程设计研究院设计，由沪东造船厂于1989年首制成功。它的建成实现了我国海洋石油生产设施的零的突破，还是世界是首次将浮式生产储油轮用于有冰海域，是我国船舶工业在海洋工程领域的标志性产品。曾荣获1991年国家科技进步一等奖和国家级金奖。

海上浮式生产储油轮好似漂浮在茫茫大洋上的“陆地”，它集油气处理、发电、供热、原油产品储存和外运、工作人员生活居住为一体，具有高风险、高技术、高附加值、高投入、高回报的特点。在台风海啸疯狂肆虐、各种船舶早早躲避之时，浮式生产储油船却必须镇定地坚守在咆哮的大海上，不扭曲不断裂，整整要坚持20年！

“渤海友谊”号已在风雨中坚守了18年！历久弥坚！

18年后，在黄浦江畔一个静静的港湾中，中国船舶工业集团上海外高桥造船公司为美国康菲石油公司建造的一艘30万吨的海上浮式生产储油船，这一代表世界最高造船水平的巨船已于2007年4月交付使用。

他们的副总设计师赵耕贤回忆，在浮式生产储油轮设计起步之初，常常是半夜惊醒，一身冷汗。尽管如今已胸有成竹，但一有台风消息，赵耕贤仍习惯于赶紧与船主联系，询问船况是否良好。

图14-6 浮式生产储油船“渤海友谊”号

七、我国新型常规潜艇

1950年3月，新中国第一任海军司令肖劲光大将到威海，要过海到刘公岛去察看当年中日甲午海战“古战场”，但是没有船只，他向当地渔民租了一条小船。渔民说：“你是海军司令啊，还要租我们的渔船！”这话对大将刺激多大啊，可当时海军拥有的装备只有接收国民党海军起义、投诚的一些舰艇，又正在修理。青岛地区的海军架子还没搭起来，没有军舰，没有油水补给船……。

从两手空空到令外国专家震惊的海军研造实力，这步跨越，中国人只暗暗努力了半个世纪。

2007年9月，据新加坡《星岛网讯》说：中国海军研发机构一位官员日前表示，中国在下一步将要制造更新的“喷水磁流体”动力的常规潜艇。这令欧洲国际海军潜艇联盟协会（NSL）对于中国专家的介绍感到震惊。磁流体喷水推进潜艇技术，是目前欧洲海军多个潜艇制造先进技术国家，初步开始运用的最新潜艇动力科技技术，国际海军潜艇联盟协会的亚洲海军发展顾问约翰博士表示：“虽然目前欧盟还在执行对华武器出口禁运政策。但是，看到中国海军已经拥有这样的自主开发新潜艇技术能力。这使得我们感到更加的惊奇。因此我个人相信他们所拥有的潜艇制造技术，是完全出自中国人自己的发明与创造”。

所谓常规潜艇，是指其动力装置采用常规的柴油机，柴油机发电并用蓄电池存储，供水下航行时用作电力供应。

此次荣获中国十大名船的“新型”常规潜艇（见图14-7），有几个方面较已有潜艇有较大改进。

图14-7 我国新型常规潜艇

首先是潜艇的外形特征，在我国常规潜艇中首次使用了水滴形艇体，虽然我国已掌握水滴形艇体的设计技术并在核潜艇设计中应用过。新型潜艇的围壳，不但在高度上显著降低，从整体上看，较丰满的围壳与短粗的艇体相配合，既美观而阻力又小。因此，与此前的潜艇相比较，适航性和耐波性都有较大的提高。

其次是采取了新的降噪措施，所以该艇与已有艇相比较是静音效果最好的。

第三是采用了最新研制成功的水下精确导航定位系统，可极大地提高水下发射导弹的攻击准确性。

第四是装备了我国自主开发的反舰、反潜两用导弹，从鱼雷发射管发射，最大攻击距离达180公里。

第五是新型潜艇创造了两项我国潜深纪录。

此外，艇体材料使用了新型的低磁高强度潜艇专用钢，可大大降低潜艇磁异常探测性，增加潜深。

八、我国第二代导弹驱逐舰"哈尔滨"舰

作为国产新型导弹驱逐舰首制舰"哈尔滨"舰（舰号：112），集美、英、法、德等8个国家的先进技术和国内55个科研生产厂所的最新科研成果于一身，自动化程度高、综合作战能力强。1993年开始服役。舰长148米，排水量4800吨，航速31节（海里/小时），续航力4300海里/15节。主要装备有舰炮系统、导弹系统、反潜武器系统、作战情报系统、电子战系统、直升机起降平台等。

图14-8 我国第二代导弹驱逐舰"哈尔滨"舰（舰号：112）

由于自动化指挥系统的需要，舰长指挥战斗由"眼见为实"变为盯着屏幕"遥控指挥"。从"情报中心"、"电子战系统"发出指令，几秒钟内，舰长必须判断出来自空中、海面、水下的数百个数据，并按键指挥各个战位进行战斗；

1997年，"哈尔滨"舰服役3年后，通过了国家级的技术鉴定。专家的结论是：经过一系列任务和演习，新型驱逐舰在多个方面已经达到了世界90年代水平，大大缩短了与世界海军强国的差距。还由它圆满完成了中国海军首访大洋彼岸的任务。第二代导弹驱逐舰"哈尔滨"舰（见图14-8），为此后中国驱逐舰的进一步发展奠定了基础。

1997年春，作为编队的旗舰，

“哈尔滨”舰首次横渡太平洋访问美国、墨西哥、秘鲁和智利。这次航行规模之大、访问国家之多、时间之长、航程之远，均开创了中国海军史之最（见图14-9），掀起了席卷全球的中国舰艇热。与此同时“哈尔滨”舰的姊妹舰“青岛”舰，也作为旗舰，与中国新一代导弹护卫舰“铜陵”舰一道，顺利访问了泰国、马来西亚和菲律宾。1998年春夏，“青岛”舰代表中国海军首次访问了新西兰、澳大利亚，并在回程中参加了由14国海军参加的菲律宾海军成立100周年的庆典。1996年——1997年版的《詹氏战舰年鉴》，对中国新型驱逐舰给予了高度评价：“这是一艘给人深刻印象的军舰，在他们的刻苦追求下，作战能力跨前了一大步”。

作为两代国产驱逐舰的总设计师、中国工程院院士、中国船舶工业总公司武汉船舶设计研究所副所长、高级工程师潘敬芙先生，在接受采访时谈到了新型驱逐舰的7点显著进步：首先，作战能力成倍增强。作战系统能做到早期预警、实时判断、集中指挥、分散控制、快速反映、软硬武器综合使用，第二，生存力显著提高。第三，隐蔽性好，水下噪声小，雷达隐身也采取了许多措施。第四，新舰的电子设备增加很多，而且各种电子设备能够正常兼容工作。第五，船板质量好，寿命长。第六，柴油机和燃气机联合动力装置的性能好，很快就能开出去。第七，总体性能好。快速性、操纵性、适航性、居住性，总的讲起来都好，达到了研制时提出的综合性能兼优的目标。

图14-9 我国第二代导弹驱逐舰“哈尔滨”舰出访美国

九、被誉为“海上科学城”的航天测控船“远望3”号

远望号命名曾经有过种种方案，最后采用的是聂力提出的方案：用毛泽东手书的、叶剑英诗词里的“远望”二字。

“远望3”号（见图14-10）是中国第二代综合性航天远洋测控船，主要担负卫星、飞船和其它航天器飞行试验海上测量和控制任务。全船集中了20世纪90年代科学技术的精华，汇集了中国当今船舶、机械、电子、气象、通信、计算机等方面的先进技术。船舱像客船，可载员几百人；甲板上天线林立，像科学仪器船；供电能力像个中小城市的发电厂；气象探测设备像一个地面气象站……。

在波涛起伏的大海上，测量船要在最有效的十几分钟内抓住并跟踪以第一或第二宇宙速度飞行的目标，如果船舶稍有摇摆，跟踪目标便会一纵即逝，这对测量船的稳定性提出了异乎寻常的要求，“远望3”号就创造出了这样平稳如陆地的测量环境。类似这样的关键问题还有很多很多。

“远望3”号船长180米，宽22.2米，续航能力1.8万海里。我国是继美国、俄国和法国之后，在世界上四个建成航天测控船的国家之一。

第一代远洋测控船“远望1”号研制时正值文革时期。由中国船舶及海洋工程设计研究院设计、江南造船厂建造。1979年12月交付使用。1980年5月在南太平洋出色地完成了我国洲际运载火箭的试验、测控任务。“远望1”号船于1985年曾荣获国家科技进步特等奖。

1995年5月18日“远望3”号建成并投入使用。同年11月，“远望3”号船执行“亚洲二号”卫星海上测控任务，首战告捷。在西安卫星测控中心向外商提供的8个数据中，该船提供了3

图14-10 航天测控船“远望3”号

个有效数据，得到了外商的高度评价。

1996年，该船两度出征，两战两胜。

1997年，六下太平洋，出色地完成了海上动态性能校飞以及“亚太二号R”等五次国内外卫星发射的海上测量任务，总航程近4万海里，相当于绕地球赤道两圈。且打破惯例，单船出海，挑战极限，创造了测量船历史上绝无仅有的单船布站进行全弧段测量等等新纪录。这年的4至6月，“远望3”号在不靠外港的情况下，一次出海连续作战60天，不仅超时段，高质量地完成了“东方红三”号、“风云二”号卫星的测控任务，而且迈出了从单一遥测到综合测量船的关键一步。12月，该船再次受命赴南海执行任务。在任务新、航线新、海区新，以及商船多、渔网多、岛礁多、海情复杂情况下，“远望3”号全体船员战风斗浪，安全穿越台湾海峡，又一次夺取了海上测量任务的全胜。

1998年，“远望3”号又下大洋，一次出海87天，安全航行1.65万海里，出色地完成了两次卫星海上测量及新任务海域调查任务。首次跨入西半球，创下基地单船海上测量时间最长、航程最远、屡战屡胜的新记录。

1999年3月17日，中央军委主席江泽民签署通令，给“远望3”号船记一等功。

“远望4”号船是1998年8月由原“向阳红10”号改建而成的远洋航天测控船。海上自恃力100天，续航力18000海里。船体采用B级冰区加强，任意一舱破损也不致于沉没。具有测控精度高、实时性强、全天候工作等优点。在短短的四年时间里，六下太平洋、四征印度洋，出色地完成了6次国家级大型海上测控通信试验任务。

20余年来，我国的航天远洋测控事业已实现了从陆地到海洋、从水面到水下、从国内到国外、从测量到测控的四大跨越。

十、30万吨级超大型原油船“德尔瓦”号

我国第1艘自行设计、建造的30万吨级超大型原油船VLCC（Very Large Crude oil Carrier）——“德尔瓦”号（见图14-11），是大连新船重工有限责任公司为伊朗国家油轮公司建造的，在2002年8月31日正式交船。该船的建成标志了我国造船工业在超大型油轮的设计、建造上实现了零的突破，不仅实现了几代中国造船人的梦想，也打破了世界造船强国在该领域的垄断，从而使我国进入世界上仅有的几个能够设计建造超大型油船国家行列。

1999年8月20日，大连新船重工与伊朗国家油轮公司正式签订了建造5

艘30万吨油船的合同，一份造船合同即达150万吨，在我国还是首次。在此之前，时任国务院总理的朱镕基到大连新船重工有限责任公司视察，在听完情况汇报后他说：一定要争取拿VLCC项目！并批示国务院副总理钱其琛、吴邦国和国务委员吴仪：此项目政治意义重大，务求必得，不许失败。随后又责成外交部组织高级代表团赴伊朗访问并力促其成。可以说，30万吨油船的设计、建造成功，是在国家领导人和有关部委亲切关怀下取得的，他们的身后有祖国。从签订合同，到2004年6月15日第5号船顺利完工交船，经过近5年的艰苦努力，我国首次承造的VLCC项目取得了圆满成功。伊朗船东在接收大连新船重工建造的“伊朗•德尔瓦”号时，称赞这艘超大型油船是“Pioneer of China（中国先锋）”，并愉快地说：“伊朗船队中虽然有日本和韩国建造的VLCC，但中国建造的这艘是最好的”。

图14-11　30万吨级超大型原油船“德尔瓦”号

30万吨超大型油船到底有多大？在2002年6月，当“德尔瓦”号在大连海域试航时，一艘近海货船忽然发现在它的雷达扫描中出现一个海图上从未见过的“岛屿”，船长大吃一惊，连忙与总部联系，怀疑自己是不是走错了航向。直到几分钟后，“岛屿”上忽然灯光骤亮，全体船员这才发现那是一艘大轮船。“德尔瓦”号船长333.5米，相当于35辆5吨“解放”牌卡车首尾相接的长度，而站在一栋21层高的大楼上，你才能够得着“德尔瓦”号驾驶室上方雷达桅的底端，“德尔瓦”号总的涂装面积达到98.4万平方米，相当于170个足球场的面积！

伊朗“德尔瓦”号超大型油船VLCC载重量299500吨，适用于载运闪点低于60℃的原油产品，可航行于无限航区。该船为单螺旋桨，柴油机驱动，带有鼻首、球尾，悬挂舵。在货舱区域为双壳结构，有双层底、双层壳和两道纵舱壁，燃油深舱也有双壳保护。舱内设15个货油舱，2个污油舱，5对压载水舱。货舱分3组，有3台货油泵及3组管路。

超大型油船（VLCC）是体现船厂船舶建造能力的标志性船型，从设计、建造、组织管理等各方面都对船厂提出更高的要求。与韩国大宇1995年为伊朗建造的VLCC相比，大连新船重工为伊朗建造的“德尔瓦”号有很多过人之处。在对船舶结构疲劳要求方面，船东对大连新船重工的要求为40年，而对大宇的要求为25年。要求船舶压载水舱、货油舱涂漆区域、污油舱和淡水舱油漆应予10年保证，船体外表应予5年保证，而对大宇没有此项要求。在振动方面是设计建造最为担心的一个问题，因为韩国船厂曾因VLCC振动的问题数次航海试验，“德尔瓦”号在最后交验阶段，连一向挑剔的船东也露出了微笑，它在振动项目上获得舒适度一级的资格证书，而这一证书，只有豪华游轮才有资格获得。

归纳“德尔瓦”号型船有以下主要技术特点：

①设计航速高，该型船在结构吃水22.20米及主机功率为持续服务功率，并留有15%海况储备的情况下，服务速度为15.8节。

②满足超前的规范、规则要求及附加的船级等，譬如船体结构疲劳寿命要求考虑为50年，远超过过去的25年标准。

③在船体振动项目上满足特殊的振

动控制要求。

④集成化自动控制和监测报警（包括货油压载控制系统由普通提至超级、桥楼驾驶也由普通升级为满足W1—0C1人桥楼驾驶技术等）。

⑤应用超高温空调系统及新型制冷剂。

⑥满足了严格的特种涂装要求。

⑦拥有超常规的的海水、淡水冷却系统。

延 伸 篇

第十五章　艺术作品里的船

一、诗词里的船

古代的船上既没有广播，更没有无线通讯设施，船舶开航后，谁也说不清几个月还是几年才能返航回家。当时的船是什么样的？船上的人日子是怎么过的？让人充满好奇。古人给我们留下了很多与船有关的诗词，我们从中可见一斑。

《秋风辞》

汉武帝

秋风起兮白云飞，
草木黄落兮雁南归。
兰有秀兮菊有芳，
携佳人兮不能忘。
泛楼船兮济汾河，
横中流兮扬素波。
箫鼓鸣兮发棹歌，
欢乐极兮哀情多。
少壮几时兮奈老何！

流传下来的有关舟船的早期诗词中，作者职位最高的当推汉武帝。《文选》卷四五收录了署名“汉武帝”的《秋风辞》。“上行幸河东，祠后土。顾视帝京，忻然中流，与群臣饮燕。上欢甚，乃自作《秋风辞》。”“欢乐极兮哀情多”，“少壮几时兮奈老何”等句，都是富有深意的名句。《秋风辞》字句之中楚风饱满，因此有人说“汉武帝《秋风辞》足迹骚人”，其艺术感染力之强是明显的。《秋风辞》里提到的楼船，船舶甲板之上具有多层船室，豪华气派，与汉武帝帝王身份极为合配；从该诗中也可发现，当时的汉武帝经常与群臣乘坐楼船泛游汾河。

历史上的隋炀帝对船情有独钟，他巡游江都的龙舟船队前后达数万艘，浩浩荡荡，历史上对此事发表议论的诗词很多：

《汴河直进船》

李敬方

汴水通淮利最多，生人为害亦相和。
东南四十三州地，取尽脂膏是此河。

《隋宫》

李商隐

乘兴南游不戒严，九重谁省谏书函？
春风举国裁宫锦，半作障泥半作帆。

对运河的开发，隋炀帝做出了不可磨灭的贡献；但他急功近利，超越了人民的承受能力，又破坏了人民的乐业安居，人们对他的怨恨远远多过赞扬。难得有一首客观评价隋炀帝与运河的古诗：

《汴河怀古》①

皮日休

尽道隋亡为此河，至今千里赖通波。
若无水殿龙舟事，共禹论功不较多。

此诗既指出其不计人民生死之过，又肯定了他开发运河的功绩可与大禹相媲美。实为罪在一时，功及后世。

待舟船发展到唐宋，早已不再是帝王将相独享的交通工具了，它已广泛应用于人们的日常生活。人们搭载木帆船，去经商、去宴饮、去郊游、去捕渔……

①商韬、商慧锦选注：《唐诗实用分类图典》，上海：上海远东出版社2000年第1版，第279页。

《予求守江阴未得酬昌叔忆阴见及之作》

王安石

黄田港北水如天，万里风樯看贾船。
海外珠犀常入市，人间鱼蟹不论钱。
高亭笑语如昨日，末路尘沙非少年。
强乞一官终未得，只君同病肯相怜。

这是南宋政治家王安石当年巡视江阴黄田港时所作。“万里风樯看贾船，海外珠犀常入市”，足见当时江阴内、外水上贸易之繁盛。江阴地处江尾海头，境内35公里长江深水岸线被专家称为黄金水道的黄金地段。盛唐起，江阴就是对外贸易的重要港埠。南宋绍兴年间，江阴港设立“市舶司”，是当时我国沿海设置市舶司的广州、杭州、上海等11个口岸之一。

《夔州歌十绝句》（之一）

杜甫

蜀麻吴盐自古通，万斛之舟行若风。

长年三老长歌里，白昼摊钱高浪中。

蜀地的苎麻和吴地的盐自古以来就互相贩运交通，可装载万斛苎麻和盐的大船在江中行走如风。船上生活怎么打发？伴着老艄公长歌号子声和浪涛声的是商人们吆喝赌博的喧嚷声。

《堤上行三首》（之一）

刘禹锡

酒旗相望大堤头，堤下连樯堤上楼。

日暮行人争渡急，桨声幽轧满中流。

这是刘禹锡作于夔州刺史任上的一首诗。只见夔州大堤上到处飘扬着酒旗，堤下密排的桅杆连接着堤上的酒楼。天将暮，行人急着争渡回家，渡船幽轧的桨声遍满大江中流——一幅繁忙的江堤图。

《宴词》

王之涣

长堤春水绿悠悠，畎入漳河一道流。

莫听声声催去棹，桃溪浅处不胜舟。

王之涣到友人家里赴宴，欢娱之后，该离开了，也许是太依依不舍，让载着他回家的船翁等得心急，摇动着船棹，一遍遍地催他快走。

唱罢送别歌，解缆放行舟，是舟船出现在诗词里最常见的场景。离别之后便是伤感，感伤漂泊。中国古典诗歌中用以表现“漂泊”之感的意象很多，如浮萍、飞篷、孤雁等，“船”则是表现这种情感的最为常见的意象之一。一叶扁舟，天水茫茫，越发比照出人的渺小。人在旅途，所见多异乡风物，更易触发无限的思绪，古人的船上生活多是寂寞忧伤的。

《凌朝浮江旅思》

韦承庆

天晴上初日，春水送孤舟。
山远疑无树，潮平似不流。
岸花开且落，江鸟没还浮。
羁望伤千里，长歌遣客愁。

《谢亭送别》

许浑

劳歌一曲解行舟，红叶青山水急流。
日暮酒醒人已远，满天风雨下西楼。

《次北固山下》

王湾

客路青山外，行舟绿水前。
潮平两岸阔，风正一帆悬。
海日生残夜，江春入旧年。
乡书何处达，归雁洛阳边。

“诗圣”杜甫诗中“船”的意象出现得极为频繁，表现漂泊之感也非常强烈。杜甫经历了唐朝由盛而衰的巨大转变，晚年在四川、湖南一带漂泊达11年之久，最后病死于自潭州赴岳州的一条小船上。船是他晚年最常用的交通工具，也成为他最终的归宿。他在诗中反复写到“船”意象，船是诗人漂泊身世的象征和写照。

《旅夜书怀》

杜甫

细草微风岸，危樯独夜舟。
星垂平野阔，月涌大江流。
名岂文章著，官应老病休。
漂漂何所似，天地一沙鸥。

《登岳阳楼》

杜甫

昔闻洞庭水，今上岳阳楼。
吴楚东南坼，乾坤日夜浮。
亲朋无一字，老病有孤舟。
戎马关山北，凭轩涕泗流。

杜甫的一生也曾有过“放荡齐赵间，裘马颇清狂”的时段，这一段闲散随意的游历时间长达15年之久。他出生于官宦之家，原籍湖北襄阳，远祖为晋代功名显赫的杜预，先祖为初唐著名的诗人杜审言，其父杜闲。杜甫20岁开始漫游吴越，5年之后归洛阳参加科举考试，不第，便再次漫游齐赵。在洛阳巧遇同在此处漫游的李白，二人结下深厚友谊，继而又遇高适，三人同游梁、宋（今开封、商丘）。这15年中杜甫生活无忧，心中充满建功立业的理想，他的心情是愉悦的，他诗歌里展现的“船”的意象也是欢快明亮的。

《春夜喜雨》

杜甫

好雨知时节，当春乃发生。
随风潜入夜，润物细无声。
野径云俱黑，江船火独明。
晓看红湿处，花重锦官城。

《绝句》

杜甫

两个黄鹂鸣翠柳，一行白鹭上青天。
窗含西岭千秋雪，门泊东吴万里船。

《舟前小鹅儿》

杜甫

鹅儿黄似酒，对酒爱新鹅。
引颈嗔船逼，无行乱眼多。
翅开遭宿雨，力小困沧波。

客散层城暮，狐狸奈若何？

另一有名的诗词大家苏轼，他因“乌台诗案”贬官黄州时写下了：

《临江仙》

苏轼

夜饮东坡醒复醉，归来仿佛三更。家童鼻息已雷鸣。敲门都不应，倚杖听江声。

长恨此身非我有，何时忘却营营？夜阑风静縠纹平。小舟从此逝，江海寄余生。

与“漂泊”之感相对，中国古典诗歌中“船”意象的另一种典型内涵是“自在”。这种思想的渊源可以追溯到庄子，他说：“巧者劳而知者忧，无能者无所求。饱食而遨游，泛若不系之舟。”他的思想虽然消极，但对中国文人来说，“泛若不系之舟”颇具吸引力。唐代“诗仙”李白有一首诗《宣州谢眺饯别校书叔云》，全诗感情沉郁、奔放，几乎句句都是精华，是李白诗的代表作之一。

《宣州谢眺饯别校书叔云》

李白

弃我去者，昨日之日不可留；
乱我心者，今日之日多烦忧。
长风万里送秋雁，对此可以酣高楼。
蓬莱文章建安骨，中间小谢又清发。
俱怀逸兴壮思飞，欲上青天览明月。
抽刀断水水更流，举杯消愁愁更愁。
人生在世不称意，明朝散发弄扁舟。

李白平生畅游祖国大好河山，船是他最重要的交通工具，他生性豪放，与船有关的诗歌多透露出欢快的自由。

《渡荆门送别》

李白

渡远荆门外，来从楚国游。
山随平野尽，江入大荒流。
月下飞天镜，云生结海楼。

仍怜故乡水，万里送行舟。

《夜下征虏亭》

李白

船下广陵去，月明征虏亭。

山花如绣颊，江火似流萤。

《丁都护歌》

李白

云阳上征去，两岸饶商贾。

吴牛喘月时，拖船一何苦！

水浊不可饮，壶浆半成土。

一唱《都护歌》，心摧泪如雨。

万人凿盘石，无由达江浒。

君看石芒砀，掩泪悲千古。

《早发白帝城》

李白

朝辞白帝彩云间，千里江陵一日还。

两岸猿声啼不住，轻舟已过万重山。

《黄鹤楼送孟浩然之广陵》

李白

故人西辞黄鹤楼，烟花三月下扬州。

孤帆远影碧空尽，惟见长江天际流。

诗词里的船还是采莲姑娘嬉戏和谈情说爱的好场所。下面的两首诗，前一首说的是十顷大的池塘里荷花飘香，采莲姑娘贪玩回家已晚，天色将暮，她还在戏水，把船头都打湿了，又将红裙脱下，裹起水里的小鸭儿。后一首写的是采莲船在湖中划行，阳光下湖面波光粼粼，采莲姑娘贪看心爱的小伙，任船儿随意漂流。她在后悔为何没来由的隔水把莲子抛向意中人，偏偏被别人看见，惹得自己羞怯半天。

《采莲子二首》

皇甫松

（一）

菡萏香连十顷陂，小姑贪戏采莲迟。
晚来弄水船头湿，更脱红裙裹鸭儿。

（二）

船动湖光滟滟秋，贪看年少信船流。
无端隔水抛莲子，遥被人知半日羞。

二、文献里的船

根据甲骨文中多次出现舟字以及与舟有关的字推断，早在距今3000至3500年以前的殷商时代就已出现了木板船。这一论断也有若干古文献对夏、商、周这上古三代的舟船及其活动的记述作为佐证。

1. “东狩于海，获大鱼”

夏代是中国历史上的第一个世袭王朝。夏的统治中心虽在平原地区，但从一些传说和记载来看，夏后氏同水运、航海也有密切关系。例如夏朝的始祖大禹即以善于治理洪水而著称于世。相传他“陆行载车，水行载舟”。后来传说少康的儿子抒曾“征于东海”，则表明夏王朝军事政治势力由中原地区扩张到沿海一带[①]。中国古史《竹书纪年》说到夏代第九代帝王帝芒曾“东狩于海，获大鱼”[②]。既是“东狩于海”想必会有大批随从跟着，并组成具有一定规模的船队。《史记·夏本纪》中说：“其包橘、柚锡贡，均江海，通淮、泗”[③]。这里的“均”字古代读为“沿”，有顺水航行之意。从扬州的贡物沿江入海，沿海北上，再溯淮水入泗水，达到中原地区，可见夏代航海运输已有相当的规模。稍后，在中国古代史上以善于航海的百越人，据传也是夏禹的子孙。“越王勾践，其先，禹之苗裔”[④]。

2. “相土烈烈，海外有截”

商朝继夏朝而兴起。商灭夏以前，已是中国东部一个兴旺的部落。商有始祖契，曾佐禹治水，从契到相土，只有三代，活动中心就迁徙了5次。相土以后，自昌若到汤，共10代，又迁徙了3次。大致都在今山东省、河南省境内的黄河两岸。“相土的时候，商已经强盛。它的势力向东伸张到泰山附近地区，以至渤海沿岸”[⑤]。

《诗经·商颂》在追颂商汤的祖先相土时，有“相土烈烈，海外有截”的赞颂[⑥]。今人对“海外有截”的解释尚有不同。有的认为当时商部落已有海外的领地；有的则解释为“四海诸侯截然归服”[⑦]。不过，郭沫若则提出：“可能相土的活动已经到达渤海，并同‘海外’发生了联系”[⑧]。商朝的武丁时期曾不断对外用兵，在排除西北方面的侵扰之后，商王武丁曾“南击荆蛮”。《诗经·商颂》还有：“挞彼殷武，奋伐荆楚，深入其阻，裒荆之旅”[⑨]。这是武丁时期商人在江、汉流域打了大胜仗的记述。说的是武王讨伐叛逆荆楚，深入其险要之地，俘虏了众多的叛逆。这说明商朝的势力拓展到了长江流域。随着商人对外战争的不断胜利，商的疆域也日益扩大起来[⑩]。章巽以商末周初时有商的王族箕子出走朝鲜之事认为：“看来商朝一代已超出近海，而在渤海以东发展了海上交通”[⑪]。

3. 武王伐殷与强渡孟津

在商朝的500余年期间，很少见到有关于使用舟船的记述，木板船究竟发展到何种规模，也缺乏确切的记载。不过，在商朝最后一个帝王商纣王被周武王攻灭的决定性战役中，当时的大型船舶却是发挥了重要作用。在这次战役中，周军在孟津(今洛阳市北)渡黄河时，用船舶作了敌前抢渡。《艺文类聚》引《太公六韬》：“武王伐殷，先出于河，吕尚为后将，以四十七艘船济于河”⑫。

在武王伐殷强渡孟津的战役中，调集起来的船舶只不过47艘，堪称其少。然而这47艘船却在敌前抢渡了45 000大军。史载，武王“率戎车三百乘，虎贲三千人，甲士四万五千人以东伐纣，十一年十二月戊午师毕渡盟(孟)津”⑬。

指挥敌前抢渡的吕尚，即姜太公，他用船队来执行军事运输任务，表明水上运输之发达。他调用的这47艘船，既非沉重的独木舟，更非一叶扁舟。这说明在商朝末年已经有供许多名桨手撑驾的较大型的船舶了。

4. “造舟为梁”和“于越献舟”

商朝被攻灭以后兴起的周朝，是中国早期的一个重要王朝。周原为居住在今陕西渭水中游以北的一个部落，在时间上大约与夏、商同时。

西周时期与船舶有关的记述，值得注意的有周文王用舟船搭成浮桥迎娶新娘的故事。《诗经》上记载：“迎亲于渭，造舟为梁，丕显其光”⑭。“丕显其光”，说这是一桩煊赫、显耀的盛事，显示了新娘——大姒的光辉。用船搭成浮桥，很难说是周文王的发明，但经他在结婚时用过一次，便写下了中国以舟船搭浮桥的最早记录，已经是距今3100年前的事了。不过自此以后却有了按官阶和身份等级乘船制度的记载。《尔雅》中记：“天子造舟(四舟以上并联)，诸侯维舟(四舟并联)，大夫方舟(二舟并联)，士特舟(单舟)，庶人乘桴(筏)”⑮。

《尔雅》的记述说明，即使处于西周的统治中心，舟船也并不发达。不过中国国土辽阔，当时东部沿海一带，分布着相当强大的各族夷人。其中较重要的有，山东半岛东部的莱夷，淮水下游一带的徐夷和淮夷，还有领地相当于今江苏南部太湖以东一带的吴人，以及浙江沿海一带的百越人。夷人、吴人和百越人，濒海而居，素有鱼盐之利。尤其以百越人善于造船而著称。《艺文类聚》引《周书》有“周成王时，于越献舟⑯”的记载。周成王为周武王之子，时为公元前11世纪。于越在今江浙一带，献舟必经海上航行，绕山东半岛，入济水才能到达中原。“越人造船历史悠久，技艺高超，所谓献舟，实际上是献了宝贵的造船技术和航海知识。这对周人的造船与航海技术当有重大推动”[17]。

5. 舟牧覆舟——舟牧是中国最早的验船师

西周时期曾专设主管舟船的官员，叫做舟牧。舟牧大约要执行类似如今日的船舶检验机构和验船师的职责。《礼记》记有：“季春之月……命舟牧覆舟，五覆五反，乃告舟备具于天子焉。天子始乘舟”[18]。从这段记述看，舟牧主要是为了保证天子乘船的安全，要翻来覆去检验五遍，然后报告是否合于天子乘坐的安全条件。当时的庶民只能乘筏子，当然也无须舟牧来检验。至于诸侯、大夫等人所乘的舟船，是否归舟牧检验，尚不得其详。尽管如此，舟牧毕竟是作为舟船安全的检验官员而出现在公元前10到公元前11世纪的中国。

谈及舟牧这一官职的设置，就要联系到周代的第四个帝王周昭王的死。按《通俗文》的记述，当周昭王攻楚时，有人向楚王献策，令船匠大造王舟，用胶粘合船板，泊在汉水渡口，待周昭王到达汉水，由楚君假意相迎，请周王登胶合舟使其与舟共溺中流。《史记》则记有：“昭王之时，王道微缺。昭王南巡狩不返，卒于江上，其卒不赴告，讳之也”[19]。在注解中还引《帝王世纪》：“昭王德衰，南征，济于汉。船人恶之，以胶船进王。王御船至中流，胶液船解，王及祭公俱没于水中而崩”。这段关于昭王的记述，从侧面反映出地处江汉平原的楚国也具有高超的造船技艺。

春秋时代（公元前770～前476年），是奴隶制经济行将结束并向封建地主制经济过渡的时期。春秋时的冶铁技术已有所发展，铁制工具的出现则进一步推动了生产，手工业的分工更加细密，铁制的斧、凿、锯等木工工具的出现和使用，为传统造船技术的发展奠定了技术基础。

春秋时代船舶的遗迹迄今尚未发现。今天，我们还只能通过一些古文献的记述去了解宏观的概况。

6. 秦国赈济晋国粮食的“泛舟之役”

春秋时水上运输的实践使人们认识到，船舶在运输中有承载量大，且不费牛马之力的优点。特别在运输粮谷时，船的效能是车辆所无法比拟的。

春秋时代有秦国赈济晋国粮食的“泛舟之役”。

《左传纪事本末》记有：“（僖公）十三年（公元前647年）冬，晋荐饥，使乞籴于秦”。秦伯（秦穆公）乃向左右征询意见。有的同意说：“救灾恤邻，道也，行道有福”。也有人持反对意见，“请伐晋”。秦伯则说：“其君是恶，其民何罪？”“秦于是乎输粟于晋，自雍及绛，相继，命之曰“泛舟之役”[20]。

雍是秦国都城，在今陕西省凤翔

县，临渭水。绛是晋国都城，在今山西省绛县，傍汾水。自雍到绛的水道，先是沿渭水东下，入黄河则逆流北上，再东折入汾水，航程六七百里。船舶能首尾相继，那真是相当宠大的船队。运粮的船称作漕船，“漕”字原来就是水运的意思，后来演变成水运粮食的专用词了。因此，历史上把泛舟之役看做是漕运之始。

春秋时，即使是中原地区，比起西周时，船舶也有了很大发展。沿黄河和汾水逆流而上的航程是很艰难的，划桨和拉纤当是并用的，当时是否有橹还不得而知。

①姚南、陈佳荣.丘进.七海扬帆：香港：中华书局有限公司，1990年.第10页.
②梁·沈约附注.竹书纪年：卷上.
③汉·司马迁.史记·夏本纪.
④汉·司马迁.史记·越王勾践世家.
⑤白寿彝主编.《中国近史纲要：上海人民出版社，1980年第1版.第61页.
⑥诗经·商颂·般武.
⑦王宁主编.评析本白话十三经：北京广播学院出版社，1992年.第184页.
⑧郭沫若.中国史稿第一册：人民出版社，1976年.第157页.
⑨郭沫若.中国史稿第一册：人民出版社，1976年.第157页.
⑩翦伯赞.中国史纲要（上册）：人民出版社，1983年.第20页.
⑪章巽.我国古代的海上交通：商务印书馆，1986年.第3页.
⑫唐·欧阳询等.艺文类聚：卷71.
⑬汉·司马迁.史记史周本纪.
⑭诗经·大雅·大明.
⑮尔雅·释水.
⑯唐·欧阳询等.艺文类聚：卷71.
⑰姚楠、陈佳荣、丘进.七海扬帆：香港：中华书局有限公司，1990年.第12页.
⑱礼记·月令第六.
⑲汉·司马迁.史记·周本纪.
⑳清·高士奇：左传纪事本末：卷52.北京：中华书局，1979年第1版.第811页.

7. “齐景公游于海上而乐之，六月不归”

春秋时期，由于列国争霸的需要，也促进了航海事业和海船的发展。姜尚，西周初年官太师，也称师尚父。辅佐周武王灭商有功，被封于齐，为周代齐国始祖，有齐太公之称。《史记·齐太公世家》记有：“武王已平商而王天下，封尚父于齐营邱（在今山东省青州市临淄北）……太公至（齐）国，修政，因其俗，简其礼，通工商之业，便渔盐之利，而人民多归齐”[①]。当时占据山东半岛的莱夷（今莱州市一带）“与太公争国”，时而对齐进行攻伐。齐灵公十五年（公元前567年），齐国终于灭了莱夷，齐国领域扩大到整个山东半岛。渤海海面以及环绕山东半岛的航行，也就归齐人所掌握。

汉代著作《说苑》载：“齐景公（公元前547～前490年）游于海上而乐之，六月不归。令左右曰：敢有先言归者致死不赦”[②]。由之可见当时航海规模之大，即使是在近海，六个月的航程也是相当可观的，不仅足以绕山东半岛过渤海湾，而且可能抵达朝鲜半岛。

国君远征，必定有大批随行人员和护卫的将士，可以认为，齐景公统帅的必是规模相当大的船队。

春秋时不仅国君出海远征，民间的海上活动也见诸于文献。《艺文类聚》引《邓析书》曰："同舟涉海，中流遇风，救患若一，所忧同也"③。邓析是春秋时人。此处所说的显然指海船上的乘客和船员遇到了风浪，他们同舟共济，形同一人。文献中所述涉海的舟船究竟是客舟还是从事海上运输的货船尚不得而知，但民间的海上交通及其艰难险阻却已录于文献。

8. 越国大夫范蠡浮海去齐国经商致富

都城位于会稽（今浙江绍兴）的越国，主要辖地是今浙江省境一带。但百越民族分布范围很广，南到今福建、广东、广西以至越南北部，包括广大的沿海地区及附近的岛屿。现在舟山群岛的定海，当时称甬勾东，就是越国的领土。百越人各族间的联系，多依靠海上交通。正如越王勾践（公元前？～公元前465年）所说，其人"水行而山处，以船为车，以楫为马，往若飘风，去则难从"④。前已述及，早在西周时就有"于越献舟"之举，实则是由越人向中原地区交流舟船文化。到了春秋时代，沿海和中原的造船技术又有了进一步发展。孔子在《论语•公冶长第五》中说道："道不行，乘桴浮于海"。这是孔子在他的学说得不到重视时发出的牢骚，因为乘桴的是庶人，是老百姓。孔子之想乘桴浮于海，当然不是谋渔盐之利，而是要从海道去其他国家传授他的学说。"即欲乘其桴筏，浮渡于海，易居九夷"。孔子是否确实浮海而易居它处，当不能证实。但当时沿海交通之便利已溢于言表。孔子卒于公元前479年，其后6年，越灭吴。越国大夫范蠡以为越王可共患难，不可共安乐。为避祸，乃经海路赴齐国的定陶经商而致富。《史记·越王勾践世家》记有："范蠡以为大名之下，难以久居"，"乃装其轻宝珠玉，自与其私徒属，乘舟浮海以行，终不反"。"范蠡浮海去齐，变姓名自谓鸱夷子皮。"

公元前474年，越由会稽迁都琅琊（今山东诸城东南），随行者有"死士八千人，戈船三百艘"。这俨然是一支浩浩荡荡的庞大船队，也是当时海上交通事业发达的有力证明。

战国时代（公元前475～前221年）的铁兵器有甲、杖、剑、锥、戟、刀、匕首等。常用的铁制手工具有斧、削、锯、锥、凿、锤等。由于铁制工具的进步和发展，加上各国之间的争霸和战争，推动了造船技术的进步与水上运输的发展。

战国时，关于长江水运的规模和水运优越性的文献，是以秦惠王的使臣张仪（？～公元前310年）到楚国游说时，向楚怀王介绍秦国的情势时有记载。文曰："秦西有巴蜀，大船积粟，起于汶（青岷，与岷通）山，游江已下，至楚三千余里。舫船载率，一舫载五十人与三月这食，下水而浮，一日行三百余里，里数虽多，然而不费牛劳之力，不至十日而距扞关（楚之西界，今湖北长阳）"[⑤]。在张仪的游说中对秦国难免存在吹嘘和夸张之辞，但对航道和舫船载率的表述，当在情理之中。在西周时期只有大夫这一等级的官员才能乘坐的舫船，到了战国时期则变成了实用的货运工具，可见造船业发展的迅速。

9. 鄂君启金节是水路免税通行证

战国时期楚怀王赏赐给鄂地封君启的金节，1957年于安徽寿县城东丘家花园出土[⑥]。此种青铜器分两种：一为车节；二为舟节。舟节是一个特准的水路运输免税通行凭证。舟节上铸有错金铭文："大司马昭阳败晋师于襄陵之岁"。查《史记》卷40载有：楚怀王"六年（公元前323年），楚使柱国昭阳将兵而攻魏，破之于襄陵，得八邑"[⑦]。由此可以得知，是这位名安叫启的鄂地封君在楚怀王六年随军战晋有功，因而获得楚怀王的恩赏。金节铭文中的"败晋"，与《史记》中的"攻魏"并不相悖。因为在公元前377前，韩、赵、魏"灭晋侯，而本分其地"[⑧]。

鄂君启金节所铸铭文，规定舟船的数目：以3艘船为一批，每年以50批即150艘为限。还具地划定了航线：自武昌出发经长江中游、汉水、湘、资、沅、澧和赣江，可走遍楚国各地。铭文有："见其金节则毋政，毋舍桴饮，不见其金节则政"。郭沫若本释为："见其金节则不征税收，并要加以优待，不要给予不好的食物。没有通行证的，那就要征税，当然更不会受优待了"[⑨]。

从鄂君启金节这一文物，人们可以了解到战国时期的楚国得水独厚，舶船及水运业空前的活跃。

10. 宋代的车轮舟在抗金水战中发挥了重要作用

自从5世纪初王镇恶在晋军中应用车轮舟以来，在5世纪末有南朝齐祖冲之，在6世纪中叶有南朝梁徐世谱相继开发和实际应用车轮船。到8世纪时唐曹王李皋建造并率领了一支车船队。《旧唐书·李皋传》载：李皋"常运心巧思为战舰，挟二轮蹈之，翔风鼓浪，疾若帆席，所造省而久固"。

"到宋朝，我国古代车船进入了大发展时代。宋朝水军备有桨轮战舰的最早记录是1130年。其时宋室南渡，江淮之间成为南北对峙的主战场，江防的重要性上升到首要地位"[⑩]。宋朝将车船列入水军的编制并有相当的规模，这得益于当时的都料匠(即木匠、船匠)高宣。宋代的文献记有："偶得一随军人，原是都水监白波辇运司黄河扫岸水手都料高宣者，献车船样，……打造八车船样一只，数日并工而成。令人夫踏车于江流上下，往来极为快利。船两边有护车板，不见其车，但见船行如龙，观者以为神奇，乃渐增广车数，至造二十至二十三车大船，能载战士二三百人”[11]。图15-1为宋时的车战船，采自《李约瑟文集》[12]。凡车数出现单数者，除有成对的舷车轮之外，必有一尾车轮。

图15-1 南宋时高宣等人建造的、有23个踏轮的车船（1130年）长100、宽15～20英尺（原始图，采自《李约瑟文集》）

建炎四年(1130年)二月，钟相、杨么起义叛宋[13]。农民起义军不仅虏获了官军的大型车船，而且还俘获得了随车船作维修工作的都料匠高宣。《杨么事迹考证》记有：“水寨得车船的样及都料手（高宣）后，于是杨么造和州载二十四车大楼船，杨钦造大德山二十四车船……两月之间，水寨大小车楼船十余制样，势益雄壮”[14]。

南宋大诗人陆游在其晚年所著《老学庵笔记》中，对起义军与官军间的战事、车船及其影响等均有精当的描述：“鼎澧群盗如钟相、杨么，战船有车船、有桨船、有海鳅头。军器有拏子、有鱼叉、有木老鸦。拏子、鱼叉以竹竿为柄长二三丈，短兵所不能敌。程昌寓部曲虽蔡州人，亦习用拏子等遂屡捷。木老鸦一名不籍。木取坚重木为之，长才三尺许，锐其两端，战船用之尤为便捷。官军乃要作灰炮，用极脆薄瓦罐，置毒药、石灰、铁蒺藜于其中。临阵以击贼船，灰飞如烟雾，贼兵不能开目。欲效官军为之则贼地无窑户不能造也，遂大败。官军战船亦效贼车船而增大，有长三十六丈广四丈一尺，高七丈二尺五寸，未及用而岳飞以步兵平贼。至（金军）完颜亮入寇，车船犹在颇有功云”[15]。

至于抗金的长江水战，最著名的是虞允文的“采石之战”。宋绍兴三十一年，金正隆六年（1161年）十一月初，40万金兵在海陵王完颜亮亲自统帅下，“驻军江北，遣武平总管阿邻先渡江至南岸，失利上还和州（今安徽和县东），遂进兵扬州。甲午会舟师于瓜洲渡，期以明日渡江”[16]。驻守和州对岸采石（今安徽马鞍山市之南）的“宋军才一万八千”，守军将领王权弃军而去，接防的将领李显忠尚未到任。兵无主帅，军心涣散。到采石搞师的虞允文不避危险，力排众议，挺身而出。虞谓

"坐待显忠则误国事……危及社稷，吾将安避"⑰。虞允文代替主帅，组织宋军抗金，使采石之战告捷。

"采石之战"中，宋军的车船发挥了空前强大的威力。十一月初八，完颜亮指挥几百艘战船强渡长江，为首的70艘战船已逼近南岸，被虞允文指挥的名为"海鳅"的车船所冲撞，犁沉过半。这时恰有溃军来自光州（今河南光山县），虞允文授予旗鼓从山后转出，金兵以为援军到达，遂逃遁，江面留尸凡4000余。第二天对金兵用夹击战术，焚其舟300余，金兵乃退败扬州。虞允文预计金兵将进攻京口（今江苏镇江）继续南犯，遂又率领16 000人援京口。他"命战士踏车船中流上下，三周金山，回转如飞，敌持满以待，相顾骇愕"⑱。不久，金兵内乱，金主完颜亮"为其下所杀"。"采石之战"创下以1.8万人胜40万人的辉煌战例，虞允文和车船都功不可没。

①汉·司马迁.史记·齐太公世家.
②汉·刘向.说苑·正谏篇:[四部备要本].台北:中华书局,1966年第1版.第2页.
③唐·欧阳询等.艺文类聚:上海古籍出版社,1982年第1版.第1230页.
④-⑤引自越绝书:[四部丛刊本]卷八.
⑥殷涤非、罗长铭.寿县出土的"鄂君启金节":[文物参考资料].1958(4).8~11页.
⑦汉·司马迁·史记·楚世家:北京:中华书局,1958年第1版.第1721页.
⑧张传玺:中国通史讲稿.(上):北京大学出版社,1982年.第66页.

⑨郭沫若.关于鄂君启节的研究:[文物参考资料]1958(4).15页.
⑩周世德.车船考述:[文史知识]1988(11).38.
⑪宋·鼎澧逸民撰、朱希祖考证.杨么事迹考证:[史地小丛书].商务印书馆,1935年.第21页.
⑫潘吉星主编.李约瑟文集:辽宁科学技术出版社.1986年.第260页.图6.
⑬宋•李心传.建炎以来系年要录卷31:[丛书集成初编本]上海:商务印书馆,1936.
⑭宋•鼎澧逸民撰、朱希祖考证.杨么事迹考证(卷上):[史地小丛书]商务印书馆.1935年.第5~6页.
⑮宋•陆游撰.李剑雄点校.老学庵笔记卷1.
⑯元•脱脱等.金史•海陵.
⑰元•脱脱等.宋史•虞允文传.
⑱元•脱脱等.宋史•虞允文传.

三、专著里的船

1. 汉代的船文化著作《释名·释船》

东汉年间成书的类似今日辞书的著作《释名》，有专门的一篇对船文化的诸多问题加以解释，这就是《释船》。该书为东汉刘熙撰①。另一说始作于刘珍，完成于熙。全书分8卷27篇，《释船》为其中的第25篇。全书以音同音近的字解释意义，推究事物所以命名的由来。其中虽然难免有穿凿附会之处，但对探求语源的古意，普遍认为很有参考价值。正因为如此，后世学者也颇为重视，并加以注疏、考证、润色与补充。三国时韦曜在囚禁中还曾作"《官职训》及《辩释名》各一卷"②。清乾隆年间毕源有《补遗》及《续释名》各

1卷，清光绪二十二年王先谦有《释名疏证补》[③]。

全书既然类似于辞书，免不了分条记载，漫无层次，像似随其所见信手写成，但仔细排比之后，便可发现关于船文化的内容大概可分为以下五个部分。

第一，总结定义。给船的性质和船的作用定了名，做了诠释。

第二，船舶属具。在这一部分里，除对碇这种系泊工具遗漏之外，对桅、帆、桨、篙、橹，甚至拉船的纤绳等各项属具，从作用、形状、操作部位等都做了解释和说明。对中国发明的舵，就安装位置、作用，也有简要的说明。

第三，船体结构。对汉代船舶的甲板、舱底结构，对上层建筑的庐、飞庐、爵室等均有说明。

第四，船舶分类。对各类船舶分别立名，在兵船中，根据战时的作用分有攻击舰“先登”，装甲舰“蒙冲”，快速战舰“赤马”，多层战舰“槛”（舰）。还以载重量分类，五百斛以上的“斥候”，三百斛的“䑩”和二百斛的“艇”等。

第五，稳定性理论。在书中明确讲到船的主尺度对稳定性的重大影响。“短而广，安不倾危者也。”

《释船》这一篇，虽然还算不得有关造船技术的鸿篇钜制，但是，它能在1800年以前，把中国当时获得的造船成就和达到的技艺水平翔实地记录下来，不仅在中国，即使在全世界范围来说，也是难能而可贵的。外国的一些船史著作，迄今仍在片面的强调：舵，是1242年前后发明和使用的，最有力的证据就是某城的一个带有尾舵图的徽记。然而在中国，不仅有公元前后的船尾舵的文物，而且有《释名》这样的文献，对舵的作用、安装与操作部位均加以明确的解释。这就是说，在公元前后，中国不仅有了舵在使用，而且已经引起文人学士的注意，认为有必要在他的著作中加以概括。

《释名》的作者刘熙（公元25～220年），是汉末的训诂学家，是知天文、晓地理、博学广知的学士，对造船工匠和操舵、驶帆的水手们的技艺，显然是间接了解到的。“短而广，安不倾危者也”，这种在今天看来也是十分正确的科学结论，既不是刘熙的发明，也不是少数船工所能断言的。应该看到这是从航行实践中获得的经验总结。由此可以看出中国船文化历史的悠久。

2. 记述明代船舶的明代专著

与宋元时代相比较，明代有多种有关船舶技术、船厂的著作问世。这些著作，对船舶的形制及其法式，叙述得较为细致、深入，而且多文图并茂。对船舶的生产量以及用料、用工及造价等记述颇为详尽。对船厂的生产管理也有述及。从这些文献可以看出明代的船舶技术较前代又有长足的进步。现简述其要者以考察明代船舶的技术成就。

1）《天工开物》

明代宋应星撰成并刊刻于崇祯丁丑（1637年）的《天工开物》一书，其第九卷舟车记有："凡舟古名百千，今名亦百千。或以形名，如海鳅、江鳊、山梭之类。或以量名（载物之数），或以质名（各色木料），不可殚述。游海浜者得见洋船，居江渭者得见漕舫。若趣居山国之中，老死平原之地所见者一叶扁舟、截流乱筏而已"。

《天工开物》所提出的3种分类方法尚不够全面。按其原则还可以产地分类，以航区分类。《明史•职官志》则有按舟船的用途进行分类的叙述："凡舟车之制：曰黄船，以供御用；曰遮洋船，以转漕于海；曰浅船，以转漕于河；曰马船、曰风快船，以供送官物；曰备倭船、曰战船，以御寇贼"[④]。

《天工开物》第九卷舟车绘有漕舫图（见图15-2）并记有："凡京师为军民集区，万国水运以供储，漕舫所由兴也。元朝混一以燕京为大都，南方运道由苏州刘家港、海门黄连沙开洋，直抵天津，制度用遮洋船。永乐间因之以风涛多险，后改漕运。平江伯陈某始造平底浅船，则今粮舡之制也"。关于桅、锚还记有："凡舟长将十丈者，立桅几两"。"凡铁锚，所以沉水系舟，一粮船计用五六锚，最雄者曰看家锚，重五百斤内外，其余头用二枝，梢用二枝。凡中流遇逆风不可去又不可泊，则下锚沉水底，其系津绕将军柱上，锚爪一遇泥沙扣底抓住，十分危急则下看家锚"。

《天工开物》还绘有六桨课船图（见图15-3）并记有："江汉课舡，身甚狭小而长，上列十余仓，每仓容止一人卧息，首尾共桨六把，小桅篷一座。风涛之中，恃有多桨挟持。不遇逆风一昼夜顺水行四百余里，逆水亦行百余里。国朝盐课，淮扬数颇多，故设此运银，名曰课舡。行人欲速者亦买之。其舡南自赣、西自荆襄，达于瓜（洲）、仪（真）而止"。文中的"课"指捐税。

图15-2 《天工开物》所绘漕舫图

不仅在《天工开物》的第九卷讲述到锚的应用，在第十卷锤煅和在第八卷

图15-3《天工开物》所绘六桨课船图

冶铸中还讲述到四爪铁锚的煅造工艺和锚爪的焊接工艺。由此可见，在明代制造和应用四爪铁锚的技术已十分成熟。

《天工开物》第十卷绘有锤锚图（见图15-4）并记有：“凡舟行遇风难泊，则全身系命于锚，战舡海舡有重千钧者。锤法先成四爪，以次逐节接身。其三百斤以内者，用径尺阔砧安顿炉旁，当其两端皆红，掀去炉炭，铁包木棍夹持上砧。若千斤内外者，则架木棚，多人立其上共持铁链，两接锚身。其末皆带巨铁圈链套，提起、捩转，咸力锤合。……盖炉锤之中此物其最巨者”。

在锤煅焊接铁件时，通常还要加以焊剂。在“冶铸”一卷中记有：“凡焊铁之法，西洋诸国别有奇药（焊剂），中华小焊用白铜末，大焊则竭力挥锤而强合之，历岁之久终不可坚。故大炮西番有煅成者，中国则惟事冶铸也”。

“凡铁性逐节粘合，涂上黄泥于接口之上，入火挥槌，泥滓成枵而去，取其神气为媒合，胶结之后非灼红斧斩永不可断也”。

图15-4 《天工开物》所绘“锤锚图”

在煅接锚时，《天工开物》又强调焊，剂不用黄泥而是用“陈久壁土”，这可能是长期实践的经验之谈。文曰：“合药不用黄泥，先取陈久壁土筛细，一人频撒接口之中，浑合方无微罅”。

南宋周密所撰《癸辛杂识》就说到锚，且锚有四爪，但把锚字写作“猫”。后世清代的官府海运档案汇编《江苏海运全案》上也说：“大樯之前有舟牙焉，所以起猫也”。如此说来，“猫”倒是本字。这或许是最初把这种

4个爪的泊船工具类比作猫，当猫被普遍使用之后，才既保持其原音又根据材质是金属的特点，才创造出一个“锚”字。撰于清康熙五十五年（1716年）的《康熙字典》收有“锚”字，其解释为“船上铁猫曰锚”。由之可见“猫”字的应用已为时不短并相当广泛。见图15-5为明代四爪锚。

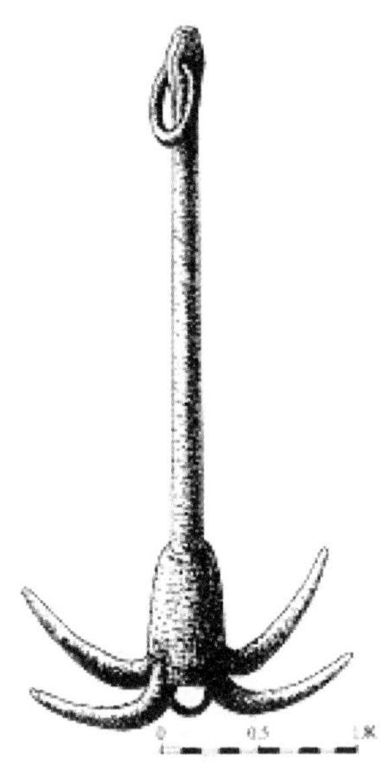

图15-5 藏于广州市博物馆的是明代四爪锚

“四爪锚是中国独创的系泊工具。四爪锚必有两爪同时抓泥，这是它的优点，因而被外国船舶所引用。这种锚，日本叫做‘唐人锚’。流传到西方时，这个被称作‘猫’的船舶属具连同它的名称，也传到西方。例如在英文中，吊锚杆叫作‘cat-davit’，起锚滑车叫作‘cat-block’，‘cat’就是猫，也是锚。德文‘katzenker’是猫锚，即四爪锚。俄文‘koulka’既是猫，也是四爪锚。西方也猫、锚通用，透露着中国四爪锚向外传播的信息。

《天工开物》在“杂舟”一节中的尚有三吴浪船、东浙西安船、广东黑楼船及盐船、黄河秦船等。此不赘叙。

①唐·魏征.隋书·经籍志：北京：中华书局，1973年第1版.第937页.
②晋·陈寿.三国志·吴书·韦曜传：上海古籍出版社、上海书店1986年版[二十五史]第1243页.
③清·王先谦撰集.释名疏证补：上海古籍出版社，1984年第1版.
④清·张廷玉等，《明史·职官志一》。

2）《南船记》

《南船记》，明代沈撰，成书于嘉靖二十年（1541年）。沈撰曾任南京工部营缮清吏司主事，主持龙江船厂多年。他以实际经历和诸多数例撰成此书，共四卷。第一卷篇幅最大，历数龙江船厂所承造的20余类船舶的图式、构造名称及尺寸；第二卷为各卫、所应备船舶数量；第三卷记述都水司、提举司的组成及人员；第四卷记述各型船舶的用料、用工和船价。关于战船和哨船，沈撰在书中写道：“盖战船者，斗舰之遗；哨船者，游艇之变也”。书中所记四百料战座船，按明代工部尺相当于0.311米计算，此战船长为27米，宽为5.29米。两桅，主桅挂帅旗，尾设望亭，这是水军指挥官的座船。沈撰认为，这种船装饰得威武显赫，以其“大而雄坚”的体态，以求达到“鼓扶摇之势，有不战而先夺人之心”的效果。另一尺度基本一致而形制相仿的四百料巡座船，作者颇有严苛的批评：巡逻之政不可不讲，然巡船“皆以我之无形致彼之有形也。轻挠健棹，云掩星驰，犹惧为其所觉察，而何有座船之壮观反示之有形也哉!总戎（主将、指挥员）以身殉国而欲与士卒分劳而设也，果欲分任其劳，又不必座船之暇逸也”。作者认为，战巡本应合并，平时用巡，有警便战。以此看来，巡座船属于那种空摆排场、装腔作势而并无实效的花架子船。

《南船记》卷一所载第一种船即预备大黄船，这是供皇帝出巡时专用的座船。古代黄色是皇室独用的颜色，以显示皇权的尊贵。它常年停泊在通州备用。虽多年未必动用一次，但也必须轮番修造，以备不时之需。这就是在黄船前加“预备”二字的原因。“预备者，备巡幸也。”《龙江船厂志》上说它是“国朝御用之船，以石黄涂其外，梢上有亭如殿，故名水殿”，也称“水殿黄船”。大概因为这是为皇帝准备的座船，沈便有意避而不谈了。这种水殿船，虽然没有史籍上所记载皇家龙舟那样豪华，但也是一艘劳民伤财的庞然废物。

3）《龙江船厂志》[①]

明代李昭祥撰，成书于明嘉靖年间，共八卷。明代于南京三汊河设龙江船厂，李昭祥为该厂后期主事人，李以其亲身经历写成此书。书中附有该厂全貌布置图（见图15-6）。

《龙江船厂志》卷二为舟楫志，记载明代船舶类型及其结构和造船所需物料、人工计算规定。卷四为建置志，记述龙江船厂规模。卷八为文献志，记述自刳木为舟以来历代船舶沿革。其他各卷，分别记述船厂组织、管理制度等。

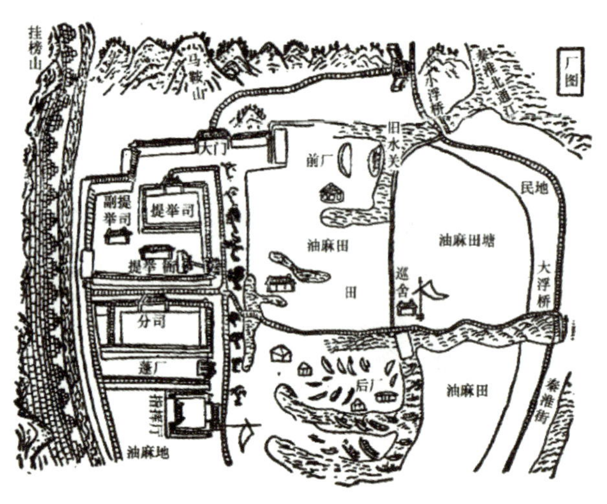

图15-6 明代龙江船厂图

纲目相属，先后有序，系统地记述了我国船舶发展概况和古代船厂的管理规程。

《龙江船厂志》所记内容难免与其它文献有所交叉或重复，如《南船记》中的预备大黄船，在此书中也称“水殿黄船”。《明史•职官志》中有马船、风快船，以供送官物。《大明会典》中有马快船条，说原是“以备水军进征之用”。“既建都北京，遂专以运送郊庙香帛，上供物品，军需器仗及听候差遣，但属南京兵部掌握，轮流差拨”。此书也记载了马快船改为皇家专用供船的事。据所运物品的种类来看，马快船又像是《南船记》中所记的大小两种黄船。

4）《漕船志》

明代席书编撰，后经朱家相增修。席、朱二人多年从事漕运，并先后主持清江船厂（在今江苏淮阴市）。以其亲身经历撰写关于漕船和船厂的专著。书中记述了明代清江船厂与卫河船厂（在今山东临清市）这两个专造漕船工厂（后二厂合并为一）的历史沿革与生产情况。书中对历代漕运管理亦有记述。

由于海漕多险，工部尚书宋礼于永乐九年（1411年）有开会通河开辟运河漕运之举。《明史•河渠志》记有：“陈瑄之督运也，于湖广、江西造平底浅船三千艘”[②]。（永乐十三年（1415年），平江伯陈瑄凿清江浦河道工成，自此漕运畅通，《河渠志》又有“增置浅船三千艘”[③]的记载。这样，在短短的4年之内，总计造6000艘。后来分段划区，指定各航运区段保持额定船数和逐年的更新数字。《明史•食货志》记有：“初，船用楠杉，下者乃用松。三年小修，六年中修，十年更造”。由此可知每年更造的新船为总船数的1/10。这些都显示了明代水运管理和造船制度的严整。席书所撰《漕船志》录有各航运区段拥存船舶数，略如表15-1。

由表15-1可见，各区段漕船总数为11 839艘。这与《明史•食货志》所记“运船之数，永乐至景泰，大小无定，为数至多。天顺以后，定船万一千七百七十[④]”之数，只相差69艘。这说明《漕船志》所记漕船数，与《明史》所记基本相符。

表15-1中江南四司的年更新船数共为496艘。由于各所在地有造船能力，可以就地建造，由政府按定额拨款。因此就勿需清江船厂负担。南京卫、江北三司和遮洋总5处的年更新船数共为686艘，须由清江船厂与卫河船厂负责建造与补充。《漕船志》上记有：“每年清江、卫河各厂改建粮船约有七百余艘。”《大明会典》记述了明朝廷的实际指令：“今例，清江提举司，每年建造六百八十只。”然而实际上，自弘治三年（1490年）到嘉靖二十三

明代各区段拥有漕船统计表（据《漕船志》）　　表15-1

序号	存泊区段	艘 数	年更新数	附　注
1	南京卫	2130	213	此表部分为海漕船，江南四司所在地都有造船能力，按每年更新1/10计算，每年四司就地建造共496艘。政府按额拨款
2	江北直录	2542	254	
3	中都留守司	887	88	
4	山东都司	776	77	
5	遮洋总	548	54	
6	浙江都司	2046	（205）	
7	江西都司	899	（90）	
8	湖广都司	759	（76）	
9	江南直录	1252	（125）	
合计		11 839	686	此更新数应由清江船厂完成

年（1544年），前后55年之内，清江（及卫河）船厂只有4年完成了700艘之数，其它年份均在五六百艘上下，700艘是清江船厂最高的生产数。

5）《筹海图编》

原题“明少保新安胡宗宪辑，曾孙庠生胡维极重校”。据研究认为实出自胡之幕僚郑若曾（开阳）之手。然其体裁多由邵芳参划，遂相与商订成书。共13卷，书成于嘉靖年间。主要记述嘉靖时抵御倭寇事略，上溯追述明代前和明初中日交通情况。书中附有对沿海布防形势图及战船、武器详图。其对船舶的记述和所附船图虽可新人耳目，但与稍后出书的《武备志》相比，并不出色。下面着重介绍《武备志》对船舶的记述。

6）《武备志》

明代茅元仪撰，成书于天启元年（1621年），共240卷。茅元仪之祖茅坤，曾任职兵部，做过胡宗宪的幕僚，熟悉海防。元仪出于将门，并曾亲历战阵，讲求韬略，博采历代兵书2000余种，经15年辑成，约200万言。应当说这是记述古代水陆军事装备的专著，对河漕、海运、海防、江防及航海也有论述。其中116及117两卷，图文对照详述各型各类战船的特点及其应用。其第240卷为《郑和航海图》。

《武备志》中，对前朝已有的游艇、蒙冲、楼船、走舸、斗舰、海鹘船等均有详述。书中还述及其它一些船型：

①广东船,②新会县尖尾船及东莞

县大头船，③大福船，④叭喇虎船，⑤瞳桥船，⑥苍山船，⑦八桨船，⑧渔船，⑨鹰船（两头俱尖），⑩沙船，⑪鸟嘴船等。各船均有相应插图，不过插图与实际可能相差甚远。

上述船型中，以广东船、大福船和沙船，是我国三大船型。其它船舶有的可以包括在此三种船型之中。

7）《使琉球录》

明嘉靖十一年（1532年），陈侃奉渝出使琉球对中山王世子尚清进行册封，为此第二年赴闽造船。嘉靖甲子（1534年）三月舟始毕工，当年去还，归后写成此书。书中尽述使船的概况，关于桅、舵、锚、橹等细节和海上遇险折桅等情景，叙述尤为生动。

陈侃写道：“其舟之形制与江河间座船不同，座船上下适均出入甚便，坐其中者八窗玲珑开爽明霰，真若浮屋然，不觉其为船也。此则舱口与船平，官舱亦止高二尺。深入其中，上下以梯艰于出入。面虽启牖，亦若穴之隙。所以然者，海中风涛甚巨，高则冲，低则避也。故前后舱外犹护以遮波板（今名舷墙）高四尺，虽不雅于观美而实可以济险。因地异制造作之巧。长一十五丈，阔二丈六尺，深一丈三尺。分二十三舱，前后竖以五掩大桅，长七丈二尺，围六尺五寸，余者以次小而短。舟后作黄屋二层，上安诏勒，尊君命也，中供天妃，顺民心也。舟之器具：舵用四副，其一置，其三防不虞也。橹三十六枝，风微逆，或求以人力胜，备急用也。大铁锚四约重五十斤，大棕索八，每条围尺许。长百丈。惟舟大故运舟者不可得而小也。划船二，不用则载以行，用则借以登岸也。水四十柜，海中惟甘泉为难得，勺水不以惠人，多备以防久泊也。通船以红布围幔，五色旗大小三千余面。刀枪弓箭之数多多益办。佛郎机亦设二架，几可以资戎者莫不周具，所以壮国威而寒外丑之胆也。”

该船的大桅是由五小木攒成，束以铁环，风浪中环断其一，遂有桅折帆倾之险。再就是陈侃认为：原舟用钉不足，捻麻不密，板联不固，隙缝皆开，乃有水进船舱之祸，以数十人引水，水仍不止。后来还是速找隙缝而塞之，方保无虞。鉴于航海的危险，出航前皆有万全之策。如清康熙三年（1664年），张学礼写道：“前朝旧例，封舟出海，恐漂流别岛不能复回，随带耕种之具”[5]。

陈侃之后，明代出使琉球还有4次，到清代则更频。赴琉球的使船封舟（见图15-7），由礼部负责，指派福建当地官员具体施工。船厂就设在福建闽侯县闽江中叫做南台的小岛上[6]。使船的送迎仪式也在南台举行。陈侃写道：“予等启行，三司诸君送至南台”。“南台距海百余里，大舟畏浅必潮平而后行”[⑦]。

美国学者斯万生（Bruce Swanson）曾撰成关于中国舰船史的著作《龙的第八次航程》[⑧]，其中刊有封舟图，对封舟的描绘细致全面，其形象与各文献所记颇多相合。如陈侃记有：“舵叶亦坏，幸以铁梨木为柄得独存舟之所恃以为命者”。

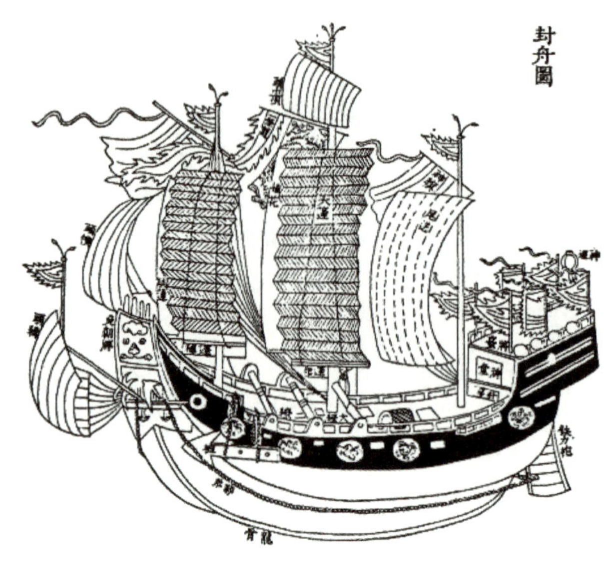

图15-7 出使琉球的封舟图

张学礼的使船也曾折桅，舵的勒索（图中为肚勒）断，须易绳下舵。图中船尾设楼二层，设将台、神堂、针房（今名驾驶舱）等，也与文献所记一致。

明代为发展与琉球间的交流往来，朝廷曾下令“赐闽中舟工三十六户，以便贡使往来”[⑨]，这是将福建船匠的造船技术向海外传播交流的实绩。

四、绘画里的船

近代以来，随着交通的飞速发展，摄影摄像技术和工具的普及，更真实地留下船舶的影像，让人们了解形形色色的船舶已是很容易的事。但古代的船是什么样子？形象地展示古代船舶的绘画弥足珍贵。

1. 战国青铜器上的船纹

战国早期水战与战船的情况，在出

①明·李昭祥. 龙江船厂志：或可参见[江苏地方文献丛书]龙江船厂志：江苏古籍出版社，1999年第1版.

②清·张廷玉等. 明史·河渠志三.

③清·张廷玉等. 明史·河渠志三.

④清·张廷玉等. 明史·食货志三.

⑤清·张学礼. 使琉球纪.

⑥章巽. 中国航海科技史：海洋出版社，1991年. 第93页.

⑦明·陈侃. 使琉球录卷1.

⑧Bruce Swanson. 1982. Eighth Voyage of the Dragon. Annapolis. Maryland. Naval Institute Press.34.

⑨清·张廷玉等. 明史·外国传.

土和传世的铜鉴和铜壶上得到了生动而翔实的反映。战国水陆攻战纹铜鉴[①]，于1935年在河南汲县（今卫辉市）山彪镇一号墓出土，纹饰图案大致相同的有两件。战船纹如图15-8。

图15-8 战国铜鉴的战船纹

铜鉴上的水战画面，描绘了左右向对驶的两艘战船，形制大致相同，都是船身修长，首尾起翘。战船设有甲板，战士在甲板上面作战，划桨手在甲板下面的船舱内划桨。划桨采用立姿，划桨手也身佩短剑。每船虽只绘有4名桨手，但左右舷当为8人。看来这种战船并没有风帆，完全以人力划桨作为动力，也没有尾舵。甲板之上在船首树立大旗，旗杆顶端安有戟头。旗后排列3个战士，为首的一个正挥剑杀敌，看上去像是阻止和刺杀欲登船之敌人。随后的两个战士手持长柄的戟和予，正在厮杀。船尾立一鼓架，上悬金鼓，下置钲，钲是铜制行军中的乐器，鼓架后立有战船的指挥，一手持戟，一手握桴击鼓。战船上所有的战士皆腰佩短剑。右面的战船其形制与左船基本相同，只是击鼓的指挥员双手各执一桴，鼓前的战士正在张弓搭箭待发。

另一件重要的青铜器是北京故宫博物院藏传世文物，宴乐渔猎耕战纹铜壶[②]。无独有偶，1965年在成都市百花潭中学战国时期十号墓出土一件与之相类似的嵌错宴乐渔猎战纹铜壶[③]，其形制和纹饰拓本与前图。从铜壶的纹饰看，两者的构图和技法几近相同。

如前所述，在《越绝书》中大翼战船有棹率50人，首尾操驾3人，还有4人持长钩、予、斧专门负责在两船接舷时任钩推之职，这样划桨战率在全船91人中约占2/3。

再者，就战船的船型看，两铜壶的船型更具有美感。首部有似后世所说的鹢首，而尾部似后世龙舟的尾形，曲线柔中寓刚。这说明，即使是战国时代的战船，其设计，制作的工匠也非常注意战国的美观和视觉效果。

最后，与铜鉴的船底不同，两铜壶的战船船底有两道线，难免有人将依此推论战国的战船带有水密的双层底。这当然是个误会。如铜鉴和铜壶的船纹所示，战船的划桨手皆采用立姿划桨，为了划桨的方便和有效，在船底铺设一层活动的木铺板是必要的，因为船底部有龙骨和肋骨等木构件，对划桨手的操作将带来不便。从技术上说，当时船舶尺度较小，不可能对船的内底和外底都获得水密捻缝。再有古代没有水泵，双层底也难以排除因渗漏所造成的积水。战船底部没木铺板的学术见解获得了有关研究家的赞同④。

2.《洛神赋图》所表现的双体游舫

洛水（即今河南的洛河）的女神洛嫔，是宓（伏）羲之女，称宓妃，因渡水淹死成为水神，其名也见于《离骚》。曹植（192～232年）曾作有《洛神赋》。晋代著名画家顾恺之（346～407年）有一画作《洛神赋图》，该图描绘了洛神乘双体画舫嬉游的生动场面（见图15-9）。毫无疑问，顾恺之作为4世纪时的画家，其所绘双体游舫当为晋代双体船的珍贵资料⑤。由图可见，该游舫的尺度并不大，因为采用双体连舫，必然有良好的船舶稳性。这也是遵照《释名》中“短而广，安不倾危者也”。这一船舶理论的设计实践。

双体游舫是靠撑篙推进的，尾部有一操纵桨，人们称之为梢。在广阔的甲板上设有暖阁，其上则设有遮阳的凉棚，可谓布置设计合理，造型典雅美丽。在战国时代的长江里有“舫船载卒”的记述，那里说的是货运船舶。这里所说的双体画舫，在中国的土地上还是第一次。

图15-9《洛神赋图》所表现的双体游舫

据研究认为，目前我们所见到的《洛神赋图》，是宋人的摹本，其中以故宫博物院所藏清乾隆帝所题的第一卷为最古[⑥]。如果不苛求这些艺术珍品的艺术真实性，就以其作为魏、晋时期的船舶形象资料一事，我们也足以感到欣慰了。

3. 山西繁峙县岩上寺壁画中的海船遇难图

船舶及海上航运，一向有丰富的科学内涵并充满着艰险。在我国历史上就曾有不少赞誉和讴歌此类成就的艺术作品，从而为我们保留下来珍贵的关于船型的形象资料。在宋代也有一些艺术品给出了船舶的形象。

坐落在五台山麓的山西繁峙县岩上寺，创建于金正隆三年，宋绍兴二十八年，（1158年）。岩上寺的四壁布满壁画，高3米，总面积为90平方米。彩色纷披，精工至极，令人眩目惊心，被誉为我国壁画遗产中的瑰宝[⑦]。其北壁西侧绘有五百海商遇难被罗刹女营救的故事。南壁西侧的壁画更值得注意，画的是一艘商船遇难[⑧]。船舶在大海中颠簸，桅杆折断，风帆飘落，船夫奔走抢险，船舱中人仓惶莫知所措（见图15-10）。虽然壁画磨损过甚，面目漫漶，但船形和人物的生动形象依稀可辨，这是我国古代航海船舶的珍贵形象资料[⑨]。

山西省的繁峙县属于离海岸较远的内陆县，海拔在1000米以上。在这里的寺院还以航海船舶遇难以及营救五百海商为题材创作大型壁画，足见当时的远洋航海事业在人民群众中的影响。

图15-10 山西省繁峙县岩上寺壁画中的海船遇难图

4. 宋代《江天楼阁图》中的江船

宋代的著名画作《江天楼阁图》[⑩]中宋代江船的素描，较生动而形象地反映出宋代内河船的技术状态和技术水平。如图15-11所示：首先可以看出这是一艘载客的客船。甲板之上设计成整整一层客舱。首部虽无客舱，但搭有遮阳、蔽雨的凉棚，用以下碇和绞缆。两舷在舷伸甲板之下，缚有原木、竹子各一捆以为橐，用以拒浪，又可作为载重线标志。客舱有的窗关闭不见内景，有的窗开启，只见诸客围坐从容交谈。其次，船舶推进靠撑篙，左舷正有两篙工在撑船中。桅是可眠式，想必是过桥时

图15-11 宋代《江天楼阁图》中的江船(素描)

已将桅眠倒，图中水手们在顶棚上正全力将桅竖起。桅之颠可系上纤绳用以拉纤。第三，船舶属具较为齐备：首部设有绞缆车，既可绞缆，也可用以起碇。尾部设舵，而且可明显看出所使用的是转舵省力的平衡舵。图中可见舵杆延伸到客舱顶棚之上，舵工可以在顶棚上操舵。顶棚上设拱形篾棚，可为舵工遮风蔽雨。船尾端设一横向圆辊，转动圆辊可调节舵的升降。吃水深时将舵降下可以获得较高的舵效，吃水浅时将舵升起可以使舵获得保护。

5. 北宋《清明上河图》所表现的汴河船

北宋徽宗时期的宫廷画师张择端所绘《清明上河图》（见图15-12)，约成画于政和、宣和年间，即1111～1125年。这是一幅描绘北宋都城汴京社会经济生活的宏伟巨著。在长达5.25米的长卷里，画家以生动完美的技巧，如实地表现了从宁静的春郊到汴河上下的众多景物，斜跨大河的虹桥，巍峨的城楼和繁华的街市。河上大船浮动，街上车水马龙。“它的伟大价值不仅表现在画面人物众多，景象的宏伟丰富以及表现技巧的生动完美，更值得注意的是它所反映的社会内容，在美术史上具有鲜明的先进性和突出的重要意义!”“即使从世界美术史看，在12世纪初期，就能够以这样的规模反映社会经济活动和都市面貌的绘画作品也极其少见”[11]。

难能可贵的是在《清明上河图》长卷中，画有各种视角的船舶24艘，其中客船11艘，货船13艘。客船在构造、形态上与货船的重大区别反映了北宋时汴河上下经济生活的繁荣和当时造船业的进展。

《清明上河图》所表现的汴河船具有时代的先进性。从图上所绘的船舶

图15-12 张择端《清明上河图》（局部）中的船舶

图15-13 汴河船图（临摹自《清明上河图》）

中，可以探索到船舶文化发展中的许多成就。

第一，在船型上有明确的货船与客船的区别，这充分反映了当时汴河的货运和客运是各具规模的。如汴河船图[12]（见图15-13）中的后数第2艘船，体态丰盈，尾甲板并不向后伸延，是一艘典型的货船。最后一艘则是客船，除了遍设客舱之外，在两舷设舷伸甲板供作走廊之用。与货船的最大区别还在于尾部向后延伸，相当于现代内河船常用的假尾，古时称为虚梢，从而增加了甲板和舱室的面积。从货船与客船的对比中，可以看出设计思想的进步和设计者独到的匠心。

第二，客船的总体布置精当而合用。客舱的两舷都有相当大的窗子，通风与采光是相当充足的，遇风雨气候可用木板窗将窗口关闭，这时顶棚的两列气窗既可供采光又可供通风。客舱的顶棚用苇席制成，显然是轻型的。顶棚之上，只供少数船员进行起、倒桅操作，也可存放一些轻型物件，如蓑衣、绳索之类，显然这对于船的稳定与安全是有利的。

货船的顶棚与客船不同，从成排的钉眼看，显然是用木板钉成拱棚以挡风雨，而装卸货物则通过开向两舷的货舱口。这种以拱形顶棚代替甲板的设计，对于宽度大而船深、吃水小的船来说，能多装货物而且便于装卸。

关于汴河船的尺度，可以参照中国桥梁史学家罗英[13]按人的身高、肩宽估算虹桥长宽尺度的办法进行估算。根据在客船舷伸甲板上走动的水手身高略高于顶棚，可大致认为自舷伸甲板到顶棚的高度约1.5米，稍大些的货船长约24米或更长，宽5米，长宽比约4.8。据《宋史•河渠志》的记载，“大约汴舟重载，入水不过四尺”⑭，从而吃水可取1.2米。如取汴河货船的方形系数为0.6，则其排水量约为86.4吨。载重量可达50～60吨。这相当于1000料的货运船。

第三，从图上看来，汴河里的船未见有用帆的，船上的人字桅显然是供逆水航行时拉纤用的。过桥时人字桅须放倒，所以都采用轻型的。而且在结构上并不伸向船底，而是榫接在横在顶棚的圆木上。这根圆木由两舷的木柱支撑并可转动，从而使人字桅的起、倒都很方便。图15-14所示汴河客船的模型是由武汉理工大学造船史研究中心设计、由宁波宝德轮业有限公司组织造船工匠精制，模型长6米，比例取1：5。现陈展于淮北市博物馆大运河馆。其图片收入《中国古船图鉴》。

第四，北宋时船舶所用的舵是相当先进的，从图中可见，舵叶的一部分面积在舵杆（舵的转轴）之前，这说明中国早在12世纪之初就开始应用平衡舵。很明显，转动这种平衡舵轻

图15-14 汴河客船模型（采自《中国古船图鉴》，2008年）

便得多，既可减轻舵工的劳动强度，更可改善船的操纵灵活性。此外，“舵都用链条或绳索拉住并卷在船尾的横向圆辊上。可因航道的深浅而降下或升起。将舵降下可提高舵效，将舵提起可得到保护”[15]。舵叶在结构上是用竖向板拼接，纵向用木桁材加固，这与近代舵叶结构无甚区别，反映了宋代舵文化的成熟和达到的先进水平。要知道，在我们已经应用平衡舵的年代，欧洲的许多国家尚未出现最早的舵。他们声称：最早的舵出现在1242年。

第五，船头设起碇用的绞车。碇或锚应是必备的属具，但在各船上没有发现。这或许是船舶在岸边靠泊时用缆索拴在岸上的木桩而不必用锚。作画人目所未见之物，也不妄自填加，说明作者具有忠于现实的严谨的创作态度。在一艘客船的近尾处设有一圆形围栏，约高1.2米，这或者就是供旅客入厕的处所。

张择端的一幅《清明上河图》，绘出客、货船舶24艘。把宋代汴河上的船舶体型、结构和布置特点、船用属具以及航行操驾等各方面的直观概括无遗。它既是美术作品的瑰宝，也是考稽中国宋代船文化的重要文物。

①郭宝钧. 1959. [山彪镇与琉璃阁]. 北京：科学出版社，第18-20页，图11.

②采用[文物]1976年第3期第51页图一. 参刘愿敦. 青铜器舟战图像小释：[文物天地]1988（2）. 15～17页.

③四川省博物馆. 成都百花潭中学十号墓发掘记：[文物]1976（3）. 40～46页.

④刘敦愿. 青铜器舟战图像小释. [文物天地]. 1988（2）. 15页.

⑤王冠倬. 中国古船. 北京：海洋出版社，1991年第1版. 第67页.

⑥唐兰. 试论顾恺之的绘画：[文物]1961（6）. 第7～12页.

⑦潘契兹. 灵岩彩壁动心魂. [文物]1979(2). 3～10.

⑧山西省古建筑保护研究所编. 岩上寺金代壁画：文物出版社，1983年. 第33图“商船遇难”.

⑨忻县地区文化局、繁峙县文化局. 山西繁峙县岩上寺的金代壁画：[文物]1979(2). 1～2页.

⑩王冠倬. 中国古船：海洋出版杜，1991年. 第56、57页.

⑪宋·张择端绘. 张安治著文. 清明上河图：人民美术出版社，1979年. 第10、19页.

⑫席龙飞. 北宋的汴河运输和船舶. 内河运输：1981.（3）. 75页.

⑬罗英. 中国桥梁史料（初稿：见中国科学社主编. [中国科学史料丛书]1961年. 第67页.

⑭元·脱脱等. 宋史·河渠志.

⑮席龙飞. 桨舵考：武汉水运工程学院学报. 1981（1）. 27.

五、故事里的船

与船相关的文学艺术作品不胜枚举。在元曲明清小说散文里，以及与这些文学作品所出现的年代同时段的社会生活中，始终“生活”着一群人，他们不是船东、不是船舶建造者、也不是真正意义上的船舶使用者，但他们的故事离不开船，故事里的船更像一个活动场所，船舶承载着他们太多的情和爱。

这里只能随手拈来几个小故事，几个小片段，故事里虚虚实实的一艘艘船舶代表了一种感情、一种温馨……。

1. 一条痴情的船

走在今天的上海交通大学，常会看到一座这所大学的创始人——盛宣怀的铜像。盛宣怀，在19至20世纪之交的二三十年间，直接创办和掌控了轮船、电报、矿务、铁厂等“立国之要”项目。但就是这样一位大清王朝的最后一代显贵，建造或购买了无数大轮船的官员，以最不经意的方式斩断了与新兴资产阶级新贵族的联系——冷落了一条痴情的小乌篷船：

1923年的一天傍晚，一只小乌篷船悄然停在上海盛公馆院墙后门的小河上。乌蓬船里坐着的是29岁的美国哈佛毕业生宋子文，他痴痴地爱上了盛宣怀家漂亮的七小姐，他的爱情遭到了盛家家长的拒绝。于是，这双一对镜片后闪闪发亮的眼睛为了与七小姐长久团聚，策划了这次私奔。他胆子很大，但意志更坚，在这条小小的乌篷船上，娇贵的宋子文苦苦等候了3个不眠之夜。没人能体会宋子文当时心里一股股焦灼的守望、绝望又希望的轮复，只有那条他赖以缩身的小乌篷船看到了他的眼泪，听到了他的痴唤，感受到了他的体温。宋子文失望了，盛家七小姐没能逃出，他只好怀揣着广州陆海军大元帅孙中山的电召孤单南下。4年后，等宋子文再回到上海时，已是国民党中央常委、武汉国民政府财政部长。

2. 一艘纯美的船

1934年，沈从文发表了著名的小说《边城》。小说里小河边一条破旧的方头渡船一下子震撼了人们喧嚣的心灵。青山、绿水、河边的老艄公，16岁的翠翠和湘西山城荣峒码头团总的两个儿子——江流木排上壮得像小公牛一样的天保，龙舟中生龙活虎的傩送之间单纯又曲折的爱情，天保和傩送都愿意接替老艄公摆渡这艘方头船，只为了与翠翠生活在一起，永远团聚。

让我们再一起回忆一下《边城》里的方头渡船，体会一下渡船所处的纯净自然，和谐的生命形态：

“小溪宽约廿丈，河床为大片石头作成。……小溪既为川湘来往孔道，限于财力不能搭桥，就安排了一只方头渡船。这渡船一次连人带马，约可以载二十位搭客过河，人数多时则反复来去。渡船头竖了一枝小小竹竿，挂着一个可以活动的铁环，溪岸两端水面横牵了一段废缆，有人过渡时，把铁环挂在废缆上，船上人就引手攀缘那条缆索，慢慢的牵船过对岸去。船将拢岸时，管理这渡船的，一面口中嚷着‘慢点慢点’，自己霍的跃上了岸，拉着铁环，于是人货牛马全上了岸，翻过小山不见了。渡头为公家所有，故过渡人不必出钱。有人心中不安，抓了一把钱掷到船板上时，管渡船的必为一一拾起，依然塞到那人手心里去，俨然吵嘴时的认真神气：‘我有了口粮，三斗米，七百钱，够了。谁要这个！’”

3. 一群温情的船

长江与汉江交汇处历来都是商贾穿梭，船舶林立。如今停泊在这里的有一个由30多条小木船组成的水上村落。一艘艘狭窄、破旧的小木船便是他们的家。他们不是渔民，他们远离故乡漂泊在这里，只是为了和自己的子女更近一些。

这是2007年8月初的一个上午，太阳火辣辣的。晴川桥下的汉江边，58岁的童桃枝，踩着摇摇晃晃的跳板，回到了自己的家——一艘斑驳破旧的小木船。童桃枝来自洪湖峰口镇，她是这个‘水上部落’最早的住户之一。

清晨5时，在汉正街做搬运的丈夫就饿着肚子出门干活了。童桃枝也赶到武昌白沙洲去贩鱼。贩完鱼，童桃枝匆匆赶回，在狭窄的船头忙着准备中饭。

洗好的衣服晾在小船四周，锅碗灶具放在船头，油盐酱醋全用塑料袋装着系在船柱上。船舱中央钉着水上警方颁发的‘门牌’，下面搁着两张木板拼成的床。床架上绑着一个生锈的手电筒，船上没有电，晚上照明全靠它了。

劈柴、生炉子，小木船在江流中摇晃。童桃枝已习惯了这一切，手中动作不停。中午，丈夫回家，朝船顶泼上几次江水，船里依然热得没法呆。两口子和邻居们只得到岸边一辆大卡车的车底纳凉……

11年前，童桃枝的儿子考上了武汉的一所大学，她则刚刚从洪湖一镇办工厂下岗。为让孩子安心读书，失去收入来源的她和丈夫一咬牙，悄悄跟着儿子到了武汉。丈夫在码头做挑夫，她到白沙洲贩鱼，两口子一个月能攒下500多元。

赚钱不多，童桃枝对每分钱都精打细算。她算了一笔账，在岸上租房子，一年少说也要2000元，但花几百元买条旧船可住上十多年。夫妻俩发现这个窍门后，毫不犹豫住上了船。‘刚上船那阵，站也站不稳，睡也睡不香。冬天江风像刀子，夏天热得像蒸笼，真不是人呆的地方，可想到我们是为了伢们来打工的，哪能贪图享福，一咬牙也就挺过来了。’

图15-15 船户往船上泼水降温

如今，儿子已毕业工作。两口子预定目标早已经完成。‘我们打算留下来。’

童桃枝说，儿子工作不理想，没有结婚。‘继续赚点钱，免得给子女增加负担’。‘离儿子近一点，好有个照应。’

十来年里，童桃枝的邻居越来越多。这片江滩已挤着30多条小船，100多人，都是洪湖、仙桃、监利等地来的中老年农民。男人多在外做搬运、保洁，女人则拾荒、卖菜等。……共同的目标与境遇，让他们成为一个和睦的水上部落。对于这里的人家来说，子女到船上来探亲是最令人兴奋的事。”（资料来源于2007年8月18日《楚天都市报》）

这份亲情令人动容，因为它来自灵魂深处。亲情，是一团温暖的火焰，让人们对短暂的人生充满了留连。

第十六章　船的情结

随着世界经济的好转，以及跨国公司不断地在世界各地建立自己的生产基地，原材料、能源、粮食谷物及各种制成品的巨大物流促进了交通运输业的进一步发展。船舶因其运量大、能源省、污染少等特点，也会随着21世纪的良好经济形势向大型化、专业化、智能化、高速化、无污染化发展。旧的船型会提前淘汰，新型船舶将大量建造。船舶工业和船舶运输业承担了经济繁荣发展的重任，如果没有船员，世界上将有一半人在挨饿，一半人在受冻。

由于船舶是特大型产品，集高资金、高技术、高质量于一身，船舶经济绝对是大交易，许多机构和人物与船舶不可分割：

船东：对所需要的船舶提出要求，确定技术规格书，合同文本，派员到船厂监造，筹集资金，向造船企业订船。

造船企业：根据买卖双方确定的技术规格书和合同，组织大批造船工人按计划、按质量要求把船造出来交给船东。

经纪人：作为沟通船东、造船企业、船舶经营者（租家）、银行、保险公司等航运业成员之间关系的代表。如今，其调节和纽带作用越来越明显，是一个重要的不可缺少的角色。

船级社：作为船舶登记单位，为了保证船舶建造符合规范的要求，能安全地装载货物在江海上航行，并藉此申请保险，船级社派出验船师到船厂检验产品、出证。当船东和造船企业在船舶建造质量上有不同意见时，船级社实际上起着裁判的作用。

政府：除了规定船舶建造中的法定检验项目和标准以外，另一个十分重要的作用是制定适合国家发展航运和造船的有关政策，为航运事业创造出良好的外部环境。各国政府间和睦相处，全球没有战争，对航运事业也是至关重要的。

租家：和船东签订租船协议，经营船舶航运，为顾客提供快捷、方便、安全、经济的运输方案和物流服务。

银行：提供融资。没有银行的介入，没有足够的资金作保证，整个航运和船舶建造的方方面面就不能运作。

保险公司：既为船东也为造船企业提供有效的保险，使航运事业的风险减少到最低程度，是推动航运事业健康发展的可靠保障。

上述相关方面行业与中国近现代船舶交通一起成长，从无到有，从职能简单到功能完善。本书仅重点关注其中的两个方面：造船企业和租家；讲述一代代船舶设计者、船舶建造者和船舶使用者的先进事迹。他们前赴后继为中国船舶经济、船舶文化的发展默默地奉献，表现出吃苦耐劳、勇于创新的精神。我们不可能对他们一一进行介绍，只择取其中的优秀代表来展现中国船舶工作者的风采。

一、船舶设计者

（一）中国自行设计、试造火轮船第一人——丁拱辰

丁拱辰（1800~1875年），福建晋江县（今泉州）人。道光十一年（1831年），丁拱辰出国经商，先后到过菲律宾、伊朗、阿拉伯等地。1840年第一次鸦片战争爆发时，他在广州经商。面对英国的侵略行径，他倍感自己国家的落后，于是他毅然弃商，决心改研军事科技，立下“富国强兵”的宏伟志愿。他根据自己在西洋获得的有关西洋火轮船制造的知识，于1841年写成《演炮图说》，并倾家所有，自费在泉州刊印，这是中国第一部国人撰写的火炮、车、船制造专著，为中国军事科技史上的开拓之作。

《演炮图说》别开生面地通过绘制详图，对西方火轮船的基本原理进行了介绍。丁拱辰用自己所设计的火轮车机械，造一小火轮船，用明轮推进，“放入内河驶之，其行颇疾，惟质小气薄，不能远行”（《演炮图说辑要》卷4，第13页，1843年）。

（二）中国第一台蒸汽机明轮船的设计者——徐寿、华蘅芳

徐寿（1818~1884年），出生在江苏省无锡市，许多科学史专家都公推徐寿为我国近代化学的启蒙者。青少年时，徐寿学过经史，研究过诸子百家，常常表达自己的一些独到见解，因而受到许多人的称赞。然而他参加取得秀才资格的童生考试没有成功。经过反思，他感到学习八股文实在没有什么用处，毅然放弃了通过科举做官的打算。此后，他开始涉猎天文、历法、算学等书籍，涉及面很广，凡科学、律吕（指音乐）、几何、重学（即力学）、矿产、汽机、医学、光学、电学的书籍，他都看。

华蘅芳（1833~1902年），出生在江苏省无锡市，与同乡徐寿志同道合，通过实验，他们掌握了近代数学的一些原理及其运用方法。咸丰九年(1859年)秋，华蘅芳写出了他的第一部数学著作《抛物线说》。咸丰十一年，华蘅芳和徐寿入曾国藩幕府，领衔在安庆内军械所试制轮船。

要制造轮船，关键是创制蒸汽动力

机。另外徐、华二人精通数理化，但对蒸汽动力机却没有专门研究。据说他们在安庆准备造船时，正好有一艘英国轮船停泊江中，他们上船参观了一整天，边参观边画草图。为建造中国第一艘自制的火轮船，二人争取一切机会上轮船参观测绘，尽可能地收集当时所有能找到的有关火轮船的资料。

1862年4月，徐寿等在诸项准备工作完成后，就着手进行锅炉和蒸汽机模型的建造。他们凭借一双灵巧的手，用较为原始的手工方法把制造蒸汽机所必需的各类连接坚固件一一制造出来。经过近4个月的奋战，蒸汽机模型终于制成，实践获得成功。

1863年11月，中国第一艘木壳小火轮试航成功，但因汽锅不能连续供给蒸汽而只行驶了一华里。经改进，两个月后，小火轮在安庆进行第二次试航，“约计一个时辰可行二十五、六里”。

（三）自费建造炮艇第一人——温子绍

广东军装机器局创办时，由广东人温子绍（1834～1907年）任总办。他亲赴香港购置机器设备，依照外洋造法，试制枪炮火药和修造轮船。1881年9月，仿造成功的浅水炮艇“海东雄”号，可操纵自如，且可洞穿敌人的铁甲兵船，俗称蚊子船。所需工料费只有外购费用的四分之一[①]。《清史稿•兵志》记有：“（光绪）六年（1880年），江督刘坤一疏言：蚊炮船购自外洋费巨,而炮位过重。请由粤自造木壳船，丈尺与包铁者同……先造二艘，以备守口之用。”

温子绍并非当地巨富，因当时海防空虚，竟不惜重贷，捐资仿造海防利器蚊子船一艘。两广总督刘坤一称赞他“揆诸古人毁家纾难之义，殊觉可风”。他在向清廷上奏中称，温子绍“资性聪明，深谙西法，所有制造枪炮以及火箭、水雷等项，无不合用。其格林炮（蚊子船）一项，灵巧不让外洋，而价值减大半，是以直隶各省纷纷来粤购办。”

广东机器局及其后的黄埔船局，论规模虽不及江南船坞和福州船政局，但向无洋员，仍能创造出使外国人难以置信的成绩，这不能不归功于总办温子绍。温子绍不仅在造械、造船方面做出了不可磨灭的功绩，还为培养近代技术工人做出了重要贡献。

（四）第一艘在川江枯、洪水期可直达重庆的客货轮设计者——叶在馥

叶在馥，1888年生于广东省番禺县。叶在馥少时求读私塾，15岁考入广东黄埔水师学堂驾驶班。1906年毕业后派至北洋舰队"通济"号练习舰实习，1909年被选进京受试，录取后随萨镇冰赴英国留学。1912年考入格拉

斯哥大学造船系，专攻造船工程。

以往向川江上游航行尤为困难，一般只能藉助于拉纤或绞滩，冬春枯水季节轮船数月不通航。这一自然环境和特点，引起叶在馥的思考和探索，他决心要改进船型，自行设计出适应长江上游航运所需的船舶。年轻时他曾在记事簿上这样写道："昔日行驶川江的枯水船，上水需时约3个月，下水仅需6～7天，因而颇多船户自川省运载货物抵达宜昌后，就连船带货一起出售，由此足见川江航运之艰难"。

1920年，叶在馥精心设计了第一艘在洪水期可直达重庆的川江浅水客货船"隆茂"号，这是在无内河船舶建造规范的情况下合理选择构件，由江南造船所为隆茂洋行建造的。该船长61.6米，宽9.4米，深3米，排水量840吨，航速14.5节。"隆茂"号功率较大(2775马力)，设计优良，船型优秀，性能颇佳，载货量超过原定合同范围。能自行冲上急流险湾，逆水而上，不用绞滩，打破了历来川江行船的惯例。

由于"隆茂"号的设计建造成功，各航运公司纷纷向江南造船所订造同型江船达10艘之多，并且注明照原式建造。为了做到精益求精，保持宜昌以上航段能够全年通航，1922年，叶在馥又经过多方案研究，特意设计了第一艘新型枯水船"江南"号。由江南造船所自行投资建造，驾驶入川，试航结果，既不受常年枯水季节的限制，又能保持在浅水中安全航行。

1934年，继中型川江船的发展之后，叶在馥又为民生实业公司设计"民元"、"民本"两艘有名的姐妹船。这两艘货船在结构上采用双层底，用纵向结构形式设计纵长货轮及货舱口，专为装载当时拟建成渝铁路用的桥梁组装件、机车和钢轨等长大件货，并备有2台15吨起重能力的吊杆，航速可达16节。这一独特结构形式，又创川江船的新记录。两船投入营运后，获得航运界一致好评。它们对抗战初期往大后方转移、抢运抗日物资发挥了重要作用。

抗日战争时期，我国沿海和长江中下游已被封锁，只有四川省境内几条河流及省内少数河段尚能通航，但因缺乏机动船只，水运成效不高。当民生实业公司聘请叶在馥等国内著名的造船工程技术人员进入重庆民生机器厂后，该厂修造船舶的生产能力大增。他们着手对

民生公司的一批被炸沉、炸毁、炸伤、焚毁、触礁的船舶进行大修或改建，重新投入营运，支援抗战运输。民生公司在短短的几年里，独占抗战大后方运输之利，一下子得到兴旺发展。

（五）集造船专家、实业家于一身的第一人——杨俊生

杨俊生，1890年9月26日生于江苏省淮安县(现淮安市)。幼年时在家乡私塾读书，由于受到新思潮的影响，1906年跟随回乡探亲的留日学生东渡日本求学。在日本，他接触到革命思想，参加了同盟会。

辛亥革命那年，他曾回国直接参加革命，后来走上实业救国的道路。他曾听孙中山先生说过，中国要发展造船和航运事业，于是在1916年考入日本东京帝国大学船舶工学科。由于考入东京帝国大学，得到了当时政府的资助，成为公费留学生。当时东京帝国大学在日本所有大学中处于最高地位。1945年日本投降前，所有内阁总理大臣，除军人出身者外，都是东京帝国大学的毕业生。因此，入学竞争十分激烈。在东京帝国大学就读的都是日本青年中的佼佼者。由于东京帝国大学选择学生的标准很高，全班同学仅18名。经过几年的努力，杨俊生在1920年毕业。毕业后应聘到当时日本最大的造船厂长崎三菱造船厂担任工程师，兼任三菱造船所工业学校教师。

杨俊生作为东京帝国大学的毕业生在日本有宽广的前途，但他关心的是国家的前途和命运。1924年他放弃了优厚的待遇，带着妻子、女儿回到了上海。

回国后，杨俊生到中日合资的东华造船厂工作。1925年，东华造船厂因经营不善而倒闭。1926年，杨俊生向浙江银行借钱买下了东华造船厂的部分机器设备，创建了大中华造船机器厂。该厂是杨俊生独资办的厂，厂内技术人

长航金陵船厂全景

员很少，有很多设计工作是杨俊生在家里晚上加班完成的。当时的图纸虽然比较简单也比较少，但工作量仍十分繁重。从1926年到1936年期间，杨俊生承造的江船有“大达”等十余艘，渔船有“民生一”号等2艘，油驳、煤驳等40余艘。另外还建造了炮艇、破冰船、轮渡等特种船舶多艘。除船舶以外，他还承建很多钢结构工程，如储油罐、油池、浮码头、浮桥、1万立方米气柜、5000立方米气柜、厂房等，种类繁多，积累了不少经验，满足了社会的需要，他为中国的民族工业在重工业领域里争取到一席之地。

1936年，杨俊生因建造“大达”轮时，拖欠英商瑞容船厂造主机的尾款，被瑞容船厂向法院起诉。幸得当时著名律师沈钧儒出于维护民族工业的爱国心，仗义执言，免费为杨俊生辨护。大中华造船机器厂当时虽然是无限公司，但由于沈津师的努力，免去了杨俊生牢狱之苦。

大中华造船机器厂倒闭后，由金城银行王秋红、民生实业公司卢作孚、永利制碱公司(南京化学工业公司前身)范旭东等金融及企业界著名人士出面，集资25万元，改组了大中华造船机器厂。改组后厂名改为中华造船机器厂股份有限公司，由卢作孚任董事长，杨俊生任董事兼厂长。

从船厂改组到抗日战争爆发，由杨俊生负责建造的船舶有民生实业公司客货轮1艘、客船2艘、驳船8艘、铁道部拖轮2艘、驳船3艘。同时，建造了浙赣铁路的钢结构桥达数十座之多。其中芦溪、贵溪等铁路桥长达数百米。另外，还承建了导淮船闸水道工程、江阴要塞工程等。

1937年抗日战争爆发，中华造船机器厂被日军抢占。杨俊生拒绝与日方合作，赴抗战后方工作，1941年回上海租界养病。太平洋战争爆发后，上海全部沦陷，环境对他十分不利。他就开始学佛经，念经拜佛，以不问世事为借口，拒绝伪职，保持了民族气节。

（六）主持建造我国第一代潜艇和第一艘万吨轮的人——王荣瑸

王荣瑸，1903年生于福建省闽侯县(现福州市)。祖父是清朝进士，做过5任知县，为官清廉。父亲为清末秀才，一生只做司法行政工作，收入微薄，无力负担子女教育费用。故王荣瑸自小学、中学、大学以至留学都是公费资助。其夫人林巽是黄花岗七十二烈士之一林尹民的胞妹，聪敏睿智，文静贤淑，是他生活和事业的好助手。

1918年至1925年，王荣瑸考入马尾海军飞潜学校造机科学习。1938年1月，王荣瑸被派往德国监造潜艇。在德国期间，他苦心钻研，收集和积累了大量有关潜艇生产的技术资料。

上海解放后，1949年6月，他被任命为江南造船厂首任总工程师，主持了多项重点工程，抢修了3个船坞，为海军赶修舰艇赢得了时间，有力地支援了中国人民解放军解放沿海岛屿。50年代，王荣瑸组织领导了我国第一代潜艇及我国第一艘自行设计、主要设备材料由国内配套的万吨轮“东风”号等大型船舶的建造工作。

50年代初期，根据中苏两国协定，江南造船厂在苏联专家帮助下，开始建造我国第一代中型常规潜艇。当领导将这一任务交给王荣瑸负责时，他高兴得热泪盈眶。王荣瑸在整个潜艇建造中，担负了组织生产和技术领导的重要责任。并在工艺设备安排、人员培训以及试航基地选址等方面付出了辛勤劳动。

潜艇建造的第一道工序是线型放样，潜艇的线型质量要求比较高，放样楼木质地板不平度每平方米允许误差为正负2毫米。江南造船厂50年代的放样楼原是早期留下来的旧厂房改建的，不符合潜艇线型放样要求，但要新建放样楼，一是赶不上产品开工时间，二是基建资金有困难。于是王荣瑸提出放样楼横梁加强，楼面地板全部重新刨平的方案。实施后经检查、测量，基本上符合要求，在征得苏联专家的同意后，开始了线型放样，争得了潜艇开工的时间，节约了基建投资。潜艇建造初期，没有加工圆形肋骨的大型设备，为解决这一难题，王荣瑸利用一台闲置的大立车，外面配上一个5米新花盘，再将登陆艇上的一台备用电机改装成动力装置，解决了潜艇圆形肋骨的加工问题。这也为后来加工打浦路、延安东路越江隧道的盾构掘进机、江南造船厂的40吨、75吨、100吨、150吨高架吊车的大针轮以及外厂委托的许多大型工件加工工程创造了条件。

建造潜艇，各工种和各阶段的工程量必须在某段时间内完成，否则会影响整个产品的建造周期。潜艇耐压壳体液压试验是个关键制造阶段，对产品建造周期有很大影响。耐压壳体上的有关焊接附件、试压的附属装置、潜艇体的加强等共200多个项目要全部焊接完成，安装好，并经军代表逐项检查验收后才能进行液压试验。每到关键阶段，王荣瑸每天都要到现场询问检查，发现问题，及时解决。

潜艇的下水，必须待产品上的各项设备都完整安装结束后才能进行。这项工作比较复杂，综合性强，各种验收项目有几百项之多。稍一不慎就有脱期危险。王荣瑸发挥大家的智慧，顺利地解决了立体分段吊运工艺及船台基础加强等难题，保证了建造进度。潜艇第一艇下水前，发现滑道表面层有裂纹，军代表不同意产品下水。王荣瑸就这一重大问题召开有关技术人员会议，进行分析研究，提出解决的方法，并采集试样，进行压强、压滑等各种试验，最后根据试验获得的科学数据，作出了按时下水的决定。

1960年江南造船厂建造万吨轮“东风”号。当时设计的电源是采用交流电，而国内尚无满足防霉、防潮、防盐雾等三防要求的船用交流设备，因此，直接采用交流电制条件尚不成熟。为了不影响建造周期，就必须解决电制矛盾。为此，王荣瑸主动与有关部门联系协调，并请示领导机关，决定把全船交流电设计改成直流电源，从而加快了“东风”号的建造进度。

（七）中国建造的第一批5艘VLCC油船的设计师——郭程新等

1998年2月，亚洲金融危机硝烟未散，国际船舶市场僧多粥少。大连新船重工有限责任公司顶着重重压力，与日本和韩国5个著名船厂同场角逐伊朗VLCC项目，凭借锲而不舍的精神，历经17个月的艰苦谈判，大连新船重工最终拿到这笔订单。洽谈合同惊险艰难，而设计建造更是困难重重。

还在合同谈判的时候，伊朗船东就提出这批船最好采用韩国一家船厂的设计图纸，可当大连新船重工向这家船厂提出购买想法时，他们先是一千个不答应，后经多方沟通合作，但却狮子大开口，要价630万美元，这价格还仅仅是主要图纸的设计费。

为确保我国第一艘超大型油船设计建造成功，总设计师的重担落在了时年42岁的郭程新身上。郭程新，1982年毕业于大连理工大学船舶设计与制造专业，言语不多，朴实，为人处事平静从容，见人总是温和地笑笑。编教材、办讲座、写论文……郭程新不仅是一个孜孜不倦的学者，还是年轻设计人员的带头人，他将自己多年积累的经验毫无保留地传授给其它技术人员。

30万吨并不是两个15万吨之和，VLCC船具有超常规的船型航速指标、严格的船体振动标准、超常的设备容量、环保型设计、超级货油系统、一人驾驶等智能化、集成化控制系统……即使有如此之多的高难坚，船东方面仍不断提出苛刻的技术性能要求：船体结构疲劳寿命要由通常的25年提高到40年；常规的油漆保证期为1年，对我们的要求则增加到10年；要采用其它VLCC上没有的超级货油系统，实现智能化控制货油的任意装卸和实时监测报警等。

郭程新分别组织有关技术人员、科研院所、船级社、设备厂家等进行攻关，满足了DNV船级社舒适I级的标准，也解决了令世界造船界头痛的VLCC船刚性短轴系的校中问题。2001年年底，我国建造的第一艘VLCC完工，航运界专家说，这是当今世界是技术水平最高的VLCC。

陈立福，从事船舶设计工作30多年，2001年初接手30万吨原油轮的总设计师的重任。陈立福当时已到了退休的年龄，身体本已不好，肩上挑起这样一副重担，难度和压力可想而知。在前期设计过程中，船东船检的通知单、传真很多，以他的资历完全可以挂个电话，分配给各个设计主管做。但他总是楼上楼下地亲自将材料送到各个主管手中，并交代清楚要求。30万吨船的调度会有时经常到晚上9、10点钟才开始，不会骑车的陈立福，总是趁着夜色，步行近千米，准时到达会场。

关英华，大连新船重工船研所电装室二科科长，VLCC电气详细设计强电设计主管。在设计任务重，时间紧的时候，爱人也因工作需要调到上海，她将只有3岁半的儿子送到了石家庄婆婆家，自己和所有设计人员一起加班加点搞设计。

林吉明，30万吨项目组经理，一位精干的年轻人。除了要不停地登船协调生产，即使坐回办公室每天也有接不清的电话。他曾笑着说，每天到下午3、4点钟的时候，太阳穴就会隐隐作痛。

①李春潮，1987，广东机器局及其总办温子绍，船史研究（3）：69。

二、船舶建造者

人多，是船厂的一大特色，一个船厂就好像一个小城镇。工作辛苦，是船厂的另一特色。在千千万万船舶建造者中，我们只能将笔墨写给几位普通的工人代表，其中，有新中国最早的一批拷锈工人，也有近几年从大学刚毕业的涂装工人；有从只具有初中文化的普通农民合同工成为新时期知识型工人的管钳工人，也有从老山前线复退后埋头钻研成为技术尖兵的电焊工人。他们，是中国迈向世界造船强国的脊梁！

青年人、劳务工，是当代船厂的又一特色。上海外高桥造船有限公司是一家新兴的国有企业，成立8年多来，作为我国第一家年造船产量突破300万载重吨大关的船厂，并且是我国惟一一家年造船总量和手持订单双双进入世界十强行列的造船企业，其员工的平均年龄不到30岁。我们在此引用该厂《“外高桥”青年技术人员学技能的现状及思想情况调研》、《涂装部劳务工基本情况调研》，这两份调研报告里的若干内容，让大家对当代的船舶建造者的情况有些宏观的了解。

（一）拷锈工

一艘轮船经过一段时间的航行，由于风吹雨淋、海水侵蚀，船身上的铜皮铁板就会生锈。要延长轮船的寿命，就

采自长航集团叶志刚作品

必须定期把锈掺掉，再重新涂上防护油漆。轮船进坞维修，不论是大修、中修、小修，掺锈都是首先必做的工作。

掺锈，双手握着风动工具“花轮枪”，“花轮枪”所到之处，铁锈一层层地被掺掉，钢板重又闪闪发亮。这工作看起来似乎谁都可以干，但是，这却是一项艰苦的工作。十多斤重的“花轮枪”，只要一开动，常震得人骨头发麻，耳鸣头痛，掺锈工人却一天到晚握着它干活。站在那几层楼高、摇摇晃晃的“秋千板”上是这样干，蹲在船腹下仰胸昂头也是这样干，蜷缩着身子躺在船舱里、爬行在狭窄的船舱管道里也是这样干。掺锈工人没有固定的车间，一年四季，哪里有铁锈哪里就是工场。

当一个掺锈工人，要吃得大苦耐得大劳。广州造船厂1958年成立的铆焊车间掺锈组，是广州历史上第一个专业的掺锈组。有一次，一艘轮船进坞维修，正值寒流南侵广州，船进坞后，一定要在坞里的水未抽干前把船身洗刷干净，将粘积在船体上的蚝壳、污泥先清除掉。广州造船厂铆焊车间掺锈组工人就蹲在木排上抡锤挥铲地干起来了，但是，他们脚下的木排架却老是荡来荡去，手上一使劲，脚下的木排就荡开了，稍后，又要把木排再撑回来，这样撑来撑去，工作太慢了。怎么办？“下水去！”分不清是谁的建议，大家不约而同地脱光了衣服，卜通卜通地跳下水去了。

泡在齐脖子高的冰冷水中，周身像针扎似的又麻又痛，掺锈组工人手里在干活，牙关在打颤，干到浑身发麻了，他们就爬上岸活动一阵子，接着又跳下去继续干起来。

第一代掺锈工人就是这样劳动的，他们并没有天生一身铜皮铁骨，他们不畏困难，在困难中把自己锻炼成“硬骨头”。

那一代的工人也会面临着高薪“跳槽”的诱惑。一天，广州造船厂铆焊车间掺锈组副组长张近的一个打散工的老相识，跑到张近宿舍串门，他对张近说：“你在厂里一个月不过五六十块钱，不如出来赚的钱多”。张近一口回绝了“邀请”。

解放前，张近当了8年的长工，一次替牛贩赶牛的时候，一头牛牯兽性突发，把张近的右脚踩伤了，为了保住饭碗，他不敢出声，还不得不带伤下田照样干活，照样挑起百来斤重的担子。结果右脚肿得像水桶一般粗，最后还是被赶出了门。解放后，张近进到船厂，这只右脚又被一颗烧红的钉子烫伤了，公费医疗、病假养伤不用说，车间领导和小组的伙伴还三五成群地来慰问。一只脚两次伤，对比鲜明，亲身体验着这个变化的张近，没有在高薪的诱惑面前动摇。

（二）涂装工

杨连生，上海外高桥造船厂工人。2000年刚从学校毕业，工作伊始，见到船厂的实际作业环境，面对涂装工人所从事的又脏又累的工作，他从心理上确实难受，感觉自己的大学白念了。幸运的是，杨连生遇到了很好的领导和同事，他们在日常工作中给予他很多的关怀和帮助，经常以谈心的方式开导他，帮助他解决实际困难。

在首制船H1001的建造过程中，杨连生努力学习涂装的专业知识，如内场冲砂，分段油漆到外场打磨，外场油漆等施工组织等。部门领导，老师傅也给了许多锻炼的机会。在这段时期里，他从内场的设备调试、涂装的工艺设计、分段涂装作业，到外场的船坞、码头交船为止的整套流程的各个工作岗位上都工作过，也积累了一定的工作经验。虽然工作很忙很累，几乎每年的春节都要加班。如2003年的年初一，在公司报验H1001船出坞前的关键项目1#压载舱，2004年春节在17.5万吨FPSO上工作到夜里11点半。但这样的经历，“使我逐步加深了对工作的认识和对公司部门文化的认识，它对我养成敬业精神，良好的职业道德起到了重要作用，也让我懂得了工作的宝贵，每个人付出的劳动都值得尊重”。

采自长航集团叶志刚作品

从2003年7月份开始，杨连生担任涂装部外场2#船坞作业区作业长。把这样一个重要的岗位交给一个毕业不久的大学生，杨连生深深感受到了领导的重视和期望，也感觉到肩上担子的沉重和责任重大。几年来，公司和涂装部的文化氛围深深地感染了他，对他的工作习惯和职业态度带来了很大的影响。

（三）管钳工

1986年，李火生从广东龙门山区以农合工的身份进入广州广船国际股份有限公司，揣着初中毕业文凭的李火生被师傅带上了巨轮的“心脏”部位——机舱，学做一名管钳工。

当李火生看到轮船里面复杂的管路和那些大都叫不上名字的设备时，全然不知从何下手。李火生相信勤能补拙，他是那种对工艺惟有弄懂了才肯放手的“倔人”。而作为一名入厂时只有初中文化的农民合同工，也正是凭着这股子对技术的热爱与顽强刻苦的钻劲儿，在不到4年的时间里，便全面掌握了复杂的造船管工与钳工等相关技术，成为一线工人中的佼佼者。

采自长航集团叶志刚作品

“别走，告诉我！”回忆时常被李火生这个“愣头青”追得团团转的场景，时任产品设计主办的韩广德总经理很有感触。他说，在劳动与技术强度双双密集的造船企业，不乏那些按图施工的“合格者”，但缺乏的正是李火生这样知识与技能兼备，爱动脑筋、肯下功夫的好工人。

造船行业作业环境特别复杂，工人劳动强度极大。特别是李火生这样的管钳工，他们长期在机舱作业，空间窄小，环境闷热，时常要钻进不足1平方米的舱内半躺着操作，经常遇到令人难以想像的困难。

就拿“海上叉车18000”号半潜船的压载系统来说，该船的压载负荷最初是按满足下潜16~18米的要求设计的，因此，大船的压载舱与机舱部分均按此标准安装好了相关设备，然而船东却在最后提出了必须下潜19米的新要求。此时整船的压载系统已无法再布置下空压机以实现加压。为了满足船东的要求，设计师只得从机舱区域想办法。而机舱的状态很乱，每增装一台设备或一条管子都会出现挡道的现象，船检也强烈抗议“不符合规范”。如何在本来就捉襟见肘的空间再布置下复杂的空压机，以及如何确保施工者对系统的安装和调试，令技术人员一筹莫展。在机舱呆了数个不眠之夜的李火生灵机一动，将舱内所有已安装完毕的管子再全部拆了下来，按空间分上下几层，再重新布置，大的在底部，以树形排列，从而达到了扩大与美化空间的目的，较好地解决了这一棘手的难题。

1998年，广州广船国际股份有限公司与世界知名航运公司马士基集团开始合作第一艘3.5万吨级成品油船建造。该船的液压系统工作要求非常高，由于广船公司系首次接触成品油船建造，其施工设备比较落后，船东从施工安装到调试对工人们的每一步操作都表示担心，现场“NO、NO”之声不绝于耳。已有10多年的船舶建造经验的李火生，还是首次接触如此复杂的管子工艺。在做油船开孔定位时，由于没有船东所指定的“坡口机”，班长李火生唯有根据管子管径所要求的固定精度，在普通的打磨机上装上了自制的“土工具”。面对船东固执地拒绝表情，李火生不卑不亢操起了工具，当着船东的面磨出了一条精度非常光滑均匀的管子。事实胜于雄辩，工人们用李火生总结出来的土办法，感觉比使用洋家伙还方便，效果一样且操作更加安全。3.5万吨成品油船首制船按工艺规范完成后，船东信服了。就这样，李火生他们一路从3.5万吨级的成品油船的第一艘做到了第十八艘，再做到船东继续追加的8条难度更大、要求更高的2.9万吨化学品船。为公司由此起家，为做全球灵便型液货船市场的领先者打下了良好的基础。

（四）电焊工

于振法，是威海船厂船体装配车间的一名普通电焊工人，也是一名复退军人，作为老山前线的一名侦察兵，曾在

采自长航集团叶志刚作品

蒸笼般的热带雨林秘密潜伏，三天三夜没能喝上一口水，曾立下三等军功。1986年，于振法脱下军装进厂当了一名船舶电焊工。

电焊工是一份十分艰苦的工作。尤其是船舶电焊工，一年四季露天作业，夏烤三伏，冬冻三九，钻船底、爬管隧

是家常便饭，干起活来更是烟熏火燎，窒息难耐，脏、险、累、苦这几个字，船舶电焊工可以说是全占了。

刚刚走上船台的时候，于振法那双拿惯了冲锋枪的手，乍一握焊把，总觉得不得劲。但他以“干一行，爱一行，专一行”的精神，虚心拜老工人为师，埋头攻读专业理论，刻苦专研施焊要领，很快便成为行家里手。1996年，威海船厂派于振法到日本船厂学习二氧化碳气体保护焊技术。别人下班后都去逛街购物，他却躲在宿舍里，记笔记，做记录，认真整理技术资料。回国时，别人大包小包买的都是日用品，他带的却是全套的电焊资料和焊工用品。

采自长航集团叶志刚作品

1997年开始，威海船厂为德国船东批量建造820箱集装箱船，这是山东省首次建造万吨级出口船。这种船设计先进，技术复杂，船东监造代表对电焊质量的要求也极为苛刻，有时一条焊缝往往要重复报验好几次。对此，于振法没有抱怨，也没有气馁，而是把这当成锻炼自己的好机会，更加严格要求自己，一丝不苟施工，不但大大提高了报验成功率，电焊技术也日臻精湛。2003年4月，威海船厂开始为德国船东批量建造1.8万吨级1300箱集装箱船。领导派于振法到一号船上焊接克令吊圆筒。这是一项技术要求极为精确的活儿，筒高距船甲板13米，圆筒直径2.4米，板厚仅有40厘米。圆筒上端面与30吨重的吊头焊接为一体，不仅焊缝质量要求严，而且水平度公差要求控制在0.20毫米之内。位置高，吨位重，技术难度大，施工十分棘手。面对这种情况，于振法没有退缩，经过反复实验，他把整个焊缝分为24段，采用对称焊接手法，有效消除了应力，顺利完成了任务。经探伤检验，焊缝合格率达到100%，水平误差仅有0.13毫米。一次报验合格，船东代表满意地伸出了大拇指。

几年来，于振法先后参加了1300箱集装箱出口船、366箱集装箱出口船、820箱集装箱出口船、日本工程船等十几艘船舶的焊接工程，焊缝一次合格率全部超过国家标准5个百分点以上。

2003年9月，1300箱一号船即将下水。于振法带领铆焊班负责焊接船舷两侧的水尺、水线。因当时昼夜温差大，导致船体严重变形，白天无法施工。那几天，于振法与工友们每天凌晨三四点便爬上船舷的脚手架，测量、标注水尺、水线的基准，干到太阳出来，再去干别的活，晚上回来加班施焊。2004年2月，366箱一号船进行滑斜道大合拢。按技术要求，大接缝焊接工程必须一气呵成，中途不能间歇。于振法和工友们晚上9点钟开焊，他担负右舷工程。海边的冬夜，气温降到八九度，刺骨的寒风裹着雪花扑到脸上，刀割一般生疼，但于振法和工友们没有退缩，大家只有一个信念，那就是尽快完成任务，让船早一天下水。次日早晨6点，工程完工。

干出口船这些年来，于振法没有休过一个节假日，加班加点更是常事儿。有时活儿急要，他晚上睡不着觉，就深更半夜赶到厂里加班。于振法的工作服密密麻麻布满了焊渣烧出的窟窿，没有一件是囫囵的。尤其是烧仰焊、立焊，焊渣烧破的工作服且不说，溅到脖子里，立马就是一串水泡，他的身上常常是旧伤未好，又添新痕。其中，脖颈处的皮肤在电焊弧光的辐射下，每年都要脱二三十层皮。为了让干活时溅落的焊渣在自己身上少留些疤痕，于振法穿的秋衣秋裤常在7月中旬才脱下。盛夏，天气炎热，船舱里的温度一般都在四五十度以上，通风也不好，呆在里面不用说干活儿，就是在那儿一站，也能叫人浑身流汗，至于头晕、恶心、吃不下饭，那更是常有的事。

由于于振法的电焊技术比较好，干活也不怕遭罪，这几年来“挖”他的单位很多，他们开出的待遇价码远远高于于振法现在的收入，有点甚至提出给他配备专车，但都被他婉然谢绝了。“要问我那么好的条件我为什么不去，我的答复是，威海船厂需要我，出口船建造需要我，我离不开身边的工友，我也离不开脚下这片培育我进步，成长的钢铁土地”。

（五）《“外高桥”青年技术人员学技能的现状及思想情况调研》

作者：孙向东　石雄　金凌　李祖发

调查样本主要分布在我公司模块、制造、总装、工务3个生产部门和1个生产保障部门，分别占23.3%，33.3%，33.4%，10%；年龄均为18至35岁的青年；岗位均为生产岗位上的技术工人。

1. 青年技术工人地域背景、年龄划分、文化程度、性别比例、用工性质比例具体情况分析

根据调查问卷的数据分析，从事生产一线技术工作的青年中，本地青年

占37.6%，外地青年占62.4%，说明我公司是一个以外来务工青年作为生产一线主要力量的企业。其中在册员工比例占38.5%，准员工占36.8%，所以，我们必须不断扩大准员工群体，稳定准员工群体中的骨干。男女性别比例分别是92.8%和7.2%，可见公司青年技术工人群体中，男女比例严重失衡。

2. 青年技术工人中，中等技术水平较多，高技能人才缺乏，培养青年技术工人成长成材迫在眉睫

青年技术工人进公司不足5年时间的占79.6%，年龄在22～25岁的占51.2%，服务本岗位工作年限也相对应在5年以下的占83.8%，说明公司青年技术工人经验欠缺，仍然需要在一线继续锻炼，不断提高工作经验。在理论技术水平方面，69.4%的青年为中级工，12.3%的青年为高级工，技师与高级技师的比例不足1%，且40.5%的青年只有技校学历，大专及以上学历仅占23.7%，充分说明公司青年技术工人不仅技术等级只在中等水平，而且高学历技术人才非常缺乏。公司应该加大对培养青年技术人才在岗位上成长成材的投入，不断适应高速发展的现代船舶制造生产力。

3. 大部分青年技术工人的家庭都非常支持学习技术，促进青年学技术的家庭环境较好

据了解，我公司青年技术工人中的61.7%为农民的子女，家庭非常支持子女学习的占51.2%，但由于大部分青年技术工人家庭经济条件一般，反映青年学技术的另一个需求是，提高薪酬待遇。

4. 收入水平一般，与期望值有一定的距离

调查显示，我公司青年技术工人的月收入（包括奖金不包括加班费），大部分集中在1000元至2000元之间。虽然工资收入每年有所增长，但仍有57.5%的青年对自己的福利待遇不满意。这说明了公司对青年技术工人的薪酬待遇问题有待于进一步讨论，需结合青年技术工人对公司生产的贡献和双方需求，给予一个合理的定位。

（六）《涂装部劳务工基本情况调研》

作者：上海外高桥造船有限公司涂装党支部

涂装部是公司的主要生产部门之一，从业人员中劳务工比例高达98%，他们主要从事冲砂、打磨、油漆作业，是生产一线的主力军。为掌握现阶段劳务工队伍的实际情况，进一步做好日常教育管理工作，涂装党支部于2006年1月以问卷调研的方式，对本部门劳务工的思想、工作、生活状况作了一次调查。

1. 人员构成及流动意向

①84.77%的劳务工年龄在20～40岁之间，文化程度以初中为主，高中以上仅占9.05%；主要来源于江苏、安徽、河南三省。

②27.37%的人表示，出来打工是为谋求更好的发展。49.78%的人每1～5年换一次工作，20.75%的人平均不到一年就会换工作，在"外高桥"工作超过5年的只占3.86%。

2. 生活状况及期待

①63.47%的人在外租房居住，32.34%的人住劳务队宿舍，0.88%的人购房居住。

②75.72%的人认为收入低、消费比重大是进城务工后所遇到的最大困难。另有21.3%的人感到文化技术水平低，工作难找才是最大困难。

③60.93%的人希望退休能有保障，4437%的人希望与正式员工同工同酬。

3. 对劳务队的期待

75.61%的人选择提高工资水平，41.61%的人选择按时支付工资，27.81%的人选择缩短劳动时间，24.39%的人选择改善生活条件，25.06%的人选择建立劳动保险制度。

4. 劳动关系及综合保险

①14.02%的人表示还未与劳务队签订劳动合同，23.78%的人表示未签的原因是不知道要签订，29.18%的人表示是由于与劳务队协商不成或者劳务队拒绝签订。

②88.19%的人已参加综合保险，但有50.11%的人并不了解综合保险的具体内容。

三、船舶使用者

（一）我国船员的来源

鸦片战争使中国门户大开，外国轮船大量涌入。部分外商开始以上海、香港为基地开航定期班轮。外国轮船公司以低廉的价格从上海、香港等地招募中国工人上船干活。早期的船员大都来自失业船工、流入城市的破产渔民、农民和手工业者。船员在船上干的是生火、水手、舵工、铜匠、侍役及厨工、杂工等活，工作繁重，劳动条件恶劣，收入微薄。但不少船员上船后，因刻苦学习，迅速掌握了驾船的基本技术。

清同治十一年（1872年）底招商局成立后，其船员也大都来自上述人员。招商局开办之初，因本国缺乏驾驶、轮机人才，中国船员尚无单独驾驶大型轮船的经验，只能任用外籍驾驶和轮机人员担任船上船长、大副、轮机长等主要职务。清光绪元年（1875年），招商局任命张慎之为"江孚"轮船长，这是中国人首次担任江轮船长。

民国时期华籍船员，除少数从学校培养外，多数为经验出身，靠实际操作学习和掌握操纵机器和驾驶船舶的能力。1928年招商局进行改组，将大批外籍船员逐步撤换，由华籍船员顶上岗位，其中驾驶人员过半数系从正规学校毕业，轮机人员则多数为造船厂工人和船上加油、生火等出身。

抗日战争胜利后，公营和民营轮船公司都有较大发展，船员不敷需要，驾驶、轮机人员更是供不应求。当时国内合格的高级船员仅约八百余人。各民营公司不惜以重酬竞相招揽。民国政府交通部恢复吴淞商船专科学校，加快培养航海人才。

解放初，许多失业海员先后被安排工作。通过师傅带徒弟，逐级传帮带，不少舵工被提升为驾驶员，铜匠被提升为轮机员，以扩充和发展船员队伍。1953～1957年，运输单位根据海上运输半军事化特点，选拔适应船舶工作的复员转业军人充实船员队伍，这些复员退伍军人经过战争考验，组织性、纪律性较强，刻苦耐劳，通过各种专业培训掌握了航海知识，在船上成为骨干力量。

此后，退役军人、社会招工和学校分配等渠道是船员的主要来源，同时，通过短期轮训、船舶办业余学校、在实际操作中帮教等形式培养和提拔了许多三副、三管轮以上干部船员。

（二）优秀人物

1. 川江夜航第一人——莫家瑞

在20世纪中期，长江湖北宜昌至四川宜宾上千公里的川江航段，川江航运界的莫家、薛家、杜家、王家四大驾船(引航)家族曾一度各领风骚，而其中莫家的莫家瑞则以其传奇故事留下了诸多佳话。

1918年，莫家瑞13岁时，其大伯莫益才不愿意两个侄儿终日在江边厮混，莫家瑞、莫家良兄弟俩便被大伯送到船上去当“西崽”。莫家瑞25岁时，当上了三引水，成为当时民生公司里最年轻的高级船员。抗日战争胜利后，莫家瑞以其精湛的引航技术，受聘于强华公司任“华源” 号大引水，待遇优于同船船长。在当时，“华源”号和“华同”号是强华公司的两艘“主力船”。

1952年4月，我国的第一条铁路——成渝铁路正在热火朝天地兴建。而就在这个关键时刻，建铁路急需的钢坯告急，与此同时，大量的钢坯却堆在宜昌港的货场。当时，由华东、华中通往重庆、成都的运输通道只有长江，而长江(尤其是宜昌~宜宾的川江)是未经整治的原始航道，再加上抗日战争后川江航运因战乱而萎缩，有限的运力不能将兴建成渝铁路的大量钢坯及时运往成渝两地。而成渝铁路却必须在这一年的

7月1日通车。

莫家瑞站了出来，大胆地提出川江上水夜航。

川江上水夜航，意味着宜昌至重庆市航行时间将由4天缩短到3天，这将大大缓解运力不足的矛盾，从而解决成渝铁路钢坯告急的难题。在当时，这可是前人未干过的破天荒之事，“自古川江不夜航”是多年来的金科玉律。就连军代表（建国初期长江航运界实行军事管治)在肯定这个建议的同时，心中也在暗自嘀咕：夜航，该不会“听响声”(川江航运界俗语，即触礁、沉船之意)吧？何况夜航总该要有夜晚发光的航标吧，而在当时川江为数不多的航标中，都是清一色的夜晚不发光的“昼标”。

莫家瑞却心中有数。

建国前夕，莫家瑞所在的强华公司的“华源”号曾和民生公司的“荆门”号、“夔门”号有过一场竞争。而在那场竞争中，居于劣势的莫家瑞以夜航战胜了居于优势的对手。莫家瑞的“华源”号在到重庆的前一天晚上，故意在长寿下游15公里的石家沱抛锚宿夜，而“荆门”号却按惯例在长寿下游9公里的深沱抛锚宿夜。当“荆门” 号自认为对手的航速“慢”而得意时，“华源”号却借着月光于凌晨2时起锚夜航上驶，越过“荆门”号径直奔重庆而去。待“荆门”号天亮后起锚驶达重庆时，“华源”号已抵达多时了。至此，

图15-16 莫家瑞向毛主席介绍三峡

“荆门”号、“夔门”号的快船神话被莫家瑞打破，乘坐“华源”号的旅客骤增。

尽管那次只是夜航了川江的一小段，但凭着曾经有过的夜航经历，凭着对川江航道的熟悉程度，凭着敢干前人没干过的事的信念，莫家瑞坚信，他一定能够成功。其实，夜航川江并非白天不航行，而是将过去的昼行夜宿改为昼夜不间断的连续航行，并且巧妙地把相对好的航段安排在夜晚航行，把险要的航段和滩险安排在白天。

天亮时，莫家瑞所驾的“华同”号安然驶临了宜昌上游62公里被人们称为“鬼门关”的崆岭滩。崆岭滩航道的正中，横亘着一大块名曰“对我来”的巨石，将本来就不宽裕的航道分成更为狭窄的南槽和北槽，两边汹涌的江水经过“对我来”后汇合成更加凶狠的急流。此时只要船头一偏，凶狠、紊乱的

水流就会将船推向两岸酿成触礁事故。“华同”号要驶临“对我来”了，船头已搭上了“对我来”石尾“旺水”(引航行语，即缓流)，莫家瑞一声舵令，“华同”号灵巧地向右一转进入崆岭滩的北槽。莫家瑞又一声令下，“华同”号加大车速驶过了崆岭险滩。紧接着，“华同”号又施绞先后通过了青滩(宜昌上游73公里)、方滩(宜昌上游85公里)……。“华同”号一路昼夜航行，终于在第三天天亮后通过了长寿上游的著名险滩柴盘子，并于当天抵达重庆。

川江夜航成功了，莫家瑞改写了“川江自古不夜航”的历史。

1952年7月1日，成渝铁路顺利通车。

莫家瑞因首开川江夜航先河，有利地支持了成渝铁路建设而受到表彰。1956年，川江船舶普遍实行了上水夜航。

2. 40年资历的长江“超人”船长——陈安荣

陈安荣是长江轮船海外旅游总公司“国宾二号轮”（原为“隆中”轮）的船长，这位有55载水上生活，40年船长经历的老船长，把毕生的精力无私地奉献给了长江航运旅游事业。

接触过陈安荣船长工人都说：他是一个“只知奉献，不知索取的超人”。事实确实如此。陈安荣在船上工作47年间，只在家呆过3个半春节，没有和家人吃过一顿团年饭。28岁的他开始当船长，一干就是37年，此间家里相继有7位亲人离世，他未能有一次亲自去服伺、送别。他有6个子女先后出生，也没有一次去迎接新生儿的降临。

1993年8月，他患严重的胆结石，钻心的疼痛无情地折磨着这位白发苍苍的老人，但为了战洪水保安全，他强忍着剧痛，一直坚守在岗位。有一次船从重庆至宜昌，近700公里的航程中，陈船长连续28个小时没有休息，最后晕倒在驾驶台上。当船员们用担架把他送到医院，打完吊针他就匆匆赶回船上。船返武汉后，大家劝他住院治疗，公司也作了安排。但他心里想的是船，装的是游客,坚持不住院。就这样边打针吃药，边指挥行船，直到年底停航才去住院开刀，仅这一次就从胆里取出了几十颗坚硬的小石头。

1996年5月，“国宾二号轮”担负了新辟宜~奉~宜线的航运任务。这个产品的销路直接关系到公司全年的奋斗目标能否实现。16日抵宜昌时，陈船长在与家人的电话中得知四女儿小双由于胆囊炎手术不成功接连三次开刀不仅未除去病疾，而且还有生命危险。老伴急切地求他回汉，陈船长心如刀绞，恨不得即刻插翅飞回武汉。可是宜奉线新开不久，当他放下电话回到船上时，正好听见一些船员向政委请假，要求回汉。见此情景，陈船长想，船员中家住汉口的占多数，谁家没有事呢？我是一船之长，应该带头坚守岗位，怎能带头回家呢？想到这里，他又下船给家人打电话，说明不能回汉的原因，安排儿子代他“负起责任”来……。船员们得知这一情况后，十分感动，纷纷表示要坚守岗位，打响宜奉线头一炮。

事实上，老船长并非无情无义，铁石心肠。95年“国宾二号轮”因调整航期不停靠万县，该船家在万县的大厨安师傅父子俩长时间不能回家。一次，当陈安荣得知他家有一个孩子生病住院后，便主动与码头联系，将安师傅送上岸。船员们感动地说：“陈船长不是亲人胜过亲人，他心中想到的只有船员、游客，唯独没有他自己”。

1989年陈安荣以安全航行百万公里的辉煌业绩从船长的岗位上光荣退休。此时恰值三峡旅游升温之际，急需有经验的老船长，于是请他高就的游船公司纷至沓来，并许以种种优厚条件。陈安荣都一一谢绝。而当长江海外总公司挂牌开业，领导登门相请时，他二话没说欣然接受返聘。长江海外给他的报酬有多少呢？月收入不足千元。有人说他“傻”，问他“图个啥”。陈船长动情地说：“我是共产党人，是党和长航给了我陈安荣的今天，理应为人民服务，为党为长航作出贡献”。

三峡美景，四季变幻。为了让南方来的旅游者一览冬季美景，1993年长江海外总公司领导大胆提出了“春节三峡特别游”的活动设想，严寒的冬季，枯涸的水位，给川江航行增添了几分艰险。谁能在汹涌的川江潮头一试身手呢？“国宾二号轮”船员在老船长的感召下奋起响应。大年初一，陈船长勇敢地指挥“国宾二号轮”满载100多位游客拉响了冬季三峡游的第一声汽笛，一举打破了三峡冬季不能旅游的历史，创出了名牌。此后参加春节三峡游的人逐年增多，仅今年春节长江海外总公司就开出了游船9艘。开创了三峡旅游业的新纪录。

3. 长江上首位女总船长——王嘉玲

王嘉玲冲破了长江航运界“驾驶轮船是男人的世界”的世俗偏见，成为我国航运界第一个走通重庆～上海航线的女船长。

1976年，高中毕业后的王嘉玲当上了长航重庆长江轮船公司客轮服务员，但她立志驾船。4个月后，她申请到货船做见习水手，这在当时的航运系统引起了不小的波澜。有人说：女人驾船船必翻，王嘉玲学船是自讨苦吃。然而她全然不顾陈规陋习，决心不仅要学会驾船，而且要当上船长。做水手要解缆、系绳、插钢丝、敲锈、打油漆、做清洁，这些连男子汉也觉得又苦又累的工作，王嘉玲付出了比男人多几倍的心血和力气。船停泊在江中，当班水手得

江泽民在长航集团旅游船上同王嘉玲亲切握手

用小划子把船员分批送上岸，男同志推划子都觉得苦，而王嘉玲硬是忍着双臂酸痛克服生理不足，天天练习推划子，抢着独立当班。夏天，重庆热浪滚滚，她穿着粗布工作服敲锈打油漆；水舱要清洗了，同男水手们一起跳进泥齐膝深的舱里，奋力将泥浆舀进江里；抛撇缆，由于人小力气小，撇缆怎么也抛不远，王嘉玲就天天练，抛得手臂红肿，连穿衣服都困难。两个月的时间，她就很快地熟悉了水手工艺。王嘉玲把情感专注在自己的事业中，每天做完水手的活又去学操舵技巧，一有空闲就躲在舱里背地名、记旗语、默认航行通行信号，先后自学《船舶原理》、《船体结构》、《船艺》、《船舶驾驶引航技术》、《川江航道水文》、《长江引航参考图》等课程和资料，写下50万字的读书笔记，还把重庆至上海航线上1000多个碍航礁石、几千个航标熟记于心。王嘉玲深知，要在这个传统的男性王国里立足是不容易的，她凭着韧性，闯过了一道道“激流”和“险滩”。

从1980年当舵工，1989年在经过国家级的严格考试后，王嘉玲成为世界上最长的内河航线——长江上第一位从重庆至上海的女船长。

川江航线滩多水急，河床狭窄、礁石密布；中游枯水浅槽不断，下游八大弯曲河段及数座大桥横跨江中。从掌舵、驾船到船长，王嘉玲从未发生过任何安全责任事故，谱写了中国女性成功驾船的辉煌业绩。王嘉玲上任伊始，就把安全航行放在首位，坚持“带头干、关心人、靠制度、严管理、勤检查、赏罚明”的工作方法，把总结的理论和前辈经验结合起来，带领驾引人员实现了该船连续多年无任何安全责任事故。

王嘉玲35岁时，被任命为指导船长，她的家被同事们戏称为“值班室”，因为她经常在半夜接电话处理船上的事，腰痛病发作时就躺在床上把人员召集到家里来办公。她每天早上5点钟就起床，首先看天气是否有变化，如遇气候不好，就立即与船上联系，提醒注意安全。1998年在长江百年不遇的特大洪水中的70多个日夜里，为确保涉外豪华游船安全准点营运，王嘉玲忍着严重的腰痛病，戴着撑腰的钢背心，及时地获取洪水流量信息，制订游船运行时刻，多次赴游船现场指导转客，避免了游船因洪水停航或耽误涉外旅客时间引起赔偿。在特大洪水的情况下，别家公司的游船都走走停停，而王嘉玲所运筹指挥的4条游船没耽误过一天航期。

1999年5月，王嘉玲受命担任西南地区大型航运企业——重庆长江轮船公司总船长。刚上任时，不少资历比她深得多的老船长提出怀疑，不相信她能当好196名男船长中的总船长，要管理500多艘各类大型船驳的安全航行。天生倔强的王嘉玲感受着从未有过的压力，她一方面从百忙中挤出时间自学，先后参加了大连海运学院水运管理专业和长航集团职工大学船舶驾驶专业的函授学习，重新提高自己。另一方面，坚持深入船舶一线，向老船长探讨驾船心得，吸取宝贵经验。她上任后，就大力推行依法驾船，经常同船员们一道分析公司内外船舶因违反《内河避碰规则》、《长江下游分道航行规则》、《长江上游南津关至羊角滩控制河段安全管理规定》而发生的典型事故案例。王嘉玲担任总船长对公司所属违章造成的事故从不放过。在事故的处理过程中，她没有沿袭以前的老规矩、老办法，就事论事的处理当事人，而是严格管理，追究领导机关和管理人员的责任，真正落实“三级管理”责任制。这种严格的处理，不仅以前是没有的，在驾驶人员中引起很大反响，船舶驾引人员遵章守纪和安全意识有了普遍提高，更重要的是获得船长们的认同。

4. 新中国第一位女轮机长——周庭芳

周庭芳自幼丧父，从小就吃苦耐劳。20世纪50年代，当一批批女驾驶员在长江上乘风破浪的时候，武汉河运学校等单位开始了江船女轮机员的培养。

20世纪70年代初期，长江航运管理局筹建一条“三八船”。1975年，筹建人员到武汉水运工程学院物色轮机长，时年32岁的周庭芳毅然放弃学院舒适的环境，来到长江，上船当了实习轮机长。她一干8年，成为新中国航运史上第一个女轮机长。1979年夏，交通部长江航政管理局举行一等轮机长考试，作为唯一的女性，在25名应试者中，周庭芳取得了总分第二名的优异成绩。

在船舱里工作，举手投足身上都会沾上油污，机器轰隆隆响个不停，噪音震耳欲聋。周庭芳每天身着油腻的工作服守在机舱室，谁都不能想像这么一位文静秀气的女子就是轮机长，天天操弄着那些沉重的钢铁工具。

在周庭芳任“东方红38” 号船轮机长的8年中，她那在武汉理工大学的家很长一段时间是“铁将军”把门，在事业、家庭和孩子之间，夫妇俩均把事业放在了首位。1982年，由于工作需要，周庭芳重返武汉理工大学。因新专业上马，她到交通管理学院任教。目前，她已是颇有成就的法学和海商法的资深教授。8年轮机长的丰富阅历，对于她研究交通管理与海商法获益匪浅。

第十七章　与船有关的娱乐竞技

“甘其食，美其服，安其居，乐其俗”，是对人们对美好生活的精炼概述。船舶作为人类最古老的一种交通工具，日日夜夜，人们的许多生产、运动和宗教等民俗生活已与船舶分不开了。

一、造船仪式显示出人们对船舶的敬重与珍爱

古往今来，有关船舶建造过程中的种种仪式，无不显示出人类对船舶的敬重和珍爱。

在中国传统的造船技术里，工艺是由师傅带徒弟、父带子，口传身授传下来的。西方人造船，不同型号不同级别的船都配备有比较详细的图纸，按图纸放样施工。而我们的前辈造船只要牢记口诀就可造出各式各样的船来。民间造新船有很多规矩和风俗习惯。开工之初，首先把龙骨固定在沙滩上，接着安装船后的“凤尾”，安装后，凤尾须择黄道吉日，按仪式进程顺序，撒上五谷粮，寓意为兴旺发达。把钱币、银元用红布包好，放入龙骨与后凤尾结合处事先准备好的位置，寓意为招财进宝。

中国传统的民船共有6颗信钉，左右前后按顺序，依时辰安排，由大师傅亲自作业，钉完5颗信钉留最后一颗，待吉时再把这最后一颗信钉钉完，鸣鞭炮，船主祭五牲设宴席宴请八方宾客。特别是建造渔船，船主或船老大会把自己的生辰八字与新船的建造联系在一起，择吉日开工，确定该供奉哪尊海神、妈祖娘娘金身尺寸等，把浓浓的信仰与文化色彩融入到船的神韵之中。当安装船眼时，每只眼睛备3颗信钉，有的地方信钉钉在黑眼珠与白眼珠交界处，有的地方是钉在白眼球上，各种钉法都有自己的风俗和说法（资料来源于现代舰船杂志2007-04A，《中国福建古帆船》）。

在中国台湾的渔村。渔民们相信世界上有很多的神，每一位神都有生日，每一个生日都要张灯结彩、锣鼓喧天地庆祝。神舆在人声鼎沸中光荣出巡，庙前广场有连夜的戏曲，海滩水上有焚烧的王船，生活里有严格遵守的禁忌，人们的心里有信仰和寄托。渔人生活在动荡的大海上，生命的风险很高，未知数很多。风暴一来，救援的能力很低。夜里摸黑上船“讨海”的年轻父亲，并不知道自己清晨能否回家见到还在温暖被

子里的幼儿。所谓“迷信”，不过是在无可奈何中面对茫茫世界的一种自救方式，为无法理解的宇宙寻找一个能安慰自己的一套密码检索（中国青年报.冰点特稿第562期《文化是什么》，龙应台）。

为新造的船举办各种仪式的风俗，不仅盛行于民间，也盛行于古今各种官办和大规模的船厂。

在我国东南沿海。据福建省地方志之《船舶工业志》记载：明代，福州官营造船业有一个重要的组成部分，即专设建造“使琉球册封舟”的工场。终明一代，每逢琉球新王继位，都要求明朝派遣使者乘“封舟”前往琉球册封。明朝政府对“封舟”的建造高度重视，并为此特拨专款，在福州设置造船工场。凡工场内为“封舟”的竖桅、治缆和浮水出坞举行祭神仪式时，福州大小官员全部前往参加。

今日，在外国的现代造船工场里，当签订造船合同、船舶上船台、船舶下水、船舶命名时，造船厂也都会举办隆重的仪式。比如说船（除了军舰）都以女性命名，如赫赫有名的“伊丽莎白”号、“珍妮”号等，因为海神是女性；每一条下水的船舶都会有一个教母等。

船的下水仪式是船最重要的一个仪式，也是船舶建造的一个重要节点，仪式现场总是很热闹，有锣鼓喧天的热闹场面，还有戒备森严的保卫人员。一般情况下，教母会先祈祷一会儿，然后拿起一把小斧子，砍断了操作台上的绳子，绳子一直悬挂到船头，悬挂着一瓶香槟酒，绳断香槟酒落下磕在船首的船靴上，磕碎了，泡沫四溅。随着香槟酒瓶的坠落并敲碎，船台上的制动缆绳也解开了，下水船舶慢慢沿着船台上的轨道滑入水中。香槟酒非常重要，据说，若船在海上遇难，船长就会将船长日记放进漂流瓶中，以希望获救。敲碎香槟酒瓶表达了“一帆风顺”美好祝愿。敲香槟的人选也很关键，一般请一些宗教人士或者政界要员，德高望重的，这些会给船带来好运，并且下水仪式也还会给参加人的事业和前程带来好运。

二、赛龙舟的娱乐竞技寄托了人们对先贤的追思

赛龙舟是端午节的一项重要活动，在我国南方十分流行，它最早当是古越族人祭水神或龙神的一种祭祀活动，其起源有可能始于原始社会末期。赛龙舟是中国民间传统水上体育娱乐项目，已流传2000多年，多是在喜庆节日举行，是多人集体划桨竞赛。比赛在规定距离内，龙舟同时起航，以到达终点先后决定名次。史书记载，赛龙舟是为了纪念爱国诗人屈原而兴起的。由此可见，赛龙舟不仅是一种体育娱乐活动，更体现出人们心中的爱国主义和集体主

义精神。

龙舟一词，最早见于先秦古书《穆天子传·卷五》："天子乘鸟舟、龙舟浮于大沼"。历代诗赋、笔记、志书 等记载竞渡就数不胜数了。龙舟船的大小因地而异，如广州黄埔、郊区一带龙船，长33米，船上有100人，桡手约80人。南宁龙舟长20多米，每船约五六十人。湖南汨罗县龙舟则长16~22米，挠手24~48人。福建福州龙舟长18米，挠手32人。

龙船的形状一般是狭长、细窄，船头饰龙头，船尾饰龙尾。龙头的颜色有红、黑、灰等色，均与龙灯之头相似，姿态不一。一般以木雕成，加以彩绘(也有用纸扎、纱扎的)。龙尾多用整木雕，上刻鳞甲。除龙头龙尾外，龙舟上还有锣鼓、旗帜或船体绘画等装饰。如广东顺德龙舟上饰以龙牌、龙头龙尾旗、帅旗，上绣对联、花草等，还有绣满龙凤、八仙等图案的罗伞。一般龙舟没有这么多的装饰，多饰以各色三角旗、挂彩等。古代龙舟也很华丽，如画龙舟竞渡的《龙池竞渡图卷》(元人王振鹏所绘)，图中龙舟的龙头高昂，硕大有神，雕镂精美，龙尾高卷，龙身还有数层重檐楼阁。如果是写实的，则可证古代龙船之精美了。又如《点石斋画报·追踪屈子》绘芜湖龙船，也是龙头高昂，上有层楼。有的地区龙舟还存有古风，很精美。

我国各族的龙舟赛略有不同。汉族多在每年"端午节"举行。相传起源于古时楚国人因舍不得贤臣屈原投江死去，许多人划船追赶拯救。他们争先恐后，追至洞庭湖时不见踪迹。之后每年五月五日划龙舟以纪念之。借划龙舟驱散江中之鱼，以免鱼吃掉屈原的身体。也有另一种传说认为屈原死于一次追杀，楚国人目击了这场卑鄙的谋杀。他们渴望说出真相，但却畏惧权势。他们最终选择了一场象征的戏剧：在屈原被

谋杀的那个日子和那个现场举行哀悼屈原的祭礼，他们机智地用赛龙舟来隐喻当时激烈的追杀场面，用包粽子来隐喻屈原被投入江中的悲惨事实。其中，米饭象征他的肉体，粽叶(竹叶)象征装他的麻袋，粽丝象征捆扎他的绳索，而把粽子投入水中，则象征着屈原遭人溺毙的真相。

其实，“龙舟竞渡”早在战国时代就有了。在急鼓声中划刻成龙形的独木舟，做竞渡游戏，以娱神与乐人，是祭仪中半宗教性、半娱乐性的节目。后来，赛龙舟除纪念屈原之外，在各地人们还赋予了不同的寓意。

如浙江地区，是以龙舟竞渡纪念曹娥和当地出生的近代女民主革命家秋瑾的意义。《清嘉录》中记吴地(江苏一带)竞渡，是源于纪念伍子胥。另外还有广西的纪念马援、福州的纪念阎王王审知等仪式。

龙船竞渡前，先要请龙、祭神。如广东龙舟，在端午前要从水下起出，祭过在南海神庙中的南海神后，安上龙头、龙尾，再准备竞渡。并且买一对纸制小公鸡置龙船上，认为可保佑船平安(隐隐可与古代鸟舟相对应)。闽、台则往妈祖庙祭拜。有的直接在河边祭龙头，杀鸡滴血于龙头之上，如四川、贵州等个别地区。

在正式竞渡开始时，气氛十分热烈。唐代诗人张建封《竞渡歌》：“……两岸罗衣扑鼻香，银钗照日如霜刃。鼓声三下红旗开，两龙跃出浮水来。棹影斡波飞万剑，鼓声劈浪鸣千雷。鼓声渐急标将近，两龙望标且如瞬。坡上人呼霹雷惊，竿头彩挂虹霓晕。前船抢水已得标，后船失势空挥挠。……”这些诗句淋漓尽致地写出了龙舟竞渡的壮景。妇女们平时是不出门的，如今也争着来看龙船，银钗耀日。鼓声、红旗指挥下的龙舟飞驰而来，掉如飞剑，鼓声如雷。终点插着锦绮彩竿，作为标志。龙舟向着标飞快地驰近……。近代的龙舟比赛也大抵相同，不过规程稍严格一些。近年来，国内外都出现了国际龙舟比赛，吸引了各国健儿。

此外，划龙舟也先后传入邻国日本、越南及英国等。1980年，赛龙舟被列入中国国家体育比赛项目，并每年举行“屈原杯”龙舟赛。1984年国际龙舟大赛在香港举行，有美国、德国、日本、英国、新西兰、新加坡、泰国、马来西亚、澳洲、澳门、中国香港等16个队参赛。中国队又夺得冠军。1991年6月16日（农历五月初五），在屈原的第二故乡中国湖南岳阳市，举行首届国际龙舟节，此次参加比赛、交易会和联欢活动的多达60余万人，可谓盛况空前。尔后，湖南便定期举办国际龙舟节。赛龙舟将盛传于世。

1921年7月30日，中国共产党的第

一次代表大会在进行到第4天的时候，突然遭到了上海法租界巡捕房的搜查。会议被迫中止。代表们不得不从上海法租界李书诚、李汉俊兄弟的寓所里转移到浙江嘉兴南湖的一条游船上继续开会。中共一大会议所在地嘉兴市成为中国“红船文化”的中心。从2000年起，嘉兴市举办了三届南湖船文化节。节庆活动的主要内容有皮划艇、赛龙舟表演赛等。

三、帆船赛体现了人类对海洋的征服与挑战

悉尼至霍巴特帆船赛是世界最负盛名也是最具挑战性的帆船赛之一。

一年一度的悉尼至霍巴特帆船赛始于第二次世界大战结束之后的1945年12月，首届比赛冠军由英国皇家海军驻澳大利亚基地总工程师伊林伍斯获得。55年来，约有 4 000艘船、约 3 万名水手参加了比赛，其中不乏世界名人，如英国前首相希思、传媒大亨默多克、特纳等。从悉尼到霍巴特一共630海里航程，经过的海面变幻莫测，可以在很短的时间内从风平浪静到巨浪涛天，在到达终点前的风暴湾和德文特河口更是难以驾驭。

为了比赛的安全，组织者制定了更严格的安全规章。参赛者必须年满 1 8 岁，有一定的航海经验，经过安全培训，配备新型救生衣、信号灯和彩色染料信号。船上除固定的高频无线电通讯机外还必须有防水的手提式通讯SM。无线电及卫星定位系统可以随时知道每一艘船的位置。直升机将监视船队航行情况，紧急救援人员全时待命。

美洲杯帆船赛是与奥运会、世界杯足球赛及F1方程式赛车齐名的世界上影响最大的四大传统体育赛事之一。

美洲杯帆船赛起源于19世纪中叶，迄今已有超过150年的历史。1870年，美国和英国首次举行了横渡大西洋的美洲杯帆船赛。美洲杯帆船赛由美洲杯管理公司进行管理。目前的电视转播已经覆盖全球200多个国家和地区，观众累计达29亿。

2007年10月19日，首届中国杯帆船赛第一场赛事香港~深圳帆船拉力赛在香港海域拉开帷幕，来自14个国家地区的46艘赛船分三个级别先后起航。下午3时零3分左右，香港钢铁大王、著名华人航海家庞辉驾驶他的“自力”号第一个冲线，获得中国杯深港拉力赛冲线奖，同时获得深港拉力赛冠军。

四、船公号子唱出了船工生活的欢乐和哀愁

在山峦重叠交通不便的巴渝境内，货物流通、客运往来皆需木船载客运货，于是在这个以木帆船为主要交通工

具的地方逐渐形成了带有浓郁地方色彩的“川江号子”。最初它是河滩的船工队伍为协调拉纤动作和聚集拉纤力量而喊的口号，就像抬重物时喊出的“一、二、三”或“嘿哟、嘿哟、嘿哟”。有了号子，船行船停，闯滩斗水，该快该慢，众船工皆听其指挥，踏其节拍。到了大约清朝中期，部分地区已产生了专门的号工。

号工是船上既重要又特殊的工种，其职责是领喊号子。在行船过程中，随着水情的变化，所有劳动工序的衔接、劳动强度的张弛，都靠号子头唱腔的变化来指挥。号工的作用似乐队的指挥，看似轻松，实则紧张而极为重要。号工必须嗓音洪亮、耐久，还要记性好，背得几套戏文，能将评书或小说情节编成顺口溜，能结合行船时两岸的景物，遇啥唱啥，现编现作。同时，他还得熟悉河道的水况，以便在不同的水流上喊出起不同作用的号子来。号工又常有“大号子”和“二号子”之分，前者主要负责喊号，除喊号之外，还要安排船工的日常活路；二号子除喊号或应答外，还负责拉纤头或走纤尾。

川江号子从内容上大致可以分四类：第一类为地名号子，内容涉及川江沿线滩名、地名连带其土特产品，如：《说重庆》、《数滩》。第二类是劳动号子，表现出船工们齐心协力战胜困难的决心和勇气，如：《白龙滩不算滩》、《十冬腊月天气寒》。第三类为情歌号子，它们反映纤夫的情感世界及家庭生活，有粗犷的但也不乏细腻，时而诙谐、时而含着几分羞涩，如：《心中只有拉船郎》、《缠上妹妹不收心》。第四类则为时政号子，它或直接反映时局，更多的则是反映船工们对生活现状的不满，如：《好男当兵上前线》、《军阀把头心肠狠》。

早在20世纪50年代，杜宇、朱宗庆等人便对川江号子进行了整理，并由四川人民出版社出版了《川江船夫号子》一书。1957年，川南山区高县船工、民歌手张清华等数人便在中南海怀仁堂以一曲曲《南广河号子》赢得了包括周恩来在内的中央领导人的热烈掌声。

川江号子的独特魅力，不但赢得了人民的喜爱，而且在国外也引起了广泛关注。20世纪末，英国皇家广播采编人员慕名从重庆下水溯川江而上，专程采编录制川江号子。后来，重庆、武汉等地整理出一批著名的川江号子漂洋过海到欧洲表演，从而把川江号子这种古老而深远的东方历史文化传播到了欧洲大陆。

除有名的川江号子外，在赛龙舟时，又多有唱歌助兴的龙船歌流传。如湖北秭归划龙船时，有完整的唱腔，词曲根据当地民歌与号子融汇而成，唱歌声雄浑壮美，扣人心弦，有“举揖而相和之”遗风。又如广东南雄县的龙船歌，是在四月龙船下水后唱到端午时止，表现内容十分广泛。流传于广西北部桂林、临桂等地的龙船歌，在竞渡时由众桡手合唱，有人领呼，表现内容也多与龙舟、端午节俗有关，歌声宏远动人。《广西民间音乐选集》中收有临桂县《龙船歌》组曲，如号子般的节奏鲜明、热烈，唱起来十分动人。

船与音乐结缘，不仅仅止于艄公号子，在清嘉庆元年（1796年）前后，浙江杭嘉湖地区出现了称为“十八顶半网巾”（18个演员加一个管事）的船台班，往来于水乡村镇，或在水边，或在船上演出戏剧。

后　记

历时一年余，由中国长江航运集团总公司承担的交通部《船文化》专著终于与读者见面了。作为一家有着130多年长江航运历史，以江海直达、江海洋联运为特色，我国航运企业中唯一能实现江海洋一体化运输服务的企业集团，中国长江航运集团总公司有着深厚的交通文化积淀，是中国近代轮船运输业诞生与发展的摇篮，交通部2006年第11次部务会议审议通过的《交通文化建设研究工作方案》的任务分工中，将《船文化》研究课题下达给该集团可谓使《船文化》的研究工作恰得其所。

中国长江航运集团总公司按照交通部的统一部署，对《船文化》课题研究高度重视，为了课题研究的顺利进行，集团总经理刘锡汉、党委书记王镭亲任专著编委会主任，集团党委副书记肖汉良任课题总策划、编委会副主任，成立了《船文化》课题组、专家组，确定了合作单位，落实了研究经费。《船文化》课题组有幸邀请到武汉理工大学教授、我国知名和权威的船舶设计和船舶发展史专家席龙飞担任课题合作专家，从根本上保证了该课题的学术性和专业性。此后，交通部和中国长江航运集团课题组领导多次对《船文化》课题的质量、进度加以具体指导和督促。

在《21世纪交通文化建设研究与实践》系列丛书中，《船文化》专著选用了一种与众不同的写作风格，即以时序为主线，铺写不同时代典型船舶所体现的文化内涵。全书以时间顺序为纵向经脉，以典型舟船为横向纬线，缀以有趣的舟船故事作为经纬线上闪亮的珠子，在这样的时空顺序中，通过自然而然、水到渠成的论述，读者可以清晰地了解船舶的外形特征、结构特点、技术价值、美学价值、历史价值、民族特色、地域特征、人文内涵及其社会经济意义等。综观全文，读者可以体验《船文化》一书具有以下几个方面特色：

一、翻开这本《船文化》专著，扑面而来的是一股深厚的书卷气息。文献就是文化，本书引用了丰富的文献资料，无一不透露出本专著是建立在博览群书，翔实地占有古今船舶资料的基础之上的。没有勤恳的态度，没有专业人士数十年的积累，是不可能发掘出如此繁多的古今文献资料的。仅以本书第一章为例，所引用的资料来源于《世本》、《淮南子》、《物原》、《易经》、《诗经》、《国语》、《庄子》、《太白阴经》、《后汉书》、《陔馀丛考》、《尔雅》、《古代社会》、《中国造船发展简史》、《中国航海史》、《中国舰船史》和《中国科学技术史稿》等重要文献，引文有38处。远古舟船从葫芦、皮囊、筏向独木舟、帆船有数千年的演变历史，我们从古典文献所留下的只言片语里找到了其变化的痕迹。

二、本书需要细细品读，许多事件，许多人物，均只吝惜地施以些许笔墨便已介绍清楚，但三言两语的背后，却隐含有无尽的想象空间。比如本专著第五章“元代的海上交通往来频繁”一节，千余字里就介绍了薄寿庚、朱清、张瑄、亦黑迷失、杨庭壁、周达观、汪大渊七人，“长江口的崇明人朱清和嘉定人张瑄，他俩全是渔民出身，一同贩过私盐，也做过海盗，官吏搜捕紧急时，则航海北逃到渤海一带，‘往来若风与鬼，影迹不可得’，他们十分熟悉海道与航海业务，被忽必烈收用后，曾随元丞相伯颜浮海南下攻灭南宋，后来成为“大元海运”的主持人。”这109个字形象地介绍了朱清和张瑄俩人一生的经历，以及驾船迅速如风的特长，“主持人”的评价不乏幽默。综观全文，这样的人物介绍还有很多，虽惜墨如金，功力却是力透纸背。但全文并非所有的人物都用墨如此平均，对现当代的数十位船舶工作者，笔者给了浓墨重彩。

本专著的任何一章，任何一节，都可写出一本厚重的专著，可以说，古今中外典型船舶器物和相关人事，本书甚少疏漏，之所以或详或简一一提及，是因为交通文化建设研究系列丛书系交通部组织的一次大型交通文化研究活动，我们想提供一本知识性、趣味性和品味都较高的《船文化》专著，期待专业人士看了认为有研究价值，普通读者看了认为有收藏价值。

三、船舶技术方面的介绍平实而精致。科学技术是人类文化的结晶，船舶物质文化主要就是船舶科学技术文化，但《船文化》专著绝对不是简单地表述船舶上层建筑和内层动力机构怎么建造，外形是什么样子，运用了什么科学公式和理论，那是船舶工程教科书的任务。除本专著所介绍的古代船舶外，“舰船家族篇”里集中列出了钢铁裁缝电气化时代的中外所有典型船舶，一方面介绍了每一艘船的命运、作用，同时也展示了他们的型长、型宽、型深、动力等专业数据。文化书籍并非与数据格格不入，光收集这些数据就花费了学者们不少时间和精力，在专业者眼里，它得之不易，它魅力无限。鉴于各阶层读者不同的阅读和审美兴趣，本课题组精炼再三，还是坚定地保留了不少具有非凡意义的船舶数据。另外，在介绍这些新式船舶时，本专著的语言简单平实，外行人也能轻易读懂。例如，在介绍民间使用的竹筏、木筏时，本专著借用宋代著名诗人陆游于乾道六年入蜀任夔州通判时所著《入蜀记》所见：在江中“遇一木筏，广十余丈，长五十余丈，上有三四十家，妻、子、鸡、犬、臼、碓皆具，中为阡陌相往来。亦有神祠，素所未睹也。”如此神奇！以故事或绘画做引子，对船舶进行科普讲解，是本专著一大特色，引人入胜。

四、船舶考古文化浓郁。本专著帆船篇里的古船文化研究，大部分是建立在考古学基础之上的。虽未专门对船舶考古学的依据、学科范畴、研究方法、美学特点等进行介绍，但从所列古船形制和尺度的测量数据，以及广泛利用排除、对比等方法进行的充满思辩色彩的论证，字里行间告诉了人们怎么去研究古船，洋溢着理性的光辉和对古老船舶历史穷根溯源的专注、执著的力量。

五、本书一定程度上弥补了图文并茂地、集中地介绍近十年中国船舶家族发展方面专著的缺失。弥补工作表现在两个方面：一者因为近十年中国船舶工业和运输业发展的速度惊人，资料收集往往滞后于实际船文化发展的速度，这方面的专著稀见，而此《船文化》专著在这方面做了认真的努力。再者，今日的船舶，她的功用在交通运输、工程建设、科学研究、渔业、海洋开发、国防建设等诸多领域，可谓无所不在，但海军舰队，是国防建设不可或缺的项目，也是我国造船工程人员对祖国的奉献，这是广大青年朋友所关心和想要知道的。因此，我们专列一章来讲述海军舰艇。海军舰艇的资料来源都是公开发表的书刊，也有来自互联网和国外的信息，其所使用的型号或代号也是外国常用的。

六、古今船舶工作者的精神世界共性和个性兼备。专业文化的载体的两个：器物和人。文化丛书要见人见物见故事，才会受到读者喜爱，挚爱方能挚行！《船文化》专著少不了与船舶相关的人物的精神和事迹，但在本书的写作过程中，我们一直在讨论是否单独列一章，专门介绍古今船舶工作者的价值理念，抑或在介绍船舶器物时，尽量不着雕琢痕迹地“顺带”介绍出人物的故事和精神？

中国古代舟船文化很丰富，郑和下西洋更是中国舟船文化发展的顶峰，此举在政治上增进了中国和外国的和平与友谊；在经济上建立了亚非国际交通网，促进了亚非国际贸易的发展；在文化上促进了中外文化交流，传播了中国的文明，也增长了中国人的见识；在科技上反映了我国造船技术和海洋科学技术发展的水平。但是，鸦片战争前流传下来有名有姓的船舶工作者很少；鸦片战争后的轮船时代，船舶工作者人物谱却浩若星辰，公私不同，时代不同，船舶工作者的精神世界也应是不同的。本着宏扬优秀交通文化的原则，我们在本专著第十六章延伸篇之“船的情结”章节里，重点介绍了当代数十位普通的船舶工作者，他们是船舶设计者、船舶建造者和船舶管理者的普通代表。这样做，希望既能对船舶工作者的价值理念做出共性的、专门的介绍，又能在前面的十四章中，不着痕迹的描述出别具个性的人物风采。相信本系列丛书之《航海文化》、《长江航运文化》等专著里也会有相应的船舶工作者价值理念总结，与本专著互为补充。

随着造船工业和水上运输业的飞速发展，船舶建造者和运输者的队伍越来越大，忍受骄阳酷寒，忍受茫茫大海上无尽的寂寞和孤独，支撑他们的是深沉的“船的情结”，适应时代，坚持自主创新，抱着“无畏、热爱、奉献”的心态，拥有

“勤思、巧干、创新”的技术追求，全面建设“团结协作”的船舶管理文化，是现代优秀船舶工作者共同的精神世界，这些点点滴滴的记述足以让人感动，引人回味。

船舶，特别是当今的船舶，是当代最新科学技术成就和全球经济盛衰的反映和载体。以我们自己的学识水平和功力，要想写好某一类型的船舶也是不容易的，更何况我们写了几乎无所不包的各类船舶。撰写《船文化》专著的目的是为我国船舶发展的专业化、标准化和航运现代化建设提供文化支撑，为水运职工文化知识的丰富和文化素质的提升提供有价值的读本，虽然我们为达到这些目的而认真研究船文化，但是出现些差错和欠妥的地方也恐怕是难免的；由于本书采用的若干图片无法联系上原作者，请作者与我们联系。我们欢迎广大读者和各方面的专家批评指正。

中国长江航运（集团）总公司船文化课题组

2008年4月